누구를 위한 도시인가

누구를 위한 도시인가

현대 비판 도시 이론과 도시 사회운동

닐 브레너
피터 마르쿠제
마깃 마이어
데이비드 하비 외 지음
김현우
정철수 옮김

이매진

[이매진 컨텍스트 77]

누구를 위한 도시인가
현대 비판 도시 이론과 도시 사회운동

초판 1쇄 2023년 7월 21일 **지은이** 닐 브레너, 피터 마르쿠제, 마깃 마이어, 데이비드 하비 외 **옮긴이** 김현우, 정철수 **펴낸곳** 이매진 **펴낸이** 정철수 **등록** 2003년 5월 14일 제313-2003-0183호 **전화** 02-3141-1917 **팩스** 02-3141-0917 **이메일** imaginepub@naver.com **블로그** blog.naver.com/imaginepub **인스타그램** @imagine_publish **ISBN** 979-11-5531-140-0 (93300)

이 책은 '중앙대·한국외대 HK⁺ 접경인문학연구단'에서 출판 지원금을 일부 받았습니다.

이 책은 '김정철 서체'를 사용해 편집했습니다. '김정철 서체'의 지적재산권은 ㈜정림건축 종합건축사사무소에 있습니다.

차례

그림과 표 차례

글쓴이 소개

닐 브레너(Neil Brenner) 하버드 대학교 디자인 대학원에서 도시 이론을 가르친다. 그 전에는 뉴욕 대학교 사회학과 도시학 교수였다. 《새로운 국가 공간들New State Spaces: Urban Governance and the Rescaling of Statehood》(2004), 《신자유주의의 공간들Spaces of Neoliberalism》(닉 시어도어 공편, 2002), 《지구적 도시 교과서The Global Cities Reader》(로저 키일 공편, 2006)를 출간했다. 관심 연구 주제는 비판 도시 이론, 사회 공간 이론, 국가 이론, 비교 지정학적 경제 등이다.

피터 마르쿠제(Peter Marcuse) 도시 계획가이자 변호사로, 컬럼비아대학교 도시계획학과 명예 교수다. 프랑크푸르트학파 철학자인 허버트 마르쿠제의 아들이다. 《지구화하는 도시들Globalizing Cities》(2000), 《국가와 도시에 관하여Of States and Cities: The Partitioning of Urban Space》(2002), 《정의로운 도시를 찾아서Searching for the Just City》(2009) 등을 공동 편집했다. 연구 분야는 도시 계획, 주택, 홈리스, 공공 공간 이용, 도시권, 도시와 사회 정의, 지구화, 도시사, 문화 행위자들 사이의 관계, 도시 개발 등이며, 요즘은 모기지 압류 위기 해법까지 아우른다. 비판적 도시 계획을 다룬 단행본과 지금까지 발표한 글에서 선별한 분석 사례들을 넣은 자매편을 쓰기 시작했다.

마깃 마이어(Margit Mayer) 베를린 자유 대학교에서 비교정치와 북미 정치를 가르치고 있다. 연구 초점은 비교정치학, 도시 정치와 사회 정치, 사회운동에 연구 초점을 맞춘다. 현대 도시 정치, 도시 이론, (복지)국가 재구조화에 관련된 다양한 측면을 다룬 논문을 발표했고, 대부분 비교 연구를 활용했다. 《유럽 도시 정치Politics in European Cities》(후베르트 하이넬트 공편, 1993), 《지구화하는 세계의 도시 운동Urban Movements in a Globalising World》(피에르 하멜, 헨리 루스티거 탈러 공편, 2002), 《신자유주의적 도시주의와 쟁점들Neoliberal Urbanism and its Contestations》(예니 퀸켈 공편, 2011) 등을 출간했다.

데이비드 하비(David Harvey) 뉴욕 시립 대학교CUNY 대학원 센터 인류학 교수다. 《자본의 한계The Limits to Capital》(1982),《도시의 경험The Urban Experience》(1989),《포스트모더니티의 조건The Conditions of Postmodernity》(1989),《신제국주의The New Imperialism》(2004),《자본이라는 수수께끼The Enigma of Capital》(2010) 등을 출간했다.

크리스티안 슈미트(Christian Schmid) 스위스에서 활동하는 지리학자이며, 취리히 연방 공과대학교 건축학부에서 도시사회학을 가르친다. 관심을 두는 연구 분야는 비교적 관점에서 본 도시화 과정, 도시 이론과 공간 이론을 포괄한다. 앙리 르페브르의 공간 생산 이론을 비판적으로 재구성하려 시도한 《도시, 공간, 사회Stadt, Raum und Gesellschaft: Henri Lefebvre und die Theorie der Produktion des Raumes》(2005),《스위스 — 도시의 초상화Switzerland. an Urban Portrait》(로저 디너, 자크 헤르조크, 마르셀 메일리, 피에르 드 뫼롱 공저, 2005)를 출간했으며,《공간, 차이, 일상Space, Difference, Everyday Life: Reading Henri Lefebvre》(카니쉬카 구네와데나, 스테판 키퍼, 리처드 밀그롬 공편, 2008)을 엮었다.

카니쉬카 구네와데나(Kanishka Goonewardena) 스리랑카에서 건축가로 경험을 쌓았고, 지금은 토론토 대학교에서 도시 디자인과 비판 이론을 가르친다.《공간, 차이, 일상 Space, Difference, Everyday Life: Reading Henri Lefebvre》(크리스티안 슈미트, 스테판 키퍼, 리처드 밀 그롬 공편, 2008)을 엮었다.

캐서린 랜킨(Katharine N. Rankin) 토론토 대학교 지리학과와 도시 계획 프로그램에서 부교수이자 도시 계획 분야 책임자를 맡고 있다. 도시 계획과 도시 개발의 정치, 비교 시장 규제, 페미니즘과 비판 이론, 사회 양극화까지 폭넓은 분야에 관심을 쏟는다.《시장의 문화 정치The Cultural Politics of Markets: Economic Liberalization and Social Change in Nepal》(2004)를 출간했고, 지금은 토론토에서 벌어지는 상업적 젠트리피케이션, 그리고 네팔을 사례로 갈등 이후의 이행과 정치적 주체성에 관해 연구하고 있다.

데이비드 매든(David J. Madden) 컬럼비아 대학교에서 박사 학위를 받고 뉴욕 주 애넌데일 온 허드슨에 자리한 바드 대학교 사회학과 방문 조교수로 있다. 도시 연구, 정치사회학, 사회 이론을 중심으로 연구한다.

데이비드 와쉬무스(David Wachsmuth) 캐나다 토론토에서 도시계획가로 경험을 쌓았고, 지금은 뉴욕 대학교 사회학과에서 도시 정치경제학 박사 과정을 밟고 있다.

슈테판 크래트케(Stefan Krätke) 독일 브란덴부르크 주 프랑크푸르트안데어오데르 시 비아드리나에 자리한 유럽 대학교 경제지리학과 사회지리학 교수다. 얼마 전《도시의 창조 자본The Creative Capital of Cities: Interactive Knowledge Creation and the Urbanization Economies of Innovation》 (2011)를 출간했다.

오렌 이프타헬(Oren Yiftachel) 이스라엘 베르셰바에 자리한 벤구리온 대학교 정치 지리학과 도시계획학 교수다. '미승인 거주지 지역위원회Regional Council of the Unrecognized Villages·RCUV' 기획팀에서 활동하고 있으며, 인권 단체 '브첼렘B'tselem'의 공동 의장이기도 하 다. 《토착민의 (부)정의Indigenous InJustice: Land and Human Rights among the Bedouins in Southern Israel/ Palestine》(2012)를 여럿이 함께 썼다.

톰 슬레이터(Tom Slater) 스코틀랜드 에든버러 대학교 인문지리학 부교수다. 젠트리피 케이션과 축출을 주제로 삼은 논문과 책을 여럿 출판했다. 영국 최대 연구 지원 재단인 레버헐름 재단The Leverhulme Trust에서 지원을 받아 도시 주변성과 영역적 낙인 찍기territorial stigmatisation에 관련된 연구를 하고 있다.

유스투스 아위테르마르크(Justus Uitermark) 네덜란드 로테르담에 자리한 에라스무스 대학교 사회학과 조교수다. 2010년에 〈네덜란드 통합 정치에서 권력의 역학〉이라는 박사 학위 논문을 끝마친 뒤, 지금은 젠트리피케이션, 사이버 정치, 통합의 정치에 관한 연구 프 로젝트를 수행하고 있다.

브루노 플리에를(Bruno Flierl) 동베를린과 (1990년 이후) 베를린의 건축, 도시주의, 도 시 계획에 관련된 이론, 역사, 비판적 분석을 전문 분야로 삼아 활동하는 프리랜서 학자다.

존 리스(Jon Liss) 거의 30년 동안 미국 버지니아 주에서 지역 사회 조직에 힘썼다. 세입자 노동자연합과 뉴 버지니아 매저러티의 창립 회원이자 사무총장이며, 도시권연합의 공동 창 립자이자 운영위원회 위원이다.

서문과 감사의 글

이 책에 실린 대부분 장들의 초고는 2008년 11월 독일 베를린 대도시연구센터 CMS에서 열린 '이윤이 아니라 민중을 위한 도시Cities for people, not for profits'라는 제목을 단 국제 학술회의에서 발표됐다(Horlitz and Vogelpohl 2009를 보라). 이 학술회의는 비판 도시 이론과 진행 중인 도시 투쟁들의 접합 분석에 관한 논의들을 연결시킨 덕분에 참가자 250명을 끌어모았고, 주로 북미와 서유럽에서 온 연사 30명도 포함됐다. 독일연구연합DFG이 한 후원 덕분에 행사를 열 수 있었다. 독일연구연합과 대서양 횡단 대학원 프로그램Transatlantic Graduate Program 베를린-뉴욕(사무소는 베를린 대도시연구센터에 있다)은 세 편집자가 2006년 가을 뉴욕 대학교 사회학과와 컬럼비아 대학교 건축도시계획 대학원이 개최한 대학원 세미나 공동 수업을 기꺼이 함께 지원했다. 이 책에 깔린 아이디어의 다수는 그 세미나와 대도시연구센터 대서양 횡단 대학원 프로그램의 후속 워크숍에서 진행한 토론을 거쳐 만들어졌다. 뉴욕과 베를린에서 우리 아이디어가 발전하는 데 진지하게 개입한 학생들에게 감사한다. 우리의 지적 협력을 지원하고 베를린에서 연 학술회의를 준비하는 데 필요한 주요 재정을 후원한 독일연구연합에도 감사의 뜻을 전한다. 우리는 대회를 조직하는 과정에서 값을 따질 수 없는 일을 해준 베를린 대도시연구센터의 카챠 쉬스너Katja Sussner에게 특별한 빚을 졌다. 쉬스너가 제공한 전문적인 조력과 조직적 지원이 없었더라면 이 프로젝트는 불가능한 과업이 됐다. 아울러 우리 작업을 한결같이 도와주고, 좀더 넓게 보면 초국적 도시 연구 영역에서 선구적인 작업을 수행한 대도시연구센터 하인츠 리프Heinz Rief 교수에게 감사드린다. 또한 베를린 학술회의를 준비하는 중요한 추가 재정을 지원한 로자룩셈부르크 재단에도 감사한다.

이 책의 논지와 형식은 근본적으로 국제 학술지《시티ᶜᴵᵀʸ》의 밥 캐트럴Bob Catterall을 비롯한 거의 정력적이라 할 만한 편집진하고 나눈 지속적 대화를 거쳐 형성됐다. 여기에 포함된 많은 장들의 초고는 이 저널의 특별호(13호, 2-3, 2009)에 게재됐다. 우리는 이 학술지에서, 그리고 이 책 속에서 수정 보완된 형태로 실현된 우리의 협동 작업을 지원해준《시티》의 편집위원회에, 특히 밥 캐트럴, 폴 채터턴, 댄 스완튼, 마틴 웨스너에게 감사한다.

《시티》는 이 책에서 발전된 문제틀에 관한 이상적인 토론장이라는 점이 증명됐다. 현대 도시의 조건에 관한 이론적 고찰, 현대 도시 투쟁들의 실천적 경험에 관한 분석, 그리고 아마도 가장 결정적으로, 만약 지속적으로 전개된다면, 그런 요소 사이의 필수적 상호 관계에 관한 탐색을 읽을 만한 형태로 한데 모아내는 관록 있는 솜씨를 보여준 때문이었다.《시티》가 주관한 발간물에 기고하는 일과 열정적인 편집진을 만나 비판적이지만 언제나 동지적인 대화에 참여하는 일은 특권이자 즐거움이었다.

끝으로, 루트리지 출판사의 알렉스 홀링워스와 루이즈 폭스에게, 이 책을 완성할 때까지 건넨 지원과 전문성, 그리고 이 말은 꼭 해야겠는데, 인내심에 감사하고자 한다.

참고 자료

Horlitz, S. and Vogelpohl, A. 2009. "Something can be done! A report on the conference 'Right to the City: Prospects for Critical Urban Theory and Practice'." *International Journal of Urban and Regional Research* 33(1). pp. 1067-1672.

1장

이윤이 아닌,
민중을 위한 도시
– 들어가며

닐 브레너
피터 마르쿠제
마깃 마이어

전지구적 경제 침체가 지속적으로 미치는 영향은 도시 사회운동이 천착해온 모순들을 극적으로 강화하고, 신자유주의적 도시화 방식들의 지속 불가능성과 파괴성에 관해 도시 사회운동이 제기한 주장들을 갑작스레 현실화하고 있다. 런던, 코펜하겐, 파리, 로마부터 아테네, 레이캬비크, 리가, 키이우까지 유럽 전역의 도시에서 때로는 폭력을 동반하는 시위, 파업, 저항이 폭발했다. 경제 생활이 타격받고 일반화된 사회적 불안정성이 계속되는 바로 그 순간에 공적 자금이 은행으로 흘러가는 데 분개하는 집단은 청년 활동가들만이 아니다. 이코노미스트 연구소는 이렇게 보고한다. "최근 몇 달 간 빈발한 사건들은 세계적 경제 침체가 이미 정치적 반향을 불러일으키고 있다는 사실을 보여준다. …… 불안이 전염병처럼 지구적으로 확산할 가능성을 염려하는 목소리가 커지고 있다. …… 우리의 주요한 예상 중에는 체제를 위협하는 사회 불안의 높은 위험성도 포함된다"(The Economist Intelligence Unit 2009). 미국 국가정보국 국장도 전지구적 경제 위기를 테러리즘을 능가하는 가장 크고 현재적인 안보 위협 요소로 제시했다(Schwartz 2009). 잠재적인 시민 소요 사태를 통제하고 분쇄하기 위한 준비들이 착착 진행 중이다(Freier 2008).

이런 흐름들로 미루어, 세계 체제에 걸쳐 각기 다른 도시 유형들이 점점 더 변덕스러워지는 금융화된 자본 축적 회로 속에서 위상을 바꾸어가는 과정을 이해하는 일이 더욱 긴급한 과제로 부각된다. 마찬가지로 중요한 문제는 이런 위기가 정치경제적이고 공간적인 조직화를 구조화하는 원칙으로서 자본주의를 넘어서는 지점을 가리키는 도시 생활의 대안적 전망들을 고무하거나 제약한 과정을 둘러싼 질문이다. 자본주의적 도시들은 자본 축적 전략들이 펼쳐지기만 하는 장소가 아니며, 역사적이고 지리적으로 특수한 축적 전략들에 관련된 투쟁과 모순이 드러나고 각축이 벌어지는 전장이기도 하다. 그만큼 자본주의적 도시들은 자본주의 자체에 관한, 이윤이 추동한 도시화에 연관된 과정에 관한, 그리고 도시 공간의 무분별한 상품화와 재상품화에 관한 대안들을 그려 보이고 이런 대안을 실현하기 위해 실제로 동원이 진행되는 공간으로 오래도록 기능해왔다.

우리가 '이윤이 아니라 민중을 위한 도시'라는 이 책의 원제로 강조하려는 내용도 바로 이런 쟁점들이다. 이런 의미 구성을 통해 우리는 이윤 창출이라는 자본주의적 정언 명령과 공간적 인클로저보다는 인간의 사회적 필요에 부응하는 도시를 만드는 데 긴급한 정치적 우선순위를 두려 한다. '이윤이 아니라 민중을 위한 도시'라는 요청은 자본주의 역사 대부분을 관통해 되풀이돼왔다. 이를테면 프리드리히 엥겔스가 19세기 맨체스터의 황폐한 주거 지역에서 영국 노동 계급의 비참한 상태를 분석할 때 전형적으로 표현됐다(Engels 1987[1845]). 제인 제이콥스^{Jane Jacobs}와 앙리 르페브르^{Henri Lefebvre}에 이르는 여러 저자가 전후 포드주의적 도시 갱신 프로젝트가 일으킨 획일적이고 파괴적이며 반사회적인 결과들을 비판하는 논쟁들 속에서도 또 다른 형태로 개진됐다(Jacobs 1962; Lefebvre 1996[1968]). 이런 요청은 20세기 동안 뚜렷하게 정치화됐고, 몇몇 사례에서는 다양한 맥락과 접합 속에서 지방자치단체 사회주의 운동을 통해 부분적으로 제도화됐다(Boddy and Fudge 1984; MacIntosh and Wainwright 1987). 물론 현실 사회주의 아래 도시들이 한 경험에서 부정적이고 긍정적인 교훈들을 모두 끌어낼 수 있다. 사회공간적 조직화가 구조화되는 과정으로서 하향식이고 중앙 집중화된 국가 계획이 상품화를 대체했다(이 책 14장 참고). 그리고 끝으로, 어버니즘의 이윤 기반 형태들이 지닌 한계가 도시 발전의 신자유주의적 모델, 그리고 여기에 수반되는 세계 도시들의 도시 토지와 사회적인 기본 필요들(주택, 교통, 공공시설, 공공장소, 보건, 교육, 심지어 상수도와 하수도 등)의 초상품화하고 함께, 비판자들을 통해 동시대 지리경제학적 맥락 속에서 강조되기도 했다(이를테면 Smith 1996; Harvey 1989; Brenner and Theodore 2003을 보라).

필자들은 2008~2010년 사이에 시작된 세계적 금융 위기와 그 위기가 남긴 결과들이 여전히 세계 도시 체제 전체에 불안정성과 갈등의 충격파를 던지고 있는 현 시점에서 이런 동일한 문제틀에 관한 고찰을 확장하려 한다. 우리의 목적 중 하나는 오늘날 도시 생활의 초상품화를 되돌리려 하는 제도, 운동, 주체들에게 유용할 지적 자원을 북돋는 데 기여하고, 이런 자원들을 기반으로 대안적인, 급진 민주적인, 사회적으로 정의로운, 지속 가능한 형태의 어버니즘을 고취하는 일이다. 이미 30여 년 전에 데이비드 하비David Harvey는 이런 도전이 지닌 특징을 간결하게 정리했다(Harvey 1976, 314).

잉여 가치의 순환 양상은 변하고 있지만 그런 변화가 도시들이 …… 소수가 다수를 착취하는 데 기반한다는 사실을 변화시키지는 않았다. 착취에 기반하는 어버니즘은 역사가 남긴 유산의 하나다. 진정으로 인간적인 어버니즘은 아직 탄생하지 않았다. 착취에 기반하는 어버니즘에서 인류에 적합한 어버니즘으로 나아가는 길을 그려 보이는 일은 혁명적 이론의 몫으로 남아 있다.

하비가 제시한 정치적 명령은 21세기 초반에 그 어느 때보다 긴급하게 다가온다. 하비가 보기에 비판적 도시 이론, 또는 '혁명적' 도시 이론의 핵심 과업은 대안적이고 포스트-자본주의적인 형태의 도시화를 향한 '길을 그려 보이는' 일이다. '강탈을 통한 축적'(Harvey 2008)과 자본주의적 인클로저(De Angelis 2007)의 새로운 물결이 세계 경제를 파괴적으로 휩쓸고 가는 오늘날 이 과업은 어떻게 소화될 수 있을까?

비판 도시 이론의 필요성

사회 변혁의 가능한 경로들을 지도로 그리기, 하비가 쓴 용어로 '길을 그려 보이기'(Harvey 1976, 314)는 무엇보다도 도시 재구조화의 현재 양상이 지닌 성격을

이해하기, 그리고 여기에 기반해 그런 양상들이 행동에 미치는 함의들을 분석하기를 포함한다. 따라서 급진적 지식인과 활동가들에게 제기되는 핵심 도전은, 일단 도시들 안에서, 도시들 사이에서, 그리고 도시들을 넘어서, 현재의 지구적 금융 위기의 기원과 결과, 그리고 대안적이고, 진보적이고, 급진적이고, 혁명적인 대답들을 판별해내는 일이다. 그런 이해하기는 저항의 성격, 강도, 방향, 지속성, 잠재적 결과들에 커다란 함의를 지니게 된다.

비판 도시 연구 분야는 그런 질문들하고 대면하려는 끊임없는 노력에 중요한 기여를 할 수 있다. 이런 지적 분야는 1960년대 말과 1970년대 초에 앙리 르페브르, 마뉴엘 카스텔Manuel Castells, 데이비드 하비 같은 급진적 학자들의 선구적 개입을 통해 공고해졌다(Lefebvre 2003[1970]; 1996[1968]; Castells 1977[1972]; Harvey 1976). 이론적, 방법론적, 정치적 차이들이 있기는 해도, 이 저자들은 자본주의 아래에서 도시가 상품화 과정을 위한 전략적 현장으로 작동하는 방식들을 이해하는 데 공통된 관심을 공유했다. 또한 도시들이 상품의 생산, 유통, 소비에서 주요한 기점이며, 도시의 진화하는 내부적 사회공간 조직, 거버넌스 체계, 사회정치적 갈등 양상은 이런 기능하고 맺는 관계 속에서 이해돼야 한다고 주장했다. 나아가 이 저자들은 자본주의적 도시는 상품화가 일어나는 무대일 뿐 아니라, 도시의 구성 요소인 사회공간적 형태들, 곧 건물과 건조 환경부터 토지 이용 시스템, 생산과 교환의 네트워크, 대도시 범위의 기반 시설 배치까지 포괄하는 요소들이 자본의 이윤 창출 능력을 높이기 위해 형태가 완성되며 끊임없이 재조직된다는 점에서 스스로 철저하게 상품화된다고 설명했다.

물론 도시 재구조화의 이윤 지향적 전략들은 지배적이고, 종속적이고, 주변화된 사회 세력들 사이에서 격렬한 경합의 대상이 되며, 그 결과들은 자본의 논리에 따라 결코 미리 결정되지 않는다. 자본주의 아래의 도시 공간은 따라서 절대로 영구히 고정되지 않는다. 오히려 도시의 사회공간적 구성의, 각각 교환 가치(이윤)와 사용 가치(일상생활)의 차원을 지향하는 대립하는 사회 세력들의 냉혹한 충돌을 통해 끊임없이 형성되고 재형성된다(Lefebvre 1996[1968]; Harvey 1976; Logan and Molotch 1987). 더욱이 도시 공간을 상품화하는 전략들은 종종 크게 실패해 노동과 자본이 사회적 필요들을 충족하도록 생산적으로 결합될 수 없게 되는, 가치가 하락하고 위기로 분열된 도시와 지방 풍경들을 낳으며, 일반적으로 막대한 인간적 희생과 대규모 환경 파괴라는 대가를 치르기도 한다. 그리고 그런 이윤 창출 전략들이 도시들 안에서든, 도시들 사이에서든, 그리고 도시들을 넘어서든, 잉여 가치 추출의 새로운 전선들을 열어젖힌 듯이 보일 때조차, 이런 외견상의 '성공'은 불가피하게 불안정하고 일시적이다. 과잉 축적, 가치 하락, 체제적 위기가 영구적 위협으로 남게 된다.

그렇지만 역설적이게도, 자본주의적 도시화에 연관되는 갈등, 실패, 불안정성, 위기 경향들은 위협의 해소나 초월로 귀결되지 않고, '내파-외파'(implosion-explosion'(Lefebvre 2003[1970]))와 '창조적 파괴'(Harvey 1989)라는 역동적 과정을 거쳐 계속 재창조를 낳는다. 결국 파괴적이고 불안정한 사회적 결과와 환경적 결과들을 가져오면서도 이윤을 늘리려 하는 자본의 무분별한 동학은 도시의 사회 공간적 구성을 생산하고 변형하는 과정에서 오랫동안 강력한 기능을 수행해 왔으며, 여전히 수행하고 있다.[1]

1970년대 이래, 이런 분석적이고 정치적인 출발점들 덕분에 도시화의 자본주의적 형태가 불러온 다양한 차원과 결과를 다룬 구체적이면서도 비판적인 지향을 지닌 연구가 엄청나게 쏟아졌다. 여기에는 산업 집적과 기업 내 관계들

---

1 물론 도시와 상품화 사이의 연관에 관한 탐색은 이미 19세기 중반에 공업 도시 맨체스터를 대상으로 엥겔스가 진행한 고전적 연구에서 시작됐다(Engels 1987[1845]). 그렇지만 20세기의 주류 도시학자들은 이런 쟁점들을 구성하지 않은 채 방치했고, 그러는 대신 초역사적이고 기술적이거나 도구주의적인 접근들을 결합하는 경향, 또는 도시를 인간 생태학이나 문명적 질서를 구성하는 이른바 보편적 원칙이 공간적으로 표현된 형태로 해석하는 경향을 띠었다(얼마 안 되는 예외로 루이스 멈퍼드(Lewis Mumford)가 '코크타운(coketown)'을 설명한 부분을 보라(Mumford 1961, 446~481).

의 양상, 도시 노동 시장의 변화, 부동산과 도시 자산 관계의 정치경제학, 주택, 교통, 교육, 기반 시설 투자 등 사회적 재생산 문제, 생산, 재생산, 도시 거버넌스 영역에서 벌어지는 계급 투쟁과 그 밖의 사회적 갈등의 전개, 도시 재구조화 과정을 매개하는 과정 중 다양한 공간적 규모에서 국가 제도가 하는 기능, 도시 거버넌스 레짐의 재조직, 도시화된 사회자연socio-nature의 진화, 도시의 사회적 동원, 다양한 갈등이나 투쟁 형태들이 공고화되는 과정 등이 포함된다(전반적으로 살펴보려면, Dear and Scott 1980; Soja 2000; Heynen et al. 2006을 참고하라). 거꾸로 이런 분석들은 도시 문제에 지적이고 정치적으로 참여하는 세대들을 고취한 비판 도시 연구의 몇몇 흐름을 정교화하는 데에도 기여했다. 이런 흐름에는 다양한 추상 수준이 포함된다. 첫째, 자본 축적의 (세계적 범위에서) 레짐들을 도시 공간 구성의 (국가적이고 지역적인) 변화에 연결시킨 자본주의적 도시 발전의 **시기 구분**, 둘째, 각각의 도시 구성 속에서 결정화하는 사회공간적 조직화의 장소-특정적이고 영토-특정적인 형태들을 탐색한 **비교** 접근법에 기반한 도시 연구, 셋째, 도시 재구조화의 지속적인 장소-특정적 과정, 세계 자본주의의 근원적인 위기 경향에 내재된 원천, 그런 요소들이 도시 발전의 미래 궤적에 미치는 영향, 그리고 그런 요소들을 모종의 대중 민주주의적 통제 아래 둘 가능성을 읽기 위한 **국면적** 분석들이다.

그렇지만 이런 사실은 비판적 도시 연구 흐름이 엄격하게 교조적이거나 특정 패러다임을 따르는 기초 위에 놓인 단일한 연구 영역을 대표한다는 의미는 아니다. 반대로 자본주의적 도시화에 관한 비판적 연구가 발전하는 과정에서는 중요한 이론적, 방법론적, 정치적 쟁점들에 관한 폭넓은 의견 불일치가 숱하게 두드러졌다(대략 살펴보려면, Katznelson 1993; Saunders 1984; Soja 2000; 이 책 8장을 참고하라). 세계적 범위의 자본주의적 도시화가 계속 진전되면서 형식, 내용, 견해가 크게 바뀌기는 했지만, 이런 논쟁들은 1970년대 초반만큼이나 2000년대 후반에도 팽팽한 상태로 남아 있다.

그렇다고 해도 지난 40년간 자본주의 도시 문제를 둘러싼 활발한 이론화, 연구, 논쟁과 이견이라는 배경을 뒤로 하고, 우리는 넓게 보아 일관성을 갖춘 '비판적' 도시 연구 조류를 이야기할 수 있다고 생각한다. 이런 비판적 조류는 도시 문제들에 관한 '주류적' 또는 '전통적' 접근에 맞서 의미 있는 대당이 될 수 있다('비판' 도시 이론의 특수성에 관한 좀더 자세한 고찰은 이 책에 실린 브레너, 마르쿠제, 구네와데나, 랜킨이 쓴 글을 보라).

가장 일반적인 견지에서 도시 연구에 관련된 비판적 접근은 다음 사항들에 관련된다. 첫째, 자본주의와 도시화 과정들 사이의 체계적인, 그러나 역사적으로 특수한 상호 교차 지점들을 분석하기, 둘째, 자본주의적 도시화의 전개를 형성하거나, 반대로 자본주의적 도시화를 통해 형성되는 사회 세력, 권력 관계, 사회공간적 불평등과 정치-제도적 구성의 균형 변화를 검토하기, 셋째, 기성 도시 질서들 안에 각인된 뒤 자연스러운 요소가 되는 (계급, 종족, '인종', 젠더, 섹슈얼리티, 민족성 등 뭔가의) 주변화와 배제와 부정의를 드러내기, 넷째, 현대 도시 내부의 모순, 위기 경향, 잠재적 또는 실제적 갈등의 선을 판독하기, 그리고 이 결과를 기반으로, 다섯째, 좀더 진보적인, 사회적으로 정의로운, 해방적인, 지속 가능한 도시 생활을 형성하기 위한 전략적으로 핵심적인 가능성들을 분별하고 정치화하기.

위기의 도시들 – 이론 …… 그리고 실천

이 책은 이런 쟁점들을 두루 다루고 있으며, 이런 의미에서 비판 도시 연구 프로젝트에 관한 지속적인 집단적 개입을 대변한다. 대부분의 기고문은 2008년 11월 피터 마르쿠제Peter Marcuse의 여든 살 생일에 앞서 베를린 대도시연구센터에서 열린 회의에서 초고 형태로 발표됐다. 이 회의는 마르쿠제가 비판 도시 이론가이자 계획가로서 학자 경력을 바친 몇몇 핵심 쟁점들, 곧 현대 자본주의에서 도시와 도시 공간의 변형, 그런 변형을 매개하는 과정에서 국가와 도시 계획이 한 구실, 계급과 인종적 선을 따라 진행되는 도시의 사회공간적 배제와 양극화의 정치학, 좀더 사회적으로 정의롭고 급진 민주적이며 지속 가능한 도시 구성을 창출하기 위한 진보적이거나 급진적인 개입과 동원의 가능성 등을 둘러싸고 조직됐다.

이런 주제들은 여러 기고문에서 잘 드러나는데, 비판 도시 이론의 본성과 도시권 개념에 관한 회고(마르쿠제, 브레너, 슈미트, 구네와데나, 마이어)부터, 도시 공간의 상품화에 연관된 역사적 대안들에 관한 분석(마이어, 플리에를과 마르쿠제, 아위테르마르크, 마르쿠제), 전세계적 범위에서 진행되는 도시 재구조화의 현재 국면을 가장 잘 분석하는 방법을 둘러싼 논의(마르쿠제, 마이어, 크래트케, 이프타첼, 하비와 와쉬무스), 도시 문제를 다루는 기성 지식 체계에 관한 비판적 개입(랜킨, 브레너와 매든과 와시무스, 크래트케, 슬레이터), 도시의 사회공간적 재구조화와 배제에서 최근 드러나는 다양한 양상에 관한 구체적 탐구(이프타첼, 아위테르마르크), 현재 어버니즘의 지배적 양상을 두고 경합하는 현대의 동원화에 관한 비판적 설명(마이어, 슈미트, 하비와 와쉬무스)까지 망라한다.

이 책에 실린 글들은 모두 현대 도시의 조건에 관한 어떤 비판적 설명에 관해서든 상품화의 중심성을 지적이고 정치적인 참조점으로 삼는다. 그렇지만 이론과 방법에 관련된 여러 렌즈를 들고 이 문제틀에 접근하며, 구체적인 도시 구성에 관련된 함의를 다양한 주제들을 포괄하는 견해에 기반해 평가한다. 대부분 지난 10여 년 동안 도시 재구조화에서 드러난 양상과 그 양상에 연관된 모순에 초점을 두면서 서유럽과 북아메리카의 초상품화된 도시 공간에 특별한 관심을 기울이지만, 다른 몇몇 글은 중동(이프타첼)이나 남반구(마이어, 랜킨)의 도시화 과정을 살핀다.

몇몇 기고문은 얼마 전 급진적 학자와 활동가들에게 재발견된 '도시에 대한 권리'라는 르페브르(Lefebvre 1996[1968])의 고전적 개념을 논의한다(이 책에서는 마르쿠제, 슈미트, 마이어, 하비와 와쉬무스를 보라). 이 슬로건은 여러 현대 도시에서 벌어진 중요한 운동에서 터져 나온 외침과 변혁적 정치 동원의 기반을 표상하며, 참여적 도시 시민사회의 재활성화를 통해 '시민을 위한 도시'를 창출하려 한 이전의 요청들하고도 공명한다(Douglass and Friedmann 1998). 그렇지만 마이어가 이 책 5장에서 지적하듯, '사회적 자본' 사례하고 상당히 비슷하게 이 잠재적으로 급진적인 정치 슬로건은 아주 미약하나마 참여하는 모습을 띠던 도시 거버넌스의 이전 형태들을 정당화하거나 지방 사무에 새로 도입된 시민 참여 형태들이 지닌 체계적 함의를 과장하는 기반으로 포섭되면서 국가 제도들을 통해 이데올로기적으로 활용되고 있기도 하다(Mayer 2003도 보라). 비유의 문제는 르페브르가 1960년대와 1970년대에 자주관리autogestion, 곧 말 그대로 '자기-경영self-management'이지만 아마도 '풀뿌리 민주주의'라는 말로 가장 잘 해석되는 유로코뮤니즘식 개념이 새로운 형태의 국가 관료적 계획을 정당화하기 위한 여러 이해관계에 휘둘려 널리 오용될 때 씨름한 사안이기도 하다(Lefevre 2009[1966]). 그런 흐름들에 반대해, 르페브르는 도시적인 것이든 다른 무엇이든 간에 모든 급진 민주주의 프로젝트에는 '상품의 세계를 제한하는 것'이 핵심이라고 주장했는데, 이런 요소가 '그 속에 이해관계를 지닌 이들을 거쳐 형성되고 통제되고 관리되는 사회적 필요들을 우선시하면서 민주적 계획에 관련된 프로젝트에 내용을 부여'하게 되기 때문이다(Lefebvre 2009[1966], 148). 몇몇 글이 그런 풀뿌리 참여형 도시 정치의 도전과 딜레마를 살피고 있다면(마르쿠제, 슈미트, 마이어, 랜킨, 하비와 와쉬무스), 다른 글은 도시 주민의 주변화, 배제, 축출, 권한 박탈, 억압을 심화하는 재구조화 과정에 뒤이은 구성, 확장, 재창조를 옹호하기도 한다(이프타헬, 마르쿠제, 슬레이터, 아위테르마르크; Purcell 2008도 보라).

포드주의-케인스주의의 시기 이래 도시 사회운동은 분명히 부침을 거듭했다. 때때로 큰 변화를 만드는 데 성공했지만, 또 다른 때는 급진적 약속이 유실

되고 포섭되거나 '주류화'되기도 했다. 물론 앞서 말한 대로 모든 운동이 실제로 체계적 변화를 추구하지는 않았다.[2] 그렇지만 비판 도시 연구의 관점에서 보면, 현재 상황에 관련해 이런 추론을 해봄 직도 하다. 사회운동 동원이 지닌 변혁적 잠재력은 두 가지 기본 요인에 의존한다. 첫째, 기성의 지배적 위치를 차지하고 있는 이들의 객관적 지위, 권력, 전략들, 둘째, 어버니즘의 기성 형태에 반대해 동원하고 있는 이들의 객관적 지위, 권력, 전략들.

그리고 앞에서 이미 지적한 대로, 이 두 요소가 현재 자기 자신을 발견하고 있는 객관적 지위는 위기다. 처음에는 이 위기가 경제적 구조에 근거하고 있다고 보였지만, 게다가 거버넌스, 규제, 정치적 의식의 형태로 확장됐다. 권력을 가진 이들의 전략은 불운하게도 매우 분명하며, 신자유주의의 명제와 그 명제로 구성된 다양한 순열로 간단히 요약될 수 있다. 이런 사실이 이 책에 실린 글들 대부분의 배경을 형성하며, 저자들은 자본주의의 사회적 권력 관계들이, 더불어 제국주의, 식민주의, 인종주의를 비롯한 다른 사회적 권력 탈취의 양상들이 세계 곳곳의 도시 사회공간적 경관에 각인되는 다양한 방식을 검토한다. 그렇지만 지배에 저항하는 힘들은 어떠한가? 당면한 위기 때문에 고통받는 이들, 그리고 실제로 현재 상황이 결과이거나 그 일부인 장기적 착취 관계들은? 그런 이들의 미래는 무엇이고, 만약 그런 이들이 어떤 변화를 만들어낼 수 있다면 그 결과는 무엇일까?

기성 질서와 현재 진행되는 재구조화 과정에서 부정적 영향을 받은 집단들의 성격이 몇몇 장에서 비슷한 방식으로 다루어진다. 이를테면 마르쿠제는 **박탈된 이들**the deprived(직접적으로 착취받고, 실업 상태에 있고, 가난하고, 일자리

---

[2] 카스텔은 사회운동을 체제 차원의 변화를 일으키는 데 성공한 사례로 제한해 정의했지만(Castells 1977[1972]), 우리는 좀더 넓은 개념화를 받아들인다. 성공과 실패라는 문제는, 특히 체제적 수준에서는 다툼의 여지가 있으며, 이를테면 완전히 해방적인 규준 아래인지 주류 권력 정치의 조건 아래인지에 따라 다를 수 있다. 따라서 둘 다 의미는 있다.

와 교육에서 차별받고, 건강 상태도 좋지 않고, 돌봄을 받지 못하거나, 자유를 빼앗긴 이들)과 **불만에 찬 이들**the discontented(존중받지 못하고, 성적 지향과 정치적 지향과 종교적 지향 때문에 불평등하게 대우받으며, 발언과 저술과 연구와 예술 표현을 검열받고, 소외된 일자리를 강제받고, 또는 어쨌든 삶의 가능성을 탐색할 역량을 제약받는 이들)을 구별한다. 이 두 집단에 모두 걸친 성원은 기성 자본주의 체제와 현재의 어버니즘 형태에 저항할 상당한 이유가 있다. 그러나 이질적인 집단인 탓에, 공통 이해관계가 언제나 명확하지는 않을 뿐더러 조율된 행동을 하기도 쉽지 않다. 이 책에 실린 몇몇 글에서는 변혁적 잠재력뿐 아니라 다양한 집단이 통일되고 집합적인 행동을 시도할 때 부딪치는 고질적인 어려움을 동시에 보여주는 사례로 1968년에 벌어진 사건들이 거듭 언급된다. 그런 행동이 일어날 가능성은 기업 미디어의 잠재력, 일상적이고 정형화된 정치 언어, 장기적이고 체계적인 쟁점을 다루기 전에 매일매일 마주하는 위기들을 해결해야 한다는 지각된 필요 때문에 더욱 제약된다. 그리고, 무엇보다도, 변혁적 행동은 시장 근본주의의 선전, 대량 소비주의의 인위적 압박, 기술적으로 도구화된 교육 체제, 관료제에 내재된 엄청난 무게, 그리고 이 모든 것에 걸친 배제와 우월성의 지배 이데올로기(이를테면 민족주의, 인종주의, 유럽중심주의, 오리엔탈리즘, 이성애 규범주의, 종 차별주의 등)가 지닌 압도적인 힘 때문에 제약받는다.

그렇지만 저항과 변화를 향한 다른 접근이 몇 가지 가능하다. 사적 세계를 좌지우지하는 지배 기구와 기업이 그나마 미약한 공적 통제마저 손아귀에 쥐고서 위세를 떨치던 민간 시장 금융 체제가 붕괴하자 쏟아진 압도적 반응은 대중적 분노다. 이런 분노는 체제 전체를 향할 수도 있다. 곧 르페브르의 정신에 입각해 급진적 전환을 지향할 수 있다. 당면한 위기들을 통해 자본주의 체제 전체의 악덕을 드러내고 진정한 도시권을 실현하려면 민간 금융이 도시 경제를, 그리고 실제로는 세계 경제 전체를 지배하는 현실을 철폐해야 한다는 주장이

성립할 수 있다.

이런 주장은 하비가 그린 전망처럼 '인류에 적절한 어버니즘'의 구축을 정확히 지향하는 급진적 응답일 수 있다(Harvey 1976, 314).[3]

다른 한편, 자유-진보적 또는 개혁주의적 응답은 현재의 위기를 만들어낸 악당으로서 은행가나 금융가, 정치인 개인, 그리고 '지나친' 탐욕에 초점을 두게 된다. 그런 만큼 이런 응답은 기성 규제들이 허용하는 정도보다 은행가와 권력자들의 행동을 더 철저히 규제하는 데 초점을 두게 된다. 이런 응답은 분노를 체제 전체로 향하게 하는 대신에, 거기서 얻게 되는 보너스에, 누군가가 저지르는 폰지 사기에, 또는 현재의 위기에 비슷하게 관련된 정치 권력의 남용에 돌리게 된다. 그런 만큼 이 응답에서는 국유화가 가장 중요한 목표가 되며, 국유화를 '건강'한 은행을 만드는, 말하자면 갱신된 이윤율로 회복시키고, 따라서 은행을 이제 '더 나은' 규제를 거쳐 아마도 지나친 '위험'에서 보호받는 민간과 기업 소유자에게 돌려주는 한 걸음으로 바라본다. 따라서 분노는 속 빈 강정이 되고, 도시에 대한 권리는 실업 급여와 (어쨌든 기업 '경쟁력'을 유지하는 데 필요한) 도시 기반 시설 관련 공적 투자에 연관된 내용으로 쪼그라들며, 은행에 공급한 대규모 긴급 구제는 소시민과 중간 계급 같은 '실현 가능한' 담보 대출 대부자에게 제공하는 최소한의 보호 조치하고 맞바꾸어진다.

오늘날의 도시 사회운동은 1980년대 신자유주의 재구조화의 첫 국면인 긴축 시기처럼 똑같은 방식으로 포섭될까? 도시 사회운동은 체제를 그저 재시동하고 마는 개혁에 만족할까, 아니면 1968년에 전투적 학생운동과 노동운동이 한 대로 체제 차원의 변화를 문제로 다루려 시도할까? 이 글을 쓰는 지금(2011

---

3 오바마의 당선이 정치 과정을 일정한 변화를 달성하는 데 이용하는 민중의 권력을 표현한 결과라 보면, 사회 변혁에서 선거에 기반한 의회 민주주의 전략들에 부과되는 내재적 제약을 과소평가하게 된다. 경제 권력의 핵심이 다국적 기업과 책임성 없는 금융 기구들의 손아귀에 남아 있다면, 선거는 지구적 자본주의가 실제 작동하는 데 아주 제한된 영향력만을 지니게 된다.

년 3월), 담보 잡힌 주택을 점거하는 모습에서 보이는 고양된 전투성과 담보 대출 규제를 둘러싼 끝없는 논쟁에서 엿보이는 포섭, 둘 다 가능성이 있을 듯 하다. 예측은 조심스러운데, 적어도 자본주의의 미래에 관련해 도시 공간이 끊임없는 투쟁의 전장, 매개체, 지반으로 동시에 기능하고 있기 때문이다. 하비 (Harvey 2008, 39)가 한 정식화에 따르자면, 이 문제는 한편에 있는 박탈된 이들과 불만에 찬 이들과 빼앗긴 이들의 동원이, 다른 한편에 있는 소수의 이익을 위해 도시에 대한 권리 자체를 포함해서 사회와 자연 자원을 도구화하고 통제하며 식민화하는 지배 계급의 전략들하고 마주치는 '충돌 지점'이다. 우리 도시들의 현재와 미래를 둘러싼 투쟁들이 심화될수록, 우리는 이 책이 세계적 범위의 자본주의적 도시화의 음울하고 파괴적인 현 상태에 관한, 혁명적이지는 않더라도 급진적인 대안을 형성하기 위해 이해되고 실행돼야 할 내용을 분명히 하는 데 기여하게 되기를 희망한다. 따라서 '이윤이 아니라 민중을 위한 도시'라는 슬로건은 우리 시대의 위기를 다루면서 우리가 이론적인 동시에 실천적으로 끊임없이 노력하기 위해 중요한 정치적 목표로 여길 대상을 분명히 하려는 의도를 품고 있다.

참고 자료

Boddy, M. and Fudge, C.(eds.). 1984. *Local Socialism?* London: Macmillan.

Brenner, N. and Theodore, N.(eds.). 2003. *Spaces of Neoliberalism*. Cambridge, Mass.: Blackwell.

Castells, M. 1977[1972]. *The Urban Question: A Marxist Approach*. London: Edward Arnold.

De Angelis, M. 2007. *The Beginning of History: Value Struggles and Global Capital*. London: Pluto.

Dear, M. and Scott, A. J.(eds.). 1980. *Urbanization and Urban Planning in Capitalist Society*. London: Methuen.

Douglass, M. and Friedmann, J.(eds.). 1998. *Cities for Citizens*. New York: Wiley.

Economist Intelligence Unit. 2009. "Governments under pressure: how sustained economic upheaval could put political regimes at risk." *The Economist*[online]. Available at: http://viewswire.eiu.com/index.

asp?layout =VWArticleVW3&article_id=954360280&rf=0(accessed March 19, 2009).

Engels, F. 1987[1845]. *The Condition of the Working Class in England*, trans. by V. Kiernan. New York: Penguin.

Freier, N. P. 2008. "Known unknowns: unconventional 'strategic shocks' in defense strategy development," *Strategic Studies Institute U.S. Army War College*[online]. Available at: http://www. strategicstudiesinstitute.army.mil/pubs/display.cfm?PubID=890(accessed June 29, 2011).

Harvey, D. 2008. "The right to the city." *New Left Review* 53. pp. 23-40.

Harvey, D. 1989. *The Urban Experience*. Baltimore: Johns Hopkins University Press.

Harvey, D. 1976. *Social Justice and the City*. Cambridge, Mass.: Blackwell.

Heynen, N., Kaika, M., and Swyngedouw, E.(eds.). 2006. *In the Nature of Cities*. New York: Routledge.

Jacobs, J. 1962. *The Death and Life of Great American Cities*. New York: Vintage.

Katznelson, I. 1993. *Marxism and the City*. New York: Oxford University Press.

Lefebvre, H. 2009[1966]. "Theoretical problems of autogestion." N. Brenner and S. Elden(eds.), *State Space, World*. Minneapolis: University of Minnesota Press, pp. 138-152.

Lefebvre, H. 2003[1970]. *The Urban Revolution*, trans. by R. Bononno. Minneapolis: University of Minnesota Press.

Lefebvre, H. 1996[1968]. "The right to the city." E. Kofman and E. Lebas(eds.), *Writings on Cities*. Cambridge, Mass.: Blackwell, pp. 63-184.

Logan, J. and Molotch, H. 1987. *Urban Fortunes*. Berkeley: University of California Press.

MacIntosh, M. and Wainwright, H.(eds.). 1987. *A Taste of Power: The Politics of Local Economics*. London: Verso.

Mayer, M. 2003. "The onward sweep of social capital." *International Journal of Urban and Regional Research* 27(1). pp. 110-132.

Mumford, L. 1961. *The City in History*. New York: Harcourt.

Purcell, M. 2008. *Recapturing Democracy*. New York: Routledge.

Saunders, P. 1984. *Social Theory and the Urban Question*, 2nd edition. New York: Routledge.

Schwartz, N. 2009. "Rise in jobless poses threat to stability worldwide." *The New York Times*, February 15.

Smith, N. 1996. *The New Urban Frontier*. New York: Routledge.

Soja, E. 2000. *Postmetropolis*. Cambridge, Mass.: Blackwell.

2장

비판 도시 이론이란 무엇인가

닐 브레너

서론

비판 도시 이론이란 무엇인가? 이 문구는 1968년 이후 시기 동안 좌파이거나 급진적인 도시 연구자들이 쓴 저술, 이를테면 앙리 르페브르, 데이비드 하비, 마누엘 카스텔, 피터 마르쿠제, 그리고 이 사람들에게서 영감을 얻거나 영향받은 집단이 쓴 글을 찾아보기 위한 약어로 일반적으로 활용됐다(Katznelson 1993; Merrifield 2002). 비판 도시 이론은 전해 내려온 분과 학문적 노동 분업과 통계적, 기술 관료적, 시장 주도적 또는 시장 지향적 도시 지식 형태를 거부한다. 이런 의미에서 비판 이론은 '주류' 도시 이론이라는 이름이 붙을 만한 이론, 이를테면 시카고학파의 도시사회학에서 전해 내려오는 접근들, 아니면 기술 관료적이거나 신자유주의적인 정책학에서 활용되는 이론들하고는 근본적으로 다르다. 현재의 도시 조건을 사회 조직의 몰역사적 법칙, 관료적 합리성, 또는 경제적 효율성의 표현으로 인정하는 대신에, 비판 도시 이론은 도시 공간이 지닌 정치적이고 이데올로기적으로 매개되는, 사회적으로 경합되며, 따라서 가변적인 성격, 곧 역사적으로 특정한 사회적 권력 관계의 현장, 매개체, 결과물로서 끊임없이 (재)구성되는 특성을 강조한다. 그러므로 비판 도시 이론은 전해 내려오는 도시 이론뿐 아니라, 좀더 일반적으로는, 기성의 도시 구성들에 관한 적대적 관계에 기반한다. 비판 도시 이론은 다른, 좀더 민주적인, 사회적으로 정의로운, 지속 가능한 도시화 형태가 가능하다고 주장한다. 그런 가능성이 지배적인 제도적 질서, 관행, 이데올로기들을 통해 억압받고 있더라도 말이다. 요컨대 비판 도시 이론은 (사회과학적 이데올로기들을 포함해) 이데올로기에 관한 비판, 그리고 도시들 안과 도시 사이에서 나타나는 권력, 불평등, 부정의, 착취에 관한 비판을 포함한다.

그렇지만, 비판, 좀더 특수하게는 비판 이론이라는 개념은 그저 서술적 용어가 아니다. 계몽주의와 포스트-계몽주의 사회 철학, 특히 게오르크 빌헬름

프리드리히 헤겔, 카를 마르크스, 그리고 서구 마르크스주의 전통 속 여러 조류에서 끌어온 확고한 사회 이론적 내용을 담고 있다(Koselleck 1988; Postone 1993; Calhoun 1995; Callinicos 2006; Sayer 2009). 더욱이 비판 사회 이론에서 비판의 초점은 지난 두 세기에 걸친 자본주의 발전 과정 동안 엄청나게 진화했다(Benhabib 1986; Therborn 1996). 우리들이 이 책을 통해 제시할 지적이고 정치적인 의제를 감안한다면, 앞서 언급한 전통들, 특히 현대의 비판적 도시 연구자들이 한 작업에 결정적인, 때로는 대체로 암시적인 참조점을 분명히 제공한 프랑크푸르트학파 전통 속에서 발전된 몇몇 핵심 주장을 다시 살펴볼 만하겠다.

내가 이 글에서 강조하는 요점의 하나는 도시 이론이든 다른 무엇이든 비판 사회 이론의 모든 접근에 담긴 역사적 특수성이다. 카를 마르크스와 프랑크푸르트학파가 한 작업은 앞선 자본주의 단계, 각각 경쟁 자본주의(19세기 중반~19세기 후반)와 포드주의-케인스주의 자본주의(20세기 중반) 시기 동안 출현했는데, 이제 자본주의 발전은 가차 없는 창조적 파괴가 진전되는 단계로 대체됐다(Postone 1999; 1993; 1992). 따라서 지금 던져야 할 핵심 질문은 21세기 초반에, 더욱 지구화되고 신자유주의화되고 금융화된 자본주의의 형성이라는 맥락 속에서, 비판 이론을 위한 가능성 조건들은 오늘날 어떻게 바뀌었느냐 하는 물음이다(Therborn 2008).

그런 숙고는 **도시** 문제를 비판 사회 이론의 좀더 넓은 프로젝트 속에 자리매김할 방식이라는 골치 아픈 문제로 직접 연결해주기도 한다. 발터 벤야민Walter Benjamin의 《아케이드 프로젝트Passagen-Werk》라는 중요한 예외 말고는, 프랑크푸르트학파에 연관된 중요한 인물 중에는 도시 문제에 큰 관심을 기울인 사람이 없었다. 프랑크푸르트학파에게 비판 이론이란 상품화, 국가, 법률에 관한 비판, 그리고 이를테면 가족 구조, 문화 형태, 사회 심리적 동학을 통한 상품화, 국가, 법률의 매개에 관한 비판을 포함했다(Kellner 1989; Jay 1973; Wiggershaus 1995). 이런 지향은 자본주의 발전에서 경쟁 단계와 포드주의-케인스주의 단계를 지나는 동안에는 확실한 개연성을 확보했는데, 도시화 과정이 대체로 다른, 좀더 근본적이라 알려진 사회적 힘들, 곧 산업화, 계급 투쟁, 국가 규제, 문화 산업의 직접적인 공간적 표현으로 보인 때문이었다. 그렇지만 내가 앞으로 논의하려는 바, 그런 지향은 우리가 다름 아니라 **세계의 도시화**, 곧 앙리 르페브르가 40년 여년 전에 예견한 '도시 혁명'을 목도하고 있는 지금, 21세기 초반에는 더는 지탱될 수 없다(Lefebvre 2003[1970]; 이 책 4장과 8장도 보라). 더욱더 일반화된 세계적 범위의 도시화라는 조건 아래에서(Lefebvre 2003[1970]; Schmid 2005; Soja and Kanai 2007), 비판 사회 이론 프로젝트와 비판 도시 이론 프로젝트는 그전 어느 때보다 더 긴밀히 얽히게 됐다.

비판과 비판 사회 이론

현대적 비판 사상은 계몽주의에서 발원했고, 임마누엘 칸트, 헤겔, 그리고 헤겔 좌파들이 쓴 저작에서 가장 체계적으로 발전했다(Benhabib 1986; Habermas 1973; Marcuse 1954; Jay 1973; Calhoun 1995; Therborn 1996). 그렇지만 정치경제학 비판이라는 개념이 발전하며 마르크스의 저작 속에서 새로운 중요성을 얻게 됐다(Postone 1993; Benhabib 1986). 마르크스에게 정치경제학 비판은 한편으로는 이데올로기 비판Ideologiekritik의 형태, 곧 지식의 부르주아적 형태에 가득한 역사적으로 특수한 신화, 사물화, 이율배반의 가면 벗겨내기를 수반했다. 마르크스가 정치경제학 비판을 단지 자본주의에 관한 사상과 담론에 관한 비판뿐 아니라 자본주의 자체에 관한 비판으로, 그리고 자본주의를 극복하기 위한 노력에 기여하는 수단으로 이해한 점도 중요하다. 이런 변증법적 개념 속에서 비판이 수행해야 할 핵심 과업은 자본주의를 통해 형성된 역사적으로 특수한 사회적 총체 속의 모순을 드러내는 일이다.

비판에 관한 이런 접근법은 몇 가지 중요한 기능을 지닌 듯하다. 첫째, 자본주의 사회 형성에 뿌리박은 권력, 배제, 부정의, 불평등의 형태를 드러낸다. 둘째, 마르크스에게 정치경제학 비판은 진행 중이면서 새로 만들어지는 사회정치적 투쟁의 풍경을 조명하기 위한 수단이다. 정치경제학 비판은 정치 영역의 이데올로기적 담론을 부르주아 사회 속에 내재한 (계급) 적대와 사회 세력들에 연결시킨다. 아마도 가장 결정적인 기능으로, 마르크스는 비판을 이론과 실천에서 모두 자본주의의 대안을 주조할 가능성을 탐색하는 수단으로 이해했다. 따라서 정치경제학 비판은 자본주의적 모순들이 체제를 침식하는 동시에 체제를 넘어서 다른 방식으로 물질적 생활, 사회적 역량, 사회/자연의 관계들을 조직하는 과정을 보여줬다.

20세기를 지나는 동안 마르크스의 정치경제학 비판은 제2인터내셔널의 전통적 마르크스주의(Kolakowski 1981)와 서구 마르크스주의에 연관된 급진 사상의 대안적 조류들(Jay 1986)을 포함하는, 다양한 비판적 사회 분석의 전통들 안에서 받아들여졌다. 그렇지만 비판의 개념이 방법론적, 이론적, 정치적 문제로서 가장 체계적으로 탐색된 곳은 프랑크푸르트학파의 비판 사회 이론이 분명했다. 이런 문제를 대면하면서 프랑크푸르트학파의 주요 인물들은 정치경제학, 사회 심리적 동학, 진화 경향, 그리고 현대 자본주의의 내적 모순들에 관한 창의적이고 지적이며 정치적으로 전복적인 연구 프로그램도 발전시켰다(Arato and Gebhardt 1990; Bronner and Kellner 1989; Wiggershaus 1995).

'비판 이론'이라는 용어는 막스 호르크하이머Max Horkheimer가 망명 생활 중이던 뉴욕에서 1937년에 쓴 글에서 도입했다(Horkheimer 1982[1937]). 이 개념은 곧이어 동료인 테오도르 아도르노Theodor Adorno와 허버트 마르쿠제Herbert Marcuse, 그리고 그 뒤에는 위르겐 하버마스Jürgen Habermas를 거치며 1980년대까지 매우 다양한 방향으로 발전되고 확장됐다. 프랑크푸르트학파의 개념 속에서 비판 이론은 제2인터내셔널 아래에서 확고히 자리를 지킨 마르크스주의, 곧 노동의 존재론과 자본주의 사회 변혁의 가장 유력한 기반으로서 프롤레타리아 계급 투쟁에 호소하는 방식을 특징으로 내세운 마르크스주의의 교조적 형태를 벗어나는 결정적 분리를 표현했다. 게다가 20세기 중반 동안 프랑크푸르트학파의 비판 이론은 독일 등지에서 제기된 파시즘 비판, 기술 비판, 대중 소비주의, 유럽과 미국에서 제기된 전후 자본주의 아래의 문화 산업 등 다른 몇 가지 맥락 특수적 관심사 덕분에 활력을 얻었다. 그리고 특히 허버트 마르쿠제의 후기 저작에서는 현재의 제도 질서가 인간 해방의 잠재력을 억압할 가능성에 관한 비판을 특기할 만하다.

프랑크푸르트학파의 비판 이론 관념은 처음에는 인식론적 개념으로 정교화됐다. 호르크하이머가 1937년 쓴 에세이 〈전통 이론과 비판 이론〉에서 이 개념은 사회과학과 부르주아 철학에 관한 실증주의적이고 기술 관료적인 접근을 대체할 대안을 분별하게 해줬다(Horkheimer 1982[1937], 188~252). 이런 분석 노선은 잘 알려진 대로 1960년대에 칼 포퍼Karl Popper하고 벌인 실증주의 논쟁 Positivismusstreit에서 아도르노로 이어졌으며(Adorno et. al. 1976), 변증법과 미학 이론을 다룬 아도르노의 철학적 저작 속에서 완전히 다른 형태로 다시 등장했다(이를테면 O'Connor 2000을 보라). 비판 이론 개념은 1970년대 초반 하버마스가 니클라스 루만Niklas Luhmann하고 기술에 관해 벌인 논쟁에서 또 다른 새로운 방향으로(Habermas and Luhmann 1971), 그리고 1980년대 중반에 하버마스의 대표작인 《의사소통 행위 이론The Theory of Communicative Action》에서 더욱 정교하고 성숙한 형태로 발전했다(Habermas 1987; 1985). 프랑크푸르트학파 비판 이론에서 가장 정치적으로 논쟁적인 시각을 1960년대 중반 허버트 마르쿠제가 제시한 사실은 분명한데, 특히 1964년에 출간한 《일차원적 인간One-Dimensional Man》이 그렇다. 마르쿠제에게 비판 이론이란 자본주의 사회를 그 현재 형태에서 모든 곳에서 비판하는 프로젝트를 의미했다. 마르쿠제는 이런 시각이 '기성 사회를 전복적 경향과 힘들을 가지고 따라다니는 **역사적 대안들**'에 관련된다고 주장했다(Marcuse 1964, xi-xii[강조는 필재]. 따라서 마르쿠제의 프로젝트와 마르크스가 원래 의도한 정치 경제학 비판의 핵심 측면 사이에는 직접적 관련이 있다. 기성 사회 관계에서 드러난 모순들 탓에 현재 속에 잠재돼 있는 해방적 대안을 추구한다는 점 말이다 (이 점을 체계적으로 강조한 사례는 Postone 1993).

비판 이론의 핵심 요소 – 네 개의 명제

물론 호르크하이머, 아도르노, 마르쿠제, 하버마스 같은 저자들 사이에는 심대한 인식론적, 방법론적, 정치적, 실질적 차이가 있다. 그렇다 해도 그 저자들이 쓴 저작이 비판 이론의 핵심이면서 기초가 되는 개념을 집단적으로 정초했다고 말할 수 있다(좀 다른 관점의, 그러나 대신해서 읽어도 좋은 글로는 Calhoun 1995를 보라). 이 개념은 '비판 이론은 이론이다, 비판 이론은 성찰적이다, 비판 이론은 도구적 이성 비판을 수반한다, 비판 이론은 실재와 가능태 사이의 어긋남을 강조한다'는 네 개의 주요 명제로 요약할 수 있다. 이 명제들은 서로 떼어낼 수 없게 얽혀 있고, 상호 구성적 관계로 이해될 수 있다. 곧 각각의 온전한 의미는 각각이 맺는 관계 속에서만 파악될 수 있다(그림 2-1).

비판 이론은 이론이다

프랑크푸르트학파에서 비판 이론은 두말할 나위 없이 추상적이다. 형식적 개념들의 발전, 역사적 경향들에 관한 일반화, 연역과 귀납 같은 논증 방식, 역사적 분석의 다양한 형태 등 인식론적이고 철학적인 성찰이 특징이다. 또한 비판 이론은 구체적 연구 위에, 전통적이거나 비판적인 방법을 통해 조직되는 증거 기반 위에 구축될 수도 있다. "최적의 발전 가능성들을 확인하고 정의하기 위해, 비판 이론은 사회적 자원들의 실제 조직과 활용에서, 그리고 이런 조직과

그림 2–1. 비판 이론의 상호 구성적인 네 가지 명제

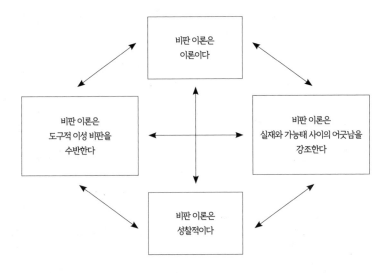

활용이 가져온 결과에서 추상해야만 한다"(Marcuse 1964, xi). 비판 이론은 이런 의
미에서 이론이다.

비판 이론은 그래서 사회 변화의 어떤 특정한 경로를 위한 정식을 제공하려
하지 않는다. 사회 변화를 위한 전략도가 아니며, 사회운동을 위한 '무엇무엇
하는 법' 같은 안내서가 아니다. 비판 이론은 실천 영역에 연결된 매개를 가질
수 있으며, 아니 실제로 **가져야만** 하며, 진보적, 급진적, 혁명적 사회 주체와 정
치 주체에게 전략적 조망을 알려주는 명시적 의도를 지닌다. 그렇지만 동시에
프랑크푸르트학파의 비판 이론 개념은 유명한 레닌주의적 질문 '무엇을 할 것
인가?'에 분석적으로 선행하는 추상화 순간에 초점을 맞춘다는 점이 중요하다.
아도르노는 이런 견해를 가장 날카롭게 요약한다. "이론이 실천에 아첨해야 한
다는 요구는 이론의 진실한 내용을 사라지게 하고 실천을 기만이 되게 만든다.
이론이 변혁적이고 실천적인 생산적 힘이 되려면 직접적이고 상황 특수적인 행
동을 통해야, 곧 자율화autonomization를 통해야 한다"(Adorno 1998[1969], 267; 268).

비판 이론은 성찰적이다

프랑크푸르트학파 전통 속에서 이론은 특정한 역사적 조건과 맥락에 따라 우선 가능해지며, 그러고는 그런 방향성을 띠게 된다고 이해된다. 이런 개념화는 적어도 두 가지 핵심적 함의가 있다. 첫째, 비판 이론은 역사에서 맥락적으로 특수한 시간/공간의 '바깥'에 서 있을 수 있다고 주장하는 모든 실증적, 초월적, 형이상학적 견해 등에 관한 완전한 거부를 수반한다. 비판 이론을 포함해 모든 사회적 지식은 사회적 변화와 역사적 변화의 변증법 안에 배태돼 있으며, 따라서 필연적으로 맥락적이다. 둘째, 프랑크푸르트학파의 비판 이론은 모든 지식의 장소 구속성에 관련된 일반화된 해석학적 관심을 초월한다. 좀더 특수하게 말하자면, 하나의 역사적 사회 형성 안에서 반대되는 적대적 지식, 주체성, 의식의 형태가 출현할 수 있는 과정에 초점을 맞춘다.

비판 이론가들은 하나의 사회적 총체로서 자본주의의 탈구된, 부서진, 또는 모순된 성격을 강조하면서 이 문제에 다가간다. 만약 총체가 닫힌, 모순 없는, 또는 완전한 것이라면, 총체에 관한 비판적 의식도 존재할 수 없으며, 비판의 필요성도 없을 테고, 그리고 실제로 비판은 구조적으로 불가능하게 된다. 비판은 사회가 자기 자신에 대립하기 때문에, 말하자면 그 발전 양식이 자기 모순적이라는 바로 그 이유 때문에 생겨난다. 바로 그렇기 때문에, 비판 이론가들은 자기 자신과 다른 이들의 비판 의식의 형태들을 가능하게 하는 현대 자본주의의 면모들에 관해 이해하려 한다는 점이 중요하다.

비판 이론은 도구적 이성 비판을 수반한다

잘 알려져 있다시피 프랑크푸르트학파 비판 이론가들은 도구적 이성 비판을 발전시켰다(자세한 분석은, Habermas 1987; 1985). 막스 베버Max Weber의 저작에 기반해 비판 이론가들은 목적 자체를 질문하지 않으면서 수단을 목표에 효과적으로 연계한다는 의미를 지닌 목적합리성Zweckrationale을 지향한 수단-목적 합리성을 사회적으로 일반화하는 데 반대했다. 이런 비판은 산업화된 조직, 기술, 행정의 다양한 영역에 함의를 지녔지만, 여기에서 가장 결정적인 점은 프랑크푸르트학파 이론가들이 이 비판을 사회과학 영역에도 적용한 사실이었다. 이런 의미에서 비판 이론은 사회과학 지식의 도구적 방식에 관한, 곧 기성 제도 질서를 좀더 효율적이면서 효과적으로 만들고, 사회적 세계와 물리적 세계를 조직하고 지배하며, 따라서 현재의 권력 형태를 강화하기 위해 만든 고안물들에 관한 강력한 거부를 수반한다. 대신에 비판 이론가들은 지식의 목표에 관한 질문을 요구하고, 나아가 규범적 질문들에 관한 명시적 개입을 이야기했다.

사회과학에 관한 역사적으로 성찰적인 접근하고 같은 선상에서, 프랑크푸르트학파 학자들은 비판 이론이 협소하거나 기술 관료적인 전망을 포용하기보다는 실천적-정치적이고 규범적인 지향을 분명히 해야 한다고 주장했다. 도구주의적 지식 양식은 연구 대상에서 자기 자신이 분리되는 상황을 불가피하게 전제해야 한다. 그러나 일단 분리가 거부된다면, 그리고 인지 주체가 연구 대상하고 동일한 실천적이고 사회적인 맥락 속에 배태돼 있다는 점이 이해된다면, 규범적 질문들은 회피될 수 없다. 성찰성과 도구적 이성 비판의 명제는 따라서 서로 직접 연결돼 있다.

결과적으로 이른바 이론/실천이라는 문제를 논의할 때, 비판 이론가들은 이론을 실천에 '적용'할 방법을 말하지 **않는다**. 오히려 완전히 반대 방향에서, 곧 이론가의 작업이 여전히 추상적인 수준에 있을 때조차 언제나 실천 영역(따라서 규범적 숙고들)이 작업에 영향을 미치는 과정을 살피면서 변증법적 관계를 사고한다. 아도르노는 말한다. "실천은 이론을 위한 힘의 원천이지만, 이론을 통해 규정될 수는 없다"(Adorno 1998[1969], 278). 또는 하버마스는 정식화한다. "변증법적 해석[비판 이론에 연관된]은 인식하는 주체를 사회적 실천에 연관된 관계 측면에서, 그 지위의 측면에서, 둘 다 사회적 노동 과정과 자기들의 목적에 관해 정치적 힘들을 촉발하는 과정 속에서 이해한다"(Habermas 1973, 210~211).

비판 이론은 실재와 가능태 사이의 어긋남을 강조한다

예란 테르보른Göran Therborn이 주장하듯 프랑크푸르트학파는 자본주의적 현대성에 관한 변증법적 비판을 수용한다(Therborn 2008). 곧 이런 사회 형성을 통해 열려진 인간 해방의 가능성을 확인하면서도 체제적 배제, 억압, 부정의를 비판한다. 따라서 비판 이론의 과제는 현대 자본주의에 연관된 지배의 형태들을 조사하는 일만큼이나, 바로 이 체제 안에 배태돼 있지만 동시에 체제에 억압된 해방적 가능성들을 발굴하는 데 있다. 알렉스 캘리니코스Alex Callinicos는 이 점을 초월성에 관련된 질문으로 명쾌하게 요약한다(Callinicos 2006, 1). 캘리니코스는 묻는다. "어떻게 우리는 기성의 실천과 믿음들에 따라 설정된 한계들을 넘어 나아가고 새로운 뭔가를 생산할 수 있는가?"

프랑크푸르트학파의 저술 대부분에서 이런 지향은 '혁명적 주체의 탐색', 곧 자본주의가 촉발시킨 존재이지만 또한 억압된 가능성들을 실현할 수 있는 급진적 사회 변화의 주체를 발굴하는 관심을 포함한다. 그렇지만 프롤레타리아 스타일의 혁명에 관한 모든 희망을 포기한 점을 감안한다면, 전후 시기에 혁명적 주체를 찾으려는 프랑크푸르트학파의 시도는 사회 변혁의 가능성에 관련해 다소간 우울한 비관주의를 낳았다. 특히 상대적으로 추상적인 철학과 미학에 연관된 관심들로 후퇴한 아도르노와 호르크하이머의 저작 속에서 그런 경향이 드러난다(Postone 1993).

이런 흐름에는 대조적으로 마르쿠제는 이 문제에 관해 《일차원적 인간》 서문에서 매우 다른 견해를 드러낸다. 여기에서 마르쿠제는 자본주의 산업화의 이전 시기하고 다르게 20세기 후반의 자본주의는 어떤 분명한 '사회 변화의 주체 또는 대행자들'이 존재하지 않는다는, 말하자면 프롤레타리아트가 더는 '대자적for itself' 계급으로 기능하지 않는다는 데 프랑크푸르트학파 동료들하고 의견을 같이한다. 그런데도 마르쿠제는 강력히 주장했다. "모든 구성원에게, 사회 전체의 …… 질적 변화의 필요성은 그 어느 때보다 절실하다"(Marcuse 1964, xii). 이런 배경에서 마르쿠제는 글을 쓰던 시기 동안 비판 이론의 일정하게 추상적인 특질이 급진적이고 해방적인 사회 변혁의 분명한 주체가 부재한 데 연결돼 있다고 이야기한다. 나아가 마르쿠제는 비판 이론에 관련된 추상화는 구체-역사적 투쟁들을 거쳐야만 완화되거나 해결될 수 있을 뿐이라고 주장한다. 마르쿠제는 이야기한다. "이론적 개념들은 사회 변화하고 함께 종료된다"(Marcuse 1964, xii). 결국 이런 강력한 명제는 이론**으로서** 비판 이론이라는 사고로 우리를 다시 돌아가게 한다. 비판 이론의 **비판적** 추동력이 역사적으로 조건지어지고 역사적 기원을 지닌 만큼, 그 **이론적** 지향 또한 끊임없는 사회적이고 정치적인 변형들을 거쳐 계속 형성되고 재형성된다.

마르쿠제의 견해는 마르크스가 《자본Capital》 3권에서 실재와 표피 사이에 아무런 구별이 없다면 모든 과학은 불필요하게 된다고 말한 유명한 구절을 떠올리게 한다. 이런 주장하고 비슷하게, 마르쿠제는 급진적이거나 혁명적인 사회 변화가 일어나고 있는 세계에서 비판 이론은 비판적 지향이 아니라 **이론으로서** 사실상 의미가 반감되거나 사라질 수도 있다고 이야기한다. 그런 상황은 구체적인 실천이 된다. 또는, 초점을 달리해 말하자면, 혁명적, 변혁적, 해방적인 사회적 실천이 현재의 자본주의에 그렇게 단단히 포위돼 있고 제약돼 있다는 바로 그 사실 때문에 비판 이론은 일상의 사회적 실천이 아니라 비판 이론으로 남아 있다.

이런 관점에서 보면 이른바 이론/실천의 분리는 이론적 혼동이나 인식론적 오류가 가져온 결과가 아니라 비판 이론이 배태돼 있는 소외되고 모순적인 사회 형성의 산물이다. 이런 분리를 극복할 수 있는 이론은 존재하지 않는데, 왜냐하면 정의상으로 볼 때 그 분리는 이론이 아니라 실천을 통해야만 넘어설 수 있기 때문이다.

비판 이론과 도시 문제

마르크스의 저작이 1968년 이후의 비판 도시 연구 분야에 커다란 영향력을 행사했지만, 이 분야의 저자들 중 프랑크푸르트학파가 쓴 저술에 직접 관련을 맺은 이는 드물었다. 그렇기는 해도 나는 비판 도시 연구의 지적 세계 속에 자기 자신을 자리매김하는 대부분의 저자는 적어도 일반적 차원에서 아래 요약된 네 명제를 통해 접합된 비판 이론 개념을 인정한다고 생각한다.

- 비판 이론가들은 자본주의 아래에서 도시 과정의 성격에 관련해 추상적이고 이론적인 주장이 필요하다고 주장하지만, 직접적인, 실용적인, 또는 도구적인 관심의 '시녀'로서 이론 개념은 거부한다.
- 비판 이론가들은 비판적 조망을 포함해 도시 문제에 관한 지식을, 역사적으로 특수하고 권력 관계를 통해 매개되는 지식으로 본다.
- 비판 이론가들은 현존하는 도시 형성의 유지와 재생산을 부추기는 도구주의적, 기술 관료적, 또는 시장 주도적 도시 분석 형식을 거부한다.
- 비판 이론가들은 현대의 도시 안에 잠재해 있지만 아직 체계적으로 억압돼 있는 대안적인, 급진적으로 해방적인 어버니즘 형태의 가능성들을 발굴하는 데 관심을 기울인다.

물론 비판 도시 이론에 관한 어떤 글이든 간에 이 명제들 중 일부에 더 치우쳐 있을 수 있지만, 그런 저작들은 이 분야 전체의 중요한 인식론적 기반을 점점 풍부하게 구성하는 요소로 여겨진다. 이런 의미에서 비판 도시 이론은 이미 마르크스뿐 아니라 프랑크푸르트학파의 여러 이론가들이 폭넓게 일군 지적이고 정치적인 토양 위에서 발전한다. 이 분야가 구축된 1970년대 초반 이래 비판 도시 연구자들 사이에서 벌어진 방법론적, 인식론적, 실질적 논쟁들(이를테면

Saunders 1985; Gottdiener 1985; Robinson 2006; Brenner and Keil 2005; Soja 2000을 보라. 이 책의 8장도 보라)의 잘 알려진, 그리고 결정적인 성격을 감안한다면, 기반이 된 주장의 범위가 이 정도로 넓다는 사실을 잊지 않는 점이 중요하다.

그렇지만 21세기 초반에 비판 도시 연구 분야가 진화하고 다변화되면서, 그 '비판' 이론의 성격은 주의 깊게 점검되고 체계적으로 논의될 필요가 있다. 낸시 프레이저Nancy Fraser는 하버마스를 다룬 예리한 페미니스트 비판에서 저 유명한 질문을 던졌다. "비판 이론에 관련해서 도대체 비판적인 것은 무엇인가what's critical about critical theory?"(Fraser 1989). 이 질문은 이 책에서 논의하는 연구 분야에도 똑같이 던질 수 있다. 비판 **도시** 이론에 관련해 비판적인 것은 무엇인가? 자본주의적 도시화 과정이 세계적 범위에서 창조적 파괴의 전진 운동을 계속하고 있다는 이유 때문에라도, 비판의 의미와 방식은 결코 그대로 있어서는 안 된다. 반대로 이 과정의 불균등하게 진화하는 지리학과 그런 현실이 야기하는 다양한 갈등들하고 맺는 관계 속에서 끊임없이 재발명돼야만 한다. 내가 볼 때 이 사안은 오늘날 비판 도시 이론가들이 직면하는 중요한 지적 도전이자 정치적인 도전이며, 이 책 저자들이 아주 생산적으로 다루려 하는 여러 문제 중 하나이기도 하다.

앞서 지적한 대로 마르크스가 발전시킨 비판 개념과 프랑크푸르트학파에서 정교화된 비판 이론의 전망은 자본주의의 역사적으로 특수한 형성 속에 배태돼 있다. 성찰성에 관한 요청에 걸맞게 이 접근들 각각은 그런 형성 안에 스스로 배태돼 있다고 명시적으로 이해했고, 이 각각의 접근을 비판의 칼날 아래 두도록 자의식적으로 노력했다. 앞에서 자세히 서술한 대로, 성찰성에 관한 이런 요구는 21세기 초반에 도시 이론이든 다른 무엇이든 간에 비판 이론을 전유하고 재창조하기 위한 모든 시도의 중심에 있어야만 한다. 그렇지만 모이셰 포스톤Moishe Postone이 주장한 대로 비판 이론의 가능성 조건은 포스트-포드주의, 포스트-케인스주의 자본주의 아래에서 완전히 재구성됐다(Postone 1999; 1993). 사회 변화의 해방적 형태, 그리고 사회 변화 형태에 연관된 자본주의의 대안을 향한 상상력에 가해지는 구조적 제약들의 성격은 지리경제적 통합의 가속화, 자본의 금융화 심화, 전후 국민 복지국가 개입 모델의 위기, 여전히 진행 중인 국가 형태의 신자유주의화, 모든 공간적 규모에서 자본주의적 인클로저의 새로운 형태들이 가하는 습격, 격화되는 행성적 생태 위기 등을 통해 질적으로 변화했다 (Harvey 2005; Albritton et al. 2001; De Angelis 2007). 가장 최근에 일어난 지구적 금융 위기, 최소한 지난 10여 년간 세계 경제 전체로 번진 재앙적인 지역적 도산 사태가 빚어낸 가장 최근의 '롤러코스터' 현상은 세계 범위에 걸친 발작적 재구조화의 새로운 판을 열었고, 이런 현실은 비판 사회 이론이 지닌 가능성의 인식론적, 정치적, 제도적 조건들을 더욱 풍부하게 만들어냈다(Gowon 2009; Brand and Sekler 2009; Peck et al. 2010). 앞서 말한 비판 이론의 네 요소는 21세기 초반에도 매우 적절하지만, 그 안에 담긴 특수한 의미와 양상은 주의 깊게 재개념화될 필요가 있다. 비판 이론의 프로젝트를 위해 노력하는 이들 앞에 놓인 도전은 자본주의의 끊임없는 전진, 이런 전진에 관련된 자본의 위기 경향과 모순들, 그리고 자본이 세계 경제의 다변화된 경관들에 걸쳐 만들어내는 투쟁과 저항의 동력들에 적절한 방식으로 재개념화를 수행하는 일이다.

나는 이런 과제를 해결하는 열쇠가 도시 문제를 비판 사회 이론 전체의 분석 틀 속으로 좀더 체계적으로 통합하는 데 전적으로 달려 있다는 점을 인정한다. 앞에서 말한 대로 도시화의 이론 틀은 고전적 프랑크푸르트학파 안에서 상대적으로 거의 관심을 받지 못했다. 19세기 파리에서 일어난 자본주의적 변형을 다룬 벤야민의 폭넓은 스케치들(Benjamin 2002)이 커다란 학문적 관심을 불러일으킨 일은 비교적 최근일 뿐이다(Buck-Morss 1991). 자본주의 발전의 경쟁적 국면과 포드주의-케인스주의 국면 동안에도, 도시화 과정은 대규모 도시 지역의 형성과 확장에서 가장 뚜렷하게 드러난 모습처럼 자본 축적의 동학과 일상적인 사회적 관계의 조직화, 그리고 정치 투쟁에서 결정적으로 중요하게 작용했다.

그렇지만 현재의 지리역사적 조건 아래에서 도시화 과정은 세계적 범위에서 더욱 일반화됐다(이 책 4장; 이 책 8장). 도시화는 더는 그저 산업 자본주의 '거대 도시 great town'들이나, 대도시 생산 거점의 무분별한 확장, 교외의 거주지 연결망과 포드주의-케인스주의 자본주의의 지역적 기반 시설 구성, 또는 세계의 '메가-시티들'에서 예상되는 도시 기반 인구의 선형적 증가만을 지칭하지 않는다. 대신에 르페브르가 거의 40년 전에 예견한 대로(Lefebvre 2003[1970]), 이 과정은 이제 다양한 유형의 투자 양상, 거주 공간, 토지 이용 망, 그리고 전세계 경제에 걸친 기반 시설 네트워크로 구성되는, '도시 조직urban fabric'의 불균등한 확장을 통해 전개되고 있다. 도시화는 도시, 광역 도시, 그리고 광역 메가시티로 이어지는 거대한 팽창에서 여전히 뚜렷한 모습을 분명히 드러내지만, 계속 두터워지는 도시 내부의, 그리고 대도시 내부의 기반 시설 네트워크들을 통해 주요 도시 중심부에 더욱 긴밀히 연결되는 다양하고 좀 덜 밀집된 집촌 공간들의 연이은 사회공간적 변형 또한 동등하게 수반하고 있다. 요컨대 우리는 모든 공간적 규모에서, 그리고 행성 공간의 전 표면에 걸쳐, 자본주의적 인클로저의 진행을 통해, 도시화 과정의 심화와 확장을 목도하고 있는 중이나 마찬가지다(Lefebvre 2003[1970]; Schmid 2005; De Angelis 2007).

지금까지 자본주의 발전 국면 동안 도시화의 지리학은 심대하게 불균등했지만, 그러나 도시, 광역 도시, 광역 메가시티 중 무엇으로 규정되든 간에 도시화의 매개 변수들은 더는 어떤 하나의 거주 공간 유형으로 국한되지 않는다. 결국 현재의 조건 아래에서 도시적인 것은 구분되고 상대적으로 제한된 현장으로 조망될 수 없다. 대신에 도시적인 것은 자본의 축적, '공통' 공간과 영토의 끊임없는 인클로저, 정치적-경제적 생활의 조절, 일상적 사회 관계들의 재생산 속에서, 그리고 그런 현실들을 통한 일반화되고 행성적인 조건이 됐으며, 지구와 인간의 가능한 미래를 둘러싼 경합이 동시에 조직되고 투쟁이 진행되게 된다. 이런 견지에서 보면 도시 문제를 가족, 사회심리학, 교육, 문화 산업 등처럼 그저 비판 이론적 접근이 적용될 수 있는 많은 특수화된 하위 주제의 하나로 보는 관점은 점점 방어하기 어려워지고 있다. 대신에 앞에서 논의한 대로 오늘날 비판 이론에 연관되는 주요한 방법론적 지향과 정치적 지향들 각각은 현재 자본주의적 도시화의 세계적 양상에, 그리고 그 양상들이 사회적, 정치적, 경제적, 인간적/자연적 관계들에 널리 미치는 영향에 지속적인 개입을 요청한다.

이 말은 의도된 도발적 확언이거니와, 이 장은 그런 개입의 필요성하고 함께 그 속에서 개입이 일어날 수 있는 폭넓은 지적 매개 변수들을 일부 드러내려 하는 온건한 시도 이상은 하지 않는다. 비판 이론의 이런 '도시적' 재정향을 효과적으로 정교화하려는 시도는 좀더 깊은 이론적 성찰과 폭넓고 구체적인 비교 연구뿐 아니라, 현대 도시화에 관한 비판적 지식을 향한 열광에 요구되는 제도적 조건들을 고양시키기 위한 창조적이고 협력적인 전략화를 확실히 요구하게 된다. 나는 위에서 비판 도시학자들은 21세기 초반 도시 재구조화 과정이라는 견지에서 이론적 개입, 지향, 노력의 '비판적' 성격을 분명히 하고 끊임없이 재규정해야만 한다고 주장했다. 그런 과정에 관련되는 매우 폭넓은 범위의 변형들을 감안한다면, 도시화의 문제틀을 비판 이론 전체의 지적 설계에 더욱 체계적이고 포괄적으로 통합하는 데에도 똑같이 적절한 시기인 듯하다.

참고 자료

Adorno, T. 1998[1969]. "Marginalia to theory and praxis." T. Adorno, *Critical Models: Interventions and Catchwords*. New York: Columbia University Press. pp. 259-278.

Adorno, T., Albert, H., Dahrendorf, R., Habermas, J., Pilot, H., and Popper, K. 1976. *The Positivist Dispute in German Sociology*, trans. by G. Adey and D. Frisby. London: Heinemann.

Albritton, R., Itoh, M., Westra, R., and Zuege, A.(eds.). 2001. *Phases of Capitalist Development: Booms, Crises, Globalizations*. New York: Palgrave.

Arato, A. and Gebhardt, E.(eds.). 1990. *The Essential Frankfurt School Reader*. New York: Continuum.

Benhabib, S. 1986. *Critique, Norm and Utopia*. New York: Columbia University Press.

Benjamin, W. 2002. R. Tiedemann(ed.), *The Arcades Project*, trans. by H. Eiland and K. McLaughlin. Cambridge, Mass.: Harvard University Press.

Brand, U. and Sekler, N.(eds.). 2009. "Postneoliberalism: a beginning debate." special issue of *Development Dialogue* 51. pp. 3-211.

Brenner, N. and Keil, R.(eds.). 2005. *The Global Cities Reader*. New York: Routledge.

Bronner, S. and Kellner, D. 1989. *Critical Theory and Society: A Reader*. New York: Routledge.

Buck-Morss, S. 1991. *The Dialectics of Seeing: Walter Benjamin and the Arcades Project*. Cambridge, Mass.: MIT Press.

Calhoun, C. 1995. "Rethinking critical theory." C. Calhoun, *Critical Social Theory*. Cambridge, Mass.: Blackwell, pp. 1-42.

Callinicos, A. 2006. *The Resources of Critique*. London: Polity.

De Angelis, M. 2007. *The Beginning of History: Value Struggles and Global Capital*. London: Pluto.

Fraser, N. 1989. *Unruly Practices*. Minneapolis: University of Minnesota Press.

Gottdiener, M. 1985. *The Social Production of Urban Space*, 2nd edition. Austin: University of Texas Press.

Gowan, P. 2009. "Crisis in the heartland: consequences of the new Wall Street system." *New Left Review* 55. pp. 5-29.

Habermas, J. 1987. *The Theory of Communicative Action*, Volume 2, trans. by T. McCarthy. Boston, Mass.: Beacon.

Habermas, J. 1985. *The Theory of Communicative Action*, Volume 1, trans. by T. McCarthy. Boston, Mass.: Beacon.

Habermas, J. 1973. *Theory and Practice*, trans. by J. Viertel. Boston, Mass.: Beacon.

Habermas, J. and Luhmann, N. 1971. *Theorie der Gesellschaft oder Sozialtechnologie—was leistet Systemforschung?* Frankfurt: Suhrkamp Verlag.

Harvey, D. 2008. "The right to the city." *New Left Review* 53, pp. 23-40.

Harvey, D. 2005. *The New Imperialism*. New York: Oxford University Press.

Horkheimer, M. 1982[1937]. "Traditional and critical theory." M. Horkheimer, *Critical Theory: Selected Essays*, trans. by M. J. O'Connell. New York: Continuum. pp. 188-243.

Jay, M. 1986. *Marxism and Totality*. Berkeley: University of California Press.

Jay, M. 1973. *The Dialectical Imagination*. Boston, Mass.: Little, Brown and Company.

Katznelson, I. 1993. *Marxism and the City*. New York: Oxford University Press.

Kellner, D. 1989. *Critical Theory, Marxism and Modernity*. Baltimore, MD: Johns Hopkins University Press.

Kolakowski, L. 1981. *Main Currents of Marxism*, Volume 2: The Golden Age. Oxford: Oxford University Press.

Koselleck, R. 1988. *Critique and Crisis*. Cambridge, Mass.: MIT Press.

Lefebvre, H. 2003[1970]. *The Urban Revolution*, trans. by R. Bononno. Minneapolis: University of Minnesota Press.

Marcuse, H. 1964. *One-Dimensional Man*. Boston, Mass.: Beacon.

Marcuse, H. 1954. *Reason and Revolution: Hegel and the Rise of Social Theory*. London: Humanities Press.

Merrifield, A. 2002. *Metro-Marxism*. New York: Routledge.

O'Connor, B.(ed.). 2000. *The Adorno Reader*. Oxford: Wiley-Blackwell.

Peck, J., Theodore, N., and Brenner, N. 2010. "Postneoliberalism and its malcontents." *Antipode* 41(1). pp. 94-116.

Postone, M. 1999. "Contemporary historical transformations: beyond postindustrial theory and neo-marxism." *Current Perspectives in Social Theory* 19. pp. 3-53.

Postone, M. 1993. *Time, Labor and Social Domination: A Re-interpretation of Karl Marx's Critical Social Theory*. New York: Cambridge University Press.

Postone, M. 1992. "Political theory and historical analysis." C. Calhoun(ed.), *Habermas and the Public Sphere*. Cambridge, Mass.: MIT Press, pp. 164-180.

Robinson, J. 2006. *Ordinary Cities*. London: Routledge.

Saunders, P. 1985. *Social Theory and the Urban Question*, 2nd edition. New York: Routledge.

Sayer, A. 2009. "Who's afraid of critical social science?" *Current Sociology* 57(6). pp. 767-786.

Schmid, C. 2005. "Theory." R. Diener, J. Herzog, M. Meili, P. De Meuron, and C. Schmid, *Switzerland: An Urban Portrait*. Basel: Birkhäuser Verlag, pp. 163-224.

Soja, E. 2000. *Postmetropolis*. Cambridge, Mass.: Blackwell.

Soja, E. and Kanai, M. 2007. "The urbanization of the world." R. Burdett and D. Sudjic(eds.), *The Endless City*. London: Phaidon Press, pp. 54-69.

Therborn, G. 2008. *From Marxism to Post-marxism?* London: Verso.

Therborn, G. 1996. "Dialectics of modernity: on critical theory and the legacy of 20th century Marxism." *New Left Review* I/215, pp. 59-81.

Wiggershaus, R. 1995. *The Frankfurt School*, trans. by M. Robertson. Cambridge, Mass.: MIT Press.

3장

무슨 도시에 관한 누구의 권리(들)인가

피터 마르쿠제

이 장은 내가 비판 도시 이론의 궁극적 목적이라 간주하는 문제에 주된 관심을 기울인다. 도시에 대한 권리라는 요청을 이행하는 일 말이다. 그렇지만 도시권은 정의가 필요한 어떤 요구, 어떤 목적이다. 도시권은 누구의 권리에 관한 요구이며, 무엇에 대한 권리이며, 어떤 도시에 대한 권리인가? 이 장은 오늘날 사람들이 직면하는 실제 문제들을 들여다보는 논의로 시작해, 다음으로 도시권 요구를 만들어낸 1968년의 위기와 오늘날 우리가 대면하는 위기 사이의 차이에 초점을 맞추며, 도시권을 역사적 맥락 속에서 살펴본다. 따라서 내가 던지는 질문은 이렇다. 우리는 오늘날 도시권을 어떻게 이해하고 있는가, 그리고 비판 도시 이론은 도시권을 이행하는 데 어떻게 기여할 수 있는가? 이 장은 비판 이론이 따를 수 있는 세 가지 행보, 곧 폭로, 제안, 정치화에 의지하는 행동이라는 접근법을 제시한다. 결론은 규모가 크고 지속적인 사회 변화의 가능성이 오늘날 실제로 무엇일지에 관한 아마도 억지스러운 생각을 제시한다. 다른 세상은 가능할 뿐 아니라 현실적으로 달성될 수 있을까?

용어 사용에 관해 한마디 하자. '비판적', '도시적', '이론', '실천'이 네 개의 중요 단어와 개념이다. ('이론과 실천'이 이 맥락 속에서는 실제로 하나의 단어일 뿐이라고 주장할 사람이 있을지 모르지만, 그런 주장은 실천보다는 이론 속에서 더 진실이다.)

내가 쓰는 '비판적'이라는 말은, 다른 무엇보다도 현실에 관한 평가적 태도의 줄임말로, 세계를 있는 그대로 받아들이기보다는 질문을 던지는 태도, 세계를 분해하고 검토하고 이해하려는 태도다. 그런 태도는 부정적 비판이라는 의미에서 반드시 비판적일 뿐만 아니라 긍정적이면서 변화 가능성을 비판적으로 폭로하는 태도로 이어지며, 무엇이 잘못되고 변화가 필요한지에 관한 견해뿐 아니라 무엇이 바람직하며 구축되고 고양돼야 하는지에 관한 견해도 함축한다.

나는 '도시적'이라는 말을 오늘날 도시에 응축된 사회적인 것의 줄임말로, 개인들의 접촉면이 사회의 바닥에 닿는 지점, 매일의 삶이 사회적으로 창출된 우리에 관한 체계적 세계하고 교차하는 지점을 의미하는 데 사용한다. 르페브르 식으로 하자면, 공간과 시간의 긍정적으로 바람직한 조직화를 포괄하는 규범적 개념이다(이 책 4장을 보라).

　나는 '이론'을 실천이 일어나는 세계의 의미와 가능성을 이해하고, 설명하고, 조명하려는 시도로 받아들인다. 어떤 의미에서 이론은 실천과 행동의 의식적이고 명확한 측면이다. 이론은 행동을 통해 발전되며, 거꾸로 행동에 관한 이해를 밝히고 실천을 뒷받침한다.

　'실천'은 흔히 이론의 샴쌍둥이처럼 이야기되는데, 이론은 실천을 필요로 하고 이론이 진지하게 받아들여지면 실천으로 이어져야 하기 때문이다. 비판적 이론은 비판적 실천에 의존하고 비판적 실천은 비판적 이론에 의존하는, 유기적으로 연결된 이론과 실천이라는 이미지다. 그렇지만 그렇게 간단하지는 않다. 비판적 실천의 고전적 사례인 파리 코뮌은 아무런 '이론'에도 의지하지 않았고, 비판 이론의 지도적 대표자들은 자기가 하는 작업을 '병 속의 편지Flaschenpost' 로 봤다. 아도르노가 한 말을 빌리자면, 비판 이론가들의 분석을 쓴 편지는 병 속에 넣어 언젠가 누군가가 발견하고 유용하게 쓰기를 희망하며 바다로 던져지는 신세였다. 그러나 이론 자체가 실천하고 독립적으로 진화하는 모습을 보게 된 현실은 비판 이론의 주류 중 일부가 겪은 실패의 하나일 수 있으며, 비판적 행동의 몇몇 형태가 비판 이론을 알지 못하거나 심지어 거부까지 하면서 운동을 벌인 사실 또한 비판 이론의 한 약점일 수 있다. 《우리가 빈민이다We are the Poors》의 접근 방식(Desai 2002), 그리고 몇몇 아나키스트와 공동체주의 행동 형태가 그런 사례다.[1]

1　나는 비판 이론으로 알려진 학파는 다른 방향에서 비판적이라는 사실을 알고 있지만, 필연적으로 이런 견해에 이르게 한다고 생각한다. 베트남 전쟁 시기에 내 아버지 허버트 마르쿠제와 아도르노 사이에 드러난 차이는 아버지의 가장 큰 관심사가 된 변화의 씨앗과 운동 문제를 아도르노가 다루려 하지 않은 데 뿌리가 있다고 나는 생각한다.

어떤 사례에서든, 여기에서 이용된 대로, 비판 도시 이론은 도시 사회의 잠재력을 발전시키는 실천 경험에서 나온 분석으로 간주되며, 비판 이론은 그런 실천의 미래 방향을 조명하고 알리려 하는 시도다.

오늘날의 현실과 그 역사

오늘날

이 장을 처음 쓸 때, 두 가지 발전이 분석의 맥락을 형성했다. 바로 버락 오바마의 미국 대통령 당선과 전지구적 경제 위기의 심화다.

오바마의 당선은 미국뿐 아니라 전세계적으로 극적인 사건으로 여겨졌다. 그 사건은 실제로 무엇을 의미했는가? 무엇이 바뀌었고, 무엇이 바뀌지 않았는가? 이 질문에 답하려면 정확히 비판 이론이 필요하다. 대답을 할라치면, 어떤 것은 바뀌었지만 어떤 것은 바뀌지 않았다. 그리고 이 사안이 우리의 사고와 행동에서 중요한 자리를 차지하도록 조명하는 과정이 비판 이론의 능력이다. 오바마의 당선이 불러온 변화 덕분에 착취하고 억압하는 경제와 사회 정책의 조력자로 인종주의를 활용하기가 더욱 어려워졌다. 이제 인종주의는 (비록 전부는 아니더라도) 더욱 많은 사람에게 경험과 가치에 반하는 요소가 돼 거부된다. 그리고 우리에게는 여전히 제도적 인종주의가 있어서, 전형적인 백인 가족이 대부분의 자산을 가져가는 반면 아프리카계 미국인 가족은 푼돈밖에 챙기지 못한다(Lui 2009, A15). 변화시키지 못한 요소는 선거를 치른 사회의 기본 구조다. 미국 역사상 가장 비용이 많이 든 선거이고 미디어가 엄청난 구실을 한 점에서 정치적으로 그러하고, 국고를 운영하는 골드만삭스 직원들과 경제학계의 앞잡이들이 오바마 당선 뒤에도 그전처럼 연방 정부에서 경제 분야 요직을 계속 차지하고 있으며 금융 부문에 지원된 7000억 달러의 구제 금융이 완전히 이행된 점에서 경제적으로 또한 그러하다. 무미건조한 《뉴욕 타임스》조차 이렇게 썼다. "[미국 재무부] 부서 속에서 골드만은 너무도 곳곳에 포진해 있는 존재인 탓에 다른 은행가와 경쟁자들은 뛰어난 인물들이 즐비한 이 회사에 새로운 별명을 붙였다. '거버먼트삭스'라고"(Creswell and White 2008, 1).

이런 결과로 이어진 미국 대선 운동의 또 다른 측면은 주목할 만하며, 이 측면은 여기에서 내가 하고 싶은 핵심 주장에 연결된다. 양당 모두 '변화'라는 슬로건 아래에서 뛰었다. 오바마는 '당신이 믿을 수 있는 변화Change you can believe in'였으며, 존 매케인은 기회 있을 때마다 독불장군식이고 비타협적인 전력을 강조했다. 50퍼센트에 가까운 사람들은 한 방향으로 변화가 필요하다고 보고 50퍼센트에 가까운 사람들은 다른 방향으로 변화가 필요하다고 생각했지만, 있는 그대로 유지되는 데 만족하는 사람은 거의 없었다. 만약 그런 불만의 뿌리를 드러낼 수 있고, 각각 거의 절반에 가까운 양편에게 당신의 불만이 경제, 정치, 사회의 동일한 특질에 관련된다는 사실을 보여줄 수 있다면, 비판 도시 이론은 제 몫을 한 셈일 테다.

이 장이 주목하는 배경이자 선거가 진행될 때 이미 전개되고 있던 또 다른 상황은 경제 위기다. 여기에서 나는 미국에 초점을 맞추지만 그림은 세계적으로 비슷하다. 오늘날 미국에서는 600만 가구 이상(Credit Suisse 2008)이 모기지 압류에 직면하고 있고, 실업은 수십 년 동안 최고 수준으로 증가하고 있으며, 뉴욕시에서 긴급 보호소를 이용하는 노숙자가 사상 최고치를 기록하고 있고, 실질임금이 생산성 향상에 크게 뒤처지면서 빈부 격차가 점점 벌어지고 있다. 금융 위기는 점점 더 많은 사람을 집어삼키고 점점 더 많은 실업, 불안, 기아와 결핍, 자기 삶의 조건에 품는 점점 더 큰 불만, 불평등, 가난 속의 사치, 더 많은 문맹을 야기하는 듯하다. 말뿐 아니라 실질적으로, 연대 대신 이기심, 사랑 대신 고립이 자리한다. 그러나 나는 우리가 직면하고 있는 위험은 경제의 다른 부분으로 확산되는 금융 위기가 아니라, 금융 부문에서 매우 가시적인 방식으로 모순이 분출되고 있는 경제라고 생각한다. 전체적으로 근본적 결함이 있는 시스템의 표현일 뿐이지, 작은 돌출물을 둘러싼 규제 또는 규제 완화 문제에 초점을 맞추면서 우리 시야를 흐려서는 안 된다. 문제는 규제되지 않은 신용 디폴트 스와프[2]나 통제 불능의 헤지 펀드에 있지 않다. 시스템 전반에 걸친 착취, 지배, 억압이 진정한 문제다.

기본적으로 위기는 필연적으로 심각한 물질적 불평등을 초래하는 동시에 심각한 불안과 감정적 불만과 왜곡을 초래하는 시스템에서 비롯된다. 탐욕은 시스템의 일탈이 아니라, 시스템을 움직이게 하는 동기다. 탐욕을 '이윤 동기'라 부르는 방식은 탐욕에 의존해 다른 모든 가치를 희생하고 이윤에 도움이 되지 않는 창조성을 억누르며 성장을 생산하는 시스템을 정당화하려는 완곡어법이다. 낙태 금지 운동가, 종교적 근본주의자, '가족 가치'의 수호자들은 굶주림과 노숙자가 물질적 박탈을 반영하는 정도만큼 정서적 빈곤을 반영한다. 그 원동력이 일차원적인 사회는 일차원적인 사람을 생산하며, 그런 사람들에게 지지받기 위해 고투를 벌인다. 앞으로 살펴보겠지만, 시스템의 피해자는 물질적으로 박탈된 사람과 지적이고 사회적으로 소외된 사람을 모두 포함한다.

이런 문제를 다루는 슬로건인 도시권이라는 개념은 1968년 5월 파리에서 일어난 사건과 전세계에서 벌어진 비슷한 사건들에서 시작해, 이론과 실천에서 모두 폭넓게 사용되기 시작했다. 진전된 논의를 하려면 그런 역사를, 이전에 무슨 일이 있었으며 오늘날 일어나는 사건들하고 어떻게 비교되는지를 살펴볼 필요가 있다.

---

2 부도가 발생할 때 채권을 발행한 회사의 손실을 일부 또는 전부 벌충해주는 보험 성격의 신용 파생 상품 —옮긴이.

역사 – 1968년 이전과 이후

자본주의는 항상 깊은 내부적 모순을 수반하는 체제였다. 마르크스주의는 위기에 관한 탐구를 중심적 관심사로 삼아왔고, 그 결론은 현재의 사건들을 통해 반증될 가능성이 거의 없다. 20세기에는 다섯 개의 주요 위기, 다섯 번의 심각한 사회적 혼란기가 있었다. 시스템 비판자와 방어자 각각의 강점과 약점에 따라 심각성과 결과가 다른데, 이 점이 중요하다. 다섯 개의 위기는 다음 같다.

- 1917년: 1차 대전 종전 뒤의 위기와 러시아 혁명의 성공, 바이마르 공화국
- 1929년: 대공황, 파시즘의 승리, 뉴딜
- 1968년: 민권 운동, 신좌파, 학생 시위, 베트남 전쟁
- 1990년: 동유럽과 소련에서 현실 사회주의가 당면한 위기
- 2008년: 오늘날 금융 위기 이상의 것

나는 그중 1917년, 1929년, 1990년을 언급했는데, 곧잘 잊히는 지점을 지적하려는 의도일 뿐이다. 위기 해결의 범위는 폭넓어서, 오늘날 대중의 담론을 선점하는 듯 보이는 종류의 질문들에 국한되지 않는다. 투기를 규제할지 말지, 복지 혜택을 늘릴지 말지, 이 전쟁을 끝낼지 말지, 특정 은행이나 사업에 구제 금융을 제공할지, 무역 장벽을 높일지 허물지 같은 질문들 말이다. 역사적으로 볼 때 선택 폭은 훨씬 더 넓다. 이런 초기 위기들이 보여주듯 한 극단에는 사회주의가 있고 다른 한 극단에는 현대적 형태의 파시즘인 야만주의가 있으며, 또한 항상 존재해왔다. 다양한 이유들 때문에, 공산주의는 추동할 압력이나 일으킬 지반이 부족한 탓에, 파시즘은 지배 세력이 벌거벗은 폭력보다 더 섬세하고 은밀한 권력 장악 수단을 발견한 탓에, 오늘날에는 어느 극단도 현저하지 않아 보인다.[3] 각각의 위기 속에서, 결과는 비판적 세력의 강점이나 약점(각자 내건 비판 이론의 질이 아니라)뿐만 아니라 기성 시스템의 강점과 약점에 달려 있었다.

사실, 비판 이론의 핵심 기능 중 하나는 기성 시스템의 강점과 약점은 물론 위기의 궁극적 특성을 모두 드러내고 평가해 실제로 전략적 잠재력이 무엇인지 실천에 알려주고, 그런 실천이 채택할 수 있는 전략을 분석하는 일이다.

1917년 이후, 이런 위기 중 어느 것도 산발적인 폭력 이상을 수반하지 않았으며, 1929년을 제외하면 유럽의 모든 위기는 공산주의와 파시즘의 극단에서 멀리 떨어진 현실(참여자들의 마음 속에는 항상 그렇지는 않더라도)처럼 보였다. 그러나 1968년과 1990년의 위기는 한 가지 중요한 점에서 이전 위기하고 달랐다. 기성 체제의 물질적 붕괴, 빈곤이나 억압 또는 물질적 결핍의 깊이가 아니라, 폭넓은 요소의 결합된 불만이 원인이었다. 어떤 의미에서는 결핍보다는, 또는 결핍에 더해 부정의 때문이었고, 사회가 불만을 야기한다고 참여자들이 본 불만의 잠재적 요소들 때문이었다. 현실과 더 큰 진보의 가능성 사이에 존재한 모순은 스탈린주의 시대의 현실 사회주의를 약화시켰지만, 그런 잠재력은 1968년 5월 파리에서 가장 두드러지게 나타났으며, 그해 4월 미국을 위시한 여러 곳의 대학에서도 마찬가지였다. 각각의 사례에서 비판적 행동은 저항 운동의 새로운 요소를 나타냈다. 의미 있는 규모치고는 처음으로 소외된 자들의 열망에서 비롯된 선동이 물질적으로 착취당하는 자들의 요구에, 곧 노동자의 요구와 학생의 요구가 희미하게나마 지속적인 긴장에 함께 연결됐다(Marcuse 2008을 보라). 노동자 전체가 지지하는 태도를 보이지는 않았고, 제도화된 노동 계급 조직들은 시위에 반대했다. 그러나 현장 노동자들은 강력히 지지했다.

반면 운동이 겨냥한 국가, 통치자, 자본가, 기득권의 하수인들은 강력했다. 맥락은 경제 위기가 아니었다. 여전히 체제는 허버트 마르쿠제가 한 말대로 상품을 생산하고 있었다. 그리고 체제가 생산한 상품은 대다수를 만족시켰다. 더

---

3 미국의 교도소 수감 수준이 보여주듯, 그리고 좌파나 문화적 비타협주의자 같은 반대파들을 향한 우파의 폭력이 보여주듯, 그 아래에서 폭력이 여전히 중요한 구실을 한다는 사실을 알 수 있다.

높은 목표를 갈망하는 사람들은 소수로 남았다. 저항은 패배했다.

2011년인 오늘날, 우리는 어떤 의미에서는 반대 상황에 놓여 있다. 이 체제는 오늘날 국민 경제 안에서 진행하는 직접 국내 생산보다 금융 계약에 더욱 많이 의존하고 있으며, 따라서 상품 생산이 불안정하다. 담보권 행사가 극적으로 증가해 거의 400만 명 가까이 위협받게 됐고, 실업이 증가하고, 지방 세수가 줄면서 지방 정부 서비스가 축소되고, 공교육이 위험에 빠지고, 연기금이 지분 가치를 크게 상실하면서 은퇴의 안정성이 위협받고 있다. 그리고 상황은 더 나빠질 듯하다.

기성 체제의 대응은 넓고도 깊게 인기가 없었다. 가장 큰 금융 기관은 국고를 사유 재산의 손에 직접 넘겼고, 사실상 정부를 민영화했다(마르크스가 《공산당 선언》에서 쓴 은행의 국유화하고는 정반대 조치다). 가장 큰 사설 금융 투자 기업의 하나인 골드만삭스는 이제 자기 회사 직원들이 국고를 주무르게 하고, 스스로 일으킨 당면한 위기에 관해 답변해야 할 거대 은행과 금융 기관에 수십 억 달러를 나눠주고 있다. 불안정성은 만연한데다가 깊으며, 통치자들과 그 부하들은 사과하느라 바쁘다. 앨런 그린스펀은 자기가 시장을 과대평가한 사실을 인정했다.

그러나 시위는 진압됐다. 캠퍼스 생활에서는 위기를 거의 느낄 수 없다. 노동조합은 최고 경영자의 급여 한도를 요구하는 일에만 몰두하고 있다. 한 명뿐인 사회주의자 의원(무소속으로 당선했다. 사회주의자는 당선할 수 있는 꼬리표가 아니다)인 버니 샌더스는 은행 국유화를 이야기하지만, 아무도 듣지 않는다. 언론은 은행가들의 '탐욕'을 꾸짖지만, 아무도 은행 시스템과 그 시스템의 추동력, 이윤 축적과 자본 확장을 비난하지 않는다. 좌파 지식인은 자기 자신에게 말을 건네면서 위기가 얼마나 깊은지 알아내려 애쓴다. 미디어는 체제에 관한 근본적인 질문 앞에 장벽을 세운다. 사회주의는 미국 선거 정치에서 여전히 나쁜 단어로 남아 있으며, 경쟁자들은 의심의 여지가 없는 비난으로 사회주의를 외면하고 규제와 새로워진 경제 성장만 이야기한다.

비판 도시 이론은 이런 상황이 발생한 이유를 밝힐 조명을 제공할 수 있다. 그 이유는 도시에 관한 누구의 권리가 관련돼 있는지, 잠재적 행위자, 곧 '변화의 주체'가 누구이며, 그 주체들이 기본적 변화를 제안하거나 반대하게 만드는 요인이 무엇인지에 관한 질문에 관련된다.

도시에 대한 권리

도시에 대한 권리는 즉시 이해할 수 있고 직관적으로 설득력을 갖춘 슬로건이자, 이론적으로 복잡하고 도발적인 정식이다. 도시권은 무엇을 의미하는가? 좀 더 구체적으로, 우리는 누구의 권리를 이야기하고 있는가? 우리가 의미하는 권리란 무엇인가? 우리가 권리를 원하는 도시는 어디인가?

앙리 르페브르가 1968년에 이 슬로건을 대중화했지만, 사용할 때는 신중하기보다는 도발적이었다. 르페브르가 제시한 가장 좋은 정의는 이렇다.

> 도시에 대한 권리는 외침이나 요구하고 같다. 이 권리는 노스탤지어와 투어리즘이라는 놀라운 우회로, 전통적 도시의 심장을 향한 회귀, 그리고 기성의, 또는 최근 개발된 중심지의 요청을 통해 천천히 구불구불 나아간다. (Lefebvre 1967, 158)

다른 곳에서 르페브르는 이렇게 구불구불 나아간다.

> 정보에 접근할 권리, 다중 서비스를 이용할 권리, 이용자가 도시 지역에서 자기의 활동 공간과 시간에 관한 아이디어를 알릴 권리. 또한 중심지 이용에 대한 권리도 포함한다. (Lefebvre 1991, 34)

그렇다면, **누구의 권리, 무슨 권리와 어떤 도시에 대한 권리인가?**

누구의 권리인가

'누구의 권리'는 복잡한 질문이며, 나는 그동안 진행된 논의를 확장하는 쪽이 이론적으로나 실제로 유용하며 가치 있다고 생각한다.

이 질문은 오래 지속돼왔다. 허버트 마르쿠제가 씨름한 문제다(Marcuse 1969). 데이비드 하비는 최근에 오늘날의 맥락에서 이 질문에 관해 주의를 환기했다 (Harvey 2009).

나는 우리가 현재 상황에서 누가 변화의 주체가 될지 정의할 만한 위치에 있다고 생각하지 않으며, 세계 곳곳에 따라 분명히 다양하다. 지금 미국에서는 지난 몇 년 동안 금융 자본에서 얻은 수입으로 살아온 경영자 계급의 일부가 분개하고 어느 정도 급진적으로 변할 수 있다는 징후가 나타난다. 많은 사람이 금융 서비스 부문에서 해고됐고, 어떤 사람은 모기지 대출이 압류되기도 했다. 문화 생산자들은 우리가 직면한 문제의 본질에 눈을 뜨고 있으며, 예술 학교가 정치적 급진주의의 중심지이던 1960년대하고 똑같은 현상이 다시 나타나는 모습을 발견할 수 있다. 송금액 감소가 멕시코 시골이나 케랄라 같은 곳으로 위기를 확산시키면서, 국경을 초월한 조직이 부상하는 모습을 볼 수 있다.

다른 한편, 하비는 하나의 가능한 접근을 전통적 노동 계급, 반제국주의자, 또는 반지구화 운동, 성차별주의와 인종주의에 반대하는 이들, 그리고 환경 운동을 한데 모으는 '공동의 혁명적 운동a co-revolutionary movement'이라고 간접적으로 정식화했다(Harvey 2010).[4]

다음 분석은 새롭기는 하지만 르페브르가 한 분석하고 같은 선상에 있으며, 확실히 내 아버지가 한 분석하고도 그렇다고 생각한다. 르페브르의 권리는 외침과 요구, 그리고 필요에 관한 외침과 더 많은 무엇을 위한 요구 둘 다였다. 각각은 별개의 두 가지다. 나는 그런 외침과 요구를 기본적인 물질적 권리와 기성의 법적 권리를 박탈당한 사람들의 긴급한 요구로, 그리고 성장과 창의성에 관련된 자기 자신의 잠재력을 제한하는 요소로 인식된 주변의 삶에 불만을 느끼는 사람들이 미래에 관해 갖는 열망으로 재구성하려 한다.

요구는 직접적으로 결핍돼 있고, 직접적으로 억압당하고, 가장 즉각적인 필요조차 충족되지 않는 사람들, 곧 노숙자, 배고픈 이, 재소자, 젠더나 종교나 인종을 이유로 박해받는 사람들에게서 나온다. 노동 때문에 건강을 해치고 수입이 생계비 이하인 사람들, 그리고 도시 생활이 주는 혜택에서 배제된 이들이 내건 요구다. 열망은 오히려 표면적으로 체제에 통합되고 물질적 혜택을 공유하지만, 창조적 활동을 할 기회를 제약받고 사회적 관계에서 억압받으며, 아마도 과분한 번영에 죄책감을 느끼고 삶의 희망이 충족되지 않은 사람들에게서 나온다. 예술이 하는 구실과 사물의 기성 질서가 가져오는 결과를 본 뒤 느끼는 미학적 혐오에 관한 논의는 적절하다(Miles 2012). 둘 다에서 강요된 일차원성이 두 집단의 인간성을 동일한 근원에서 먹어 치우지만, 방식은 다르다.

오해가 없도록 덧붙이자면, 삶에 필수적인 물질적 필요조차 박탈당한 사람들은 소외된 사람들이 소외된 만큼 열망하는 더 충만한 삶을 누릴 자격이 있는데다가 그런 삶을 필요로 하며, 두 집단에게 모두 불만의 원인은 동등하게 유기적이고 필수적인 인간의 필요에 있다. 베르톨트 브레히트Bertolt Brecht는 말했다. "일단 먹고 나야 도덕을 찾는다Erst kommt das Fressen, dann kommt die Morale." 그러나 둘다 인간과 인간의 삶에 필요하다. 선택을 해야 한다면 소외된 자의 열망을 충

---

4 이런 해석은 내가 했다. 하비는 자기가 한 논의를 위치라는 견지에서 정리했다. "전통적 노동 계급의 자본 비판, 제국주의 비판, 가부장주의와 인종주의 비판, 그리고 생태적으로 파괴적인 성장 비판, 그리고 각각의 대중 운동들"(Harvey 2010, 228~235).

족시키는 것보다 배제된 자의 요구가 우선시되지만, 둘은 상충하는 요소가 아니라 보완적인 요소로 여겨진다.

누구의 권리가 우리의 관심사이냐는 문제로 돌아오면, 요구는 배제된 이들의 것이고 열망은 소외된 이들의 것이다. 외침은 삶의 물질적 필요에 관련되고, 열망은 만족스러운 삶을 영위하기 위해 물질을 넘어 필요한 것에 관한 더 넓은 권리에 관련된다. 그러나 논의를 더 명확하게 하기 위해, 용어의 개략적 정의로 간단히 넘어가자.[5]

생산 관계에서 위치하는 선을 따라 전통적 계급의 용어로(이를테면 도시적 용어로) 물질적 이해관계의 측면에서 분석해보면(일정하게 현대화하면) 다음 같을 수 있다(Marcuse 1989).

- **배제된 이들**(실제로 정확한 용어는 아닌데, 노동 계급이 노동에 관해 획득한 보호 없이 주변부에서 활동하기는 하지만 실제로 체제의 일부이기 때문이다).
- **노동 계급**, 물질적으로 착취당하는 이들(완전히 중산층이라 불리는 이들, 곧 백인일 뿐 아니라 블루칼라 노동자, 숙련 노동자와 비숙련 노동자, 서비스 노동자와 제조업 노동자를 포함하지만, [생산한 데 견줘] 급여가 적으며 타인을 위해 이윤을 창출하는 노동자를 포함). 배제된 이들하고 함께 우리는 이 두 집단을 **박탈당한 이들**이라 말할 수 있다.
- **소상공인**(자영업자, 소기업인, 장인).
- **상류층**(성공한 중소기업 경영자, 전문가, 다국적 기업의 고임금 직원 포함).
- **자본가**(대기업 소유주와 의사결정 관리자).
- **기성 체제의 지식인**(생산 과정의 이데올로기적 측면에서 활동하는 미디어에 얼굴

---

5 아이리스 매리언 영(Iris Marion Young)이 말한 '억압의 다섯 얼굴'은 내가 제안하는 분석을 위한 대안적 근거가 될 수 있다.

을 내미는 인사 대부분, 학계 인물, 예술가 등을 포함).

- **정치적 권력자**(고위 공직에 있거나 고위 공직을 꿈꾸는 사람 대부분을 포함).

경제적으로 볼 때, 여기에서 도시권에 관한 외침은 대부분의 상류층, 지식인, 자본가가 아니라 노동 계급에서 가장 소외되고 가장 낮은 임금을 받으며 불안정한 상태에 놓인 성원에게서 나온다.

지배적인 문화적, 민족적, 젠더화된 사회와 이데올로기하고 맺는 관계에 따라 '문화적' 용어로 분석하면 다음 같다.

- **직접적으로 억압받는 이들**(인종, 민족, 성별, 생활 방식에 따라 억압받는 사람들, 종종 배제되는 이들이라 불리지만, 이런 '문화적' 의미에서만 배제되며 경제적 의미에서는 종종 포괄되기도 한다).
- **소외된 이들**(경제적 계급에 관계없이, 많은 청년, 예술가, 지식인의 상당 부분, 인간의 필요를 적절히 충족하지 못하게 방해하는 지배 체제에 저항하는 이들).
- **불안정한 이들**(이를테면 위기나 번영의 수준 같은 국면적 변동에 따라 다양하게 변화하는 집단으로, 대부분의 노동 계급과 주기적으로 일부 상류층을 포함).
- 권력의 **불우한 하수인들**(몇몇 상류층과 몇몇 지식인을 포함).
- 기성의 문화적 헤게모니와 이데올로기적 헤게모니의 태도와 신념을 유지시키는 **보증인**.

이런 관점에서 보면 도시권에 관한 요구는 직접적으로 억압받는 이들에게서 나오고, 열망은 소외된 이들에게서 나온다.

요구와 열망, 결핍과 불만. 요구는 러시아 혁명으로 이어졌고 열망은 베를린 장벽의 붕괴로 이어졌다. 요구와 열망은 1968년에 다소 독립적으로 표면화되지만(앞에서 살핀 내용 참조), 완전히 결합되지는 못했다. 박탈된 이들과 소외된 이들 사이의 거리는 여전했다. 2009년 브라질 벨렝에서 열린 세계사회포럼^{WSF}에 붙은 '고통받는 이들의 모임'(Ramirez and Cruz 2009)이라는 이름은 물질적, 문화적, 지적 고통을 모두 포괄하는 명명으로 해석될 수 있다. 그 거리를 극복하기 위해 박탈된 이들에게 정당한 우선순위를 부여하고 소외된 이들에게 관심을 기울이는 행동이 오늘날 우리가 해야 할 일이다.

우리가 관심을 두는 도시에 대한 권리는 모든 사람의 권리가 아니며, 실제로 권리 사이에는 없어지기를 바라는 대신에 직면하고 해결해야 하는 갈등이 있다는 점을 분명히 하는 일이 매우 중요하다. 몇몇은 이미 도시에 대한 권리를 가지고 있고, 지금 그 권리를 좌지우지하고 있으며, 손아귀에 잘 쥐고 있다(오늘날 '잘'이 그저 적절한 단어가 아닐 수도 있지만). 금융 권력자, 부동산 소유자와 투기꾼, 국가 권력의 핵심에 자리한 정치적 계층, 미디어 소유자가 그런 이들이다.

우리가 관심을 두는 도시에 대한 권리는 그런 권리를 갖지 못하는 이들의 권리다. 그러나 이런 대답은 유용하지 않다. 누가 가장 큰 영향을 받았는지, 누가 싸움을 주도할 듯한지, 누가 그런 싸움을 지지할 가능성이 가장 높은지, 그런 이유는 무엇인지 알 필요가 있다. 그런 이들이 누구인지 정확히 이해하는 데 기여하는 일을 비판 도시 이론은 시도해야 한다. 여기에서 나는 도시에 대한 권리를 향한 추동을 주도할 사람은 박탈당한 이들과 불만을 가진 이들의 조합이라 제시하지만, 이 문제는 훨씬 더 많은 관심을 활용할 수 있다.

특히, 나는 불만과 박탈이 박탈당하고 소외된 모든 사람을 위한 도시권을 지지하는 방향을 향해 자동으로 이어지지는 않는다고 주장하고 싶다. 특히 빈곤층과 노동 계급이 느끼는 불안이 주는 두려움하고 결합될 때, 불만이 가져오는 위협은 항상 그런 상층 계급들을 걱정하게 했다("하나의 유령이 유럽을 배회하고 있다……"). 언론, 학교, 종교 기관, 다양한 기업과 시민단체를 동맹이자 대상으로 하는 권력의 하수인, 이데올로기 조작자들은 이런 불만을 다른 데로 돌리는 일이 주요 임무였다. 그 결과는 다음 같은 쟁점을 중심으로 원을 그리며 넓고 다양하게 펼쳐진 감정적 집단에 기반한 현상에서 볼 수 있다.

- 낙태 반대와 생명권
- 총기 소지 권리
- 과세 반대 조치
- 호모포비아
- 인종 차별주의
- 반이민자 정서
- 종교적 근본주의
- 가족의 가치
- 국수주의적 전쟁 조장
- 비뚤어진 애국심
- 스포츠 광신도의 구성 요소

그리고 나는 다음 쟁점도 포함할 수 있다고 생각한다.

- 아메리칸드림으로서 주택 소유

이런 감정적 현상들에서 나타나는 불만의 진행 과정, 억압, 승화에 관한 프로이트식 용어를 쓰고 싶어질 만하다. 쟁점들에 감정이 결부되고, 더 위험한 불만에서 제거되거나 심지어 불만의 실현이기도 한 카텍시스Cathexis[6] 말이다(Marcuse 1955; Žižek 2008). 이런 억압/승화를 상대로 삼는 직접적 대결은 진정한 변화를 달

---

6 심적 에너지가 어떤 대상에 집중되는 상태, 또는 그런 대상 — 옮긴이.

성하기 위한 실제적인 정치적 행동의 매우 구체적인 부분이 돼야 할 수도 있다. 그래서 나는 소외된 사람들과 불만스러운 사람들 사이에는 이런 현상에서 영향을 받은 사람도 있다고 주장하지만, 그 사람들이 보인 반응은 방향이 정반대다. 사회주의와 야만 사이에 미래가 있다는 주장은 낡은 공식의 토대다. 바로 그런 낡은 공식이 야만주의와 '국가사회주의'의 토대를 마련해주지만, 진보적 방식으로 다뤄질 수도 있는 토대다.

따라서 전투는 물질적 억압에 기반한, 더욱더 이데올로기와 이해 방식을 둘러싼 투쟁이 되지만, 그런 단계에 국한되지 않으면서 억압받는 이들의 요구를 소외된 이들의 열망하고 결합시킨다.

그런 정반대 조직 형태는 탐색을 필요로 한다. 그런 조직이 단일한 계급으로서 몇몇 지식인의 도움을 받아 투쟁을 주도하는 프롤레타리아트가 된다는 견해는 분명히 시대에 뒤떨어진다. 투쟁 과정에서 안토니오 그람시Antonio Gramsci가 쓴 의미하고 똑같은 **사회적 블록**이 발전할 수 있다면 견고한 뭔가가 달성될 수도 있었다. 세계사회포럼에서 벌어진 토론, 특히 벨렝 회의에서 그런 규합의 성격을 둘러싸고 벌어진 토론은 놀랍게도 앞에서 말한 노선들에 걸친 폭넓은 이론적 이해가 모든 참여 그룹이 개입하는 단일한 갈등이라는 사실을 명확히 하는 데 도움이 될 수 있다는 점을 시사한다. 즉각적 형태는 그 **포럼**(다양한 문제들 주위의 공감 그룹이 함께 경험과 토론을 교환하는 곳), 또는 **연합**(특정 시간과 공간에 제한된 특정 문제에 관련해 일시적으로 모이는 형태), 또는 **동맹**(좀더 영속적인 연합), 또는 **운동**(덜 조직되고 궁극적 목표가 덜 명확하지만 연대가 매우 명확하고 여러 문제에 관심이 있음), **집회**(다양한 수준의 동일한 사고, 공유, 행동을 위한 다양한 그룹들의 단일한, 또는 다수의 단일한 모임) 등일지라도 말이다. **네트워크들, 네트워크 간 수렴, 네트워크의 네트워크** 등(Costello and Smith 2009) 또 다른 공식화도 있지만, 이런 공식화는 어떤 종류의 결합이 '네트워크'냐는 질문을 던진다. 무엇의, 무엇에 관한 수렴인가? 여기에서 내가 하려는 주장은 자본주의를 공동의 적으로 보고 도시권을 공동의 대의로 보는 일련의 공동 목표를 중심으로 해서 모든 그룹, 연합, 동맹, 운동, 집회가 수렴한다는 사실이다.

무슨 권리인가

'무슨 권리인가'에 관한 답변은 언뜻 보기에는 단순하다. 그리고 도시에서 무슨 권리이냐는 물음에 관한 답변은 박탈된 이들이 요구하며, 그 불만은 실제로 단순하다. 그런 권리가 무엇이고 무엇이어야 하는지는 다음 항목으로 작성될 수 있다. 깨끗한 물, 맑은 공기, 주택, 괜찮은 위생, 교통, 교육, 보건, 의사결정 과정에 민주적으로 참여할 권리 등 버젓한 삶을 위한 필요조건들이다. 그리고 그런 대답, 그런 권리들에 관한 요구는 우선순위가 돼야 한다. 직접적이고, 실제로 핵심적인 필요들이다.

그렇지만 이 대답은 충분하지 않다. 도시에 대한 권리를 향한 요구는 넓고도 포괄적인, 특정한 이익에 대한 권리라는 법률적 의미의 권리뿐 아니라 정치적 의미의 권리를 향한 요구이며, 기성 법률 체계 내부의 정의에 관한 하나의 권리나 일련의 권리들뿐 아니라 도시 생활의 잠재적 이익이 전면적이고 완전하게 실현될 수 있는 더 나은 체계를 요구하는 좀더 높은 도덕 수준에 대한 권리를 주장하기 때문이다. 이런 의미에서 권리에 관해 말하는 행위는 개인적이고 개별적으로 즉각 이행될 수 있는 권리들, 직접적이고 법적인 의미에서 제기되는 권리에 관한 주장에 모순되지 않는다. 그렇지만 도시에 대한 권리란 통합적 권리, 곧 헌장과 의제와 강령에서 그토록 자주 인용된 그 모든 개별적이고 개인적인 권리들이 확고하게 자리 잡은 도시에 관한 요구를 주장하는 단일한 권리다. 이 권리는 도시에 관한 **하나의** 권리이지 도시에 대한 **권리들**이 아니다. 이 권리는 개별적 정의에 대한 권리를 포함하지만 그 수준을 훨씬 넘어서는 사회 정의에 대한 권리다.

도시에 대한 권리는 모든 이들을 위한 모든 권리를 주장하지 않는다. 블룸 버그 뉴욕 시장, 다국적 기업 운영자, 부유층과 권력자는 기성의 법률 체계 속에서 자기에게 필요한 정도를 넘어서 필요한 권리를 모두 갖고 있거나 간단히 주장할 수 있다. 이 지점은 이론적으로나 전략적으로 모두 중요하다. 그런 권리들을 갖지 못한 이들을 위한 권리를 얻어내는 일은 어떤 권리를 일부 없애는 과정을 포함한다. 다른 이들을 박탈하고, 착취하고, 지배하고, 억압하고, 타인의 행동을 마음대로 주무르는 권리 말이다. 누구든 앞에서 말한 버젓한 삶을 위해 필수적인 개별적 권리들을 포함해, 사회적으로 규정된 바 도시에 대한 권리를 박탈당해서는 안 된다. 그러나 그런 권리들을 보장하려면 어느 누구도 다른 이들이 지닌 권리를 부정할 권리를 절대로 가져서는 안 된다. 결국 모든 사람을 위한 도시권을 쟁취하는 일은 모든 사람을 위한 윈윈 게임일 수 있지만, 단기적으로는 많은 갈등, 많은 승자뿐 아니라 몇몇 패자도 수반하게 된다. 그렇지 않은 척하는 태도는 기만이며, 전략적으로 잘못이기도 하다.

도시에 대한 권리는 정의의 근본 원칙에 기반하는 도덕적 주장이다. '권리'는 오늘날의 사법적 과정을 통해 강제되는 법률적 주장(물론 그런 주장의 일부이기는 하더라도)이라는 의미가 아니라, 오히려 여기서 관련되는 복수적 권리들이다. 어느 하나에 대한 권리가 아니라, 공공 공간에 대한 권리나 행정 과정에서 정보와 투명성에 대한 권리, 또는 중심지에 접근할 수 있는 권리, 아니면 이런저런 서비스에 대한 권리만이 아니다. 권리가 요구되는 대상인 하나의 전체성, 복잡성에 대한 권리다. 로스앤젤레스의 노숙자는 중심지 공원 벤치에서 잠을 잘 수 있더라도 도시권을 얻은 상태는 아니다. 이 개념은 개인주의적 권리가 아닌 만큼 훨씬 더 많은 요소가 관련된 권리 집합체에 관련된다. 직관적으로 비유될 만한 개념이 있다면 시민성일지 모르겠다. 시민성은 일련의 권리를 포함하는데, 시민성에 관한 주장은 투표할 권리, 또는 법적 보호를 받을 권리, 진입할 권리에 대한 주장이 아니며, 시민성의 단일한 지위에 대한 권리로서 그런 권리들을 모두 제공하는 지위에 관련된 문제다.

어떤 도시인가

르페브르는 이런 문제에 관해 매우 분명하다. 요구되는 권리는 이미 있는 도시에 대한 권리가 아니라 미래 도시에 대한 권리다. 실제로 전통적 의미에서 하나의 도시가 아니라, 도시와 국가 사이의 위계적 구분이 사라진 현대 사회의 한 장소다. 브라질 아마존 강에서 땅이 없는 농부의 필요는 리우데자네이루 한가운데 자리한 빈민가에 들어갈 진입권을 제공한다고 해서 충족되지 않는다. "도시에 대한 권리는 단순한 방문권이나 전통적 도시로 돌아가는 복귀로 간주될 수 없다"(Lefebvre 1967, 158). 그리고 사실 도시가 아니라 전체 사회다. 르페브르에게서 '도시적urban'은 연결 고리이자 은유일 뿐이다. "[도시에 대한 권리]는 도시적 생활에 관한 변형되고 갱신된 권리만으로 정식화될 수 있다. …… 따라서 이제부터 나는 더는 도시the city가 아니라 도시적인 것the urban을 말하겠다"(Lefebvre 1967, 45; 158).

하비는 원칙적으로 그런 도시/사회가 무엇인지를 잘 정식화한다. 하비는 '마음의 욕망이 깃든 도시'라는 로버트 파크의 말을 사용한다(Harvey 2003). 우리는 물질적이고 열망하는 필요, 박탈당하고 소외된 이들의 필요가 충족되는 도시가 어떤 곳일지 그림 그릴 수 있는가? 그릴 수는 있지만, 어느 지점까지 그릴 수 있을 뿐이다.

그런 도시가 갖게 될 원칙은 일반적 용어로 제시돼야 한다. 여기에는 정의, 형평성, 민주주의, 아름다움, 접근성, 공공 공간, 환경의 질, 인간 잠재력이나 능력의 완전한 개발에 관한 지지 같은 개념이 포함된다. 모든 사람에게 각자의 필요에 따라, 모든 사람에게서 각자의 능력에 따라, 인간의 차이를 인정하면서 말이다. 여기에는 지속 가능성과 다양성 같은 용어가 포함되겠지만, 그런 용어는 목표 자체라기보다는 목표를 추구하는 과정에 작용하는 제약이다.

그렇지만 오늘날 이런 원칙을 명료한 용어로 설명하려 노력하면서 얻을 수 있는 이익에는 한계가 있다. 그런 도시 형태는 르페브르가 자주 말한 대로(실제로 초기 유토피아주의자들에 반대한 마르크스와 엥겔스(Engels 1880[1970])를 따라) 미리 자세히 예측할 수 없다. "미래 도시의 윤곽이 그려질 수 있는 한, 그 윤곽은 현재 상황의 역전을 상상함으로써, 세계의 뒤집힌 이미지를 거꾸로 그 한계까지 밀어붙임으로써 정의될 수 있다"(Lefebvre 1967, 172).

개념적 노트를 덧붙이자. 도시에 대한 권리는 처음에는 소비의 권리로, 도시와 도시 생활이 제공해야 하는 뭔가를 소비할 권리로 나타난다. 또한 이 권리는 아마도 문법적으로, 그렇지만 르페브르의 정신 속에서는 분명하게 도시를 생산할 권리뿐 아니라 도시를 향유할 권리를 포함하는 쪽으로 확장돼야 하며, 이 두 권리는 서로 통합적으로 결합돼 있다. 이 권리는 생산된 뒤에 무엇이 생산될지 선택할 권리일 뿐 아니라 그 생산 속에서 무엇이 생산되고 어떻게 생산되며 어떤 방식으로 참여할지를 결정할 권리이기도 한데, 그 점이 중요하다. 일의 성취, 창조성을 위한 기회를 제공하는 일, 사회적으로 평가받는 결과를 지닌 일은 좋은 삶의 중요한 일부다. 실업자의 우울증과 미국에서 실시하는 노동 연계 복지 같은 프로그램들은 장기적인 실업과 반실업 상태, 그리고 무엇보다도 삶의 필수적인 부분에 다가가는 접근의 단순한 불안정성이라는 쓰라린 결과를 드러냈다.

해법 – 드러내기, 제안하기, 정치화하기

도시에 대한 권리는, 실제로 가능하다면 어떻게 성취될 수 있을까? 좀더 구체적으로 이 논의의 목적을 달성하기 위해 비판 도시 이론은 이런 해법에 어떤 기여를 할 수 있을까? 이론은 어떻게 정보를 제공하고 실천을 도울 수 있을까? 이론과 실천은 이론 속에서는 하나이지만, 이론의 발전과 실천의 리더십이 대체로 다른 사람, 다른 직업, 다른 삶의 역사 속에 존재한다면 현실에서는 실질적인 차이가 드러나게 된다. 우리의 공통 과제는 이론 영역에서 일할 특권을 지닌 사람들(이 문제에 관해서는 솔직해지자), 그리고 실천 영역에서 일할 수 있는 다른 특권을 지닌 사람들이 이론과 실천 사이를 연결하고 그런 연결을 생산적으로 만드는 일이다. 말하자면, 우리는 어떻게 비판 도시 이론에서 급진적 도시 실천으로 나아갈까?

첫째, 그리고 핵심적으로 중요한 점인데, 비판 이론은 원치 않는 현재를 바꿀 대안들이 실제로 가능하다는 사실을 체계적으로, 논리적으로, 심지어 극적으로 보여줄 수 있다. 역사에 관한 비판적 검증, 경제학 연구, 정치학 지식, 더 나은 세상을 위한 끊임없는 투쟁 속에서 다듬어진 방법론 활용은 그런 결론을 뒷받침한다. 대안이 **존재한다**는 단순한 앎, 그리고 그럴 수 있다는 확신을 주는 시위는 실천 속에서 강력한 힘의 원천이 될 수 있으며, '또 다른 세계는 가능하다'는 세계사회포럼의 슬로건은 비판 이론을 활용해 단단해질 수 있다.

내 분야인 도시 계획에서 보면, 허리케인 카트리나의 여파 속에 뉴올리언스에서 도시 계획이 한 일을 검토한 결과는 내가 '비판적 계획Critical Planning'이라 부르는 접근 방식에 관련된 제안으로 이어졌다. 이 접근은 모두 세 단계로 구성된다. **드러내기, 제안하기, 정치화하기**(Marcuse 2007). 문제의 근원을 분석하고, 그런 분석을 필요로 하며 사용할 수 있는 이들에게 명확하게 만들어 소통한다는 의미에서 **드러내기**. 원하는 결과를 달성하기 위한 실제적인 제안, 프로그램, 목표, 전략을 마련해 사태의 영향을 받는 사람들하고 협력해 일한다는 의미에서 **제안하기**. 비판 도시 이론은 드러내기를 심화하는 데 도움이 되고, 이렇게 드러난 근본 원인을 해결하는 대응을 정식화하는 데 도움이 되며, 정치화된 대응이 필요하다는 점을 보여줘야 한다. 드러내고 제안된 내용이 정치적 행동에 지닌 함의와 그 배후에 놓인 추론을 명확히 하고, 선도적 행동이 제시한 제안들을 둘러싼 조직화를 지지한다는 의미에서 **정치화하기**. 정치화하기는 조직화 전략과 잠재력에 문제에 관한 관심을 포함한다. 그리고 적절한 곳에서 미디어에 개입해 조직화를 직접 지원하고, 때로는 흔히 학자인 비평가의 동료 집단 안에서 문제를 제기하는 방식도 포함한다. 각각의 사례에서 대안들을 향하는 초점, 상황이 어떠했으며 여전히 어떠할 수 있는지에 관한 판단은 비판 이론을 거쳐 과정 안으로 주입되는 변함없는 주제다.

도시권의 목표는 무엇인가

이런 내용이 비판 도시 이론과 실천을 통한 행동의 전략이라면, 궁극적인 목표는 정확히 무엇인가? 가장 즉각적으로, 여기에서 한 논의 속에 제시된 목표는 이 책의 모든 글을 관통하는바, 총체성, 전체적인 무엇, 그리고 현존 도시, 현존 사회하고는 완전히 다른 무엇에 관련된다. 르페브르와 파리의 거리, 그리고 1968년 컬럼비아 대학교의 점거된 건물에 있던 대부분의 사람은 그 목표를 사회주의 또는 공산주의라 부를 수 있겠지만, 그러나 다른 이름도 많다. 민주 사회(Purcell 2008), 또는 미국 독립선언문에 담긴 내용처럼 생명, 자유, 행복 추구를 위한 사회, 또는 프랑스 혁명처럼 자유, 평등, 박애를 위한 분투를 지지하는 사회, 또는 그저 사회(Fainstein 2010), 또는 인간적 사회 아니면 인간 역량의 완전한 발전을 허용하는 사회(Nussbaum 1999; 그리고 Fainstein 2010에서도 개진된 관점), 또는 유적 존재로서 인간의 잠재력을 성취하기(Marx 1844)일 수도 있다.

비판 도시 이론이 한 분석이 옳다면, 이런 모든 정식은 지배적인 자본주의 시스템을 향한 근본적 거부를 함축해야 한다. 가장 구식인 유토피아적 제안을 제외한 모든 제안에 공통으로 담긴 내용은, 가장 폭넓은 원칙을 빼고는 가장 바람직한 미래가 지금, 미리 정의되고, 설계되고, 정의될 수 있다는 생각을 거부한다는 점이다. 더 나은 미래는 오직 거기에 도달하는 경험 속에서, 그 과정에 수반되는 민주적 결정을 통해서 형성될 수 있다. 더는 구체적인 그림이 제시되지 않는 이유는 상상력 부족이나 부족한 관심이나 결핍된 사고 때문이 아니라, 정확히 말해 앞으로 행동할 방향은 예단돼서는 안 되며 실제로 그런 전망을 실천하는 사람들이 지닌 민주적 경험에 맡겨져야 하기 때문이다.

기성 체제가 가진 입증된 힘을 감안할 때, 자본주의의 대안은 실제로 실현될 수 있을까?[7] 최종 결과물은 상상하기 어려울 뿐만 아니라, 거기에 이르는 계단도 확인하기 어렵다. 그런 장기적 관점에서 보면 지금 탁자에 올라와 있는 의제는 모두 하찮아 보인다. 많은 사람이 데이비드 하비(Harvey 2000)의 정식 속에서 희망의 공간이 발견될 수 있다고 믿으며, 그런 많은 공간은 실제로 더 넓은 변화의 방향으로 나아간다. 아마도 마르크스, 르페브르, 내 아버지, 하비, 그리고 대부분의 사상가는 미래의 씨앗이 현재에서 발견돼야 한다는 데 일반적으로 동의할 듯하다. 그러나 공간 개념화하고는 별개로, 미래의 씨앗이란 정확히 무엇을 의미하는가?

미래의 씨앗에 관한 공간적 이미지는 도움이 될 수 있으며(Pinder 2005; Miles 2007), 그리고 무엇이 되든 반드시 공간적 측면을 갖게 된다.[8] 그러나 공간적 초점에는 고유한 위험성도 있다. 대부분의 문제에는 공간적 측면이 있지만, 경제적, 사회적, 정치적 전장에 기원들 두며, 공간적인 것은 부분적 원인이자 악화이지만, 그래도 부분적이다. 미래의 씨앗을 부문들로 보는 편이 더 나을 수도 있다. 자본주의 체제 안에서 작동하지만 자본주의 체제에 속하지 않으면서 체제에 지배되지 않는, 자본주의적 형태에서 자유로운 일상생활의 여러 부문을 분명히 가질 수 있다. 간단히 말해서 그런 부문은 이윤 체계에 따라 작동하지 않

---

7 이 대답에 관해 얼마 전 정직하고 사려 깊게 접근한 사례는, Ehrenreich and Fletcher 2009를 보라.

8 프랑스 낭테르에서 새로 발행된 학술지《공간의 정의(Justice spatiale)》(http://www.jssj.org)를 보라.

는 경제 부문과 일상생활 부문, 곧 그 안에 있지만 그 안에 있지 않으며, 이윤을 통해 동기를 부여받는 대신 연대, 인간성, 근육의 유연성, 창조적 충동의 발전 자체에 의존한다. 그런 부문은 비영리 부문에서, 바라건대 정부를 통해 민주적이고 공개적으로 자원을 끌어와야 할 테지만, 자체적인 추동력은 이윤 추구 경제에 동기를 부여하는 이들하고는 완전히 다른 일반 원칙들, 그리고 점점 더 큰 가시성과 호소력을 지니는 원칙들에서 발견된다.

그런 부문, 그런 활동 영역은 이미 존재하고, 잘 알려져 있으며, 추구되고 있다. 자본주의에서 소외된 이들의 열망이 우리를 이 방향으로 이끌고 있다. 예술가는 창조하고, 교사는 가르치고, 발명가는 발명하고, 철학자는 사고하고, 젊은이들은 자원 활동을 한다. 이윤을 위한 일이 아니라, 그런 일이 삶의 목적이고 자기가 원하는 일이라고 믿기 때문이다. 그런 이들은 사람들을 노숙자, 배고픈 존재, 아프고 궁핍한 존재로 만드는 똑같은 제약들에 맞서며, 따라서 그런 이들의 요구는 자연스레 소외된 이들이 지닌 열망에 연결된다. 대부분의 사회운동, 그리고 도시권 운동의 궁극적 목표는 필연적으로 이런 방향으로 확실히 인도된다. 그런 이들은 이윤이 아니라 괜찮고 안전한 환경을 추구한다. 이윤이 관심 대상이 되는 때도 있지만, 그때 이윤은 목적을 위한 수단이며, 높은 소비, 사회적 지위, 더 많은 축적이 아니라 모든 사람을 위한 괜찮은 생활 조건을 달성하려는 동기일 뿐이다. 따라서 문화적으로 소외된 사람들과 직접적으로 박탈당한 사람들에게는 공통된 적이 있다. 자본주의, 신자유주의, 탐욕, 다국적 기업, 파워 엘리트, 부르주아지, 자본가 계급 등 이름이 항상 같지는 않더라도 점점 더 분명히 인식되고 있다. 무엇보다도 정치 부문에서 수단과 동기가 되는 이윤을 제거하고, 공적 결정에서 부와 권력이 하는 구실을 제거하는 일은 직접적으로 억압받는 사람과 소외된 사람에게 모두 핵심 요구 사항이다.

한 번에 한 부문씩, 일상에서 그런 적을 몰아내려 시도한다는 논리는 매력적이다. 우리는 그 방향으로 나아가고 있다. 비록 현재의 지도 집단이 마지못해 거기에 끌려가고 있지만, 의료와 교육은 사유와 공공의 싸움에서 약간은 공공에 유리하게 바뀌는 중이다. 기회는 주택에 있다(이 책 13장을 보라). 경제 위기는 언제나 보수적인 이념적 한계 안이기는 하지만 금융, 은행, 부동산에서 정부가 하는 구실을 확실히 확대했다. 이런 변화는 확실히 많은 이들의 마음속에 정부가 해야 하는 적절한 구실에 관한 질문을 제기했다. 박탈과 불만의 정도는 이제 넓고 확연하다.

도시권을 지지하는 데 충실한 비판 도시 이론은 결핍과 불만의 공통된 뿌리를 드러내고 대부분의 사람들이 제기하는 요구와 열망에 공통된 성격을 보여줄 필요가 있다. 비판 도시 이론은 박탈당하고 소외된 사람들이 도시에 대한 권리를 추구하는 데 필요한 공통의 대의를 만들 원칙을 개발할 수 있다. 그런 공통의 지반을 가장 효과적으로 정치화하는 방법은 무엇일까? 이미 우리에게는 이윤이 아니라 사람을 위한 행동이 원칙인, 공통성이 가시화된 사회 부문들이 있다. (안타깝게도 일부일 뿐이지만) 교육을 생각해보라. (안타깝게도 단지 일부이지만) 보건을 생각해보라. (안타깝게도 단지 일부이지만) 예술을 생각해보라. 우주 탐사를 생각해보라. 환경 운동을 생각해보라. 주택에서 비영리 부문과 협동조합 부문을 생각해보라. 민주주의를 심화하고, 공적 결정에 참여하는 폭을 확대하고, 선거와 정부 결정에서 화폐의 구실을 제한하거나 폐지하려는 노력을 생각해보라. 이런 부문 각각에는 **이윤이 아니라 사람을 위한 도시**라는 슬로건이 울려 퍼진다. 그런 울림이 권리가 주장되는 도시의 본성을 체현하는 정치적 외침으로 되게 하라. 자본주의 시스템에 한 부분 한 부분씩 올가미를 형성하는 외침이 잇따르게 하라. 독일에서 1968년 운동이 절정에 이른 때 루디 두치케(Rudi Dutschke)는 '제도들을 통한 긴 행군'을 말했다. 제도들을 따로, 또는 함께 분해해보자. 주택 시스템 주위에 올가미를 조이고, 한 번에 한 부문씩 이윤을 몰아내도록 움직이자. 이를테면 서브프라임 모기지 사태는 사회 주택이 이전에 보여준 그 방향으로 다시 움직일 수 있는 기회가 될 수 있다(이 책 13장을 보라). 공동의 적에 이름을 지어주는 일, 공동의 목표를 똑바로 말하는 일을 두려 워하지 말자.

내재적으로 실천에 연결된 비판 도시 이론은 그런 방향으로 가는 데 도움을 줄 수 있다.

참고 자료

Costello, T. and Smith, B. 2009. "WSF: is another world possible?" *The Nation*[online]. Available at: http://www.thenation.com/article/wsf-another-world-possible(accessed February 13, 2009).

Credit Suisse. 2008. "Credit Suisse sees 6.5 million loans in foreclosure by 2012." *The Orange County Register*[online]. Available at: http://mortgage.ocregister.com/2008/04/24/credit-suisse-sees-65-million-loansin-foreclosure-by-2012/1064(accessed June 1, 2011).

Creswell, J. and White, B. 2008. "The guys from 'government Sachs'." *The New York Times*[online]. Available at: http://www.nytimes.com/2008/10/19/business/19gold.html?pagewanted=all(accessed October 19, 2008).

Desai, A. 2002. *We Are the Poors: Community Struggles in Post-Apartheid South Africa*. New York: Monthly Review Press.

Ehrenreich, B. and Fletcher, B. 2009. "If we are in the death spiral of capitalism, can we still use the 'S' word?" *The Nation*[online]. Available at: http://www.alternet.org/story/130365(accessed March 6, 2009).

Engels, F. 1880[1970]. *Socialism: Utopian and Scientific*. Moscow: Progress Publishers.

Fainstein, S. 2010. *The Just City*. Ithaca, NY: Cornell University Press.

Harvey, D. 2000. *Spaces of Hope*, Berkeley: University of California Press.

Harvey, D. 2003. "The right to the city." *International Journal of Urban and Regional Research* 27(4). pp. 939-941.

Harvey, D. 2009. "Is this really the end of neoliberalism?" *Counterpunch*, March 13–15[online]. Available at: http://www.counterpunch.org/harvey03132009.html(accessed June 1, 2011).

Harvey, D. 2010. *The Enigma of Capital*. New York: Oxford University Press.

Lefebvre, H. 1967. "The right to the city." E. Kofman and E. Lebas(eds.), 1996, *Writings on Cities*. London: Blackwell. pp. 63-184.

Lefebvre, H. 1991. "Les illusions de la modernite." *Manieres de voir 13, Le Monde Diplomatique*, Kofman, E. and Lebas, E.(eds.), 1996, *Henri Lefebvre: Writings on Cities*. London: Blackwell. p. 34.

Lui, M. 2009. "The wealth gap gets wider." *The Washington Post*[online]. Available at: http://www.washingtonpost.com/wp-dyn/content/article/2009/03/22/AR2009032201506.html(accessed March 23, 2009).

Marcuse, H. 1955. *Eros and Civilization*. Boston, MA: Beacon Press.

Marcuse, H. 1969. *An Essay on Liberation*. Boston, MA: Beacon Press.

Marcuse, P. 1989. "Dual city: a muddy metaphor for a quartered city." *International Journal of Urban and Regional Research* 13(4). pp. 697-708.

Marcuse, P. 2007. "Social justice in New Orleans: planning after Katrina." *Progressive Planning*, Summer. pp. 8-12.

Marcuse, P. 2008. "In defense of the 60s." *These Times* 32(8). pp. 33-35.

Marx, K. 1844. *Economic and Political Manuscripts*. Moscow: Progress Publishers.

Miles, M. 2012. *Herbert Marcuse: An Aesthetics of Liberation*. London: Pluto.

Miles, M. 2007. *Urban Utopias*, London: Routledge.

Nussbaum, M. C. 1999. *Sex and Social Justice*. New York: Oxford University Press.

Pinder, D. 2005. *Visions of the City*. Edinburgh: Edinburgh University Press.

Purcell, M. 2008. *Recapturing Democracy*. New York: Routledge.

Ramirez, M. and Cruz, O. 2009. "Looking back: the 2009 world social forum." *Council on Hemispheric Affairs*[online]. Available at: http://www.coha.org/2009/03/looking-back-the-2009-world-social-forum(accessed March 20, 2009).

Žižek, S. 2008. *Violence*. New York: Picador Books.

4장

앙리 르페브르, 도시권, 그리고 새로운 메트로폴리탄 주류

크리스티안 슈미트

지난 몇 년 사이 '도시에 대한 권리'라는 문구가 집결 구호로 복귀했다.[1] 북반구와 남반구를 가릴 것 없이 도시 사회운동, 정치적 동맹, 국제 조직은 물론 학술회의에서도 사용된다. 그러나 자세히 살펴보면 그 용법이 상당히 다양하다는 사실을 알 수 있다. 종종 오늘날 도시 지역에서 발생하는 문제를 일반적으로 다루는 모든 유형의 정치적 요구와 사회적 요구를 포괄하는 일종의 개념적 우산 구실을 한다(이 책 5장, 그리고 이 책 13장도 보라).

이 슬로건의 르네상스는 주목할 만한데, 도시화의 역사 속에서 특정한 순간인 1960년대 후반으로 거슬러 올라가기 때문이다. 이 말은 프랑스 철학자 앙리 르페브르가 당면한 도시 위기에 대응해 만들었다. 그러나 그때 상황은 오늘날하고 사뭇 달랐다. 따라서 부활한 이 구호는 몇 가지 중요한 질문을 제기한다. 우리는 새로운 도시 위기를 겪고 있는가? 그 도시 위기의 특질과 특성은 무엇인가? 그런 위기가 도시화의 초기 단계하고 구별되는 점은 무엇인가? 이런 질문을 명확히 하려면 이 용어의 원래 개념으로 돌아가서 오늘날의 도시화에 관련해 지니는 (잠재적) 의미를 탐색하는 방식이 유용하다.

도시의 위기와 도시에 대한 권리

도시의 위기

르페브르의 '도시에 대한 권리' 개념은 1960년대 프랑스의 도시화에 관한 연구를 기반으로 한다(Stanek 2011). 대부분의 서구 선진국처럼 프랑스도 포드주의의 부상과 케인스식 복지국가의 확장을 경험했다. 이런 발전은 농촌에서 도시로 향하는 대규모 이주와 공간 구조의 근본적 변화를 동반했다. 기능주의 도시

---

1 이 장은 크리스토퍼 핀들레이(Christopher Findlay)가 영어로 옮겼다 ─ 옮긴이.

계획은 도심 지역의 재구조화로 이어졌다. 도시 가장자리의 풍경은 대량 생산한 사회 주택뿐 아니라 폭넓게 확산한 단독 주택이 지배했다.

도시의 이런 변화는 또한 일상생활의 근본적인 현대화를 수반했다. 현대 비평가들은 도시화의 이런 특정 측면을 '도시의 위기'로 개념화했다.[2] 르페브르에게 이 위기는 주로 생활 양식의 동질화 경향에 더해 일상생활의 공학과 식민화로 구성됐다. 중산층 교외 지역과 노동 계급 주택 단지에서는 노동 과정의 단조로움, 기능화되고 관료화된 도시 질서, 현대화된 도시 일상생활의 규범적 제약 등 비슷한 상황이 연출됐다(Lefebvre 1996).

도시에 대한 권리

'도시의 위기'는 1960년대 후반 다양한 사회운동의 중요한 출발점이기도 했다. 이 운동들은 서구 제국주의와 베트남 전쟁, 또는 여러 형태의 차별과 소외만 겨냥하지는 않았다. 일상생활의 소외, 도시의 근대화, 도시 고유의 특성 파괴, 도시 생활에서 일어나는 배제에도 반대했다. 1960년대 후반의 사회운동은 다른 도시를 위한 투쟁이었다.

르페브르는 이런 사건, 특히 1968년 5월 파리에서 일어난 사건이 1871년 파리 코뮌 때 일어난 사건하고 비슷하다고 여겼다. 르페브르는 강령적 방식으로 '도시에 대한 권리'를 요구했는데, 이 권리는 어떤 차별을 하려는 목적에 맞춰 생산된 공간으로 옮겨지지 않을 권리다.

이런 어려운 조건 속에서, 이런 권리들을 완전히 반대하지는 않지만 방해하는 사회

---

2 이를테면 제인 제이콥스의 《미국 대도시의 죽음과 삶(The Death and Life of Great American Cities)》 (1961), 또는 《상황주의자 인터내셔널(Internationale Situationiste)》에 발표된 도시화에 관한 논쟁적 비판을 비교해보라.

의 한가운데에서, 문명을 정의하는 권리가 …… 자기가 갈 길을 발견한다. 이런 권리들은 잘 인식되지는 않지만, 형식화된 코드에 새겨지기 전에 시나브로 관습이 된다. 이런 권리들이 일할 권리, 훈련과 교육에 대한 권리, 건강에 대한 권리, 주거에 대한 권리, 여가에 대한 권리, 생명에 대한 권리처럼 사회적 실천 속에 들어가게 된다면 현실을 바꾸게 된다. 이렇게 만들어지고 있는 권리 중에 **도시에 대한 권리**가 등장한다. 이 권리는 고대 도시가 아니라 도시 생활에 대한 권리이며, 갱신된 중심성에 대한, 만나고 교류할 장소에 대한, 삶의 리듬과 시간 이용에 대한 권리이고, 이런 순간과 장소 등에 관련된 온전하고 완전한 **이용**을 가능하게 한다. (Lefebvre 1996, 178)

따라서 르페브르의 관심은 기본 욕구에 대한 권리를 요구하는 새롭고 포괄적 슬로건을 제안하는 데 있지 않았다. 관심은 더 많은 것, 곧 지금까지 대중적 토론에서 간과된 특정한 도시적 특질에 대한 권리를 향해 있다. 인구의 모든 부분이 도시 자원에 접근하며 대안적 삶의 방식을 실험하고 실현할 가능성에 대한 권리 말이다.[3]

도시를 위한 투쟁

새롭고 갱신된 도시 생활에 관한 요구는 그 뒤 여러 해 동안 여러 곳에서 다양한 형태로 반복되어 제기됐다. 이런 많은 도시 행동, 도시 운동, 도시 반란을 한눈에 들어오게 정리한 문서는 없다. 역사는 아직 기록되지 않은 상태다.[4] 이런 투쟁들에서 서로 다른 요구와 최전선의 위치가 확인될 수 있다(이 책 5장 참조).[5]

---

3 르페브르의 도시권 개념에 관한 논의는 여러 문헌을 참고하라(Purcell 2002; Gilbert and Dikeç 2008; Schmid 2010).

4 얼마 전까지 도시 사회운동을 다룬 책은 상대적으로 적었다(Mayer et al. 1978; Castells 1983; INURA 1998; Hamel et al. 2000; Leitner et al. 2007).

5 Castells(1973), Castells et al.(1978), Castells(1983).

많은 곳에서, 주로 젊은이들이 도시 생활의 결핍된 부분에 항의하고, 도시가 제공한다면서도 계속 깨트리는 '도시의 약속', 곧 자유, 만남의 기회, 도시 문화, 공공 공간 전유에 관련된 약속을 이행하라고 요구했다. 이런 투쟁에는 대안적 문화 공간과 커뮤니티 센터를 만들려는 노력, 빈집 점거 운동, 대규모 프로젝트에 맞선 저항, 다양한 형태의 젠트리피케이션에 대항한 저항이 수반됐다. 1970년대 말과 1980년대 초에, 이탈리아, 서독, 네덜란드, 심지어 스위스의 많은 도시에서 도시 반란이 일어났다. 이런 흐름은 도시 생활에서 겪는 확연한 결핍의 표현이었다. 초점은 대안적 문화였지만, 공공 생활, 관용, 개방성도 과녁에 들어 갔다. 1980년대 중반 맨해튼 로어 이스트사이드에서 벌어진 젠트리피케이션에 맞선 투쟁, 1996년 토론토 메트로폴리탄 파업, 2008년 아테네에서 폭발한 봉기 같은 여러 다른 도시적 순간들이 이런 맥락에서 언급될 수 있다. 더욱이 얼마 전에는 홍콩, 베이징, 서울 등 동아시아 주요 도시에서도 도시 운동 사례가 늘고 있다.

특권을 갖지 못하고 사회적으로 불리한 이들의 참여를 향상시키기 위한 싸움 속에서 상당히 다른 투쟁 전략이 채택됐다. 특히 몇몇 사례를 보면 '지방의 함정territorial traps'으로 전락한 서구의 소외된 도심과 교외 지역에서 사회적 배제에 대항하는 투쟁의 물결이 많이 일었다. 파리 안팎의 방리외banlieues[6]에서는 부활한 반란과 충돌이 오래도록 지속됐다. 다른 나라에서도 방치되던 지역 사회가 봉기를 일으켰는데, 두 가지 사례만 언급하자면 주로 아프리카계-카리브인 공동체가 거주하는 런던 브릭스턴 지구에서 1981년에 일어난 봉기, 그리고 사우스센트럴 로스앤젤레스에서 1992년에 일어난 봉기다.

남반구의 폭발하는 거대 도시에서 벌어지는 도시 투쟁의 목록은 훨씬 더 길

---

6 프랑스에서 대도시를 둘러싼 교외 지역을 가리킨다. 2005년에 파리 외곽 방리외에서 이민자 중심으로 '방리외 소요'가 일어났다 — 옮긴이.

다. 특히 여기에는 축출과 지역 사회 파괴에 반대하는 비공식 정착지와 판자촌에서 벌어진 사회운동뿐만 아니라, 종종 더 나은 생활 조건과 기반 시설을 요구하는 데 성공한 투쟁들이 포함된다. 1980년대와 1990년대에 라틴아메리카에서 형성된 도시운동은 국가 수준을 포함해 중요한 정치 세력이 되기도 했다. 이를테면 1985년 대지진을 겪은 멕시코시티나 같은 시기의 상파울루에서 주요한 도시 사회운동이 발전했다.

이런 도시 투쟁들 사이에는 차이점이 많지만 분명한 유사점도 있다. 이런 투쟁은 가장 일반적인 의미에서 사회적 배제와 주변화에 대항하는 투쟁으로 이해될 수 있으며, 도시의 중심성에 관한 요구, 물질적 자원과 비물질적 자원에 접근할 요구를 분명히 표현한다. 이런 의미에서 중심부와 주변부, 전유와 지배의 공간적 변증법을 보여준다.

완전한 도시화와 도시의 특수성

도시 사회운동

이런 다양한 도시 투쟁을 배경으로 제기되는 중요한 질문은 도시 변증법을 개념화할 수 있는 방법이다. 1970년대 초 파리에서 마누엘 카스텔과 동료들은 '도시 사회운동'이라는 개념을 발전시켰다.[7] 그렇지만 이 개념은 복잡한 도시 현실의 작은 부분만을 포함하며, 주로 '집합적 소비'를 대상으로 삼는 운동만을 고려한다(이 책 5장 참조). 도시 사회운동은 하루하루 노동력을 재생산하기 위한 단위로 도시를 보는 매우 협소한 개념을, 그리고 주로 조직적 형태의 저항에 초점을 맞추고 많은 자발적 행동과 반란은 무시하는 협소한 정치적 관점을 반

---

7 Castells(1973), Castells et al.(1978), Castells(1983) 참조.

영한다. 반대로 르페브르의 성찰은 도시에 관한 훨씬 열려 있고 급진적인 개념에 기반을 뒀다.[8] 르페브르는 도시에 관한 결정적 이론을 발전시키지는 않았지만, 그러나 도시화 현상에 관한 새로운 통찰을 계속 만들어내는 물음을 시작했다. 따라서 개별 저작에서 특정 구절을 분리해 발굴하는 방식은 르페브르의 성찰에 담긴 유동성과 개방성을 충분히 표현할 수 없다. 그런 요소들이 지닌 중요성은 종종 르페브르의 전체 저작을 포괄하는 맥락에서만 드러난다.

《도시에 대한 권리Le droit à la ville》라는 책으로 새로운 도시 아이디어와 개념을 다룬 르페브르의 주요 진술이 처음 발표된 때가 1968년이라는 '신화적인' 해라는 점은 의미심장하다(Lefebvre 1996). 그러나 겨우 2년 뒤, 르페브르는 또 다른 주요 저서 《도시 혁명La révolution urbaine》(2003)에서 이 최초의 접근 방식을 근본적으로 검토하고 확장했다. 이 작업에서 주된 비판은 정확히 '도시'라는 개념 자체에 관련된다. 도시에 관한 탐구를 거쳐 르페브르는 하나의 **형태**, 곧 도시에서 하나의 **과정**, 곧 도시화로 관점을 근본적으로 바꿨다.

완전한 도시화

도시에 관한 새로운 이해의 출발점은 사회의 완전한 도시화라는 르페브르의 유명한 테제다. 이 테제는 현재의 사회적 실재는 더는 '도시'와 '시골'이라는 범주로 파악될 수 없으며, 새롭게 부상하는 도시 사회의 관점에서 분석돼야 한다고 주장한다. 여기에 포함된 인식론적 전환은 과대평가될 수 없다. 르페브르의 이론은 서구의 전통적인 도시 개념하고 근본적으로 단절한다. 도시 개념의 고전적 정의는 도시가 뚜렷하게 '도시적인' 삶의 방식을 위한 환경을 제공하는

---

8   여러 면에서 도시와 도시 투쟁에 관한 카스텔과 르페브르의 개념은 경합하는 두 접근 방식을 나타낸다고 이해될 수 있다. 카스텔이 루이 알튀세르가 한 작업에서 파생한 구조주의 마르크스주의의 한 형태를 따르는 반면, 르페브르는 많은 원천, 특히 헤겔, 마르크스, 니체의 독일 변증법과 프랑스 현상학에서 영감을 받은 이단적이고 개방적인 비판 이론을 개발했다(Schmid 2010).

명확하게 식별 가능한 단위라는 가정에 기반을 두고 있다. 이를테면 게오르그 짐멜Georg Simmel은 도시를 문화적 형태로 간주하고 도시 형태와 공존을 위한 사회적 조직 사이의 연결을 가정했다(Simmel 1971[1903]). 비슷하게 루이스 워스Louis Wirth는 도시를 크기, 밀도, 이질성이라는 세 가지 특정한 물질적 공존 요소 위에 구축된 '생활의 방식'으로 정의한 일로 유명하다(Wirth 1938).

이런 정의들하고 다르게 완전한 도시화라는 르페브르의 테제는 장기적인 도시적 변형 개념을 지향한다. 프리드리히 엥겔스가 《영국 노동 계급의 상태The Condition of the Working Class in England》(1844)에서 이미 인식한 대로 산업혁명은 산업 자본주의 아래 공장과 노동자의 공간적 집중하고 함께 농촌에서 도시로 향하는 대이동의 시작을 알렸다. 르페브르는 산업 논리가 사회 전체로 확장되는 일반적인 의미에서 산업화 과정을 개념화한다. 산업화와 도시화는 매우 복잡하고 갈등적인 단위를 형성한다고 르페브르는 말한다. 산업화는 도시화의 조건과 수단을 제공하는 반면, 도시화는 전세계적으로 산업 생산이 확산되는 결과다. 이런 관점에서 르페브르는 도시화를 도시적 조직을 통한 농촌 지역의 재형성으로 파악하는 한편 식민화이자 역사적 도시들의 근본적 변형으로 이해한다.

이런 변형의 결정적 결과는 도시 자체의 해소다. 르페브르에게 도시란 더는 하나의 객체, 또는 정의할 수 있는 단위로 이해될 수 없다. 오히려 도시화가 진행되면서 사라지고 있는 역사적 범주다. 그러나 이런 상황은 '도시'라는 용어 자체가 문제로 된다는 의미이기도 하다.

> 도시의 개념은 더는 사회적 객체에 해당하지 않는다. …… 그러나 도시에는 무시할 수 없는 역사적 존재성이 있다. 작거나 중간 규모인 도시는 한동안 주변에 있을 수 있다. 도시의 이미지나 표현은 도시 자체를 영속시킬 수 있고, 그 조건을 살아남게 하고, 이데올로기와 도시 프로젝트에 영감을 줄 수 있다. 말하자면 '실제' 사회학적 '객체'는 이미지이자 이데올로기다! (Lefebvre 2003, 57)

따라서 사회 전체가 도시화된 조건 아래에서 도시가 여전히 이론적으로 파악될 수 있는 방법을 둘러싸고 질문이 제기된다. 이 질문에 관한 르페브르의 탐구는 매개, 중심성, 차이라는 세 가지 핵심 개념을 만들어낸다(Schmid 2005; Kipfer et al. 2008도 보라).

도시적 수준 – 매개

먼저 르페브르는 도시적인 것을 사회적 실재의 특정 수준이나 질서로 파악한다. 도시적인 것은 한편으로 개인적 수준, 가까운 질서, 일상생활, 거주지, 다른 한편으로 지구적 수준, 먼 질서, 세계 시장, 국가, 지식, 제도, 이데올로기 사이에 위치하는 중간적이고 매개하는 수준이다. 이 중간적 수준에는 결정적인 기능이 있다. 곧 전달과 매개로서 지구적 수준과 개인적 수준을 연결한다.

그러나 도시화된 사회에서 도시적 수준은 지구적 수준과 개인적 차원 사이에서 깎이고 부서질 위험에 놓여 있다. 한편으로 산업화와 세계 시장의 논리는 기술을 통해 형성되는 보편적 근거를 만들어내고, 따라서 동질화를 향해 나아가는 경향을 낳는다. 따라서 장소의 고유한 특성과 그 장소성이 사라지는 듯하다. 다른 한편, 공간은 분할돼 기업의 논리와 개별의 논리에 종속된다. 이 '위'와 '아래'에서 들어오는 공격 때문에 도시는 소모되고 부서질 위협에 노출된다. 그 결과가 도시 단위의 해체이며, 도시는 무수한 단절된 파편으로 분해돼, 범람 속에서 구별하기 어려운 도시 풍경이 확산된다.

따라서 사회의 완전한 도시화는 도시 수준이라는 매개를 제거하는 경향을 띤다. 그러나 도시적인 것의 중요성은 도시의 소멸이라는 가장 극단적인 테제에서 가시화된다. 이런 맥락에서 르페브르는 도시를 사회적 자원으로 봐야 한다고 제안한다. 도시는 사회의 조직을 위한 핵심 장치를 구성하며, 사회의 다양한 요소를 결합해 생산적이 된다.

도시적 형태 – 중심성

이런 숙고를 거쳐 르페브르는 도시에 관한 새로운 정의, 곧 도시라는 중심에 도달할 수 있다. 그런 의미에서 도시는 이질적 요소들이 더는 고립돼 존재하지 않는 조건을 만든다. 우연한 만남, 소통, 정보의 장소로서 도시는 제약과 평범함이 해소되는 한편 유희적이고 예측 불가능한 요소들이 결합되는 장소다.

> 도시적인 것은 사람들이 돌아다니고, 물건 더미 앞과 안에 서 있는 자기를 발견하고, 자기가 하는 활동의 실타래들이 인식할 수 없게 될 때까지 얽히는 경험을 하고, 사람들이 예상하지 못한 상황에 놓이게 되는 방식으로 상황을 얽히게 하는 장소로 정의된다. (Lefebvre 2003, 39)

르페브르에게 시간–공간 벡터는 도시 공간에서 0으로 수렴한다. 모든 점은 모든 것을 끌어들이는 초점이 될 수 있고, 모든 것이 수렴하는 특별한 장소가 될 수 있다. 따라서 도시는 시간과 공간의 사실상의 무효화, 시간과 공간에서 나타나는 거리의 부정이다. "거리의 소거는 도시 공간의 거주자들을 쫓아다닌다. 거리의 소거는 다양한 방식으로 표현되는 거주자들의 꿈, 상징화된 상상이다"(Lefebvre 2003, 39).

그러므로 중심성은 구체적인 지리적 상황이 아니라 순수한 형식을 가리킨다. 그 논리는 주어진 지점 주위에 모일 수 있는 사물과 사람의 동시성을 나타낸다. 도시 공간에는 무엇이 모이는가? 형식으로서 중심성은 구체적 내용을 수반하지 않고 우연한 만남의 가능성을 규정할 뿐이다. 중심성은 생각의 행위이자 사회적 행위로 자기 자신을 구성한다. 정신적으로 중심성은 사건, 지각, 전체의 구성 요소로서 동시성이다. 사회적으로 중심성은 재화와 활동의 수렴과 결합에 해당한다. 따라서 중심성은 차이의 총체성으로 이해될 수도 있다.

도시적 시공간 – 차이

이런 논의는 도시적인 것의 셋째 표식으로 이어진다. 곧 도시는 차이의 장소다. 차이들은 능동적 연결 지점이며, 서로 격리된 채로 남아 있는 특수성하고는 명확하게 구별돼야 한다. 특수성은 자연, 위치, 천연자원에서 유래한다. 그런 요소들은 지역적 조건에 묶여 있으므로 농촌 사회에서 유래한다. 그런 요소들은 고립되고 외부적이며, 쉽게 적대 관계로 되돌아갈 수 있다. 그러나 역사의 과정 속에서 그런 특수성은 서로 접촉하게 된다. 각각의 요소들이 벌이는 대결에서 상호 '이해'가 일어나고, 따라서 차이가 발생한다. 대결의 심급은 언제나 결정적이다. 대결에 따라 변형된 요소는 더는 자기 자신을 서로 고립된 상태로 주장하지 않는다. 대신에 그렇게 변형된 요소들은 상호 작용만을 통해서 자기 자신을 제시하고 표현할 수 있다. 이런 상황은 차이의 개념을 낳는다. 이 개념은 논리적 사고뿐만 아니라 역사의 궤적과 일상생활의 다중적 드라마 같은 다양한 경로를 따라 나타난다.

따라서 도시 공간의 특수한 질은 인종, 문화, 사회 집단, 활동이나 지식의 매우 다른 세계와 가치 체계가 동시에 존재하는 데서 발생한다. 도시 공간은 이런 다양한 요소를 결합해 생산적으로 만들 수 있는 가능성을 창조한다. 그러나 동시에 그 요소들은 자기 자신을 이 결합 상태에서 분리시키려는 끊임없는 경향을 띤다. 따라서 결정적 질문은 이런 차이가 실제 일상생활에서 경험되고 살아 움직이는 방식이다.

스테판 키퍼Stefan Kipfer가 상기시키듯이 최소의 차이와 최대의 차이 사이에는 중요한 구분이 있다(Kipfer 2008). 최소의 차이, 또는 유발된 차이는 형식적 정체성으로 향하는 경향이 있으며, 이런 경향은 일상생활을 파편화하고 사회 집단을 주변으로 밀어낸다. 최대의 차이, 또는 생산된 차이는 근본적인 사회 변형을 의미한다. 따라서 르페브르가 정의한 차이의 개념은 다른 포스트모던적 정의하고 분명하게 구별돼야 한다. 르페브르에게 차이란 일상생활 구조 속의 틈새와 정치적 투쟁을 거쳐 만들어지는 다차원 개념이다. 차이는 하나의 활성적 요소로 이해돼야 한다.

도시, 구체적 유토피아

따라서 도시적인 것에 관한 르페브르의 개념은 도시 이론의 고전적 개념하고 근본적으로 다르다. 워스가 정의한 크기, 밀도, 이질성 같은 기준은 현대 도시의 현실을 분석하는 데 거의 적용되기 어렵다. 그래서 도시의 크기는 더는 명료하게 결정될 수 없으며, 그런 기준의 중요성은 상당히 제한적이다. 작은 도시들도 높은 수준의 도시성을 가질 수 있다. 도시의 밀도 또한 일상생활의 질에 미치는 영향이 제한적이다. 그리고 마지막으로 이질성은 필요조건이지만 도시 생활의 충분조건은 아니다. 오히려 결정적인 질문은 이질적 요소들 사이에서 생산적 차이가 발생하는지 여부다. 따라서 도시의 본질은 크기, 밀도, 이질성이 아니라 능동적이고 일상적인 상호 작용 과정의 질에 따라 결정된다.

따라서 르페브르적 틀에서 도시란 차이가 조우하고, 서로 인정하고 탐색하며, 서로 확인하거나 소거하는 장소로 정의될 수 있다. 공간과 시간의 거리는 대립, 대조, 중첩으로 대체되며, 여기에서 다중적 실재들이 공존한다. 차별적 시간–공간으로서 도시라는 르페브르의 적극적 개념은 구체적 유토피아를 가리키는 개념으로 이해돼야 한다(Stanek 2011). 그 개념은 이미 성취된 현실이 아니라 하나의 가능성, 하나의 약속을 가리키고 있다. 그 개념은 끊임없이 생산되고 재생산돼야 한다(Lefebvre 2003, 38).

그러나 이런 개념은 또한 '도시'라는 용어 자체가 문제가 된다는 의미이기도 하다. 따라서 르페브르 자신은 '도시에 대한 권리'라는 용어를 다른 여러 용어로 수정했다. 이 용어는 '중심성에 대한 권리'(Lefebvre 2003, 194), '차이에 대한 권리'(Lefebvre 1991, 64), 그리고 마침내 '공간에 대한 권리'(Lefebvre 1978, 317)가 됐다.

도시적 공간의 생산

삼차원의 변증법

명백해진 대로 르페브르는 《도시 혁명》에서 도시를 정의하는 새로운 길을 열었다. 무엇보다 첫째, 지구적인 것과 개인적인 것 사이의 매개 수준을 구성한다. 둘째, 그 형태는 중심성, 모임, 우연한 만남, 상호 작용이다. 마지막으로 도시적인 것은 차이로 특징지어진다. 도시는 차이들이 한데 모여 새로운 것을 생성하는 장소다. 이런 특징은 서로 다른 측면들이 서로 어떻게 연관돼 있으며 사회적으로 어떻게 생산되는지에 관한 질문으로 이어진다. 그 질문은 분석적 관점에서 새로운 근본적 전환을 일으킨다. 그 전환에는 좀더 일반적인 용어와 좀더 일반적인 이론, 곧 르페브르가 1974년에 《공간의 생산La production de l'espace》에서 정교화한 '공간'이라는 용어와 공간 생산 이론이 필요하다.

이 이론은 공간의 생산이 변증법적으로 연결된 세 가지 차원 또는 과정으로 분석적으로 분할될 수 있다는 가정에 기초한다. 르페브르가 공간의 생산에서 '형성음formants' 또는 '계기moments'라고 지칭하기도 하는 이런 차원들은 중복으로 정의된다. 첫째는 '공간적 실천', '공간의 표현', '표현의 공간'이라는 세 가지 항이다. 둘째는 '지각된', '인지된', '경험된' 공간이다. 이 중복된 일련의 용어들은 공간에 관한 이중의 접근 방식을 가리킨다. 한편으로는 현상학적 접근이고, 다른 한편으로는 언어학적 접근이거나 기호학적 접근이다(Schmid 2005; 2008; 2010).

도시적 실천

공간은 우선 오감으로 파악될 수 있는 지각적 요소를 갖는다. 그 요소는 공간을 구성하는 요소들의 물성에 직결된다. 공간적 실천은 이런 요소들을 공간적 질서, 동시성의 질서로 결합한다. 따라서 도시 공간은 물질적 상호 작용과 물리적 조우가 일어나는 장소다. 이런 매개, 중심성, 차이의 실질적 측면들은 생산 네트워크와 의사소통 채널의 중첩과 엮임, 일상생활 속 사회적 네트워크의 조합, 경이와 혁신이 따르는 조우와 교환의 장소로 보일 수 있다.

이런 사실은 도시 공간이 경험적으로 관찰될 수 있다는 의미다. 거리에서 무슨 일이 일어나고 있는가? 누가 있고, 누가 누구를 만나는가? 어떤 자원을 이용할 수 있으며, 누가 접근할 수 있는가? 기본적으로 여기에서 가리키는 의미는 도시 공간에 있는 사람들의 물리적 존재다. 도시 연구에서는 도시 지역의 거주자만 고려되는 일이 비일비재하다. 그러나 도시 공간에는 그곳에서 일하는 사람, 방문객, 노점상, 다양한 유형의 장소들이 포함된다. 상점, 레스토랑, 만남의 장소, 문화적이고 사회적인 교류의 장소가 도시 생활의 무대가 된다. 이런 장소는 영구적 시설일 수도 있고 일시적 행사, 곧 상호 작용의 기회와 계기를 창출하는 이벤트나 축하 행사일 수도 있다.

그러나 사회적 상호 작용의 기회는 도시 공간 전체에 불균등하게 분배된다. 어떤 장소에는 도시 자원이 집중돼 있고, 어떤 곳에는 희박하고 흩어져 있다. 이런 자원에 관한 접근 문제는 분배에 곧바로 연결된다. 도시 공간에 남아 있을 수 있는 권리를 위한 투쟁은 항상 도시 재생 프로그램, 젠트리피케이션, 또는 슬럼 개선 프로젝트에서 촉발된 핵심 질문들 중 하나였다.

그렇지만 오늘날 도시 지역이 엄청나게 확장된 탓에 이 문제는 더는 전통적인 도시 핵심 지역에 국한되지 않는다. 베를린, 파리, 시카고 같은 메트로폴리스 사례를 기반으로 한 도시성의 고전적 모델은 오래전에 세계적 범위의 도시화 과정에 압도됐다. 북반구와 남반구의 넘쳐나는 도시 경관에서 중심성의 새로운 형태들이 전개됐다. 이 새로운 도시 구성이 오랫동안 논의 대상이 됐지만 (Soja 1996; Sieverts 2002), 이런 지역에서 어떤 새로운 형태의 도시성이 출현하고 진화하고 있는지 묻는 질문에 적합한 답변을 아직 드러내지 못하고 있다. 이 방향에서 어느 정도 진전을 보려면 도시 공간 속의 상호 작용 과정이 발휘하는 효과에 기초해 '도시성' 또는 '도시적 특질'에 관한 새로운 정의를 마련해야 한다. 다양한 사회 집단과 네트워크의 존재만으로는 도시 문화가 출현하는 데 충분하지 않기 때문이다. 오히려 집단과 네트워크들이 상호 작용하는 방식과 이런 상호 작용 과정의 특질이 중요하다. 차이는 항상 동적으로 이해돼야 한다. 그 결과는 열린 교환인가, 아니면 축소되고 길들여진 차이들인가? 그런 질문은 또한 소통의 비물질적 조건, 곧 도시 공간을 지배하는 규칙과 규범에도 관련이 있다. 이런 논의는 우리를 도시 공간 생산의 둘째 순간인 공간 개념으로 이끈다.

도시적인 것의 정의

르페브르가 지적한 대로 공간은 먼저 마음에서 지각되지 않고는 인식될 수 없다. 따라서 지각된 공간은 공간을 반영하고 정의하며, 그러므로 공간을 표현하는 묘사다. 개별 요소들이 전체로 결합돼 결과적으로 공간으로 인식되는 데에는 정신적 노력이 요구된다. 공간 구성이나 공간 개념을 뒷받침하는 요소는 어떤 요소가 서로 관련돼 있고 어떤 요소가 제외되는지를 규정하는 사회적 관습이다. 이런 관습은 불변하지는 않지만 종종 경합되며, 담론적인 (정치적) 실천 속에서 협상된다. 이 과정은 지식과 권력 구조의 생산에 연결되는 사회적 생산 과정이다. 넓은 의미에서 공간의 표현은 사회적 규칙과 윤리도 포함한다.

그렇다면 '도시'에 관한 우리의 개념은 도시적인 것에 관한 우리 사회의 정의에 따라서, 결국 도시라는 아이디어, 디자인, 지도, 개념, 또는 도시를 정의하고 구분하려는 과학적 이론에 따라서 달라진다. 공간의 표현으로서 도시적인 것은 도시화된 세계에서 처음부터 정의되지 않은 채로 남아 있다. 도시는 더는 별개의 사회적이거나 경제적인 단위, 또는 분리된 생산 방식이나 삶의 방식을 형성하지 않기 때문에, 도시를 정의하고 구분하는 방법은 많다. 이런 도시의 정의는 언제나 포용과 배제의 기제를 내포하고 있기 때문에 다양한 전략과 이해관계의 전장이 된다. 온갖 종류의 정치 행위자와 경제 행위자, 도시 전문가와 지식인이 이 분야에 개입하며, 도시 운동도 상당한 영향을 미칠 수 있다.

이런 정의들은 끝점을 표시하지 않는다. 정의들은 누가, 그리고 무엇이 허용되거나 금지되고, 무엇이 도시 공간에 포함되거나 배제되는지를 정의하는 규칙과 규범에 직접적으로 연결되기 때문에, 즉시 정치적 질문으로 번역된다. 종종 암묵적인 구별과 보이지 않는 경계가 외부 관찰자에게는 숨겨진 중요한 구실을 한다. 따라서 오늘날 다시 한 번 '도시에 대한 권리'가 요구된다면, 이 권리는 어떤 '도시'에 대한 권리인지 묻는 질문이 곧장 제기된다. 이런 요구는 오래되거나 계승된 개념과 이미지에 관련이 있는가? '고전적' 도시를 재구성하라는 요구인가? 아니면 도시적인 것의 새로운 형태가 추구되고 있는가?

도시적 경험

공간 생산의 셋째 차원을 르페브르는 '재현의 공간'이라 부른다. 이 공간들은 '뭔가'를 의미화한다. 이 공간들은 공간 그 자체가 아니라, 제3의 다른 측면, 이를테면 신성한 권력, 로고스, 국가 또는 남성적인 것 또는 여성적인 것의 원리를 가리킨다. 공간 생산의 이런 차원은 (물질적) 상징으로 표출되는 의미화 과정을 가리킨다. 의미화의 생산은 공간에 상징적 의미를 부여하고, 따라서 어떤 공간을 재현의 공간으로 만든다. 공간의 이런 측면은 사람들이 일상생활에서 조우하거나 경험하기 때문에, 르페브르는 살거나 경험되는 공간인 '체험된 공간espace vécu'이라 부르기도 한다. 살아진, 실제적인 경험은 이론적 분석으로 완전히 파악할 수 없다. '뭔가'는 항상 남아 있으며, 분석을 거부한 채 예술적 수단만으로 표현될 수 있는, 형언할 수 없는 잔류물이다.

따라서 도시는 항상 구체적이고 실제적인 경험이며, 일상생활에서 도시를 이용하고 전유하는 주민들의 장소이기도 하다. '도시'의 본질은 주민들이 유아기부터 배우는 어떤 것, 곧 어린 시절 기억에 결합하는 무엇이다. 이런 경험의 세계와 사회화 과정들은 또한 암묵적 가치 체계를 낳는다. 도시가 문명의 도피처로 인식되는지, 아니면 위험하고 예측 불가능한 곳으로 인식되는지는 주로 그런 경험들에 기인한다.

그러므로 이런 맥락에서 어떤 경험이 공간과 집단적 의식 속에 새겨지는지가 중요하다. 이런 경험에는 집단적 측면과 개별적 측면이 모두 포함된다. 그 안에는 긍정적 값과 부정적 값이 모두 포함되며, 진부하고 평범할 수도 있고 화려하고 폭넓을 수도 있다. 도시를 위한 투쟁들 자체가 그런 도시 경험의 구성 요소다. 그런 경험은 구체적인 전유 과정을 촉진하며, 도시 공간이 이전에 생각하던 방식하고는 다른 방식으로 사용될 수도 있다는 인식을 촉진한다. 따라서 파리의 1968년 5월 같은 도시의 '순간들'은 몇 년 뒤에도 영향이 지속되는 중요한 기준점이며, 독특한 방식으로 현대의 논의와 도시적 실천에 영향을 미친다.

도시화와 도시성

따라서 공간 생산 이론은 삼차원적 생산 과정을 핵심에 포함한다. 첫째, 물질적 생산, 둘째, 지식의 생산, 셋째, 의미의 생산이다. 공간 생산의 이 세 가지 차원은 모순적이고 변증법적인 통일성을 형성한다. 결정은 셋으로 나뉜 하나다. 공간은 세 가지 요소 사이의 상호 작용만을 통해 생산된다.

공간은 시간 속에서 일어나는 생산 과정의 결과다. 이런 기본 전제는 끊임없이 생산되고 재생산되는 도시 공간이라는 역동적 개념으로 이어진다. 도시적 특질은 자동으로 도시화의 결과로 나타나지는 않는다. 도시화는 도시적 상황을 생성하기 위한 토대를 마련하지만, 도시적 상황은 오직 다중적 행동의 결과로 창출된다. 이런 과정은 또한 도시적인 것의 내용을 둘러싼 끊임없는 투쟁을 의미한다. 구체적이고 '경험되는' 도시성은 끊임없는 갈등과 경합의 결과다. '도시'는 일반적 범주가 아니라, 이론과 실천에서 모두 지속적으로 갱신되고 재정의되는 구체적이고 역사적인 범주다. 이런 관점에서 '도시에 대한 권리'는 '(도시적) 공간에 대한 권리', 곧 공간의 변형에 참여하고 공간에 관한 투자를 통제할 권리로 재정의될 수 있다(Lefebvre 1978, 317).

새로운 메트로폴리탄 주류와 도시적인 것의 상품화

도시적인 것의 재발견

앞에서 윤곽을 그린 이론적 고찰을 바탕으로, 지난 수십 년 동안 진행된 세계 도시화의 몇몇 주요 측면을 해독할 수 있다. 실제로 최근 도시 투쟁의 역사는 주목할 만한 경향을 드러낸다. 도시화가 가속화되고 일반화되는 한편으로, 도시 공간이 되찾아지고 있다는 강력하지만 분산적인 증거 또한 뚜렷하다. 이런 과정은 다면적 방식으로 형성되고 발전됐다. 도시 사회운동은 도시의 변형과 현대화에 저항하고, 상업화와 축출에 맞서 싸웠으며, 낡고도 새로운 형태의 도시성, 도심의 혼합 지구, 거리 생활과 공공 공간을 요구했다. 동시에 종종 문화적, 민족적, 성적 차이에 기반한 다양한 종류의 구체적 도시 공간과 대안적이고 대립적인 일상의 실천을 창조했다. 1970년대와 1980년대를 거치면서 이런 '도시적 가치들'은 점점 더 넓은 사회 계층에 수용됐다. 이런 흐름은 '도시적인 것의 재발견'이라는 긴 역사의 시작을 의미하며, 때때로 '도시 르네상스'라 불리기도 한다(Porter and Shaw 2008).

이런 도시적인 것의 재발견은 새로운 형태의 중심성과 집적화에 밀접하게 연관돼온 세계화의 동학하고 긴밀하게 얽혀 있다.[9] 여기에는 두 가지 측면이 필수적이다. 한편으로 중심성은 전지구적 경제 통제와 명령 기능을 위해, 그리고 특정 형태의 혁신, 특히 복잡한 제품의 개발과 생산을 위해 매우 다양하고 투입이 필요한 혁신에 핵심적 구실을 한다. 반면 대도시권 중심들은 신자유주의적 발전 모델 아래 형성된 신생 엘리트층의 특권적 공간이 됐다(Sassen 1994; Scott 1998).

중심성의 '다른 측면'이 이제 드러났다. 곧 의사 결정과 통제의 중심으로서 도

---

9 이런 맥락에서 주류 경제학 분석이 도시 개발의 이런 측면을 오랫동안 간과한 점은 흥미롭다. 신고전파 경제학이 공간과 중심성을 재발견한 때는 1990년대 후반이었다(Fujita et al. 1999).

시의 부활이다. '글로벌 도시'와 '세계 도시'에 관한 학문적 관심이 활성화되기 오래전에 르페브르는 이미 새로운 형태의 글로벌 중심성이 공고해지리라는 예측을 했다.

> 상쇄하는 힘들이 있는데도 …… 중심부는 계속 부, 행동 수단, 지식, 정보, '문화'를 효과적으로 집중시킨다. 요컨대 모든 것이다. 이런 역량과 권력의 맨 위에는 초권력, 곧 모든 권력을 결정 권력으로 집중시키는 능력이 있다. (Lefebvre 1991, 332~333)

동시에 메트로폴리탄 중심부는 고품격 소비재가 되고 있으며, 소비의 장소이자 소비할 수 있는 장소라는 동시적 기능 덕분에 살아남을 수 있었다. 따라서 도시 핵심은 권력의 성채로 바뀌고 거기에 사는 사람들은 엘리트가 된다 (Lefebvre 1996, 73; Lefebvre 2003, 79). 르페브르의 명쾌한 분석은 오늘날에 와서야 완전한 효과들이 널리 확산되고 있는 발전을 그려 보였다. '메트로폴리탄'의 가치, 문화, 생활 방식이 널리 수용되고 추구되면서 글로벌 도시 모델이 이제 일반화됐다. 여기에 상응하는 일련의 도시 전략과 도시 정책이 도시 개발의 새로운 일반적 가이드라인을 형성하게 됐으며, 메트로폴리탄은 주류가 됐다.

새로운 메트로폴리탄 주류

'새로운 메트로폴리탄 주류'라는 용어는 얼마 전 전세계 도시에서 발생한 폭넓은 현상을 해석하려 개발됐다(Schmid and Weiss 2004).[10] 처음에 이 주류는 도시적인 것, 또는 메트로폴리탄적인 것으로 간주돼야 하는 대상을 정의하는 규범으로 등장했지만, 도시 계획과 설계의 특정한 기준과 과정을 표현하기도 했다. 전세계 도시 정책에 상당한 이데올로기적 영향을 미친 '창조 계급'에 관한 리처드 플로리다Richard Florida의 테제(Florida 2005)는 여기에 관련해 보면 빙산의 일각에 불과하다(Peck 2005; 이 책의 9장도 보라). 도시의 '성장'에 불을 붙이는 방법에 관한 이런 아이디어와 그 밖의 비교적 진부한 아이디어들이 전세계 지방 정부와 시의회로 퍼졌다. '부드러운' 입지 요소, 엘리트를 위한 '삶의 질', 고급스러운 소비를 위한 문화적 편의 시설과 제공품의 고급스러운 조화를 촉진하는 정책은 오늘날 자본 투자와 우수한 인력을 유치하기 위한 표준적 정책 레퍼토리의 일부다. 그 결과 북반구와 남반구 할 것 없이 다수의 현대 도시에는 초고층 빌딩, 간판 프로젝트, '스타' 건축물이 갖춰져 있다. '표준 메트로폴리탄 건축'은 세계 도시화의 새로운 연료가 되고 있다. 이런 맥락에서 '도시 미래'에 관한 역할 모델에서 놀라운 변화가 일어났다. 오늘날 두바이, 상하이, 싱가포르 같은 '새로운' 메트로폴리스들이 파리나 뉴욕 같은 '오래된' 서구 메트로폴리스들보다 도시 개발의 미래를 상징하는 모범으로 보일 가능성이 훨씬 더 높다(Roy 2010).

이런 지역 개발 전략이 지역 주민에게 미칠 결과는 명백하다. 젠트리피케이션을 둘러싼 오랜 논쟁이나 도시 재생과 도시 재활성화 프로젝트에 쏟아진 격렬한 비판을 여기서 다시 언급할 필요는 없다(이 책 11장; Smith 2002; Porter and Shaw 2008 참조). 그렇기는 해도 젠트리피케이션과 여기에 수반되는 축출 과정이 최근 엄청나게 확산되면서도 더욱 차별화되고 있다는 점을 지적해야 한다. 첫째, 민간 전략과 공공 전략이 점점 더 서로 얽히게 됐고, 도시 정책은 젠트리피케이션과 주변화된 인구의 축출을 적극 촉진하고 있다. 둘째, 이런 전략은 대부분 실제로 좌파와 자유주의 세력이 구성한 정치 연합이 제안하고 실행한다. 이 발전에 밀접하게 연결된 요소는 그전까지 반대파이던 부위의 선택된 일부가 통합되고 새로운 메트로폴리스 주류로 포섭되는 다양한 과정이다. 셋째, 다양한 형태의 도시 고도화는 현재 전세계적 규모로 점점 더 남반구의 도시, 교외 지역,

---

10 국제도시연구행동네트워크(International Network for Urban Research and Action·이누라)는 30개가 넘는 도시에서 새로운 메트로폴리탄 주류의 다양한 요소를 추적하는 지도 그리기 공동 프로젝트를 시작했다. 초기 결과는 2010년 취리히에서 열린 제20회 이누라 회의 때 열린 전시회에서 발표됐다(www.inura.org).

더 작은 도시로 확산되고 있다. 넷째, 이런 추세는 또한 도시 개발의 상당한 규모 변화를 수반한다. 젠트리피케이션과 축출 과정은 더는 개개인에게 국한되지 않는다. 오히려 전체 도시 내부 지역과 메트로폴리탄 지역의 상당 부분이 고도화돼 메트로폴리탄 엘리트를 위한 재생산 구역으로 전환된다. 토지 가격과 부동산 가격의 엄청난 상승, 뒤따르는 주택 위기는 이미 전체 주민 중에서 특권을 갖지 못한 부위가 이런 지역에 접근할 가능성을 크게 제약했다.

당면한 논의 속에서 그런 전략과 정책은 종종 신자유주의하고 동일시된다. 실제로 도시와 메트로폴리탄 지역은 신자유주의 정책에 전략적으로 중요한 장소이자 신자유주의 자체가 진화하는 주요한 제도적 무대가 됐다(Brenner and Theodore 2002; Leitner et al. 2007). 그렇기는 해도 우리는 그런 과정이 자본주의적 도시화의 장기적 경향을 구성하는 요소로 간주돼야 한다는 점을 기억해야 한다. 도시화는 도시의 역사적 형태를 해체하고 도시를 무분별하게 확장할 뿐만 아니라 새로운 중심지를 형성시키기도 한다. 이런 맥락에서 중심성은 항상 양가적인데, 한편으로는 예상하지 못한 만남의 가능성을 만드는 반면, 경제적 착취가 일어날 여지도 키우기 때문이다. 이런 양가성은 도시 생활의 상품화라는 또 다른 과정으로 이어진다.

도시적인 것의 상품화

물론 이런 발전이 새롭지는 않다. 도시는 오랫동안 시장이 스스로 자리를 잡고 번성한 곳이었으며, 벤야민이 19세기 후반의 메트로폴리스 파리를 명민하게 분석한 대로 상품의 세계가 펼쳐지는 특권의 장을 구성하기도 한다(Benjamin 1995[1955]). 그러나 도시 공간의 체계적인 경제적 착취는 새롭다. 도시 자체, 도시적 생활이 상품이 된다. 이 과정은 도시적인 것의 상품화로 설명될 수 있다(Kipfer and Schmid 2004; Kipfer et al. 2008).

르페브르가 언급한 대로 이 전략은 단순히 공간을 조금씩 판매하는 수준을 넘어선다. 토지와 부동산만이 아니라 공간 자체가 교환 가치로 된다. 결과적으로 도시 공간은 매우 일반적인 생산의 대상이 되고, 따라서 잉여 가치 형성의 대상이 된다.

상품 세계의 배치는 이제 대상뿐만 아니라 그 대상을 담는 용기에도 영향을 미치며, 더는 내용물, 공간 속의 대상에 국한되지 않다. 최근에는 공간 자체가 매매되기 시작했다. 대지나 토양이 아니라, 이런 새로운 목적을 가지고, 그 공간을 최종 목표로 하여(말하자면), 생산되는 사회적 공간인 셈이다. (Lefebvre 2003, 154)

도시 상품화는 그 모든 차원과 의미에서 아직 적절하게 파악되지 못하고 있다. 도시 상품화는 구획된 토지의 판매나 특정 인구 집단을 고려한 독점적 위치 선점에 그치지 않는다. 좀더 일반적으로 중요한 점은 도시 공간이 그 공간 자체로 착취되는 과정이다. 그 안에 사는 사람들, 그 사람들이 생산하는 사회적 자원과 생산에 따른 경제적 효과를 포함한 전체 공간이 판매된다. 도시적 생활 자체는 경제적 가치화 과정에 연루돼 있으며, 그 과정에 따라 변형된다.

이런 현실은 도시 공간의 특질(차이, 우연한 만남, 창조성)이 경제적 논리의 일부이자 생산성 향상이 가져오는 체계적 착취의 일부가 된다는 의미다. 이런 과정은 사적 행위자가 공공 공간을 점유하고 통제하는 과정에서 오래전부터 눈에 띄었다. 쇼핑몰, 엔터테인먼트 센터, 민자 철도와 지하철역은 사적 이익에 따라 통제되는 준공공 공간을 구성한다. 그런 시설이 존재하는 이유는 전적으로 부가 가치 창출에 있다. 따라서 도시 생활을 상업적으로 이용할 수 있는 길로 인도하며, 시장 지향적이고 소비 지향적인 관행을 우선시하도록 설계된다. 이런 형태의 경제적 지배는 오늘날 전체 도시 지역에 퍼지기 시작했다. 그 과정에서 사람, 주민과 방문객이 모두 거대한 도시의 스펙터클 속에서 단순한 '엑스트라'로 축소된다.

전유와 지배

따라서 일반적 수준에서 중심부과 주변부라는 문제는 공간을 소비하는 생산적 방식과 비생산적 방식 사이, 자본주의적 '소비자'와 집합적인 '이용자' 사이의 대립으로 변형된다. 그리고 교환 가치와 사용 가치 사이의 모순은 공간으로 전이되면 자본주의적 지배와 공간의 자기 결정적 전유 사이의 모순이 된다 (Lefebvre 1991, 356; 359).

변형은 경제적 통제와 정치적 통제의 문제를 둘 다 함축한다. 통제가 지닌 이런 측면은 궁극적으로 공공 공간을 사유화하는 데, 그리고 구획되고 분리된 구역부터 폐쇄된 공동체에 이르기까지 사적으로 통제되는 다양한 형태의 공간을 창출하는 데 결정적이다. 도시적 전장에 접근하는 일, 그리고 그런 접근을 할 기회와 가능성은 통제되고 경제적으로 착취된다. 따라서 특정 사회 집단은 자기들을 위해 도시 공간을 선점하고 다른 사람들이 접근하지 못하게 제한하는 데 성공한다. 이런 공간들이 고립돼 존재하지 않으며 구체적인 역사적 맥락과 지리적 맥락의 일부라는 사실, 그리고 각각의 도시 지역 안에 전략적으로 위치한다는 사실은 종종 망각된다. 결국 도시적 생활 전체가 변형된다(Eick et al. 2007).

중앙화와 주변화

이런 맥락에서 중앙 집중화의 또 다른 측면으로 중심부에서 일어나는 축출과 배제가 언급돼야 한다. 오늘날 중심부와 주변부의 변증법은 재고돼야 한다. 이 용어는 오래전에 지리적 용어가 쓰이지 않게 됐으며, 운송 관련 기반 시설의 기초가 되는 물류 원칙을 항상 따르지도 않는다(Veltz 1996). 오히려 오늘날 중심성은 다면적 가능성의 가용성과 사회적 자원에 관한 접근성을 의미한다. 거꾸로 주변화는 도시적 생활에서 멀어지는 분산, 구획화, 배제를 의미한다. 이런 현상은 1980년대와 1990년대 세계 도시와 글로벌 도시에 관한 논의에서 이미 문제가 됐고, '성채와 게토'(Friedmann and Wolff 1982), '중심성과 주변성의 변증법'(Sassen 1994)이라는 은유, 그리고 또한 '사분화 도시quartered city' 개념(Marcuse 1989)에도 영감을 줬다. 오늘날 이 변증법은 메트로폴리탄 핵심부 안에서 통제가 덜 되고 상대적으로 상업화되지 않은 틈새 공간들이 거의 완전히 사라지고 있는 새로운 형태로 드러난다.

일반적 관점에서 보면 이런 새로운 형태는 도시의 변증법 안에 있는 근본적 모순의 발현이다. 한편으로, 도시 공간의 사회적 잠재력은 바로 사회 속 다양한 부분 사이의 접촉과 상호 작용을 촉진하는 능력에 있다. 다른 한편으로, 도시 자원에 관한 접근은 점점 더 글로벌 메트로폴리탄 엘리트가 통제하고 전유한다. 이런 사정은 도시 공간에 접근하려는 시도를 제한할 뿐만 아니라 사회적 생산성에도 제한을 가한다. 이 과정에서 도시적 공간은 핵심적 요소들 중 일부를 잃지만, 특히 가장 중요한 특질인 예상하지 못하고 계획되지 않은 만남과 상호 작용이 일어날 가능성을 잃게 된다.

도시, 구체적인 유토피아

이론과 실제

현대 사회에서 도시적인 것은 한편으로는 중앙 집권화와 주변화 사이, 다른 한편으로는 전유와 지배 사이의 이중 변증법 운동에 따라 결정되기 때문에 항상 모호한 상태로 남아 있다.

이런 이론적 결정은 구체적 용어로 번역돼야 한다. 이론은 실제하고 혼동되면 안 되는 구성물이다. 이론은 논리의 법칙을 따르는 반면 실천은 일상생활 속 사회의 발전에 따라 결정된다. 따라서 이론과 실천 사이의 관계는 항상 복잡하고 모순적이다(이 책 2장; 이 책 3장 참조). 르페브르가 간결하게 말한 대로 이론이 효과적이 되려면 실천 속으로 깊이 들어가야 한다. 실용적 측면에서 이 말은 이론적 분석이 실천을 대면해야 한다는 의미다. 그런 과정은 언제나 사회적 행위이자 사회적 현실에 관한 개입이며, 따라서 이론 자체가 변형되는 대결, 교류, 조우이기도 하다.

르페브르가 지적한 대로 비판적 사회 이론의 출발점은 항상 일상생활, 진부한 것, 평범한 것이어야 한다. 일상생활을 바꾸기, 이것이 진정한 혁명이다! 일상생활은 오늘날 도시화로 특정지어지고 있으며, 따라서 우리는 그 잠재력을 탐구해야 한다. 완전한 도시화에 따라서 도시는 사실상 어디에나 존재하게 되고, 모든 지점이 중심이 돼 만남, 차이, 혁신의 상소로 변모힐 수 있는 잠재력을 지닌다. 이 말은 다른 관점에서 도시화를 본다는 의미다. 도시화는 도시적 사회의 가능성을 창출한다. 그러나 도시적 사회는 실현돼야 한다. 자동으로 되는 일은 없다. 이 점이 바로 르페브르가 전달하는 역사적 교훈이다.

오늘날 도시에 대한 권리

40년 전, 르페브르는 새롭게 부상하는 문제틀을 목격하고 '도시에 대한 권리'라는 슬로건을 도입했다. 분명히 오늘날의 상황은 더는 그때하고 똑같지 않으며, 우리는 완전히 다른 도시적 세계에 살고 있다. 그런데도 이 요청이 '글로벌 서구'와 '글로벌 남반구'에서 새롭게 들리는 조건은 바로 이런 상황이다. 이 맥락에서 도시에 대한 권리를 요구하는 목소리는 새로운 중요성과 새로운 내용을 획득한다. 여기에서 세 가지 경향이 특히 눈에 띈다.

첫째, 오늘날 초점은 다시 한 번 주거, 음식, 깨끗한 물, 건강, 교육 같은 기본적 필요에 있다. 이런 이유는 주로 남반구에서 진행된 대규모 도시화 때문이기도 하지만 세계 주요 지역의 사회경제적 양극화 수준이 높아진 때문이기도 하다. 허리케인 카트리나 때문에 뉴올리언스에서 벌어진 파괴 같은 극적인 사례에서 알 수 있듯이 가장 기본적인 필요조차 더는 보장되지 못하는 상황이 있다. 이런 맥락에서 도시에 대한 권리라는 개념은 새로운 의미를 얻게 된다.

둘째, 도시에 대한 권리를 요구하는 목소리는 또한 사회생활의 많은 영역에서 (국민)국가의 철수에 보내는 응답을 나타낸다. 오늘날 중요한 사업들은 지역이나 지방 수준에 위임된다. 이런 변화는 지역에 새로운 중요성을 부여할 뿐만 아니라 파편화, 분리, 불평등도 증가시켰다. 도시에 대한 권리를 위해 집결하자는 호소를 중심으로 뭉친 다양한 동맹들은 쪼개지고 파편화된 도시 지역을 새롭게 통합하자고 요구하며, 실천을 통해 실제로 이런 통합을 구성한다.

셋째, 그런 동맹들은 오늘날에도 새로운 집합적 계기가 형성되도록 촉진한다. 슬쩍 보기에는 많은 동맹이 다소 실용적인 과정을 추구하는 듯하더라도(이 책 5장 참조), 도시 문제를 재구성하고, 제멋대로 뻗어가는 도시 경관 속에서 도시적인 것에 관한 새롭고 자기 결정된 정의를 발견할 수 있는 잠재력을 함축하며, 다른 형태의 도시적 생활을 구상하고 살아갈 가능성을 열어준다.

10여 년 전 존 프리드먼John Friedmann은 〈도시에 대한 권리The right to the city〉에서 말했다. "도시는 그 거리가 사람들에게 속할 때에만 진정으로 도시라고 불릴 수 있다"(Friedmann 1993, 139). 좀더 최근에 데이비드 하비는 똑같은 제목을 단 영향력 있는 글에서 도시에 대한 권리를 도시화 과정을 통제하고 새로운 도시화 방식을 만들 수 있는 권리로 정의했다(Harvey 2008, 40). 이 사람들보다 훨씬 더 이른 순간에 글을 쓰고 있었지만, 르페브르가 한 분석은 자주 관리의 일반화된 형태autogestion généralisée를 그 권리의 기초와 표현으로 가정하면서 실제로 한 걸음을 더 나아갔다(Lefebvre 2003, 150). 궁극적으로 이런 분석은 다른 사회를 창조하는 데 없어서는 안 될 권리인 자기 결정권에 관한 오랜 요구를 근본적으로 새로운 맥락에서 재접합하는 시도를 의미한다.

가능한 도시적 세계

오늘날 세계는 커다란 경제 위기 때문에 덜컹거리고 있다. 르페브르가 확인한 많은 주제는 확실히 배경으로 밀려났다. 그렇기는 해도 이런 새로운 조건 아래에서도 도시에 대한 권리는 단순히 존재하면서 기본적 필요를 충족시키는 정도를 넘어 더 많은 무엇을 포함해야 한다는 사실이 명확해져야 한다. 이 '더 많은 무엇', 이 추가적 측면이 바로 도시 사회를 정의하는 요소다. 도시적인 것은 끊임없는 재발명이며, 매우 다양한 형태를 취할 수 있지만, 여기에서 내가 진행한 논의의 목적은 또 다른 범위의 규범적 모델을 제안하는 데 있지 않다. 그렇지만 현대의 도시 위기를 파악할 때 대안을 상상하고 실현 가능한 새로운 도시 세계를 창조할 기회로 바라본다는 의미가 함축돼 있다.[11]

따라서 새로운 맥락이라지만 오래된 똑같은 주제들이 중요하다. 도시란 무엇이며, 도시적 생활은 무엇을 의미하는가? 누가 도시의 미래를 결정하는가? 르페브르는 도시화를 이해하는 새로운 길을 열었다. 르페브르가 한 분석에 따르면 도시적 사회는 이미 성취된 현실이 아니라 잠재적이고 열린 지평이다. 이 분석이 지닌 특질은 도시화에 관한 단순한 비판을 넘어서서 그 안에 내재된 가능성과 잠재력을 탐색한다는 데 있다. 그러나 그런 가능성과 잠재력은 근본적인 사회 변혁, 곧 도시 혁명만을 거쳐 실현될 수 있다.

르페브르가 구상한 이론적이고 실천적인 거대 프로젝트는 통합이 더는 차이의 반대편에만 자리하지 않고, 동질적인 것과 이질적인 것이 더는 싸우지 않으며, 분리 때문에 적대로 바뀐 개별적인 도시적 요소들 사이의 투쟁을 갈등이 없지는 않더라도 조합, 조우, 상호 작용으로 대체하는 도시 세계를 향한 가능한 경로에 관한 탐색으로 구성된다. 그런 도시적 공간은 다면적 가능성들에 열려 있는 일상생활 속의 변혁을 위한, 곧 근본적으로 다른 세계를 위한 사회적 기반을 구성한다.

---

11 이 문구는 Harvey(1996)에서 가져왔다. 또한 INURA(1998), Lehrer and Keil(2006)도 보라.

참고 자료

Benjamin, W. 1995[1955]. "Paris: capital of the nineteenth century." P. Kasinitz(ed.), *Metropolis*. New York: NYU Press. pp. 46~57.

Brenner, N. and Theodore, N.(eds.). 2002. *Spaces of Neoliberalism*. Oxford: Blackwell.

Castells, M. 1973. *Luttes urbaines et pouvoir politique*. Paris: F. Maspero.

Castells, M. 1977. *The Urban Question: A Marxist Approach*. London: Edward Arnold.

Castells, M. 1983. *The City and the Grassroots*. Berkeley and Los Angeles: University of California Press.

Castells, M., Cherki, E., Godard, F., and Mehl, D. 1978. *Crise du logement et mouvements sociaux urbains*. Paris: Mouton.

Eckstein, S. 2001. "Poor people versus the state and capital: anatomy of a successful community mobilization for housing in Mexico City." S. Eckstein(ed.), *Power and Popular Protest*. Berkeley and Los Angeles: University of California Press. pp. 329~350.

Eick, V., Sambale, J., and Töpfer, E.(eds.). 2007. *Kontrollierte Urbanität*. Berlin: Transcript Verlag.

Engels, F. 2009[1844]. *The Condition of the Working Class in England*. London: Penguin.

Florida, R. 2005. *Cities and the Creative Class*. New York: Routledge.

Friedmann, J. 1993. "The right to the city." M. Morse and J. Hardoy(eds.), *Rethinking the Latin American city*, Baltimore: Johns Hopkins University Press. pp. 135~151.

Friedmann, J. and Wolff, G. 1982. "World city formation: an agenda for research and action." *International Journal of Urban and Regional Research* 6(1). pp. 309~344.

Fujita, M., Krugman, P., and Venables, A. J. 1999. *The Spatial Economy*. Cambridge, Mass. and London: MIT Press.

Gilbert, L. and Dikeç, M. 2008. "Right to the city: politics of citizenships." K. Goonewardena, S. Kipfer, R. Milgrom, and C. Schmid(eds.), *Space, Difference, Everyday Life: Reading Henri Lefebvre*. New York: Routledge. pp. 250~263.

Hamel, P., Lustiger-Thaler, H., and Mayer, M.(eds.). 2000. *Urban Movements in a Globalising World*. London: Routledge.

Harvey, D. 1996. *Justice, Nature and the Geography of Difference*. Cambridge, Mass.: Blackwell.

Harvey, D. 2008. "The right to the city." *New Left Review* 53. pp. 23~40.

INURA(ed.). 1998. *Possible Urban Worlds*. Basel: Birkhäuser.

Jacobs, J. 1961. *The Death and Life of Great American Cities*. New York: Random House.

Kipfer, S. 1998. "Urban politics in the 1990s: notes on Toronto." INURA(ed.), *Possible Urban Worlds*. Basel: Birkhäuser. pp. 172~179.

Kipfer, S. 2008. "How Lefebvre urbanized Gramsci: hegemony, everyday life, and difference." K. Goonewardena, S. Kipfer, R. Milgrom, and C. Schmid(eds.), *Space, Difference, Everyday Life: Reading Henri Lefebvre*. New York: Routledge. pp. 193~211.

Kipfer, S. and Schmid, C. 2004. "Right to the city/bourgeois urbanism." paper prepared for the International Network of Urban Research and Action, Toronto.

Kipfer, S., Schmid, C., Goonewardena, K., and Milgrom, R. 2008. "Globalizing Lefebvre?" K. Goonewardena, S. Kipfer, R. Milgrom, and C. Schmid(eds.), *Space, Difference, Everyday Life: Reading Henri Lefebvre*. New York: Routledge. pp. 285~305.

Lefebvre, H. 1978. *De l'État, tome IV: les contradictions de l'État moderne*. Paris: Union Générale d'Editions.

Lefebvre, H. 1991[1974]. *The Production of Space*. Oxford: Blackwell.

Lefebvre, H. 1996[1968]. "The right to the city." H. Lefebvre, *Writings on Cities*, E. Kofman and E. Lebas(eds.). Cambridge, Mass.: Blackwell. pp. 63~184.

Lefebvre, H. 2003[1970]. *The Urban Revolution*. Minneapolis: University of Minnesota Press.

Lehrer, U. and Keil, R. 2006. "From possible urban worlds to the contested metropolis: urban research and activism in the age of neoliberalism." H. Leitner, J. Peck and E. Sheppard(eds.), *Contesting Neoliberalism*. London: Guilford Press. pp. 291~310.

Leitner, H., Peck, J., and Sheppard, E. S.(eds.). 2007. *Contesting Neoliberalism*. New York and London: Guilford Press.

Marcuse, P. 1989. "Dual city: a muddy metaphor for a quartered city." *International Journal of Urban and Regional Research* 13(4). pp. 697~708.

Maggio, M. 1998. "Urban movements in Italy: the struggle for sociality and communication." INURA(ed.), *Possible Urban Worlds*. Basel: Birkhäuser. pp. 232~237.

Mayer, M., Brandes, V., and Roth, R.(eds.). 1978. *Stadtkrise und soziale Bewegungen*. Köln: Europäische Verlagsanstalt.

Moreira Alves, M.H. 2004. "São Paulo: the political and socioeconomic transformations wrought by the new labour movement in the city and beyond." J. Gugler(ed.), *World Cities Beyond the West*. Cambridge: Cambridge University Press. pp. 299~327.

Peck, J. 2005. "Struggling with the creative class." *International Journal of Urban and Regional Research* 29(4). pp. 740~870.

Porter, L. and Shaw, K.(eds.). 2008. *Whose Urban Renaissance?* London: Routledge.

Purcell, M. 2002. "Excavating Lefebvre: the right to the city and its urban politics of the inhabitant." *GeoJournal*. pp. 99~108.

Roy, A. 2010. "The 21st century metropolis: new horizons of politics." paper presented at the 20th INURA conference in Zurich, June 27–30.

Sassen, S. 1994. *Cities in a World Economy*. Thousand Oaks, Calif.: Pine Forge Press.

Schmid, C. 1998. "The dialectics of urbanisation in Zurich: global city formation and urban social movements." INURA(ed.), *Possible Urban Worlds*. Basel: Birkhäuser. pp. 216~225.

Schmid, C. 2005. "Theory." R. Diener, J. Herzog, M. Meili, P. de Meuron, and C. Schmid, *Switzerland – an Urban Portrait*. Basel: Birkhäuser. pp. 163~223.

Schmid, C. 2008. "Henri Lefebvre's theory of the production of space: towards a three-dimensional dialectic." K. Goonewardena, S. Kipfer, R. Milgrom, and C. Schmid(eds.), *Space, Difference, Everyday Life: Reading Henri Lefebvre.* New York: Routledge. pp. 27~45.

Schmid, C. 2010. *Stadt, Raum und Gesellschaft: Henri Lefebvre und die Theorie der Produktion des Raumes,* 2nd ed. Stuttgart: Franz Steiner Verlag.

Schmid, C. and Weiss, D. 2004. "The new metropolitan mainstream." INURA and R. Paloscia(eds.), *The Contested Metropolis,* Basel: Birkhäuser. pp. 252~260.

Scott, A.J. 1998. *Regions and the World Economy.* Oxford: Oxford University Press.

Sieverts, T. 2002. *Cities Without Cities.* London: Routledge.

Simmel, G. 1971[1903]. "The metropolis and mental life." D. N. Levine(ed.), *Georg Simmel on Individuality and Social Forms.* Chicago: University of Chicago Press. pp. 324~339.

Smith, N. 1996. *The New Urban Frontier.* London: Routledge.

Smith, N. 2002. "New globalism, new urbanism: gentrification as global urban strategy." N. Brenner and N. Theodore(eds.), *Spaces of Neoliberalism.* Oxford: Blackwell. pp. 80~103.

Soja, E. W. 1996. *Thirdspace.* Oxford and Cambridge, Mass.: Blackwell.

Stanek, L. 2011. *Henri Lefebvre on Space: Architecture, Urban Research, and the Production of Theory.* Minneapolis: University of Minnesota Press.

Tang, W. S. 2009. "When Lefebvre meets the East: a case of redevelopment in Hong Kong." paper presented at the conference "Urban research and architecture: beyond Henri Lefebvre," ETH Zurich, November 24–25, 2009.

Veltz, P. 1996. *Mondialisation, villes et territoires.* Paris: PUF.

Wirth, L. 1938. "Urbanism as a way of life." *American Journal of Sociology* 44(1). pp. 1~24.

5장

도시 사회운동들 속의 '도시권'

마깃 마이어

현재 '도시에 대한 권리'라는 주장 아래 모이고 있는 운동들은 도시 사회운동의 발전에서 새로운 단계를 의미할 수 있다. 도시를 가로질러 이렇게 만들어지는 새로운 유형의 연합은 하나의 공통된 기치 아래 신자유주의 계획가, 정치인, 개발자들에 맞선 진정한 도전을 창조한다. 도시에 대한 권리라는 주장은 유럽, 북아메리카뿐만 아니라 라틴아메리카 전역에서 입소문을 타는 슬로건이 됐는데, 신자유주의적 도시 개발, 그리고 더욱이 이 개발을 통해 더욱 심화된 금융 위기와 경제 위기의 영향 같은 다양한 문제들을 융합하고 표현하기 때문이다. 이런 영향들은 사회적, 경제적, 정치적 권리의 상실을 전통적으로 소외되고 주변화된 집단뿐만 아니라 비교적 특권을 누린 도시 거주자들에게 고통스럽게 가시화했다. 그런 사람들이 생각하는 좋은 도시 생활의 개념은 공공 공간 사유화가 증가하거나, 거주 지역이 '업그레이드'되거나, 심화된 도시 내부 경쟁에 일상생활이 종속되더라도 현실화되지 못한다.

동시에 '도시에 대한 권리'는 국제 비정부기구[NGO]와 운동 단체의 관심을 끌기도 했으며, 그중 일부는 도시에 대한 권리를 위한 공식 협약, 나아가 세계 헌장을 작성하는 데 착수했다.[1] 게다가 다양한 규모를 지닌 정부들이 법률이나 도시 개혁 프로젝트에 '도시에 대한 권리'를 포함시켰다. 그러나 그런 법적 문서와 가이드라인[2]에 정의된 '도시에 대한 권리'의 내용이 젠트리피케이션과 축출, 거주 지역에 강제 시행되는 도시 메가 프로젝트, 공공 서비스 제도의 폐쇄, 또는 도시 공간을 둘러싼 감시 증가 등에 저항하기 위해 거리로 나갈 때 지역 운동이 내건 목표하고 반드시 똑같지는 않다. 이런 모든 형태의 행동주의가 르페브르를 연상시키고, 더욱 정의롭고 지속 가능하며 민주적인 도시를 떠올리게 해주

---

1 국제주거연합(Habitat International Coalition·HIC)이 이 과정에서 주도하는 구실을 했지만, 세계사회포럼에 참여한 다양한(특히 라틴아메리카) 엔지오들도 함께했다(Ortiz 2010).

2 이 책 3장에서 마르쿠제는 '도시에 대한 권리'와 '도시에서 누리는 권리들'을 구분했다.

더라도 말이다.

'도시에 대한 권리'라는 모토가 지역적 맥락과 세계적 맥락에서 다면적으로 출현하는 이유를 설명하기 위해, 나는 이 장 첫째 부분에서 도시 사회운동의 역사적 발전에 관련해 이 슬로건을 맥락화한다. 이런 맥락에서 보면 신자유주의적 도시 개발에 반대하는 운동은 포드주의의 위기 이후 도시 운동들이 겪은 초기 단계들하고 확연히 구별되는 듯하다. 현 시대에 도시가 벌이는 저항과 도시 개발에 맞서 도시 사회운동이 내세운 주장은 특히 그 운동들이 맞서는 신자유주의적 설계와 인클로저에 관한 내용이지만, 이전 단계 도시 투쟁의 유산에 바탕해 형성되기도 한다. 따라서 '도시에 대한 권리'라는 슬로건 아래 모인 새로움과 특수성을 이해하기 위해 이 운동들은 도시 운동 발전의 단계 모델이라는 틀 안에서 해석된다. 이 과정을 거쳐 우리는 이 장 둘째 부분에서 '도시에 대한 권리' 운동의 폭넓은 스펙트럼에 걸쳐 실천과 목표에서 의미 있는 차이를 식별할 수 있다. 스펙트럼의 한쪽 끝에는 도시 내부의 모든 (존재하는 그대로 드러난) 이들이 참여하도록 보장하기 위해 **특정한** 권리들(복수)을 보장할 수 있는 헌장을 통과시키려 노력하는 집단과 조직이 있다. 스펙트럼의 다른 쪽 끝에서는 더 많은 활동가 중심 운동들이 사회적 주체와 정치적 주체를 통해 (더 개방적이고 진정으로 민주적인) 도시에 관한 **본연의** 권리들을 창출하려 노력한다.

이런 구별 덕분에 우리는 이 장 마지막 부분인 셋째 단계에서 제1세계 메트로폴리스 내부의, 곧 좌파 운동과 대안 운동, 예술가와 창조적 전문가, 소수자와 공동체 기반 조직, 잡다한 시민 주도 연합으로 구성되며 종종 지역 사회 재구조화에 저항하는 데 성공하는, 실제로 존재하는 '도시에 대한 권리' 운동들을 비판적으로 분석할 수 있다. 언뜻 '도시에 대한 권리'라는 기치 아래 다양한 운동 집단이 성공적으로 수렴된 듯 보이지만, 새로운 국제 분업 속에서 북반구 메트로폴리스의 변화된 기능을 배경으로 보면 문제가 드러날 수 있다. 비록 이런 연합들이 조잡한 신자유주의적 도시 개발 프로젝트를 방지하거나 최소한 수정하는 데 종종 성공하지만, 투쟁은 때때로 상대적 특권을 누리는 주인공만을 위한 몇몇 오아시스와 보호된 공간만을 구출하는 수준으로 귀결되고 만다. 사실 이런 공간들은 경쟁적인 기업가적 도시 정책 게임이 펼치는 창의적인 도시 브랜딩 노력 속에서 점차 도구화된다. 따라서 이 장은 북반구의 '도시에 대한 권리' 운동이 신자유주의 도시 모델에서 배제된 집단들의 투쟁에 더 직접적으로 관련될 필요는 없는지 질문을 제기한다. 그런 투쟁에는 북반구 신자유주의 모델의 주변부(방리외든 게토든)에 사는 박탈당한 이들과 남반구에서 일어나는 도시 투쟁이 포함된다. 투쟁 대상과 일상적 실천에서 크게 다르더라도 말이다.

포드주의의 위기에서 신자유주의까지 도시 운동의 단계

지난 40년에 걸친 거시적 경향은 운동이 작동하는 환경, 곧 도시와 정치적 조건과 운동 자체를 처음에는 천천히, 거의 감지할 수 없을 정도로 바꿨지만, 그러나 돌이켜보면 상당히 급격하게 변화시켰다. 우리가 '도시에 대한 권리'의 잠재력을 '작동하는 슬로건이자 정치적 이상'으로서 발전시키려면 이런 추세가 도시 저항의 궤적에 미치는 영향을 이해해야 한다(Harvey 2008). 따라서 첫째 단계로 포드주의에서 시작해 다양한 신자유주의 체제를 거치면서 도시 사회운동(유럽-북아메리카의 핵심부로 제한된)의 모토가 전환되는 과정을 추적한다. 시위에서 터져 나온 외침은 행위자 각각의 집합적 정체성, 목표, 관심사, 곧 각 시대에 두드러진 특정한 형태의 도시 배제나 억압에 관한 압축된 메모다. 이 내용을 바탕으로 현재 국면은, 그리고 현재의 '도시에 대한 권리' 슬로건은 무엇이 새롭고 다른지를 이해할 수 있다.

포드주의 위기에 대응하면서 1970년대 이후 선진 자본주의 국가들의 도시 개발 양상이 점점 더 비슷해지고 도시 거버넌스 형태가 너무 많이 수렴된 탓에, 어쨌든 북반구 전역에서 도시 개발에 도전하고 저항하는 운동들이 비슷한 사이클을 거친 사실은 놀랍지 않다.

포드주의의 위기와 1970년대의 정치적 저항

1960년대 운동의 격랑을 뒤이은 폭넓은 도시 동원의 첫째 물결은 그 시기의 많은 동원처럼 포드주의의 위기에 대응했다. 주거를 둘러싼 투쟁, 임대료 파업, 도시 재생(도시를 급격하게 재구조화하고 많은 사람들, 특히 가난한 주민을 축출한)에 반대하고 독일 심리학자 알렉산더 미트셰를리히[Alexander Mitscherlich]가 맞춤하게 명명한 (도시 공간의 포드주의적 구획화와 교외화가 가져온 황폐함을 가리키는)《우리 도시의 푸대접[Die Unwirtlichkeit unserer Städte]》[3]에도 반대한 캠페인, 그리고 청년과 커뮤니티 센터를 위한 투쟁은 모두 1960년대와 1970년대 초반에 걸친 학생 운동, 반전 운동, 좌파 운동이 만들어낸 좀더 넓은 '위협의 맥락'의 결과로, 그리고 정부(대개는 사회민주주의 타협의 형태로)가 허용한 정치적 개방 덕분에 점차 정치화됐다. 저항은 설령 대중교통, 학교, 보육과 그 밖의 공공 서비스를 둘러싼 사안이더라도, 집합적 소비 제도들의 문화적 규범, 가격, 품질, 설계에 참여할 수 있는 제한된 선택지에 이의를 제기했다.

유럽에서 벌어진 다양한 운동은 '도시를 장악하자[Let's take the city!]'는 모토에 영향을 받았다(Lotta 1972).[4] 반면 북아메리카 지역에서 일어난 운동은 대부분 좀더 실용적인 지향을 드러냈다. 여기에서 지배적인 슬로건은 '공동체 통제'였다(Fainstein and Fainstein 1974). 유럽에서는 주로 청년, 학생, 이민자가 운동을 주도

---

3 1965년에 처음 출간된 이 책은 2008에 재출간됐다.

4 '우리는 모든 것을 원한다(Vogliamo tutto! Wir wolen alles)!' 같은 좀더 포괄적인 모토는 포드주의 모델을 정치적, 사회적, 문화적으로 거부하는 견해를 반영했다.

했다면, 미국에서는 포드주의적 번영에서 가장 소외된 사람들, 특히 아프리카계 미국인이 반란을 주도했다. 모든 서구 도시에서 운동의 중심에는 '재생산 영역'(계급 투쟁이 공장에서 이웃으로 이동)과 '집합적 소비', 곧 공공 인프라와 서비스에 초점을 두고, 공공 인프라의 문화적 규범과 가격과 질에 이의를 제기하는 요구들이 있었다. 운동은 집합적 소비에 관련된 제도 개선뿐만 아니라 그 제도의 설계를 결정하는 데 더 많이 참여하려 했다. 또한 자체적으로 진보적인 대안 프로젝트를 개발했으며, 많은 도시에서 커뮤니티 센터와 청소년 센터, 대안 협동조합과 페미니스트 협동조합, 자율 미디어와 그 밖의 자주관리 프로젝트에 필요한 활력 있는 기반 시설을 생산했다. 전체적으로 운동은 국가가 사회적 재생산의 많은 부분을 차지하는 한편 도시 규모와 사회적 재생산 사이에 존재하는 매우 직접적인 관계의 절정을 나타내는 '케인스주의 도시'에 도전했다. 그때 많은 저자들이 이런 이유 때문에 집합적 소비 범주에 '도시적인 것'을 명시적으로 정의하게 됐다.[5] 폭넓은 동원이 일어나고 운동 문화가 활력을 띠었지만, 이 기간 동안 포드주의 모델이 내려준 축복 속에서 차별받거나 배제된 사람들이 주로 문화적이나 정치적으로 소외된 젊은 활동가로 구성된 운동에 합류하는 일은 불가능했다(이 책 3장 참조).[6]

---

[5] 따라서 최초의 도시 사회운동 이론가인 마누엘 카스텔은 이런 실천에 기초해 도시 사회운동에 관한 개념을 발전시켰으며, 집합적 소비를 중심으로 한 행동주의와 공동체 문화, 정치적 자주관리를 위한 투쟁을 결합할 수 있을 때만, 곧 도시적 의미를 변형할 수 있고 사용 가치, 자율적 지역 문화, 탈집중화된 참여 민주주의에 기반해 조직화된 도시를 만들 수 있을 때만 도시 사회운동으로 분류될 수 있다고 주장했다(Castells 1983, 319~320).

[6] 마르쿠제는 이 집단을 '불만에 찬 이들(the discontented)' 대 '탈취당한 이들(the dispossessed)'로 대비시켰다.

퇴행적 신자유주의 – '오래된' 주제의 재출현, 그리고 도시 운동과 (지방) 국가 사이의 관계 변형(1980년대)[7]

도시 사회운동의 둘째 단계는 1980년대 긴축 정치를 통해 유도됐다. 긴축 정치는 초기 국면의 되돌리기[8] 속에서 케인스주의 복지주의와 사회집산주의적 제도를 무너트리는 신자유주의 패러다임을 향한 세계적 전환을 촉발했다. 이런 긴축 정치는 그 이전 단계에서, 비록 그때는 널리 인정되지 않았지만, 많은 대안 운동이 활동할 물질적 기반을 제공했다. 정책의 신자유주의화는 이른바 '오래된' 사회 문제들을 도시 운동의 의제로 되돌려놓았다. 증가하는 실업과 빈곤, '새로운' 주택 수요, 주택 단지에서 일어난 폭동, 새로운 무단 점거의 물결은 도시 운동의 구성을 변화시켰다. 한편 지방 정부들은 지출이 증가하면서 재정적 제약이 심각해지자 문제를 해결하기 위한 혁신적 방안에 관심을 뒀다.

이런 압력은 운동과 지방 국가 사이의 관계를 재구성하도록 자극했다. 그때까지 운동과 지자체 사이에 자리하던 어느 정도 적대적인 대립 관계는 새로운 세대의 포괄적 도시 활성화 프로그램 덕분에 고양된 더욱더 많은 운동 조직이 '저항에서 프로그램으로' 이동하면서 협력적 관계로 변모했다(Mayer 1987). 이런 변모는 처음에는 불안정한 대안적 실천을 좀더 안정된 기반 위에 놓을 수 있는 좋은 기회로 보였지만, 시간이 지나면서 점점 더 전문화되고 어느 정도 대안적

---

7 제이미 펙(Jamie Peck)과 애덤 티켈(Adam Tickell)은 조절학파의 관점에서 포드주의-케인스주의적 조절양식의 탈피와 탈규제화를 강조하는 '퇴행적(roll-back)' 신자유주의, 그리고 새로운 제도와 국가와 사회규제의 적극적 창출을 강조하는 '공세적(roll-out)' 신자유주의를 구별한다(Jamie Peck and Adam Tickell, "Neoliberalizing Space", *Antipode* 34(3), 2002, pp. 380~404). 퇴행적 신자유주의가 탈규제를 통해 작은 정부를 지향한다면, 공세적 신자유주의는 국가가 적극적 재규제를 통해 신자유주의를 추구해서 신자유주의가 새로운 경향을 맞이하게 된다는 말이다. 사회민주주의적 제도를 해체한다는 의미에서 '원상 복귀(roll-back)'로 옮길 수도 있고, 거대하고 새로운 사회생활 영역을 점진적으로 상품화하고 신자유주의적 원칙에 기초한 새로운 제도들을 창출한다는 의미에서 '재창출(roll-out)'로 번역할 수도 있다 — 옮긴이.

8 신자유주의화의 다양한 단계의 시대 구분에 관해서는 Brenner and Theodore(2002)를 참조하라.

인 (개발과 서비스 제공) 조직들하고 이런 프로그램으로 해결되지 않는 필요를 가지고 있거나 급진화된 이들 사이에 분할이 만들어졌다. 또한 1980년대에는 주로 지역 사회의 삶의 질을 보호하거나 보존하는 데 중점을 둔 다양한 관심과 요구를 수용하는 중산층 기반 운동이 늘어나면서 운동 지형이 훨씬 더 복잡해졌다. 이런 운동은 종종 생태적이거나 진보적인 지향을 내세웠지만, 요구가 반동적이거나 외국인 혐오 성향을 띤 사례도 있었다. 따라서 도시 운동을 둘러싼 환경은 점점 더 별개의 구성 요소로 쪼개졌고, 투쟁 현장에서 터져 나오는 압도적인 함성 소리나 공동 행동의 수렴 현상은 거의 없어졌다.

공세적 신자유주의 – 파편화된 운동 환경(1990년대)

1990년대 이후, 측면 공격flanking 메커니즘 체제(공세적 신자유주의)는 이전의 재정 긴축 단계가 만들어낸 모순과 문제에 맞선 대응이었다. 도시 공간을 성장과 시장 규율을 위한 전장으로 동원하는 기본적인 신자유주의적 정언 명령이 여전히 지배적인 지자체 프로젝트로 계속됐지만, 이제는 이전에 생성된 문제를 완화하기 위한 지역 경제 개발 정책과 커뮤니티 기반 프로그램 같은 측면 공격 메커니즘을 강조했다. 말하자면 이런 메커니즘은 이제 도시의 사회적 인프라, 정치 문화, 생태학적 기반을 다뤘지만, 이런 요소를 위치적 자산으로 변환하는 방식이었다. 새로운 개혁 담론이 유행했다. 지금 투쟁해야 할 대상은 빈곤이 아니라 '사회적 배제'이며, '복지 의존'은 종식돼야 할 대상이고, 이 새로운 체제에서는 '활성화하는 국가', 공동체 재생 프로그램, '사회적 자본'의 동원이 중요한 구실을 하게 된다고 했다(Mayer 2003).

또한 사회 서비스를 전달하기 위한 새로운 제도와 방식이 유행했다. 통합적 지역 발전, 도시 재생과 사회복지에서 공공–민간 파트너십 등이 모두 시민 참여에 크게 의존하면서 확산했다. 이런 담론과 정책은 관료적 케인스주의를 향해 그동안 운동들이 던진 비판을 여러 면에서 흡수했으며, '자립'이나 '자율성'

같은 지난날의 진보적 목표와 모토를 탈취해 정치적으로 회귀적이고, 개인화되고, 경쟁적인 방향으로 재정의하는 데 꽤나 성공했다. (이전의, 그리고 동시대의) 진보적 운동들이 쓴 언어를 이렇게 납치하면서 이런 조치와 담론들은 이전 시기 운동들이 지닌 비판적 추진력을 재활성화된 도시(또는 지역) 성장 기계를 발전시키는 데 활용했고, 이 방식은 신자유주의 통치 기술의 일부가 됐다.

새로운 도시 개발 정책 때문에, 그리고 그런 도시 개발 정책이 사회적 권리를 사실상 침식하면서 결과적으로 운동 영역은 더욱 파편화됐다. 한편으로 자기 자신과 자기들이 여전히 누리고 있는 모든 특권을 보호하려는 새로운 방어적 운동이 출현하는 흐름이 촉발됐다. 그러나 다른 한편으로 도시란 누구의 도시여야 하는지를 둘러싼 갈등이 정치화됐다. 이 10년 동안 계속해서 젠트리피케이션 반대 투쟁의 물결이 뉴욕, 파리, 암스테르담, 베를린을, 나중에는 이스탄불이나 자그레브를 휩쓸었고, '죽어라, 여피 잡놈들!' 같은 슬로건이 말 그대로 세계화됐다. 반세계화 운동하고 유사한 지역 운동들과 '거리를 되찾자Reclaim the Streets' 운동은 '다른 세계는 가능하다'뿐 아니라 '다른 도시는 가능하다!'는 슬로건을 대중화했다. 동시에 대안적 공동체 기반 조직들이 점점 전문화됐고, 지역 재생과 재활성화의 새로운 전략 속으로 인입됐다.

신자유주의 위기의 시작과 절정 – 신자유주의 도시에 반대하는 운동(2000년대)

2001년 닷컴이 붕괴하고 신자유주의 위기가 시작되는 동시에 절정으로 치달으면서 새로운 (넷째) 국면이 열렸다. 도시화는 세계 곳곳에서 자금 차입형 도시 개발을 목적으로 삼아 유연성과 규제 완화를 활용한 금융 시장 통합을 거쳐 전세계적으로 진행됐다(Harvey 2008, 30). 이 단계에서 경제 성장률이 정체되기 시작했지만(또는 성장이 계속되는 곳에서는 유럽-북아메리카 핵심 지역처럼 점점 더 실업 상태가 됐지만), 더 커진 사회적 격차가 심화된 사회공간적 양극화로 표출됐다. 동시에 사회 개혁은 모든 곳에서 복지를 근로 복지^{workfare} 시스템으로 대체했다. 새로운 도시 정책, 사회 정책, 노동 시장 정책은 도시 하층 계급의 많은 부분을 (질이 하락한) 노동 시장으로 '활성화'했다. 그러나 그 영향은 많은 (이전의) 사회운동 조직에도 영향을 미쳤다. 운동 조직들은 점점 더 지역 사회 프로그램이나 고용 프로그램, 또는 공동체 개발을 실행하면서 자기 자신을 재생산하게 됐고, 대개 어떤 경쟁하는 (민간 또는 국가) 주체가 할 수 있는 정도에 견줘 '사회적 배제에 맞서 싸우는' 일을 더 잘할 수 있었다.

이런 상황 전개는 여러 면에서 사회적 투쟁을 위한 공간을 제한하고 좁혔다. 운동은 이제 더는 개선된 집합적 기반 시설을 둘러싼 투쟁을 위해 문을 열어준 '케인스주의 도시' 안에서 작동하지 않는다. 대신 운동들이 주로 동원되던 두 개의 단층선을 제공하는 '신자유주의 도시'를 만나고 있다(Mayer 2007).

첫째 단층선은 신자유주의 도시가 성장 정치에 강력한 우선순위를 매기는 현실을 따라서 생성된다. 휘황한 새로운 도시 중심에 하는 투자, 스포츠와 엔터테인먼트 관련 메가 프로젝트, 공공 공간 상업화, 여기에 수반되는 감시 증가와 치안 강화 등은 기업적 도시 개발의 지배적 양상을 구성하는 통합적 부분이다. 이 단층선은 결국 이런 개발 유형에 내재된 형태, 목표, 영향에 관해, 그리고 이런 성장 정치의 형태가 내팽개치는 지역 사회 상황에 관해 문제를 제기하는 저항을 촉발시킨다.^{9}

사회 정책과 노동 시장 정책의 신자유화에 따라 생성된 **둘째 단층선**은 복지 국가 해체에 반대하고 사회 정의와 환경 정의를 추구하는 운동들을 점화시킨다. 이런 운동들은 불안정 노동자와 이주 노동자의 권리를 위해 싸우는 공동체/노동자 연합으로 점점 더 단결한다. 이 흐름이 독일에서는 지역별 하르츠

---

9 Birke(2010), Porter and Shaw(2009), Maskovsky(2003), Uitermark(이 책 12장).

반대 운동[10]으로, 이탈리아에서는 사회센터[11]로, 미국에서는 노동자센터[12]로 나타나, 작업장과 공동체 조직을 사회권 조직과 노동조합이 구성한 새로운 연합으로 모았고, 실업자뿐 아니라 불안정 노동자의 요구를 하나로 합쳤다.[13]

초국가적 반세계화 운동들[14]이 세계화가 '착근하고' 물질화하며 지구적 문제들이 지역화되는 장소로서 '지역', 곧 도시를 발견할 때, 이 두 단층선을 모두 따라 일어나는 동원들이 강화되고 지구적 차원을 띠게 됐다. 그래서 이런 운동들은 국제통화기금[IMF], 세계무역기구[WTO], 세계은행, 유럽연합[EU], 선진 8개국 회의[G8] 같은 국제기구를 민주화하라고 요구할 뿐만 아니라, 도시의 공공 서비스와

---

10 하르츠 개혁('노동 시장 서비스 현대화위원회' 위원장이자 폴크스바겐 최고 경영자 겸 인사 관리인 페터 하르츠의 이름을 따서 명명)은 2003~2005년에 시행됐으며, 독일 사회와 노동 시장 정책의 전환점을 나타낸다. 이 개혁은 대략 400만 명에게 영향을 미쳤으며, 그중 많은 수가 빈곤선 아래로 떨어졌다. 지역의 사회단체, 노동조합, 공동체 조직이 결성한 연합은 수급자에게 적용되는 더 징벌적인 기준을 개정하라며 시위와 집회뿐 아니라 시민 불복종 유형의 행동을 조직했다.

11 일반적으로 이탈리아 도시의 무단 점거 부지에 250개 이상의 사회센터가 설립됐으며, 사회, 정치, 문화 관련 이벤트가 열리는 장소가 됐다. 이용자들은 신자유주의 거버넌스가 휘두르는 배타적 영향에 도전하면서 비위계적 구조 속에서 직접 민주주의를 실천하려 노력한다(Mudu 2004).

12 주로 저임금 식당 노동자, 청소 노동자, 일용직 노동자, 의류 노동자 등으로 일하는 이민자들, 곧 지금까지 노조로 거의 조직된 적 없는 집단에 서비스를 제공한다. 미국 전역에 140여 개가 있다. 대체로 인종 같은 더 폭넓은 이해관계를 지닌 공동체를 활용하고, 임금, 복리 후생, 노동 조건, 직업 존중 같은 작업장 수준의 특정 문제를 법률 지원, 영어 수업, 컴퓨터 같은 직접적 서비스 형태나 직업 훈련, 노동권 교육, 리더십 개발 등에 연결하는 노동자 자조 접근 방식을 취한다(Fine 2006; 이 책 15장).

13 Eick et al.(2004), Küpper et al.(2005), Lahusen and Baumgarten(2010).

14 유럽인들이 '대안적' 운동이나 '반세계화 운동'으로, 북아메리카인들이 '전지구적 정의 운동'으로 이름 붙인 동원은 세계무역기구와 국제통화기금 같은 초국가적 조직과 (선진 8개국 모임 같은) 정상 회의에 대항한 항의에서 가장 두드러지게 나타나며, 이런 회의들이 만드는 정치적 기회와 대중의 관심을 포착한다. 이런 운동은 세계사회포럼이라는 '열린 공간'과 행동주의의 새로운 초국가적 공간을 창조하는 국가, 광역, 지역 단위 사회포럼에서도 확연히 드러난다. 스위스 다보스에서 해마다 열리는 세계경제포럼하고 동시에 개최하는 세계사회포럼은 전세계 활동가들이 신자유주의와 자유 시장 세계화에 맞설 대안을 논의하고 공유하는 '열린 공간'을 제공한다. 포럼은 인도, 베네수엘라, 말리, 파키스탄, 케냐 등 세계 여러 곳에서 열렸지만, 주로 창립 운동이 시작된 브라질에서 개최됐다.

제도를 방어하기 위해 동원되며, 민영화나 사회적 권리의 침해 같은 문제들을 통해 자기들이 전세계에서 벌어지는 운동에 실제로 연결돼 있다는 사실을 발견한다. 세계사회포럼이나 시민금융과세연합^Attac [15] 같은 조직은 '지구적 정의'의 메시지를 지역 수준으로 가져왔고, 복지 삭감 반대, 이민자와 근로 복지 영역 노동자 권리 캠페인을 펼치면서 지역 노조, 사회 서비스 조직, 교회를 잇는 동맹을 구축한다. [16]

따라서 도시의 신자유주의화는 여러 면에서 진보적 도시 운동에 더 적대적이고 더 어려운 환경을 만들어냈지만, 도시 저항을 좀더 전지구적으로 접합할 수 있게 하기도 했다. 1960년대 이후 처음으로 '도시에 대한 권리'라는 슬로건이 만든 우산 아래에서 다양한 가닥들이 갱신된 형태로 수렴됐다.

'도시에 대한 권리'에 담긴 다중적 의미

2008년 위기가 미친 영향과 각국 정부가 위기에 대응한 방식은 불균등하기는 해도 도시 운동이 정치화하는 데 더 많이 기여했다. "우리는 당신들 위기에 돈을 내지 않겠다!" 아테네에서 코펜하겐, 레이캬비크에서 로마, 파리에서 런던, 리가에서 키이우까지 유럽 전역에서 항의 시위가 벌어졌다. 많은 유럽 국가에서 시위, 파업, 대규모 저항이 분출하고 주변 국가들에서는 전례 없는 긴축 조치에 반발해 운동이 더욱 격렬해진 반면, 미국 도시들은 초기 국면에서는 가속되는 위기에 대응하는 반응으로 좀더 실용적이고 필요 지향적인 운동 양상을

---

15 시민금융과세연합(Association pour la Taxation des Transactions pour l'aide aux Citoyens·Attac)은 토빈세를 전세계적으로 시행하기 위해 1998년에 설립됐으며, 오늘날 특히 프랑스, 독일, 스위스에 기반을 둔 수백 명의 전문 엔지오 네트워크를 구성하고 있다(http://www.attac.org; Escola and Kolb 2002).
16 Köhler and Wissen(2003); Della Porta(2005); McNevin(2006); Mayer(2011).

보였다. 미국 전역에 텐트 도시가 생겨났고(National Coalition for the Homeless 2010), 활동가와 지원 단체들은 압류 사태와 치솟는 공실률을 비난했으며, 빈 건물과 은행 앞에서 집회가 열렸고, 주택 보유 금지 조례를 통과시키고 홈리스들이 빈 집을 이용할 수 있게 해달라 요구하는 동원이 일어났는데, 여기에는 도시권연합Right to the City Alliance에 속한 회원 단체를 포함해 많은 단체가 참여했다. 즉각 개혁을 위한 공동체 연합Association of Communities Organized for Reform Now·ACORN 소속 지부들은 주택 소유자와 집을 원하는 사람들 사이에 '우리 집 보호자Home Defenders'로 구성된 현지 팀을 배치하고 있으며, 다른 조직에서는 고객에게 저비용 서비스를 공급하고 공동체에 경제 개발 자금을 제공하기 위해 (압류 대신) 유한 책임 협동조합과 협동적 소유 금융 기관을 설립하라는 요구를 하고 있다(Henwood 2009). 시위는 여기저기 흩어진 도시에서 산발적으로 벌어졌고, 금융 위기 뒤 몇 년 동안 국가적으로 조율된 노력은 거의 없었지만, 2010년 후반부터 서비스 부문과 공공 부문의 임금과 수당을 삭감하는 데 위기를 활용하는 수준에 그치지 않고 공공 부문 노조의 단체 교섭권까지 공격하는 빌미가 되자 여러 주의 주도에서 강력한 저항이 벌어졌다(Nichols 2011).

서구 여러 나라에서 정부는 은행 구제 금융과 경기 부양책에 막대한 재정을 지출했고, 동시에 사회 부문과 공공 부문 프로그램의 대폭 삭감을 추진하는 수단으로 위기를 활용했다. 이런 상황은 도시 사회운동이 집결하던 작용점들을 강화했고, 신자유주의 성장 모델에는 지속 가능성이 결여돼 있으며 파괴적이라는 요구와 주장에 빠르게 정당성을 부여했다. 점점 더 많은 집단(특히 저소득층과 현금 지급 대상자)의 시민적, 정치적, 사회적, 경제적 권리가 위협받거나 상실되면서, '도시에 대한 권리'를 요구하는 목소리가 점점 더 많은 집단에서 반향을 일으키고 뜨거운 쟁점이 됐다. 점점 더 많은 갈등이 벌어져 더욱 많은 투쟁을 촉발하고, 서로 다른 집단이 새로운 캠페인과 연합 속에서 뭉치게 된다. 이런 상황은 르페브르식 '도시에 대한 권리'를 요구하기 위한 기회의 창을 넓힐 수 있는데, 구조적으로 불평등하고 착취적인 체제에 포함해달라는 요구가 아니라 도시와 의사 결정 과정을 민주화하라는 뜻이다(이 책의 4장).

부유층과 빈곤층이 보이지 않는 장벽으로 분리되고 한때 모든 사람이 접근할 수 있던 도시 편의 시설과 기반 시설에 빈곤층이 접근할 기회가 점점 더 제한되면서 도시가 문 닫힌 공동체와 사유화된 공공 공간으로 변모하는 경험이 점점 더 잦아지는데, 이런 상황은 다양한 형태의 강탈과 배제에 맞선 폭넓은 연합들의 저항을 불러일으키고 있다. 저항 형태를 보면 미국의 도시권연합을 비롯한 공공 부문 노동자, 새로운 홈리스, 사회 프로그램과 공공 서비스 삭감에 저항하는 모든 종류의 불안정 집단을 한데 모은 지역 운동 연합부터, 독일 함부르크 시가 추진하는 도심 개발 정책에 반대하는 연합, 또는 (베를린 시 슈프레 강 인근의 대규모 미디어 복합 단지 때문에 초래되는 이주에 저항한) '메가 미디어 슈프레' 반대 운동까지 다양하다. 다양한 집단을 한데 결합하는 새로운 유형의 연합이 곳곳에서 생겨났다. 독일에서는 창조 산업 분야의 예술가와 전문가, 장기 임차인, 다양한 좌파적이고 대안적인 집단과 조직에 더해 소규모 상점주가 결합한 사례가 좀더 많다. 미국에서는 일반적으로 홈리스 활동가, 청년 그룹, 가사 노동자와 그 밖의 불안정 노동자, (종종 인종 기반) 공동체 조직, 압류 반대 운동에 함께하는 세입자 조직 등이다. 모이는 이유는 다를 수 있다. 예술가와 창작자 유형은 작업 공간을 잃을 수 있다고 걱정하는 반면, 세입자는 고급 콘도 개발 때문에 이주를 위협받고, 홈리스 조직은 더 나은 주택 정책을 끌어내기 위해 사람들을 동원하면서 빈집을 인수할 동맹을 찾으며, 좌파들은 반자본주의 캠페인을 펼치려 다양한 갈등을 활용한다. 과거보다 더 자주 이런 지역적 동원은 박탈되고 배제된 집단들을 반신자유주의 운동이나 세계적 정의 운동을 구성하는 (반드시 물질적으로 손해를 보지는 않으며, 오히려 문화적으로 소외되고 정치적으로 불만이 많은) 상대적으로 특권을 누리는 집단하고 함께 단결시키는 데 성공했다. 이런 융합은 반란의 1960년대와 1970년대에 자주 시도되지만 거의 달성된 사례가 없었다.

초국가적 네트워크와 엔지오가 역동적으로 활동하는 전지구적 규모에서는, 지자체와 다른 국가 행위자들이 '도시에 대한 권리'를 보호하고 보장하기 위한 선언문과 가이드라인을 가지고 싸움에 합류하면서 도시에 대한 권리를 법률적으로 명시하려는 노력도 추진력을 얻었다(Unger 2009; Sugranyes and Mathivet 2010).

'도시(다른 도시)에 대한 권리' – 열망

각기 다른 운동과 제안들이 다양한 방식으로 '도시에 대한 권리' 개념을 불러일으키고 있다. 르페브르적 개념에서 도시화란 자본을 통한 사회와 일상생활의 변형을 의미한다. 이런 변형에 맞서서 르페브르는 사회적 행동과 정치적 행동을 통해 권리를 **창출하려** 했다. 도시의 거리, 그리고 권리 주장은 그런 권리들을 **확립하고** 있는 중이다(이 책 4장). 이런 의미에서 '도시에 대한 권리'는 법적 권리라기보다는 부유한 자와 권력자의 요구에 도전하는 반대자가 내세운 요구다.[17] 이 권리는 모든 인간이 아니라 자기 권리를 박탈당하고 빼앗긴 권리를 필요로 하는 이들을 위한 재분배의 권리다. 또한 **그 권리를 전유하는 사람들로 존재할 뿐인**, 그리고 도시 자체로 존재하는 권리다(이 책 3장). 르페브르가 1968년 파리에서 발견하려 한, 그리고 동시대 운동들이 참고하는 모델이 바로 전유의 이런 혁명적 형태다. 2009년 말 함부르크 시가 개발할 목적으로 이미 투자자들에게 양도된 이른바 갱에피어텔Gängeviertel에 있는 오래된 상업용 건물 블록을 막대한 손실을 무릅쓰고 되사게 만든 점거 시위와 캠페인도 이런 사례다(선

---

17 "…… 도시에 대한 권리는 외침이나 요구하고 같다. …… 단순히 방문할 권리, 또는 전통적 도시를 향한 회귀로 인식될 수 없다. 도시에 대한 권리는 오직 도시적 생활에 관한 변형되고 갱신된 권리로 구성될 수 있을 뿐이다. …… '도시적인 것', 우연한 만남의 장소, 사용 가치의 우위, 시간과 공간 속의 각인이 모든 자원들 중에서 최상의 자원을 촉진하는 한, 그 형태학적 기반과 실천적–물질적 실현을 발견한다"(Lefebvre 1996, 158).

언문 〈우리 이름으로는 안 된다(Not in Our Name)〉[18]을 보라). 비슷한 사례로, 베를린 시에서 추진한 메디아 슈프레 복합 단지에 반대하는 다양한 시민 계획으로 구성된 폭넓은 연합(메가-슈프레 연합Mega-Spree Coalition이라 부른다)은 2010년 여름 도시를 기업 투자자들에게 매각하려는 시도에 반대해 대규모 거리 시위를 일으킬 수 있었다(Schwarzbeck 2010; Scharenberg and Bader 2009). 자그레브에서 활동하는 '도시에 대한 권리' 그룹은 시내 중앙에 자리한 꽃 광장에 지하 주차장을 파 많은 교통량을 흡수하는 고급스럽고 배타적인 장소로 개발해 주변 지역까지 젠트리피케이션을 시작하려는 투자 계획을 청원, 봉쇄, 폭넓은 대중의 지지를 바탕으로 3년 동안 막아냈다(Caldarovic and Sarinic 2008).[19] 미국에서는 뉴욕, 로스앤젤레스, 보스턴을 비롯해 12개 곳이 넘는 다른 도시들에 근거를 둔 지역 사회, 세입자, 노동자 공동체 조직들이 네트워크로 연결돼 있을 뿐만 아니라 전국적인 도시권연합에 합류하면서, '도시에 대한 권리'가 일종의 강령으로 바뀌었다. 이런 집단은 지역 네트워크로 조직돼 있지만, 요즘 압류와 퇴거, 세입자 권리, 소수자 차별, 젠트리피케이션, 축출 등이 중요하게 부각되면서 초지역 수준과 초광역 수준에서 협력하고 있다(Goldberg 2008; 이 책 15장).

이 모든 다양한 투쟁에서 활동가들은 '도시에 대한 권리'라는 모토를 사용해 도시 안에서, 그리고 미국에서는 도시 사이에 연합을 구축했다. 이 연합은 주거 운동가와 예술가, 좌파 그룹과 문화 노동자, 소규모 상점 주인과 다양한 불안정 집단이 뭉친 연합이며, 모두 투자자가 주도하는 환경 개선, 메가 프로젝트와

---

18 선언문 〈우리 이름으로는 안 된다 ― '브랜드 함부르크'에 도전하기〉에는 겨우 몇 달 만에 수백 명이 서명했다(http://nionhh.wordpress.com/about). 함부르크 투쟁은 Oehmke(2010), Birke(2010), Twickel(2010)을 보라.

19 거대한 시위 속에서 지하 주차장 공사가 시작된 때에도 활동가들은 시의원들하고 함께 시민 불복종 운동을 펼치며 봉쇄를 계속했다(http://oneworldsee.org/Blockade-of-Varsavska-street-suspended-temporarily, http://daily.tportal.hr/77508/Police-arrest-activists-at-Vasavska-constructionsite.html).

축출 효과 때문에 위협을 느낀다. 각각의 도시 개발 정책에 관련해 비판적 견해를 공유하기는 하지만, 연합은 이를테면 한편으로 고전적인 운동 단체 활동가와 다른 한편으로 문화 생산자 사이의 긴장을 수반한다. 문화 생산자는 종종 '창조적 잠재력'을 활용하려는 신자유주의 도시 정치인에 휘둘려 도구화되는 자기 자신을 발견한다. 하위문화의 분위기, 음악 씬, 클럽과 해변 바가 가득한 '힙한' 동네는 점점 더 공식적인 도시 마케팅 담론을 구성하는 핵심 요소가 되고 있다(Scharenberg and Bader 2009, 331). 선언문 〈우리 이름으로는 안 된다〉에 서명한 이들과 '메디아 슈프레 중단Sink Media Spree!' 활동가들(메가-슈프레 연합 내부 추진 그룹의 하나)은 정확히 그런 도구화를 인식하고 거부하지만(Colomb and Novy 2011), 이 연합에 참여하는 모든 사람이 몇몇 동맹 성원에게는 양보와 혜택을 제공하면서 다른 성원은 소외시키고 배제할 수도 있는 포섭의 잠재적 위협을 염려하지는 않는다.

때때로 제1세계 메트로폴리스에서 벌어지는 '도시에 대한 권리' 캠페인은 사유화, 강탈, 퇴거, 축출에 맞선 투쟁이 훨씬 더 실존적인 남반구 도시들에서 일어나고 있는 투쟁들하고 연결된다. 또한 다양한 규모의 사회포럼 회의 같은 초국가적 모임과 국경을 넘어 점점 더 네트워크로 연결되고 있는 지역 운동 모임들은 남반구와 북반구에서 벌어지는 투쟁들 사이의 공통점을 상당히 가시적이고 현실적이게 만들었다. 심지어 같은 부동산 개발업자와 같은 글로벌 기업이 축출, 퇴거, 공공재 민영화에 책임이 있는 사례도 많다. 지난 10년 간의 대화, 정보 공유, 사회포럼 과정을 통한 집합적 동원, 대항 정상 회의를 이끈 반세계화 운동이 사유화와 강탈에 반대하는 다양한 투쟁에서 공유된 경험과 공통점을 탐색하는 데 사용됐다. 이런 교류와 협력 과정은 앞으로 더욱 중요해진다. 도시 투쟁들 사이의 차이뿐 아니라 각각이 직면한 문제와 박탈도 엄청나기 때문이다(아래 참조).

도시에 대한 (존재하는 것으로서) 권리(들) – 공식적 인정

동시에 '도시에 대한 권리'를 법적으로 좀더 보장받으려 국제 엔지오와 옹호 단체들이 한 노력도 상당한 견인력을 획득했다. 지역적 규모와 세계적 규모에서 도시 의제를 중심으로 한 조직과 정책 네트워크들은 이 권리를 이행하기 위한 좀더 안정된 제도적 기반을 만들려 노력해왔다. 2007년에 설립된 폴란드의 도시권 조직 '나의 포즈난치아치My Poznanciacy'는 웹사이트에서 이렇게 선언했다. "도시에 관한 우리의 권리를 주장할 수 있는 유일한 가능성은 국가와 행정 기관이 공식 인정하는 법률적 실체를 확립하는 데 있다."[20] 다른, 특히 다국적 네트워크와 국제 엔지오들은 '도시에 대한 권리'가 의미하는 바를 설명하는 권위 있는 가이드라인을 작성해왔다.

이런 과정은 1990년대 초에 국제주거연합이 다른 국제 조직과 국가 조직들 (이를테면 도시 개혁을 위한 브라질 전국 포럼FNRU)하고 함께 '정의롭고, 민주적인, 지속 가능한 도시와 마을을 위한' 초국적 규약의 초안을 작성하고, 국제적이고 초국적인 엔지오와 네트워크들이 다양한 유엔 후원 회합에서 이 초안을 채택할 때 이미 시작됐다. 1995년부터 유네스코도 도시 의제를 개발하는 회의에 참여했고, 브라질 단체들은 '도시 인권 헌장'을 추진하기 시작했다. 이런 작업들은 2001년 세계사회포럼이 도시에 대한 권리를 위한 세계 헌장의 초안을 작성하려는 노력에 동참하면서 속도를 냈다. 2003년 몇몇 국제 인권 단체들은 유네스코하고 함께 〈도시에 관한 인간 권리 세계 헌장World Charter for the Human Right to the City〉을 내놓았다. 2004년에 국제주거연합은 다른 조직들하고 함께 에콰도르 키토에서 열린 아메리카사회포럼과 스페인 바르셀로나에서 열린 제2차 세계도시포럼WUF에서 〈도시에 대한 권리 세계 헌장World Charter on the Right to the City〉 초안을 발표했다. 2005년 브라질 포르투알레그리에서 열린 세계사회포럼에서는

---

[20] http://www.my-poznanciacy.org/index.php/english(2011년 6월 27일 접속).

〈도시에 대한 권리 세계 헌장〉이 채택됐다(Ortiz 2010).[21]

그런 헌장(의 일부)은 다양한 주 규모에서도 채택됐다. 2001년에는 도시에 관한 집합적 권리를 인정하는 도시 관련 법령이 브라질 헌법에 삽입됐다(Fernandes 2007). 지역 수준에서는 캐나다 몬트리올이 2006년에 도시의 〈권리와 의무 헌장Charter of Rights and Duties〉을 통과시켰다. 또한 〈도시의 인권 보장을 위한 유럽 헌장European Charter to Secure Human Rights in the City〉도 채택됐다(Ortiz 2010, 114). 그리고 제5차 세계도시포럼은 유엔이 이 권리를 공식 인정하게 자극하려고 '도시에 대한 권리'를 총괄 주제로 잡았다.

정부와 유엔 기관들을 통한 대중적 인정은 분명히 이런 요구의 적절성과 영향력을 강화하는 데 도움이 되지만, 그 과정에서 이 헌장과 헌장을 고안하고 촉진하는 연합들은 경합하는 '도시에 대한 권리'의 정치적 내용과 의미를 수정한다. 관련 문서에서 핵심은 도시에 대한 권리 **'그 자체'**가 아니다. 대신 일련의 특정 권리들, '좋은 도시 거버넌스'에 관심 있는 지자체와 엔지오에 권장하는 보호 조치들을 나열한다. 이를테면 〈도시의 권리 세계 헌장World Charter to the Right of the City〉의 목표는 일반적인 인간, 시민, 사회의 권리를 유효하게 보호하기 위한 효과적인 메커니즘과 도구를 확립하는 데 있다. 이런 목적을 위해 유네스코와 유엔-해비타트는 국제 엔지오들하고 함께 정기 연례 회의('도시 정책과 도시에 대한 권리' 상설 작업 그룹이 조직한다)를 열어 지속 가능하고 정의로우며 민주적인 도시를 보장하기 위한 정책을 놓고 핵심 행위자들 사이의 합의를 도출하려 한다. 이런 행위자들은 특히 조직가와 지자체에 관련이 있다.

투자자와 개발자가 아니라 '우리 주변의 가장 취약한 도시 거주자'들을 공공 정책의 중심에 두려고 노력하면서, 이 핵심 행위자들은 진보적 도시 정치가 특히 보호해야 할 특정한 권리들을 열거한다. 따라서 이를테면 〈세계 헌장〉 11항

---

21 이 세계 헌장에 관한 자세한 내용은 유네스코 웹사이트(unesco.org)에서 확인할 수 있다.

은 도시에 대한 권리가 '주거, 사회 보장, 노동, 적절한 생활 수준, 여가, 정보, 조직과 자유로운 결사, 식량과 물, 박탈에서 벗어날 자유, 참여와 자기표현, 건강, 교육, 문화, 개인 정보 보호와 보안, 안전하고 건강한 환경에 관한 국제적으로 인정된 인간적 권리들을 포괄한다'고 적시한다. 그리고 이어서 12항은 목록을 더욱 자세하게 열거하는데, 여기에서 도시에 대한 권리는 '토지, 위생, 대중교통, 기본적 기반 시설, 역량과 역량 구축, 천연자원과 금융을 포함한 공공재와 서비스 접근에 관한 인간적 권리 주장을 구체화'한다. 어떤 곳에서는 이런 권리가 개인이자 집단인 모든 '도시 거주자'에게 유지돼야 한다고 말하지만, 또 다른 곳에서는 빈민, 병자, 장애를 가진 이들, 이민자처럼 특정한 보호를 받아야 하는 특정한 집단이 강조된다.

언뜻 조금 긍정적으로 보이는 요소는, 그러나 문제를 함축하기도 한다. 모든 목록이 목록에 없는 사람들을 항상 제외하기 때문만이 아니라, 특히 '도시 거주자'라는 일반적 범주가 기본적으로 동질적인데다가 (파괴적인) 신자유주의의 힘에서 보호받을 가치가 있는 **전체** 시민사회라는 관점을 반영하기 때문이다. 마치 그 범주 자체가 빈곤과 차별을 생산하는 데 참여하고 그 과정에서 이익을 얻는 경제적 행위자와 정치적 행위자를 포함하지 않는다는 듯 말이다. 따라서 도시 거주자 범주는 이 실체 자체가 계급과 권력에 따라 깊이 분할돼 있을 뿐 아니라 가난하고 불안정하게 고용된 사람들을 비롯해 신자유주의 전략이나 인종 차별주의와 반이민 정책의 혜택을 누리는 집단도 품고 있다는 사실을 모호하게 만든다.

그렇지만 현재의 도시가 제공해야 하는 모든 것에 접근할 수 있는 이런 열거된 권리들이 완전히 실현된다면 도시 거주자들이 상당히 개선된 삶을 누리게 된다고 주장할 수 있다. 그러나 도시권에 관한 르페브르적 개념하고는 다르게 여기에서 공식화된 주장은 존재하는 현재의 도시에 포함해달라는 요청으로 희석된다. 기성 도시의 변혁을 목표로 하지 않으며, 그 과정에서 우리 자신의 변혁도 의미하지 않는다. 열거된 권리들에 관한 요구는 빈곤 퇴치처럼 신자유주의 정책의 특정 측면을 대상으로 할 뿐, 체계적으로 빈곤과 배제를 초래하는 근본적인 경제 정책은 목표로 하지 않는다.

실제로 이런 헌장들은 지자체의 청사진 구실을 한다. '도시 거버넌스에 관한 글로벌 캠페인' 같은 유엔-해비타트 캠페인은 참여적 의사 결정, 지역 거버넌스의 투명성, 참여 예산 수립에 관련된 툴킷하고 함께 이런 원칙들을 지역적으로 구현할 수 있는 방법을 홍보하고 시연한다. 사안에 따라 유용한 지침이 되기는 하겠지만, 이 헌장은 도시의 근본적 민주화가 항상 권력에 대항한 투쟁을 거쳐 매개되며, (지방) 정부, 심지어 사회민주당이나 '좌파' 정부에도 맡겨서 될 일이 아니라는 사실을 체계적으로 은폐한다.

이런 형태를 띤 '도시에 대한 권리'의 탈정치화는 글로벌 엔지오들이 활동하는 수준에서 특히 눈에 띄기는 하지만, 풀뿌리 지역 기반형 요구를 전지구적 정치의 전장과 제도의 영역으로 '상향'하는 규모 확대에서 원인을 찾기는 어렵다. 이를테면 2007년 독일 로스토크나 2010년 캐나다 토론토에서 선진 8개국 회의에 항의하기 위해 조직된 대항 정상 회의에서 명확히 드러나듯, 활동가들은 전지구적 규모를 고도로 정치화하는 방식으로 사용했다. 이런 대항 정상 회의에서는 여러 캠프와 워크숍이 조직됐으며, 활동가들은 남반구에서 일어나는 주거와 축출을 둘러싼 투쟁과 북반구에서 일어나는 젠트리피케이션에 반대하는 투쟁 사이의 근본적인 연결을 확인하고, 공동으로 급진적 요구를 개발했다. 결국 '도시에 대한 권리' 운동의 규모 도약과 운동의 정치적 실체나 지향 사이에는 어떤 인과 관계도 성립할 수 없다.

대신에 도시에 대한 권리에 연관된 급진적 주장이 희석되는 경향은 많은 (국제적) 엔지오와 운동 단체(거꾸로 유엔 조직이나 세계은행과 세계무역기구의 지원을 받는)가 추진하는 '상향식' 시민사회 연합 유형에 해당하는 듯하다. 이런 엔지오들은 1980년대 이후 크게 성장된 뒤 반대파 정치의 점점 더 중요한 장소로 널리 인식되고 있다. 국가와 기업을 만나게 되면서 엔지오들은 자기들이 벌이는 투쟁을 권리를 위한 투쟁으로 구성하는 경향이 있으며, 모든 규모에서, 그렇지만 특히 유엔 조직이나 세계은행의 지원을 받는 초국적 엔지오가 우세한 영역에서 모종의 함정을 암시하는 권리 담론이 확산했다. 이런 형태들은 '도시에 대한 권리'에 연관된 급진적 주장의 실체와 정치적 힘이 희석되는 경향을 특징으로 하는데, 시민사회 네트워크의 강화가 효율성을 향상시키기 때문에 긍정적인 요소로 간주되며, 도시 거주자와 지자체 사이의 협력은 내생적 잠재력과 지역 성장을 향상시키기 때문에 바람직하다는 세계관을 함축한다. 이런 시각에서는 지역 자율성과 국제 경쟁력이 조화될 수 있으며 지속 가능성과 경제 성장이 함께할 수 있다. 여기에서는 인간미가 더해진 신자유주의도 가능해 보인다.

이런 세계관은 2010년 3월 리우데자네이루에서 동시에 개최된 세계도시포럼(유엔 후원)과 사회도시포럼을 비교한 연구에서 생생하게 설명된다(Marcuse 2010). 두 포럼 모두 빈곤, 노숙자, 불안정성 문제를 다뤘지만, 세계도시포럼에서는 이 문제들이 '문서화되고, 계측되고, 그래프로 작성되고, 파워포인트 슬라이드에 표시됐으며, 측정의 어려움과 지표의 질이 많이 논의됐다'(Marcuse 2010, 30). 사회도시포럼에서 빈민과 빈민들이 참여한 운동이 주체이자 행위자로 인식되고 빈민들의 사상과 투쟁이 중심 주제가 된 반면, 세계도시포럼에서 빈민은 정책의 대상이자 수혜자로 여겨졌다. 사회도시포럼에서 벌어진 토론은 현실적 유토피아real utopia를 중심으로 진행됐고, 세계도시포럼에서는 모범 사례를 중심으로 논의가 진행됐다(Marcuse 2010, 32).

그러나 경제 성장, 공정한 분배, 지속 가능성이 개선된 참여를 통해 양립될 수 있고 실현될 수 있다는 생각은 전지구적 맥락에서 '도시에 대한 권리'를 제도화하려는 네트워크에만 국한되지 않는다. 그런 신비화는 또한 지역 운동이라는 환경 안에도 널리 퍼져 있으며, 제법 많은 지역 투쟁에서 '도시에 대한 권리'에 연관된 애초의 급진적 주장이 빠르게 퇴색됐다. 최근 역사는 폭넓은 연합 덕분에 신자유주의적 도시 개발이나 공동체 개발을 방해하거나 적어도 영향을 미치는 데 성공한 도시 투쟁마저 이내 단순히 방어적 투쟁으로 드러나고 대안적 생활 양식의 한 조각을 방어하는 수준을 넘어서지 못한 사례들로 가득 차 있다(Blechschmidt 1998). 운동 조직들이 신자유주의 도시 모델에 편입되거나 부분적으로 통합될 위험은 도시 개발의 가장 최근 단계에서 더욱 심각해졌다. 그전의 빈집 점거 운동가들뿐 아니라 요즘 눈에 띄는 구실을 맡은 문화 활동가들 사이에 꽤 많은 운동 집단이 캠페인 과정에서 자율적이고 자발적인 행동과 다른 '정치적으로 올바른' 행동에 관여할 수 있는 '자유 공간'을 보장받는 문제를 점점 더 전면에 내세우고 있으며, 더는 불리한 위치에 있는 다른 집단이 경험하는 배제나 억압에 관심을 두지 않는다. 도시 정책가들이 역동적인 지역 문화 씬을 마케팅하고 도구화하는 데 큰 관심을 기울이게 된 덕분에, '해방된 공간'을 확보하고 각각의 대안적 실천에 필요한 생존 조건을 확보하는 일이 실제로 더 손쉬워졌다. 새로운 '창조 도시' 정책은 (하위)문화 환경을 브랜딩 전략에 활용할 뿐 아니라 점점 격화되는 도시 간 경쟁에서 위치 특정적 자산으로 알뜰히 써먹는다. 무단 점거한 아나키스트들이 치장하거나 불안정한 예술가들[22]이 일시적으로 이용하면서 흥미롭게 만든 클럽, 건물, 공지, 그 밖의 '비오톱'은, 애초에는 자기 이름을 건 채 자기 자신을 넘어 소외된 집단의 권리를 위해 투쟁하던 활동가들에게 종종 괜찮은 교섭력과 이득을 가져다주게 되면서 이제 도시 브랜딩 전략의 하나로 추구되고 있다(Novak 2010).

동시에 대안 청소년센터와 문화센터, 값싼 주택, 지역 화폐, 자주관리 프로

---

22 많은 도시에서 투자자가 비어 있는 부지를 개발하기 전까지 예술가와 창조적 노동자들에게 빈 땅을 임시로 사용할 수 있게 하는 프로그램을 시작해, 텅 빈 시 금고를 채울 뿐 아니라 공간이 절실히 필요한 창조적 활동에도 도움을 주고 있다.

젝트 또한 압력에 시달렸고, 많은 곳에서 세련된 신규 디자이너 상점, 트렌드에 어울리는 바, 또는 값비싼 콘도에 자리를 내줬다. 고도화와 젠트리피케이션 전략, 또는 관광 산업 활성화를 위해 활기찬 근린 지구를 '구출'하고 '해방된' 공간과 대립적 실천들을 지배 전략 속으로 (재)흡수하는 과정은 언제나 존재하는 가능성이다. 신자유주의 도시 정책은 저항하는 주장과 행동 레퍼토리를 강탈한 뒤 이 요소들을 위치 자산이 지닌 경쟁 가치를 강화하는 데 활용할 수 있게 고안된 시장 기반 창조 개념에 통합하는 데 특히 성공적이라는 사실이 증명됐다. 제1세계 도시에서 벌어지는 운동에 내재된 이런 구조적 위험에 주의를 기울여야 한다. 이런 위험은 또한 북반구 운동들이 전지구적 시각에서 '도시에 대한 권리'에 더 많은 관심을 기울일 필요성을 알려준다.

도시에 관한 전지구적 권리?

현 시대에는 '도시에 대한 권리'를 위한 투쟁이 확실히 의제가 돼 있다. 요구는 도시 신자유주의화가 미치는 폭넓은 비사회적 영향에 영점을 맞추며, 이런 거시적 추세에 영향을 받는 집단이 증가하는 반향을 불러일으킨다. 이 투쟁에 참여할 잠재적 지지자들이 도처에서 눈에 띄게 됐고, 함께 모여 연합할 수 있는 좋은 기회가 점점 더 많이 열렸다. 그러나 이런 비옥한 조건 옆에는 운동이 내세운 주장을 희석하는 경향을 띤 새로운 함정과 신비화가 도사린 만큼 실상을 폭로하고 가면을 벗길 필요가 있다. 비판적 분석은 이 신비화의 기저에 깔린 실제 추세에 관한 이해를 전제로 하며, 새로운 형태의 불균등 발전에 관한 이해와 세계화된 자본 순환 내부에서 북반구 도시가 누리는 상대적으로 특권적인 위치에 관한 이해를 포함한다. 현대의 국제적 노동 분업에서 수행하는 기능 덕분에 제1세계 도시는 글로벌 금융과 서비스 센터로 전환되는데, 한편으로는 사회적 파편화가 심해지고, 공공 공간이 침식되고, 사회적으로 불리한 장소, 환경, 사회 집단을 대상으로 삼는 배제가 악화하지만, 다른 한편으로 투자자, 창조적 전문가, 관광객을 끌어들이려 도시 마케팅과 위치 정치에 유용하게 포섭될 수 있는 집단에게 양보와 제안도 내놓는다. 이런 두 가지 경향이 존재하고 상호 작용하는 현실은 현대의 진보적 운동들이 **지구적** 자본주의의 권력 구조와 착취에 대항하는 진지한 도전을 발전시키지 못하게 가로막는데, 이 점은 이 마지막 절에서 간략히 논의할 생각이다.

이른바 제1세계 도시 운동

19세기와 20세기 초의 도시에서 공장과 프롤레타리아의 공공 영역이 효과적인 동원에 필요한 물질적 토대를 제공했고, 전후 시대에 케인스주의 도시가 집합적 소비를 둘러싸고 체제를 위협하는 투쟁에 필요한 조건을 제시했다면, 현재 북반구에서 벌어지는 도시 운동들은 근본적인 사회 변화를 일으키기 위해 자기들에게 부과되는 희망과 기대를 충족시키는 과정에서 덜 우호적인 조건에 직면해 있다. 현대 도시 투쟁에서 행위자는 혁명적 공장 노동자도 아니고 집합적 소비 요구에 따라 도시 공간을 정치화하는 사회운동도 아니다(이 책 16장). 대신에 오늘날 도시 생산을 둘러싼 정치적 행동주의는 불안정한 존재를 공유하는 이질적 집단(비공식 부문이든, 창조 산업이든, 대학생이든)이, 자기 삶의 질을 지키려는 중간 계급 도시 거주자가, 급진적 자율주의나 아나키스트 그룹과 대안 그룹을 비롯한 다양한 좌파 조직이 수행한다. 이런 사회 집단들은 모두 동시대의 박탈과 소외의 형태에서 영향을 받지만, 후기 산업화 신자유주의 도시 안에서 매우 다른 전략적 위치를 차지한다. 대부분의 제조업이 남반구로 아웃소싱되면서(한 세기 전의 '제1세계' 기준보다 낮은 임금과 노동 조건[23]으로), '후기 산업화' 도시는 지위가 낮아지고 일자리가 불안정해진 노동자 군대들이 제공하는 서비스를 누리는 상류층의 놀이터가 되고 있다.

끊임없이 확장되는 젠트리피케이션 전략을 통해, 그리고 관광객뿐 아니라 '창조 계급'을 유치하려 고안된 정책과 프로그램의 집합을 통해, 이 도시들은 대안적 환경과 비판적 창작자들이 번성할 수 있는, 그렇지만 또한 그런 이들이 포섭될 수 있는 비옥한 토양을 제공한다. 이런 환경이 도시 공간의 신자유주의적 재구조화를 조직하고 경합하며, 자유화된 공간과 대안적 생활 양식을 보호하려 투쟁하고, 또는 사회적 경제 프로젝트를 기획하며, 또한 해방적 변혁에 결정적이기는 하지만, 이런 행동들은 위에서 설명한 특정한 요구나 프로젝트에서 설사 성공을 거두더라도 **지구적** 신자유주의 체제의 권력 구조와 착취를 근본적으로 위협하지 못한다.

그러나 전지구적 적대 관계는 제1세계 도시에도 존재한다. 한편으로 특권을 누리는 도시 이용자들, 그리고 다른 한편으로 늘어나는 '선진화된 주변성' 사이의 갈등은 실제로 점점 더 북반구 도시들이 지닌 특징이 되고 있다. 확장된 저임금 부문과 비공식 부문은 점점 더 많은 이주민과 여성을 고용하고 있으며, 그런 이들이 차별과 박탈에 대항해 벌이는 투쟁은 이 도시들을 반식민주의, 반인종주의, 반성차별주의 투쟁의 장으로 만들고 있다.

이런 투쟁은 대안적, 무정부주의적, 문화적 현장에서 좀더 편안한 위치를 차지한 (잠재적) 동맹 세력들이 벌이는 운동들이 그러하듯, 사회 변화를 향한 폭넓은 동원을 가로막는 구조적 제약을 점점 더 자주 경험하게 된다. 공공재와

---

23 이를테면 갭과 월마트에 고용돼 방글라데시 다카 외곽에서 바느질을 하는 의류 노동자는 최고 임금으로 시간당 28센트를 받고 있다. 100년 전 트라이앵글 셔츠 공장 화재 때 갇힌 뉴욕 의류 노동자가 받던 임금의 10분의 1에 해당하는 금액이다. 1911년 트라이앵글 셔츠 공장에서 일한 여성 노동자는 하루 14시간 일하고 토요일은 쉬었다. 방글라데시 하밈 공장에서는 일주일 내내 12~14시간 일한다. 트라이앵글 공장 화재는 국민적 분노를 불러일으켰고, 포괄적인 작업장 안전법 입법으로 이어져 뉴딜 시대에 노동법이 개혁되는 데 발판을 마련했다. 반면 하밈 공장 화재는 사고 조사도 되지 않았고, 경찰은 시간당 35센트 임금 인상을 요구한 노동자들을 잔인하게 공격했다(Kernaghan 2011). 많은 (특히 미등록) 가사 노동자와 또 다른 저임금 서비스 노동자의 급여와 노동 조건은 남반구에서 일반적인 기준에 가까워지고 있다.

공공 서비스의 민영화가 빨라지고, 감시 수단과 공권력이 늘어나고, 분리된 구역이 넓어지고, 도시 기반 시설이 해체되는 일은 모두 (계급) 주체의 출현과 정치화, 그리고 동맹 구축의 필수적 전제 조건인 공공 공간이 침식되고 집단화에 필요한 공간이 소멸되는 데 기여했다.

남반구의 도시 운동

동시에 지난 몇 년 동안 남반구의 많은 도시에서 가시적이고 비가시적인 운동들이 나타났다. 이 운동들은 종종 글로벌 기업과 글로벌 기관의 앞잡이 노릇을 하는 지방 정부와 지역 엘리트에 대항한 투쟁에서 다양한 조직 구조와 독자적 저항 형태를 발전시켰고, 서구 엔지오와 좌파 운동이 제공하는 지원이 꼭 도움이 되지는 않는다는 사실을 발견한다. 인도의 포장도로 거주자들pavement dwellers, 라틴아메리카 도시 곳곳의 빈민촌 주민들(Lanz 2009), 빠르게 도시화되는 아시아의 '호랑이' 국가들에 사는 슬럼 주민들(Menon 2010; Roy and AlSayyad 2004), 또는 케이프타운, 더반, 요하네스버그에 사는 도시 주변부 판잣집 주민들(Pithouse 2009a; Patel 2010)은 모두 도시 빈민이 박탈, 퇴거, 경찰 폭력, 억압에 저항하면서 자기 자신을 독립된 구조로 조직하고, 자기들만의 지역적 저항 문화를 발전시키며, 대중 동원, 점거, 정치적 저항을 거쳐 생활 조건을 개선한 사실을 보여준다. 그런 이들이 벌인 저항 운동과 일상적인 만큼 그다지 압도적일 리 없는 생존 투쟁은 신자유주의 '발전' 개념에서 주장하는 도시화와 문명 사이의 연결에 도전한다. 그런 이들에게 서구적 발전 정치는 '여러 위기(식량, 환경, 에너지, 금융, 기후)의 조합'을 의미한다(McMichael and Morarji 2010, 238). 토착민, 주변화된 이들, 그리고 (포스트) 식민지 경험을 기반으로 이런 운동에서 등장하는 새로운 집합적 행위자들은 따라서 전통적 사회운동이라는 관념에 이어진 고리를 끊는 단절을 구성한다. 이런 점은 (도시) 사회운동에 관한 연구에서 거의 인식되지 않았다.

'도시에 대한 권리' 운동의 관점들

종종 남반구에서 벌어지는 운동을 대표하는 사람들은, 이를테면 데이비드 하비가 주장[24]하는 대로 오늘날 도시 운동이 전지구적 규모로 조직돼야 한다는 주장을 함축하는 북반구 중심 이론들을 흔히 거부한다. 리처드 피트하우스 Richard Pithouse는 남아프리카에 관해 이야기하면서 판잣집 거주자들이 **자기가 마주한** 현실, 자원, 네트워크를 기반으로 투쟁을 조직해야 한다고 강조하는데 (Pithouse 2009b), 이런 주장은 그 사람들이 전지구적 조직화 과정에 직접 참여하지 못하게 가로막는다. 피트하우스는 북반구의 활동가와 운동권 지식인들이 남반구의 상황을 심각하게 고려하지 않는다며 비난한다. 남반구 도시 운동이 맞닥트리는 물질적이고 정치적인 거대한 난관을 깨닫지 못한다는 말이다. 이런 운동들은 다국적 엔지오 네트워크가 제공하는 지원이 지역 교회나 주민들하고 함께 몇 달을 보내며 일상과 투쟁을 공유하는 북반구 출신 자원봉사자가 제공하는 지원에 견줘 효과적이지 못한 현실을 자주 발견한다. 이런 강렬한 참여 형태에는 용기와 헌신이 필요하지만, 특정한 지역 단위의 요구 사항보다 북반구의 요구 사항에 더 신경 쓰는 다국적 네트워크에 견줘 지역 운동에 훨씬 더 도움이 된다(Pithouse 2009b).

또한 '선진' 서구의 운동 환경에서 크게 부각되지 않는, 이를테면 개인의 존엄 같은 개념들이 여기에서는 운동 어휘의 필수적인 부분이라는 점도 특기할 만하다. 피트하우스는 더반 지역에서 활동하는 운동 단체 '아바랄리 바세몬돌로 Abahlali Basemjondolo[25] 활동가들에 관해 이렇게 말했다. "그런 말은 각 개인의 존엄에 관련된 전통적 언어였으며, 도시 생활에 적합한 코즈모폴리턴적 형태로 재

---

24 "역사의 이 시점에서, 이 싸움은 특히나 금융 자본에 대항하는 지구적 투쟁이어야 한다. 왜냐하면 그런 규모에서 현재 도시화 과정이 작동하기 때문이다"(Harvey 2008, 39).

25 토지 점거를 조직하고, 코뮌을 건설하고, 강제 퇴거와 외국인 혐오에 반대하고 공공 주택 확보 운동을 벌이는 남아프리카의 사회주의 판잣집 거주자 운동 — 옮긴이.

가공됐다. …… 어떤 좀더 명시적으로 정치적인 언어보다 우선되는 고려 대상이었다"(Pithouse 2009a, 246~247).

남반구에서는 땅 없고 가난한 이들이 운동을 펼치는 와중에 정치적 투쟁의 일부로서 인간 존엄이 하는 구실을 강조한 모습 덕분에 서구의 전통적 진보 운동하고 다른 면모가 드러난다면, 미국의 빈민 운동에서 이 개념은 아메리카사회포럼을 준비하는 과정에 필요한 실천과 연합에서 주도적인 구실을 수행하게 해준다. 이런 현상하고 비슷하게 일상생활과 저항 행동이 자연스레 이어지는 모습은 남반구 저항 운동에서 드러나는 특징일 뿐만 아니라(Bayat 2004), '제1세계' 이주민 비공식 노동자에 관련된 정치적 동원에서 나타나는 특징이기도 하다(Boudreau et al. 2009).

우리는 북반구 메트로폴리스의 박탈되고 소외된 지역에서도 남반구 도시 빈민 운동의 지향과 저항의 형태를 점점 더 흔하게 발견하게 되지만, '도시에 대한 권리'를 위한 투쟁과 신자유주의 도시 정치에 대항하는 좌파적, 대안적, 창조적 도전자들 사이의 매개와 연결이 언제나 간단하지는 않다. 보아벤투라 드 소자 산투스Boaventura De Sousa Santos는 다른 운동 문화들의 상징적 세계와 언어적 세계가 180도 다르다고 본다. "한편으로 그 언어는 계급 투쟁, 권력 관계, 사회, 국가, 개혁, 혁명에 관련되고, 다른 한편으로 사랑, 존엄, 연대, 공동체, 반란, 감정에 관련된다"(De Sousa Santos 2010, 130~131). 드 소자 산투스는 실천과 이론 사이의 이 엄청난 차이는 결코 뭉뚱그려질 수 없다고 결론짓는다. 우리의 목표는 이 차이들에 유의하면서 이런 평가를 '수렴과 통합의 한 요소로' 만드는 데 있다(De Sousa Santos 2010, 131).

지금까지 살펴본 대로 신자유주의 도시는 폭넓은 동맹과 초국적 네트워크를 구축할 수 있는 새로운 기회를 진보 운동에 보여주기도 하지만, 서구 메트로폴리스에서 대도시 운동이 벌이는 투쟁을 독특하고 새로운 방식으로 방해하기도 한다. 그런 운동이 내건 요구의 일부는 실현될 수 없는 듯하지만, 또 다른 일부는 때로는 포섭되거나 희석된 형태더라도 쉽게 달성된다. '도시에 대한 권리'라는 기치 아래 진행되는 다양한 유형의 동원은 모든 사람을 위한 정의로운 도시로 나아가는 변혁적 변화에 기여할 수 있는 무척이나 다른 여러 잠재력을 지닌 듯하다. 특히 오늘날 '도시에 대한 권리'를 위한 투쟁은 오직 전세계적 수준에서 사고될 수 있기 때문에, 비판 도시 이론이든 도시 운동이든 단순히 북반구 메트로폴리스의 몇몇 지역을 이 무자비한 세계에서 정의롭고 민주적이며 지속 가능한 안식처로 전유하고 '그 사람들의 마음이 바라는 대로' 재창조하는 데 안주할 수 없다. 근본적 변화를 일으키는 데 도움이 될 수 있는 잠재력은 자본주의 축적의 전지구적 확장하고 경합하는 문제에 분명히 연관되지만, 북반구와 남반구에서 각각 벌어지는 투쟁 사이에는 머나먼 세계가 자리하고 있으며, 이런 현실은 도시 운동의 이론과 실천에서 모두 인식돼야 한다. 그러나 전지구화라는 현실에서 생성되는 공통점과 연결성을 식별할 필요도 있다. 제1세계 메트로폴리스에서 벌어지는 이주민 투쟁과 빈민 운동은 둘 다 더 직접적인 기회와 연계를 제공할 수 있다. 서구 메트로폴리스에서 벌어지는 진보적 운동에는 남반구에서 판잣집 거주자와 포장도로 거주자들이 벌이는 투쟁에 연대하는 방식에 견줘 메트로폴리스에서 살아가는 (포스트) 식민 이주자들의 일상적 실천이나 그 사람들에게서 힘을 얻는 저항 행동과 항의 행동의 형태를 지원하는 방식이 더 즉각적으로 확실할 수 있다. 그렇다 해도 문화적이고 일상적인 경험 측면에서 커지기만 하는 간극을 적극적으로 극복해야만 한다.

참고 자료

Bayat, A. 2004. "Globalization and the Politics of the Informals in the Global South." A. Roy and N. AlSayyad(eds.), *Urban Informality: Transnational Perspectives from the Middle East, Latin America, and South Asia*. Lanham: Lexington Books. pp. 79~102.

Birke, P. 2010. "Herrscht hier Banko? Die aktuellen Proteste gegen das Unternehmen Hamburg." *Sozial. Geschichte* 3[online]. Available at: lhttp://www.stiftung-sozialgeschichte.de, pp. 148~191(accessed March 18, 2011).

Blechschmidt, A. 1998. "Vom 'Gleichgewicht des Schreckens': Autonomer Kampf gegen Umstrukturierung im Hamburger Schanzenviertel." StadtRat(ed.), *Umkämpfte Räume*. Hamburg: Verlag Libertäre Aktion. pp. 83~101.

Boudreau, J., Boucher, N., and Liguori, M. 2009. "Taking the Bus Daily and Demonstrating on Sunday." *City* 13(2-3). pp. 336~346.

Brenner, N. and Theodore, N. 2002. "Cities and the Geographies of 'Actually Existing Neoliberalism'." *Antipode* 34(3). pp. 349~379.

Caldarovic, O. and Sarinic, J. 2008. "Inevitability of Gentrification." paper presented at the ISA meeting in Barcelona, September.

Castells, M. 1983. *The City and the Grassroots*. London: Edward Arnold.

Colomb, C. and Novy, J. 2011. "Struggling for the Right to the (Creative) City in Berlin and Hamburg." *International Journal of Urban and Regional Research*. forthcoming.

Della Porta, D. 2005. "Multiple Belongings, Tolerant Identities, and the Construction of 'Another Politics': Between the European Social Forum and the Local Social Fora." D. Della Porta and S. Tarrow(eds.), *Transnational Protest and Global Activism*. Lanham: Rowman & Littlefield. pp. 175~202.

De Sousa Santos, B. 2010. "Entpolarisierte Pluralitäten." *Luxemburg: Gesellschaftsanalyse und linke Praxis* 2(1). pp. 128~135.

Eick, V., Grell, B., Mayer, M., and Sambale, J. 2004. *Nonprofits und die Transformation lokaler Beschäftigungspolitik*. Münster: Westfälisches Dampfboot.

Eskola, K. and Kolb, F. 2002. "Attac: Entstehung und Profil einer globalisierungskritischen Bewegungsorganisation." H. Walk and N. Boehme(eds.), *Globaler Widerstand: Internationale Netzwerke auf der Suche nach Alternativen im globalen Kapitalismus*. Münster: Westfälisches Dampfboot. pp. 157~167.

Fainstein, N. I. and Fainstein, S. 1974. *Urban Political Movements*. Englewood Cliffs, NJ: Prentice-Hall Inc.

Fernandes, E. 2007. "Constructing the 'Right to the city' in Brazil." *Social and Legal Studies* 16(2), June. pp. 201~219.

Fine, J. 2006. *Worker Centers: Organizing Communities at the Edge of the Dream*. Ithaca, NY: ILR Press.

Goldberg, H. 2008. "Building Power in the City: Reflections on the Emergence of the Right to the City Alliance and the National Domestic Workers Alliance"[online]. Available at: http://inthemiddleofthewhirlwind.wordpress.com/building-power-inthe-city.

Harvey, D. 2008. "The Right to the City." *New Left Review* 53. pp. 23~40.

Henwood, D. 2009. "A Post-Capitalist Future is Possible." *The Nation*[online]. Available at: http://www.

thenation.com/doc/20090330/henwood(accessed March 13, 2009).

Kernaghan, C. 2011. *Triangle Returns: Young Women Continue to Die in Locked Sweatshops. Report by Institute for Global Labour and Human Rights*, March[online]. Available at: http://videocafe. crooksandliars.com/heather/triangle-returnsyoung-women-continue-die(accessed March 30, 2011).

Köhler, B. and Wissen, M. 2003. "Globalizing Protest: Urban Conflicts and Global Social Movements." *International Journal of Urban and Regional Research* 24(4). pp. 942~951.

Küpper, B., Andreas, Z., and Kühn, A. 2005. "Sozialer Protest zwischen Deprivation und Populismus: Eine Untersuchung zu den Hartz IV-Demonstrationen." *Journal für Konflikt- und Gewaltforschung* 7(2). pp. 105~140.

Lahusen, C. and Baumgarten, B. 2010. *Das Ende des sozialen Friedens? Politik und Protest in Zeiten der Hartz IV Reformen.* Frankfurt/M.: Campus.

Lanz, S. 2009. "Der Kampf um das Recht auf die Stadt: Städtische soziale Bewegungen in Lateinamerika." J. Mittag and G. Ismar(eds.), "El pueblo unido?" *Soziale Bewegungen und politischer Protest in der Geschichte Lateinamerikas.* Münster: Westfälisches Dampfboot.

Lefebvre, H. 1996[1968]. "The Right to the City." H. Lefebvre, *Writings on Cities*, E. Kofman and E. Lebas(eds.). Cambridge, Mass.: Blackwell. pp. 63~184.

Lotta, C. 1972. *Nehmen wir uns die Stadt: Klassenanalyse, Organisationspapier, Kampfprogramm. Beiträge der Lotta Continua zur Totalisierung der Kämpfe.* München: Trikont Verlag.

Marcuse, P. 2010. "Two World Urban Forums, Two Worlds Apart." *Progressive Planning* 183. pp. 30~32.

Maskovsky, J. 2003. "Global Justice in the Postindustrial City: Urban Activism Beyond the Global-Local Split." J. Schneider and I. Susser(eds.), *Wounded Cities: Destruction and Reconstruction in a Globalized World.* Oxford: Berg. pp. 149~172.

Mayer, M. 1987. "Städtische Bewegungen in USA: Gegenmacht und Inkorporierung." *Prokla* 68(3). pp. 73~89.

Mayer, M. 2003. "The Onward Sweep of Social Capital." *International Journal of Urban and Regional Research* 27(1). pp. 110~132.

Mayer, M. 2007. "Contesting the Neoliberalization of Urban Governance." H. Leitner, J. Peck, and E. Sheppard(eds.), *Contesting Neoliberalism.* New York: Guilford. pp. 90~115.

Mayer, M. 2011. "Multiscalar Mobilization for the Just City: New Spatial Politics of Urban Movements." J. Beaumont, B. Miller, and W. Nicholls(eds.), *Spaces of Contention.* Farnham: Ashgate.

McMichael, P. and Morarji, K. 2010. "Development and its Discontents." P. McMichael(ed.), *Contesting Development: Critical Struggles for Social Change.* New York: Routledge. pp. 233~241.

McNevin, A. 2006. "Political Belonging in a Neoliberal Era: The Struggle of the Sans-Papiers." *Citizenship Studies* 10(2). pp. 135~151.

Menon, G. 2010. "Recoveries of Space and Subjectivity in the Shadow of Violence: The Clandestine Politics of Pavement Dwellers in Mumbai." P. McMichael(ed.), *Contesting Development.* New York:

Routledge. pp. 151~164.

Mudu, P. 2004. "Resisting and challenging Neoliberalism: The Development of Italian Social Centers." *Antipode* 36(5). pp. 917~941.

National Coalition for the Homeless. 2010. "Tent Cities in America: A Pacific Coast Report"[online]. Available at: http://www.nationalhomeless.org/publications/tent_cities_pr.html(accessed March 4, 2010).

Nichols, J. 2011. "Showdown in Wisconsin," *The Nation*[online]. Available at: http://www.thenation.com/article/159167/showdownwisconsin(accessed March 10, 2011).

Novak, C. 2010. "Berlin's Last Squat Ends as Legit Housing | Projects Flourish." *Deutsche Welle*[online]. Available at: http://www.dwworld.de/dw/article/0,,5707925,00.html(accessed June 21, 2010).

Oehmke, P. 2010. "Squatters Take on the Creative Class: Who has the Right to Shape the City?" *Spiegel*[online]. Available at: http://www.spiegel.de/international/germany/0,1518,670600,00.html(accessed January 7, 2010).

Ortiz, E. 2010. "The Construction Process towards the Right to the City: Progress Made and Challenges Pending." A. Sugranyes and C. Mathivet(eds.), *Cities for All: Proposals and Experiences towards the Right of the City*. Santiago, Chile: Habitat International Coalition.

Patel, R. 2010. "Cities without Citizens." P. McMichael(ed.), *Contesting Development*. New York: Routledge. pp. 33~49.

Pithouse, R. 2009a. "Abahlali Basemjondolo and the Struggle for the City in Durban, South Africa." *CIDADES* 6(9). pp. 241~270.

Pithouse, R. 2009b. "Let's Keep it Real: The Anti-Politics of Most Attempts at Global Solidarity." presentation at the First International Conference of the Graduate Program "Transnational Spaces," the "Transnationality of Cities," Viadrina University, Frankfurt/O.(December).

Porter, L. and Shaw, K.(eds.). 2009. *Whose Urban Renaissance?* London/New York: Routledge.

Roy, A. and AlSayyad, N.(eds.). 2004. *Urban Informality: Transnational Perspectives from the Middle East, Latin America, and South Asia*. Lanham: Lexington Books.

Scharenberg, A. and Bader, I. 2009. "Berlin's Waterfront Site Struggle," *CITY* 13(2–3). pp. 325~335.

Schwarzbeck, M. 2010. "Die neue APO. Wo einst jeder für sich kämpfte, geht es jetzt um das große Ganze: die Rückeroberung der Stadt." *Zitty* 16(July 29).

Sugranyes, A. and Mathivet, C.(eds.). 2010. *Cities for All: Proposals and Experiences Towards the Right of the City*. Santiago, Chile: Habitat International Coalition.

Twickel, C. 2010. *Gentrifizierungsdingsums oder eine Stadt für alle*. Hamburg: Edition Nautilus.

Uitermark, J. 2004. "Looking Forward by Looking Back: Mayday Protests in London and the Strategic Significance of the Urban." *Antipode* 36. pp. 706~727.

Unger, K. 2009. "'Right to the City' as a Response to the Crisis: 'Convergence' or Divergence of Urban Social Movements?" *Reclaiming Spaces*[online]. Available at: http://www.reclaiming-spaces.org/crisis/archives/266(accessed February 14, 2009).

6장

이론과 실천에서 보는 공간과 혁명 – 여덟 개의 테제

카니쉬카 구네와데나

테제 1 - 공간=정치

헤게모니 행사가 공간을 손대지 않은 채 남겨둘 리가 있겠는가? (Lefebvre 1991[1974/
1958], 11)

공간은 어떻게 정치적일 수 있을까? 확실히, 이 질문에 맞는 몇 안 되는 좋은 대
답은 도시의 시대에 군림하는 세계 지배자들에게, 그리고 이 지배자들에게 봉
사하는 건축가와 도시 계획가들에게 분명했다. 이 사람들은 앙리 르페브르가
'공간의 생산'이라 부른 현실이 안토니오 그람시가 정치적 헤게모니라 이름 붙
인 현실에 객관적 조건과 주관적 조건에서 모두 관련이 있다는 사실을 잘 알았
다. 케빈 린치Kevin Lynch가 《좋은 도시 형태Good City Form》(1981)의 서두에서 말한 대
로, 일정한 역사적 거리 덕분에 우리는 도시 공간에 물질적으로 구현된 정치적
권위뿐만 아니라 다양한 문명의 고대 도시들에 투영된 도시 형태와 우주론의
변증법적 통일성을 관찰함으로써 이런 사실을 가장 명확히 알 수 있다. 그러나
산업 자본주의 여명기의 공간의 정치에 관해 처음으로 진정한 비판적 관점을
제시한 사람은 프리드리히 엥겔스였다. 엥겔스는 1844년 《영국 노동 계급의
상태》에서 이렇게 썼다.

기묘한 도시 설계 덕분에 어떤 사람이 맨체스터에서 몇 년 동안 살면서도 노동 계급
거주지를 보거나 장인을 접촉하지 않고도 매일 직장을 충분히 오갈 수 있다. 단순히
일 때문에, 아니면 놀러 맨체스터를 들르는 사람은 이 슬럼들을 볼 필요가 없다. 무
엇보다도 노동 계급 구역과 중산층 구역이 완전히 구별되기 때문이다. …… 맨체스
터의 도시 계획에는 부자들의 편의가 어느 정도 고려돼 있다. 이 갑부들은 길 양쪽에
놓인 불행과 오물에 자기가 얼마나 가까이 있는지 알아차리지도 못한 채, 노동 계급
지구를 그대로 통과하는 최단 경로를 거쳐 집에서 마을 중심에 있는 사업장으로 이

동할 수 있다. (Engels 1968[1845], 54~55)

엥겔스는 그런 '위선적인' 도시 계획의 은밀한 목적을 한 문장으로 압축했다. "도시 계획은 통통한 배와 연약한 신경을 지닌 부유한 신사 숙녀들에게서 부와 사치의 일부인 비참함과 불결함을 숨긴다"(Engels 1968[1845], 54~55). 거의 한 세기 뒤 발터 벤야민이 현대적 어버니즘의 가장 징후적인 순간을 참조해 파리를 다룬 저 유명한 에세이에서 어버니즘을 성찰한 일도 같은 맥락이다(Benjamin 1935/1939). 조르주외젠 오스망Georges-Eugène Haussmann이 세운 전설적인 '19세기 수도' 재건 계획은 1840년대에 프랑스의 알제리 침공을 이끈 군인 토마 로베르 뷔조Thomas Robert Bugeaud 원수가 쓴 《거리와 집의 전쟁Le Guerre des Rues et des Maisons》(1847)을 읽은 전문 지식을 바탕으로 했다. 뷔조는 현대 시가전의 원칙을 처음 서술하고, 알제리에서 전설적인 잔혹함을 드러내며 이 원칙을 스스로 연습한 인물이다. 그즈음 스물두 살 엥겔스는 영국 프롤레타리아트가 빠진 곤경을 다룬 원고를 출판하려 서두르고 있었다(Misselwitz and Weizman 2003). 도시 계획에서 오스망이 품은 이상은 '넓은 조망을 확보하는 길고 곧게 뻗은 거리'로 구성됐고, 그 주변에서는 '부르주아지의 영적이고 세속적인 권력의 사원들이 거리에서 휘황한 지위를 누린다'(Benjamin 1999, 24). 동시대인들은 그런 이상을 '전략적 미화strategic embellishment'라고 부르지만, 벤야민은 '오스망 프로젝트의 진정한 목표는 내전에 대응한 도시 보호'이며 '파리 거리에서 바리케이드를 영원히 세우지 못하게' 하느라 '거리를 확장'한 데 있다고 재빨리 지적한다(Benjamin 1999, 23). 여기에서 '개막 전까지는 광목 천막으로 가려져 있다가 기념비처럼 공개'(Benjamin 1999, 24)된 새로운 광로Grand Boulevard의 전망은 혁명이 일어난 때 군대가 빠르게 이동하기 쉽게 하려고 '병영을 노동자 지구하고 직선으로 연결'한다는 의미이기도 했다(Benjamin 1999, 23). 오스망의 과대망상적 기념비주의는 미학과 정치뿐 아니라 경제학을 수렴했다. 벤야민은 파리 개편 작업을 활성화할 수 있는 조건을 '투자 자본을 선호하는 나폴레옹의 제국주의'라고 추측하는데, '오스만의 몰수는 사기에 가까운 투기를 낳는다'는 예상은 덤이다(Benjamin 1999, 23). 몰수는 어떻게 봐야 할까? 벤야민은 오스망의 말을 이렇게 전한다.

> 1864년 의회 연설에서 오스망은 뿌리 없는 주민들을 향한 증오심을 여과 없이 드러냈는데, 이런 현상은 자기가 추진한 프로젝트 때문에 증대하고 있었다. 치솟는 임대료는 프롤레타리아트를 교외로 내몰았다. 이런 식으로 파리를 구성하는 각 구역은 독특한 인상을 잃는다. 그리고 '레드 벨트'가 형성된다. 오스망은 자기에게 '해체 전문 예술가'라는 칭호를 부여했다. 자기가 한 일을 소명으로 여기는 사람이었다. (Benjamin 1999, 12)

벤야민은 이렇게 자본주의-제국-식민지 도시주의의 원초적 장면을 목격했다. 로스앤젤레스를 다룬 마이크 데이비스^{Mike Davis}의 글이나 닐 스미스^{Neil Smith}의 '복수주의 도시^{revanchist city}'가 증명하듯, 이런 장면은 모더니티가 포스트모더니즘에 밀려 담론적으로 대체되고 자본주의가 전지구화로 대체된 뒤에도 급진적 도시 사상의 가장 좋은 예시를 여전히 악령처럼 끈질기게 따라다니는 폭력적 형태다. 그러나 데이비스가 《슬럼, 지구를 뒤덮다^{Planet of Slums}》(2006)에서 보고한 대로 암울한 상황에 놓인 우리는 한때 공간과 사회를 모두 급진적으로 바꾼다는 혁명적 소명 의식을 간직하던 건축과 도시 계획이, '공공-민간' 사업이라는 이름으로 사적 자본을 끌고 들어오라며 지방 정부를 노골적으로 꼬드기는 정도는 아니더라도, 이제 사회적 적대를 제거하기보다는 은폐하는 운명에 복종하고 있다는 사실을 너무 쉽게 망각한다.

테제 2 — 모더니즘=브르통+르코르뷔지에+레닌

(앙드레) 브르통과 르코르뷔지에Le Corbusier를 한데 어우른다는 말은, 지식이 순간의 심
장을 쏠 수 있도록 현대 프랑스의 정신을 활처럼 당긴다는 의미다. (Benjamin 1999, 459)

자본이 인권과 민주주의라는 성스러운 장막 뒤에서 세계를 어슬렁거리며 돌아
다니는 오늘날에는, 세상을 변화시키려는 노력을 미친 이성의 책략으로 그리고
통제광이 자유 방임 정신을 완전히 옥죄는 짓인 양 치부하는 논리가 유행이다.
그렇지만 수전 벅모스Susan Buck-Morss가 《꿈의 세계와 파국Dreamworld and Catastrophe》
(2000)에서 우리에게 촉구한 대로, 실제로 벌어진 일을 이해하는 편이 더 낫다.
말하자면 혁명이 실패한 이유에 관한 적절한 고찰은 당연하게도 급진적 사상,
혁명적 정치, 20세기 대도시 생활을 삼각 측량으로 조망하는 세계사적 힘을 다
루는 면밀한 연구를 포함한다. 두 차례 세계 대전 사이의 혁명적 국면부터 자본
의 군사 케인스주의와 국가사회주의적 복원을 거쳐 신자유주의적 제국주의의
불균등한 세계화까지, 대서양을 넘나드는 궤적은 이제 우리에게 급진적 도시 개
념과 급진적 도시 정치를 이해하는 데 필수적인 정치-역사적 방향타를 제공한
다. 이런 역사적 사건들의 긴 열차 속에서, 특히 포스트모던 기억 상실의 시기에
가장 오해받는 순간은 두 차례 세계 대전을 거치며 틀이 짜인 과잉 결정 국면,
곧 모더니즘이다. 페리 앤더슨Perry Anderson 이 마셜 버먼Marshall Berman하고 함께 모
더니티의 의미를 논의한 기억할 만한 토론에서 언급한 대로, 모더니티는 세 가
지 기본 좌표로 구성된다(Anderson 1984, 96~113; Berman 1982). 하나는 일반적으로
부르주아 사회만큼이나 현상 유지형 학문주의에 여러 모로 반하는 급진적인 미
적 실천의 형식적 새로움(표현주의, 구성주의, 초현실주의, 입체파)이다. 또 하나
는 2차 산업혁명을 거쳐 도래한 새로운 생산력(자동차, 비행기, 전화)이다. 또한
무엇보다도 혁명의 현실성(볼셰비키, 스파르타쿠스당, 아나키스트)이다. 발터

벤야민의 유명한 '예술 작품 에세이'뿐 아니라 '역사철학 테제'에도 특히 독일, 이탈리아, 프랑스, 그리고 초기 소련에서 일어난 미학, 기술, 정치의 폭발적 융합이 생생하게 담겨 있었다. 이런 텍스트들에 담긴 구성주의적 낙관주의는 벤야민의 프랑크푸르트학파 동료들이 제시한 비판 이론들이 얻은 '부정적'이거나 '비관적'이라는 선입견에 대응한 가치 있는 교정추가 된다. 초기 프랑크푸르트학파가 혁명적 예술의 상상과 기술에 의지한 비평과 유토피아의 변증법적 종합으로 더 잘 이해된다면, 모더니즘 건축과 도시 계획이 바로 이 예술에 해당한다. 이런 측면은 아나톨 콥Anatole Kopp이 쓴 《도시와 혁명Town and Revolution》(1970[1967])과 《삶을 바꾸고 도시를 바꾸자Changer la vie, changer la ville》(1975)에 잘 드러나 있는데, 공간에 관한 앙리 르페브르의 선구적 작업에 큰 영향을 미친 이런 저작들을 오늘날 건축학과, 도시계획학과, 지리학과 학생들은 거의 읽지 않는다.

사회 전체를 혁명화하는 데 건축과 도시 계획이 하는 구실을 실험함으로써 급진적 도시 이론은 아방가르드만큼이나 전위를 통해 활력을 얻은 모더니즘의 특별한 순간에 시작된다. 볼셰비키 혁명이 불러온 즉각적 여파 속에서, 아방가르드 프로젝트가 스탈린 치하의 현대화 명령에 따르기 전에, 소련에서는 정치화된 예술에 다가가는 다양한 접근 방식이 매우 분명하게 드러났다. '민주적 통제(노동자 반대파가 제안), 대중적 참여(크론슈타트 반란군이 제안), 문화적 창의성(프롤레트쿨트Proletkult의 수장으로서 알렉산드르 보그다노프Alexander Bogdanov가 제안), 인간적 자아실현(계몽주의의 인민위원으로서 아나톨리 루나차르스키Anatoly Lunacharsky가 제안)' 방식들 말이다(Buck-Morss 2000, 58). 그런 만큼 모더니즘의 혁명적 구성주의를 약간의 비판적 세목과 뉘앙스를 거쳐 재구성하려는 노력은 충분히 가치가 있다. 이런 노력은 로버트 벤투리Robert Venturi 등이 쓴 《라스베이거스의 교훈Learning from Las Vegas》(1972) 같은 구습 타파형 고전부터 리처드 플로리다가 쓴 《창조 계급의 등장The Rise of the Creative Class》(2002)과 레오니 샌더콕Leonie Sandercock이 쓴 《코즈모폴리스를 향하여Towards Cosmopolis》(1998)에 이르는, 포스트모던 어버니즘에 속한 유명 텍스트들에 드러나는 환원주의에서는 거의 주목되지 않는다. 보헤미아를 리브랜딩해서 얻을 수 있는 작은 이익이나 '잡종적' 교외를 배경으로 이곳에 모스크를 허용하고 저곳에 사원이 들어설 수 있게 미국의 도시 계획 관련 법률을 간헐적으로 개정하는 수준을 넘어서서, 창의성과 다양성에 관한 자유주의적 포퓰리즘populism 블록버스터들이 비판 도시 이론에 줄 수 있는 희망은 거의 없다. 콥이 조사한 건축가와 계획가들은 확실히 근본적으로 다른 이상을 숭배했다. 그리고 사회와 공간 사이의 근본적 관계에 관한 심오한 이해는 우리가 일련의 도시적 '사건들'을 구성하는 시퀀스라 부를 수 있는 범주에 속했다(Badiou 2010를 보라). 파리 코뮌, 스탈린그라드와 알제리에서 벌어진 전투, 1968년 파리에서 일어난 '사건들'은 르페브르 못지않게 상황주의자들이 다른 삶을 위한 다른 공간을 주장하게 된 계기가 됐다. 실천 없는 이론이 불가능하다면, 결국 혁명과 도시 실천의 실제적이거나 상상적인 근접 없이는 급진적 도시 이론의 정해진 유산 같은 것은 존재하지 않는다.

테제 3 – 현대화=모더니즘=혁명

> 역사의 대부분은 교만, 야망, 탐욕, 복수, 유혹, 선동, 위선, 통제되지 않는 열정, 그리고 대중을 동요시키는 온갖 무질서한 욕망이 세상에 가져온 불행으로 구성돼 있다.
>
> (Burke 1968[1790], 247)

대체 모더니즘의 혁명에 무슨 일이 일어났는가? 급진적 도시 이론에는 건축과 도시 계획을 통해 르코르뷔지에가 제기한 훨씬 더 유명한 질문인 '건축이냐 혁명이냐?'로 되돌아가서 이 질문에 접근하는 방식보다 더 고약한 일도 없다. 르코르뷔지에는 1923년에 영어로 번역된 《새로운 건축을 향하여Toward a New

Architecture》의 유명한 마지막 말에서 자기가 던진 수사적 질문에 논쟁적으로 대답했다. "혁명은 회피될 수 있다"(Corbusier 1986[1923], 289). 물론 그 메시지는 건축과 도시 계획이 혁명을 거치지 않고도 유럽의 위기를 해결할 수 있다는 말이었다. 이 질문이 구세계에서 공간과 사회 양쪽의 급진적 변화를 위한 객관적 조건과 주관적 조건이 무르익은 듯 보이던, 유럽에서 모더니즘의 열기가 한창이던 시기에 제기된 사실을 기억하는 일은 중요하다. 실제로 이 역사적인 사례에서 예술, 기술, 정치의 독특한 결합이라는 조건 아래 한 줌은 넘는 예술가, 건축가, 도시 계획가들이 자기 소명을 혁명의 소명하고 일치시켰다. 그 사람들의 생각은 하나의 질문이 아니라 하나의 슬로건인 '건축 그리고 혁명!'으로 압축됐다. 그러나 우리가 알고 있듯 공간과 사회를 모두 혁명하려는 시도는 실현되지 못했다. 그렇지만 이 실패는 모더니즘이 상품 형태의 '건물, 주거, 사고'에서 자유 방임(프리드리히 하이에크Friedrich Hayek)이나 초연한 내맡김Gelassenheit(마르틴 하이데거Martin Heidegger)의 미덕을 알지 못한 채 '이성'이라 불리는 점성술 같은 서구적 집착에 주도된 때문은 아니었다. 오히려 2차 대전 뒤 대서양을 가로지르는 군사 케인스주의 자본주의의 승리와 블라디미르 일리치 레닌 이후 코민테른 시기의 국가사회주의 공고화가 모더니즘의 혁명적 에너지를 소진시키고 소멸시킨데다, 르페브르가《도시 혁명》에서 신-지도주의neo-dirigisme(국가)와 신-자유주의(시장)로 식별한 승리의 연합 속에서 현대화로 귀결된 때문이었다. 그러나 우리의 구태의연한 도시 계획 교과서는 본질적으로 이 반혁명적 전환을 잘못 인식하고 있다. 도시 계획과 도시 디자인의 '지성'사를 다룬《내일의 도시Cities for Tomorrow》를 쓴 피터 홀Peter Hall은 르코르뷔지에에 관한 장(〈고층 건물 도시〉)의 첫 문장에서 모더니즘의 오류가 형태 창조자form-giver의 '해악'에 있다고 말한다(Hall 1996[1988], 204). 르코르뷔지에가 '좋은' 사람이기만 했더라면!《코즈모폴리스를 향하여》에서 모더니즘 개념을 다룬 샌더콕이 볼 때 모더니즘의 중심 경향은 전체주의에 다름없다. 권력을 향한 이성의 의지라는 잔인한 독재, 그 형태

는 파시즘의 비이성하고 구별되지 않는다. 제임스 스콧James C. Scott의 《국가처럼 보기Seeing Like a State》(1998)는 《내일의 도시》나 《코즈모폴리스를 향하여》보다 역사와 이론에 더 확고하게 기반을 두고 있지만, 궁극적으로 모더니즘에 관해서도 비슷한 평결을 내린다. 보수주의 정치학자 존 그레이John Gray와 급진적 인류학자 페르난도 코로닐Fernando Coronil이 통찰력 넘치는 비평에서 말한 대로, 스콧은 의미심장한 부제 '왜 인간 조건을 개선하려는 특정한 계획들은 실패했는가'를 통해 자기가 시도하는 비판을 에드먼드 버크Edmund Burke에서 하이에크를 거쳐 제인 제이콥스에 이르는 유서 깊은 전통 속에 자리매김한다(Gray 1998; Coronil 2001). 이런 자유주의-포스트모던 텍스트들이 제시하는 세계관에서 모더니즘 건축가와 도시 계획가에게 부여된 구실은 백악관의 자유 민주주의적 우주론이 알카에다와 탈레반 테러리스트에게 부여한 구실하고 구조적으로 다르지 않다. 여기에서도 악의 축은 평양에서 다마스쿠스를 거쳐 카라카스로 이어질 뿐 아니라 헤겔의 절대 정신에서 모더니즘 건축가와 도시 계획가를 거쳐 히틀러의 아우슈비츠와 스탈린의 집단 수용소로 연결되며, 모더니즘은 실제로 광기하고 동일한 단어가 된다. 세기말 포스트모더니즘의 특징이기도 하거니와, 《라스베이거스의 교훈》이나 《코즈모폴리스를 향하여》에서 발견되는 '이성'이라 불리는 대상을 향한 싸잡아 비난하기는 미셸 푸코Michel Foucault의 카리스마에서 쉽게 영감을 얻었지만, 푸코를 너무 주의 깊게 읽지 않은 사실은 확실한 듯하다. 1978년과 1979년에 콜레주 드 프랑스에서 '생명 정치의 탄생'이라는 제목을 내걸고 열린 저 유명한 '통치성' 강연에서, 이 광기의 대가는 매우 분명하게 말한다. "지식의 비판은 …… 이성 아래에서 계속 …… 지루하게 억압적인 것을 향한 비판으로 구성되지 않는다. 결국 …… 비이성도 그만큼 억압적이기 때문이다"(Foucault 2008[2004], 36). 푸코는 여기에서 실제로 사회주의가 자유주의하고 근본적으로 다르지 않은 점을 비판했다.

나는 사회주의에 결여된 요소가 통치 이성으로서 국가 이론이 아니라 사회주의에서 통치 합리성이란 무엇인가에 관한 정의라고 말하고 싶다. …… 나는 현재로서는 사회주의의 자율적 통치성이 있다고 생각하지 않는다. …… 사회주의에 정말로 적합한 통치성은 무엇일 수 있을까? 사회주의에 적합한 통치성은 존재하는가? …… 우리는 사회주의적 통치성이 정말로 존재한다면 …… 발명돼야만 한다는 사실을 알 뿐이다.

(Foucault 2008[2004], 91~94)

어쨌든 여기에서 반모더니즘 비평가들이 공공연히 불러일으키는 악의 범주가 빠져 있는 곤란은 분명하다. 조지 워커 부시 대통령 연설문 작성자가 던진 '그 사람들은 왜 우리를 미워하는가?'라는 질문이 부적절하듯, 이런 범주는 모더니즘의 잘못된 점에 관련된 유용한 설명을 도시를 공부하는 학생들에게 제시하지 못한다. 더 많은 역사적이고 유물론적인 개념이 '악한 사람들, 곧 건축가, 계획가, 테러리스트가 악한 일을 한다'는 동어 반복을 제안하는 일보다 더 나을 수 있다. 그런 개념들은 실제로 좀더 변증법적이고 유용한 관점에서 모더니즘의 운명을 포스트모더니즘이 지닌 선입견하고 다르게 해석한다. 프레드릭 제임슨Fredric Jameson이 이 주제를 다룬 선구적 저작의 첫 쪽에서 이론적으로 정리한 대로, 만약 포스트모더니즘을 '현대화 과정이 완료될 때 갖게 되는 무엇'이라고 보면, 완전한 포스트모더니티에서 현대화 이데올로기보다 더 도시주의의 지배적 담론들을 지배하는 요소는 없는 셈이 된다(Jameson 1991, 1). 따라서 모더니즘modernism과 현대화modernization의 차이는 우리에게 엄청난 의미를 부여하며, 그 본질은 페리 앤더슨의 시대 구분을 참조해 이렇게 정식화될 수 있다(Anderson 1984). 현대화=모더니즘-혁명.

테제 4 ― 미국주의+포드주의=반혁명

변증법적 이성은 이성의 지배적 양태에 반할 때, 비이성이 된다. (Adorno 1978/1974 [1951], 72)

안토니오 그람시가 다른 말로 '아메리카주의와 포드주의'라 부른 시대에 건축, 도시 계획, 그 밖의 많은 것들이 모더니즘에서 현대화로 넘어간 경로는 서구에서 혁명의 전망이 쇠퇴한 사실을 언급하지 않고서는 이해할 수 없다. 이 쇠퇴는 모더니스트들의 상식 부족으로는 충분히 설명할 수 없는데, 그러나 스콧은 마치 그런 좋은 감각이 모더니즘의 희생자들, 그리고 자기 같은 학자들에게만 역사가 부여한 특권인 양 그리스식 메티스metis[1] 개념을 신념에 차 표현하면서 그런 식으로 말한다(Scott 1998, 309~341). 또는 샌더콕이 도시 계획가와 건축가가 구현한 '이성'의 해악을 언급하며 시사하는 대로 계몽주의의 선천적 결함을 탓하는 방식도 온당하지 않다(Sandercock 1998). 자크 데리다Jacques Derrida가 포퓰리즘적 포스트모더니즘에 반대하며 열정적으로 방어한 계몽주의는 분명히 좀더 균형 잡힌 비판적 대우를 받을 자격이 있는데(Derrida 2004), 피상적 독해들이 드러나기는 해도 도시 연구와 도시 계획 분야에서 모더니스트 아도르노가 《계몽의 변증법Dialektik der Aufklarung》(1944)을 통해 변증법적 예시를 들어 보여준 사례도 마찬가지다. 상카르 무투Sankar Muthu가 쓴 《제국에 반하는 계몽Enlightenment Against Empire》(2003)을 읽는 모든 독자가 잘 이해해야 하듯이, 역사란 그러하다. 찰스 젠크스Charles Jenks가 1972년 7월 15일 오후 3시 32분 세인트루이스의 프루이트-아이고우[2] 철거 광경에 충격을 받고 《포스트모던 건축의 언어The Language of

---

1 그리스 신화에 나오는 티탄 여신. 제우스의 첫째 아내로, 제우스에게 잡아먹힌 뒤 제우스의 머릿속에서 아테나를 낳았다 ― 옮긴이.

Postmodern Architecture》(1977)에서 제시한 오해 소지가 있는 시간보다는, 근대건축국제회의Congrès Internationaux d'Architecture Moderne·CIAM가 1933년 아테네 헌장을 발표하기 한 해 전에 헨리 러셀 히치콕Henry Russell Hitchcock과 필립 존슨Philip Johnson이 뉴욕 현대미술관MOMA의 분수령이 된 건축전을 담아 뉴욕에서 매우 영향력 있는 출판물《국제주의 양식The International Style – Architecture Since 1922》(1932)을 출간한 날이 어버니즘 영역에서 모더니즘의 죽음과 현대화의 시작을 알리는 날짜라면, 혁명은 어떻게 길을 잃게 됐느냐는 질문에 관련해 고려해야 할 몇 가지 요소가 스스로 모습을 드러낸다.

여기에서 가장 중요한 요소는 다른 투쟁 중에서도 이미 도시, 국가, 전지구적 규모에서 작동하고 있는 계급 투쟁이다. 계급 투쟁은 모더니즘하고 동시대에 일어난 두 차례 세계 대전 사이에 벌어진 지배적 형태의 제국주의적 경쟁을 전제하는데, 이 경쟁은 강력한 형태의 민족주의를 불러일으켰고, 무엇보다도 파시즘과 케인스주의라는 자본주의 국가의 구조를 공고하게 했다. 혁명적 모더니즘의 이상이 실현되려면 반드시 필요한 '국가 소멸'(마르크스와 레닌에 따르면)에 반하는 이런 힘들의 배치는 진정으로 국제적이었으며, 아방가르드 건축가나 도시 계획가만으로 어쩔 수 없는 일이었다. 그중 몇몇은 의심의 여지 없이 다른 사람들보다 실제로 그런 목적에 더 충실했다. 그러나 우리가 모더니즘에서 현대화로 나아가는 전환을 설명하려면 그런 이들이 지닌 캐릭터의 선과 악을 넘어 자본과 국가의 좀더 결정적인 논리를 바라봐야 한다. 따라서 나는 공간의 이 운명적인 역사적 변이를 둘러싼 정치학은 아테네 헌장의 기능주의에서 《라스베이거스의 교훈》의 포퓰리즘에 이르기까지 '혁명은 회피될 수 있다'는

---

2 1954년 미국 미주리 주 세인트루이스에 세운 대규모 공공 주택 단지. 뉴욕 세계무역센터 설계자 미노루 야마사키가 진행한 모더니즘 도시 재건축 프로젝트이지만, 완공 뒤에는 빈곤층 유입, 만연한 범죄, 인종 분리가 겹치면서 슬럼화된 끝에 결국 철거된다 — 옮긴이.

말을 증명하려는 이들이 내세우는 겉보기에 다양한 관점에 기반해서는 제대로 볼 수 없으며, 그래서 조망점은 모더니즘이 약속하지만 아무 곳에서도 실현되지 않은 혁명적 **미래**에 위치한다고 주장한다. 이 논의는 도시 이론이 프랑크푸르트학파의 유토피아적 방법에서 여전히 배울 수 있는 최소한의 내용이다. 이런 시각에서 보면, 지난 세기를 거쳐 건축과 도시 계획이라는 모래 위에 그어져야 할 결정적 선은 종종 '모더니즘'과 '포스트모더니즘'으로 손쉽게 언급되는 현실들 사이에 있지 **않다**. 그 선은 어떻게 '혁명은 회피될 수 있는지'를 발견한 사람들과 '건축 **그리고** 혁명'을 위해 싸운 사람들 사이에 있다. 왜냐하면 현대화의 이데올로기와 발전의 에피스테메를 너무나 기꺼이 받아들이고, 과잉 개발된 서구뿐만 아니라 오래전부터 불균등 결합 발전이라는 경제적이고 제국주의적인 조건에 따라 선진 자본주의 세계를 따르지 않을 수 없던 과거의 사회주의 국가들과 여전히 저발전 상태인 나라들에서도 공간의 생산을 지배하는 기술과 효율성의 사물화를 도입한 장본인들이기 때문이었다. 중국이나 인도의 하위 계급들이 그런 이들의 지배하고 단절할 수 있을지는 두고 봐야겠지만, 여기에서 도구적 이성이 거둔 안타까우면서도 불가피한 승리로 나타나는 현실에 담긴 정치경제적 성격은 사실 고전적 마르크스주의 용어로 더 잘 이론화된다. 곧 생산**력**만을 발전시켜 인류를 해방시킨다는 자만심의 결과로 하위 계급들을 자본주의적 형태들(포드주의 또는 포스트포드주의)에서 해방시키는 대신 그 계급들하고 함께 사회적 관계의 총체, 달리 말해 현존하는 생산 **관계들**을 지구적 수준에서 보호하거나 실제로는 확산시킨다는 사실 말이다.

테제 5 – 포스트모더니즘=혁명적 반동

혁명은 반혁명 분자들을 혁명화한다. (Debray 1967)

도시에 관련해 가장 통찰력 있는 마르크스주의 학자인 벤야민과 르페브르는 확실히 부르주아 도시주의를 새로운 기술의 배치와 사회적 상상력 속에서 활성화된 유토피아적 열망 사이의 불일치로 봤다. 벤야민 연구자 벅모스는 《보기의 변증법The Dialectics of Seeing》에서 자본주의적 '도시 재개발' 프로젝트를 '사물화의 고전적 사례'로 파악하는데, 사회적 관계는 그대로 유지하면서 건물과 거리의 배치, 곧 공간 속 객체들을 변화시켜 '사회적 유토피아'를 창출하려 시도하기 때문이다(Buck-Moss 1989, 89). 르페브르는 《일상생활 비판Critique of Everyday Life》(1991[1947/1958])의 첫 권에서 '진보'의 유사한 사물화가 국가사회주의에도 영향을 미친 과정을 언급했다.

오로지 생산력의 발전만으로 사회주의를 규정하는 논리는 터무니없다. 경제적 통계는 이 질문에 답할 수 없다. "사회주의란 무엇인가?" 사람들은 강철이나 탱크나 원자 폭탄 더미를 위해 싸우고 죽지 않는다. 사람들은 생산이 아니라 행복을 갈망한다. (Lefebvre 1991[1947/1958], 48)

그러나 현대화 이데올로기에 관한 비판은 이러저러한 포스트모던 어버니즘에 기반한 일련의 반모더니즘 선언이 제공하는 내용하고는 거리를 둔다. 반모더니즘 공세는 잘 알려진 대로 제인 제이콥스가 도시 계획가들을 맹렬히 공격하면서 시작됐고, 레이너 밴험Reyner Banham은 로스앤젤레스를, 로버트 벤투리는 라스베이거스를 자유방임주의 대도시 형태의 새로운 포스트모던 이상으로 치켜세우며 자유주의적 찬미를 이어갔다. 도시 계획에 포스트모더니즘이 한 기여는 주로 차이를 정교화하는 데 달려 있지만, 데리다와 포스트 구조주의 연구자들이 이론적이고 정치적인 감수성에서 상당한 다양성을 품은 채 제시하는 차이différence 개념이 가끔 참조될 뿐이다. 이때 비판적 강조점은 일반적으로 우리의 사회적 정체성과 문화적 정체성이 역사적으로 우발적이지는 않더라도 사회적으로 구성되는 특성에 두어지며, 따라서 특히 사회적 관계 영역에서 지배의 선을 긋는 인종, 젠더, 섹슈얼리티 같은 범주를 해체하기 위해 그런 범주들에 질문을 제기할 수도 있는 정치적 가능성에 두어진다.

낸시 프레이저, 아이리스 매리언 영, 주디스 버틀러, 슬라보예 지젝, 에르네스토 라클라우, 샹탈 무페 등이 자본주의에 대항하는 투쟁과 그런 정치의 관계를 둘러싸고 벌인 논쟁은, 실제로 지난 20년간 급진적 도시 이론에 가장 독창적인 통찰력을 제공했다. 그러나 도시 계획 분야에서 포스트모던 사상으로 통하는 대부분의 사례에서 차이라는 의제는 해체 자체하고 거의 관련이 없다. 만약 차이라 부를 수 있다면 그런 명명에 관련된 영감은 차라리 민족문화적 정체성의 자유주의 포퓰리스트적 가치화에서 비롯되며, 결국 대개 국가가 후원하는 '다문화주의' 이데올로기하고 다르지 않다. 실제로 존재하는 정체성에 보내는 '축하'가 여기에서는 '용인'은 아니더라도 규범이 되지만, '비판'인 사례는 드물다. 포스트모던 다문화주의의 은밀한 부적절성은 히마니 바네르지Himani Bannerji의 《국가의 어두운 면The Dark Side of the Nation》(2000), 암발라바나르 시바난단Ambalavanar Sivanandan의 《저항의 공동체Communities of Resistance》(1990)와 학술지 《인종과 계급Race and Class》, 비자이 프라샤드Vijay Prashad의 《갈색 사람들의 카르마The Karma of Brown Folk》(2000), 그리고 알랭 바디우Alain Badiou의 《윤리학Éthique》(2001[1998]), 《메타 정치학Abrégé de métapolitique》(2005[1998]), 《논쟁Polemics》(2006[2005/2004/2003])이 대서양 양쪽에서 증명해준다. 그러나 페미니즘과 마르크스주의 사이의 확실히 더 '불행한 결혼'[3]이 대략 30년 지난 뒤 '창조 계급'을 만나 행복한 결합을 한 지금, 그런 경향들은 우리의 잡종적 코즈모폴리스의 좌파 자유주의적 담론 공간을 가득 채우고 있다. 포스트모던적 차이를 둘러싼 찬양이 자본과 국가의 사물화하고 평화롭게 공존한다. 그런 만큼 그런 차이들은 르페브르가 《공간의 생산》에

---

3 하이디 하트만(Heidi Hartmann)이 쓴 표현. Sargent(1981)의 1~41쪽도 참조하라.

서 '차이의 공간'이라는 개념으로 주장한 내용하고는 거리가 한참 멀다(Lefebvre 1991[1974], 352~400). 덧붙여 말할 필요도 없이, 이런 차이 옹호자들은 냉전 이데 올로기의 영향 아래 아무런 의심 없이 모더니즘을 전체주의하고 동일시하면서 생산력과 생산 관계 사이의 차이를 인식하지 못한 반면, 한편으로는 시장 포퓰 리즘의 몇몇 판본(가족 경영이든 기업 경영이든)을 앞으로 가야 할 길로 찬미한 다. 벤투리가 따분한 모더니스트 도시와 즐거운 라스베이거스 대로 사이에서 드러나는 차이를 요약한 단어들을 기억해보라. '인간을 위한 건물' 대 '인간들 (시장)을 위한 건물.' 이렇게 하이에크 방식으로 '인간들'을 '시장'하고 등치시키 는 논리에 담긴 함의는, 우리가 때때로 놓치지만 《라스베이거스의 교훈》에 분 명히 드러나 있다. 바로 건축가의 관심은 '그래야 하는 일에 집착하지 말고 현 실의 존재에 충실'해야 한다는 말이다(Venturi et al. 1972, 21). 그런 반혁명적 조언가 는 현대 자본의 카지노 회로뿐만 아니라 학계에서도 찾을 수 있다. 그 속에서 포스트모던 어버니즘의 담론은 물론 포스트모던 어버니즘에 관한 많은 비판 도 혁명을 회피하기 위해 의도적으로 활용될 수 있다.

테제 6 – 마르크스주의 도시 이론=자본의 과잉

《자본 ― 정치경제학 비판》의 부제를 문자 그대로 받아들여야 한다는 사실을 인식 하는 데 얼마나 많은 시간이 걸릴까? (Lefebvre 1972, 70)[4]

혁명이 국가사회주의 때문에 탈선하고 서구에서는 군사 케인스주의 때문에 정 치적 의제에서 배제된 뒤 급진적 어버니즘에 벌어진 일은 같은 상황에서 마르

---

4   나는 여기에서 Stefan Kipfer et al.(2008)에 실린 번역을 사용하고 있다.

크스주의가 겪은 운명을 거울처럼 반영한다. 둘 다 실천과 이론 사이의 분리, 또는 실천의 죽음을 대가로 이론 속에서 새로운 삶을 찾았으며, 그런 과정 자체는 주로 정치 영역보다는 학계에서 진행됐다.

페리 앤더슨은 《서구 마르크스주의 읽기Considerations on Western Marxism》(1976)에서 이 전통의 '숨겨진 특징'이 일종의 **패배**라는 점을 강조하는 한편 이 전통에 속한 주요 저작은 예외 없이 '정치적 고립'과 '절망'의 상황 아래에서 생산된 산물이라 지적했다. 마르크스 자신의 사상이 철학에서 정치학, 경제학으로 옮겨간 반면, 이런 조건 아래에서 서구 마르크스주의의 궤적은 반대 방향으로, '압도적으로 …… **상부 구조**에 집중하는' 방향으로 나아갔다. 여기서 주목을 끈 중심 영역은 '문화'였다. 그리고 문화 영역 안에서 서구 마르크스주의가 주요한 지적 에너지와 재능을 쏟아부은 영역은 **'예술'**이었다(Anderson 1976, 42; 75~76). '문화 연구', 또는 단순히 문화 **이론**이라 불리는 영역에서 뚜렷이 나타난 포스트모던한 현상은 1968년 이후 서구에서 좌파 지식인들의 급진적인 정치적 열망이 어느 정도 꺾인 뒤 이 경향이 논리적으로 확장된 현실을 보여준다.

서구 마르크스주의의 목록에서 도시가 두드러지게 등장하지 않았지만, 벤야민, 르페브르, 상황주의자들이 이런 규칙의 상징적 예외로 존재한 점에 주목할 필요가 있다. 그러나 1970년대에 마르크스주의 도시 연구가 영미 학계에서 제자리를 잡을 때, 그중 어느 누구가 한 구실도 이야기되지 않았다. 벤야민은 거의 언급되지 않았고, 기 드보르Guy Debord는 죽은 개나 다름없었다. 르페브르만이 여기에서 흥미롭지만 오도된 영감의 원천으로 등장했으며, 이내 자극보다는 기각의 대상이 됐다. 형성기의 마르크스주의 도시 연구는 서구 마르크스주의의 결과물 전체를 우회하고, 마르크스 자신과 마르크스가 성숙기에 출간한 《자본》으로 돌아가는 특징을 드러냈다. 그렇게 해서 데이비드 하비와 하비를 따르는 연구자들이 진행한 선구적 작업은 헤겔의 **매개** 개념이나 **중층 결정**이라는 알튀세르주의의 대안을 훨씬 더 정교하게 적용해 서구 마르크스주가 경제학에서 철학과 예술로 이동한 경로를 역행했다. 이 연구자들이 마르크스주의에 한 기여와 프랑크푸르트학파의 주요 경향에 관한 확실한 대위법은 르페브르의 '공간의 생산'을 마르크스의 자본 '운동 법칙'에 확고히 연결시켰다(Lefebvre 1991[1974]; Marx 1976[1867]). 르페브르는《도시 혁명》에서 '주요 순환으로서 …… 산업 생산이 …… 둔화하기 시작하면서, 자본은 둘째 부문인 부동산으로 이동한다'고 지나치면서 언급하며, 어떻게 '심지어 부동산 투기가 자본 형성의 핵심 원천, 곧 잉여 가치의 실현이 될 수 있느냐'고 지적한다(Lefebvre 1970, 160). 그러나 이 텍스트와 동시대에 발표한 다른 여러 글에서 르페브르의 목표는 도시의 정치경제학을 발전시키는 데 있지 않고, 세계의 도시화와 여기에 수반되는 공간의 정치화를 좀더 근본적으로 탐구하는 데 있었다. 특히 과잉 생산이나 과소 소비의 위기를 극복하는 과정에서 자본 축적에 도시 공간의 생산이 한 구실과 그 반대 관계에 관한 정교한 설명은 하비의《자본의 한계The Limits to Capital》(1982)에 잘 정리된 대로 비판 도시 이론이 마르크스주의에 한 중요한 이론적 기여로 충분히 인정될 될 수 있다.

여기에 밀접히 관련된 사실이 닐 스미스가 **불균등 발전** 이론에서 성취한 중요한 진전이다. 물론 이 이론은 고전적 제국주의의 맥락 속에 원래 레닌과 레온 트로츠키Leon Trotsky에게서 비롯한 흐름이지만, 지금은 도시 수준과 지역 수준에 초점을 맞추며 자연-사회-역사 관계에 관한 질문도 제기한다(Smith 2008/1990/1984). 이런 방식으로 비판 도시 이론은 공간이라는 수단을 거쳐 마르크스주의를 경제학으로 되돌리는 데 도움을 줬다. 이 흐름은 테오도르 아도르노의《미학 이론Aesthetic Theory》(1997[1970]) 이상으로 에르네스트 만델의《후기 자본주의Late Capitalism》(1978/1975[1972])에 연결되지만, 서구 마르크스주의하고 함께 정치에 관련된 약점을 공유한다.

테제 7 – 도시의 정치경제학=자본+도시-정치

나는 마르크스주의자이자 또한 레닌주의자라면, 어쨌든 **진실**하다면, 자본주의에 대항하는 모든 현실적 운동은 오직 정치적일 수밖에 없다는 사고를 가져야 한다고 생각한다. 경제에 대항하는 경제 투쟁은 있을 수 없다. (Badiou 2001[1998], 105)

프레드릭 제임슨은 《포스트모더니즘, 또는 후기 자본주의의 문화 논리 Postmodernism, or, The Cultural Logic of Late Capitalism》의 첫 부분에서 말한다. "모든 예술 중에서도 건축은 경제적인 것하고 본질적으로 가장 가깝고, 수수료와 토지 가치의 형태로 사실상 중재되지 않은 관계를 맺고 있다"(Jameson 1991, 5). 다시 말해 도시화는 정치적 투쟁이나 문화적 생산보다는 자본의 동학에 더 직접적인 관계를 맺으며, 공간에 관련해서는 경제가 최종 심급에서 하는 무서운 결정을 상상보다 더 현실적으로 만든다. 이런 의미에서 자본에 관한 근접성은 공간을 정치적이기보다는 좀더 경제적인 의미에서 엄격한 정치-경제적 개념에 매우 적합하게 만든다. 그러나 공간의 정치에 관련해서 볼 때, 공간의 경제학에 관한 일종의 정교화는 감당할 수 없을 정도는 아니더라도 치러야 할 대가가 있다. 그런 정치-경제적 접근법은 도시가 현재 모습이 된 과정을 설명하는 데에는 분명히 뛰어나지만, 좋은 도시란 어떤 모습일지, 그리고 지금 살고 있는 도시가 우리들이 사랑하는 도시로 나아가게 할 방법은 무엇인지 제대로 말해주지 않는다. 1970년대 이후 마르크스주의 도시 이론의 구조주의적-기능주의적 시각은 벤야민, 르페브르, 드보르 같은 몇몇 주요 서구 마르크스주의자를 누락하거나 주변화하면서 그 사람들이 지닌 가치가 회고적이고 미래적인 맥락에서 의미가 있다는 점만 강조할 뿐이다. 마뉴엘 카스텔이 《도시 문제The Urban Question》(1977[1972])에서 철저히 외면하고 데이비드 하비가 《사회 정의와 도시Social Justice and the City》(1973)에서 전혀 언급하지 않았지만, 벤야민은 특히 중요한 유고 《아케이드 프로젝트》에서 도시의 일상생활 속에서 해방된 삶에 관한 꿈은 물론 자본의 논리가 그 꿈을 비활성화하는 물질적 증거를 발견했다. 역사 유물론의 전통 속에서 유토피아의 현존을 그토록 독창적으로 제기하고, 모더니즘의 새로운 기술들('새로운 본성')을 활용해 더 나은 세상을 만들기 위해서 과거의 실현되지 못한 꿈과 현재의 무의식적 꿈들을 변증법적으로 접합해 활성화되는 무엇으로 본 사람은 흔치 않다. 여기에서 벤야민은 한편으로 마르크스가 1843년에 아르놀트 루게에게 쓴 유명한 편지를 따르고 있었다.

우리의 좌우명은 …… 도그마를 통한 의식 개혁이 아니라, 종교적으로 나타나든 정치적으로 나타나든 간에 그것 자체로는 불분명한 신비한 의식을 분석하면서 실현돼야 합니다. 그렇게 되면 그 좌우명은 실체로서 소유하기 위해 의식만 하면 되는, 세계가 오래전부터 꿈의 형태로 소유하고 있던 무엇이라는 점이 분명해질 겁니다.[5]

벤야민은 1920년대 중반 모스크바를 방문하면서 알게 된 현실에 존재하는 공산주의를 건설하는 진짜 도전에 나서고 있었다. 벅모스에 따르면, 새로운 기술과 더 나은 세상을 향한 몽상적 욕망 사이의 '초구조적' 조우에 벤야민이 한 급진적 기여는 다음 같은 목표를 산출하는 방법에 관한 질문에 자리했다.

사회적 유토피아를 향한 집단의 욕망을 의식하게 만들고, 집단의 욕망을 물질적 형태를 띤 '새로운 언어'로 번역해 욕망을 성취하는 새로운 본성의 잠재력을 의식하게 만들어서, 그 집단의 신화적인 꿈 상태 속에 깃든 기술과 상상력을 모두 끌어내기. (Buck-Morss 1989, 124~125)

---

5 벤야민은 마르크스가 한 이 말을 《아케이드 프로젝트》의 유명한 〈묶음 N(Konvolut N)〉(방법에 관한 절)에서 인용한다(번역은 Buck-Morss 1989, 281 참고).

르페브르와 드보르도 각자의 방식으로, 특히 일상생활의 개념을 제안하면서 도시를 미학, 정치, 기술을 혁명적으로 융합할 무대로 이해했는데, 이런 제안은 오늘날에도 마르크스주의의 정치경제학 전통에서 꽤 낯설다. 마르크스주의에 이 두 사람이 한 고유한 공헌의 하나는 일상생활에 관한 역사 유물론적 개념을 발전시킨 데 있다. 이 개념은 이제까지 하이데거의 존재의 철학에서 가장 큰 영향력을 발휘하지만, 레닌과 트로츠키에게는 정치적으로 10월 혁명의 시험장으로 이해됐다. 존 로버츠[John Roberts]가 《일상의 철학화[Philosophizing the Everyday]》(2006)에서, 그리고 피터 오스본[Peter Osborne]이 《시간의 정치학[The Politics of Time]》(1995)에서 개괄한 이 개념의 매혹적인 정치적-철학적 역사는 우리에게 없어서는 안 될 교훈을 준다. 일상생활이라는 범주는 도시적이고 정치적인 만큼 철학적이라는 사실 말이다. 일상생활은 급진적 정치의 중심에 놓여 있으며, 일상생활의 초점은 점점 더 도시가 되고 있다. 따라서 일상생활은 도시와 자본에 관한 생생한 묘사를 제공할 뿐 아니라 정치에 관한 새로운 **개념**을 생산한다는 점에서 모든 급진적 도시 이론의 핵심적 관심사가 돼야 한다. 정당, 국가, 의회를 향한 끝없는 집착을 넘어, 도시에 대한 권리를 위한 투쟁에 아무런 도움이 안 될 '사회적 자본', '시민사회', '시민성'을 언급하지 않으면서 말이다.

테제 8 – 사회주의 혁명=도시 혁명

혁명이란 그 용어의 가장 넓은 의미에서 도시적이어야 하며, 그렇지 않으면 아무것도 아니라고 주장한 르페브르는 옳았다. (Harvey 2008, 204)

"일상생활이 예술 작품이 되게 하자! 모든 기술적 수단을 동원해 일상생활을 변화시키자!"(Lefebvre 1984[1968], 204). 르페브르가 한 이 말은 벤야민이 한 말하고 같은 선상에 있다. 드보르하고 더불어 르페브르는 무엇보다도 마르크스주의를 일상생활에 관한 비판으로 정의했고, 이 개념을 통해 다른 두 가지 근본적인 요소, 곧 도시적인 것과 '지구적인 것'하고 변증법적으로 접합된 사회적 실체의 수준을 이해했다. 사회적 총체를 구성하는 가장 일반적인 경제 논리와 정치 논리(신-자유주의와 신-지도주의)가 작동하는 수준 말이다. 르페브르가 한 작업을 전체적으로 살펴보면서, 우리는 각각 고유한 동학 규모를 가지며, 도시 수준이 가장 결정적인 매개 구실을 하고, **사회적**이라는 **수준**의 측면에서 제시되는 새로운 **총체성** 개념을 발견한다. 르페브르가 마르크스주의에 한 이런 기여에 담긴 급진적 의미는 《일상생활 비판》과 《도시 혁명》에서 모두 드러난다. 도시 혁명 없이는 사회(주의) 혁명이 있을 수 없고, 사회(주의) 혁명 없이는 도시 혁명도 없으며, 일상생활 혁명이 없어도 둘 다 마찬가지로 불가능하다. 르페브르의 도시에 관한 **특별한** 권리 개념은 바로 이런 배경에서 이해해야 한다. 자기모순인 자유 민주주의적 '인권' 목록에 추가되는 권리가 아니라, 근본적으로 다른 **세계**에 대한 권리다. 따라서 도시에 관한 르페브르의 통찰은 급진적 도시 이론이 독자적인 이론 지평에 초점을 맞추고 정치적 전망을 날카롭게 벼릴 귀중한 **출발** 지점을 제공한다. 《빠른 자동차, 깨끗한 몸Fast Cars, Clean Bodies》(1995)에서 젠더와 식민화라는 문제틀로 프랑스의 전후 현대화에 예리하게 개입한 크리스틴 로스Kristin Ross가 좋은 사례다. 그런 방향으로 도시 이론이 확장되는 모습은 현재의 제국적 국면에서 아주 중요한 의미가 있다. 우리들이 살아가는 전지구적 사회 전체의 드넓은 질서가 새로운 세계 체제에서 도시와 도시 주체들이 맡을 수 있는 구실을 탐구하는 과정에서 위기까지는 아니더라도 지리적-정치적-경제적 재구성이 진행되는 어느 한 순간에 있는 듯 보이는 때이기 때문이다.

그러나 짐멜이 〈메트로폴리스와 정신적 삶Die Grosstädte und das Geistesleben〉(1903)에서 자기 시대에 관해 그러하듯, 그리고 데이비드 커닝햄David Cunningham이 시사적인 에세이 〈메트로폴리스의 개념The Concept of Metropolis〉(2005)에서 주장하듯, 전지구적 공간의 도시 형태와 전지구적 자본의 가치 형태 사이의 점점 더 친밀해지는 관계를 파악하려면 그런 노력은 단순히 서술적이어서는 안 된다. 오늘날 **정치**라는 문제를 포기하는 선택, 프레드릭 제임슨이 서구 마르크스주의에서 이 전통의 권위 있는 완결자로 평가한 한 명의 공산주의자, 곧 그람시의 부재 때문에 더욱 두드러지는 징후적 침묵을 당연시하는 태도는 가당치 않다. 그러나 우리의 정치사상은 자본과 국가를 향한 경계를 늦추지 않으면서 자본과 국가의 손아귀에서 구출될 수 있을까? 아도르노는 말했다. "경제학은 농담이 아니며, 다만 경제학을 이해하려면 '경제적으로 생각'해야만 한다"(Adorno 1978/1974[1951], 132). 벤야민과 르페브르의 유토피아적 순간들은 우리 마음에 각인된 국가-자본 회로를 탈출할 방향을 제시한다. 그러나 우리는 또한 바디우가 지적한 대로 자본에 이행적으로 이어진 관계에서 해방된 정치의 새로운 개념과 실천이 필요하다. 우연이 아니라, 바디우는 이런 맥락에서 오늘날 전지구적 도시 조건 때문에 급진적 정치에 제기된 '근본적 문제'의 시급성을 강조했다(Badiou 2008, 657). 한때 바디우의 제자이던 슬라보예 지젝은 얼마 전 이렇게 질문했다(Žižek 2006, 268). "새로운 메갈로폴리스 속 슬럼 거주자들이 차지하는 새로운 프롤레타리아라는 지위란 대체 무엇인가?" 마이크 데이비스에게서 영감을 받은 답변은 이렇다. "물론 우리는 슬럼 거주자들을 새로운 혁명적 계급으로 끌어올리고 이상화하려는 손쉬운 유혹에 저항해야 하지만, 그렇다고 해도 바디우의 용어를 빌리자면, 빈 슬럼들을 오늘날 사회에서 몇 안 되는 진정한 '사건적 현장'의 하나로 인식해야 한다"(Žižek 2006, 268). 마찬가지로 네그리는 오늘날 혁명적 정치에서 도시 투쟁이 지닌 중심성을 강조하면서 이렇게 주장했다. "다중에게 메트로폴리스는 노동 계급에게 지난날의 공장이나 마찬가지다"(Negri 2009[2002]).[6] 르페

---

6 이 텍스트는 원래 학술지 《포세(Posse)》에 이탈리아어로 게재된 뒤 2002년 1월 20일에 multiples-infos@samizdat.net에 배포됐다.

브르의 《도시 혁명》에 담긴 기본 테제들을 확실한 용어로 입증하면서 급진적 실천에서 메트로폴리스가 차지하는 커다란 중요성에 주목한 오늘날 세계 최고의 **정치** 사상가 목록에는 더 많은 고유 명사가 추가될 수 있다. 급진적 도시 이론이 감사해야 할 이들 말이다. 급진적 도시 이론의 미래는 이제 우리들의 제국의 시대와 슬럼의 행성 속에서 해방의 가능성을 제대로 다룰 수 있는 '처방의 정치|politics of prescription'(Hallward 2005, 769~789)를 가져오는 데 달려 있다.

참고 자료

Adorno, T. 1997[1970]. *Aesthetic Theory*, trans. by R. Hullot-Kentor. London and New York: Continuum.

Adorno, T. 1978/1974[1951]. *Minima Moralia*, trans. E.F. Jephcott. London and New York: Verso.

Anderson, P. 1984. "Modernity and Revolution." *New Left Review* I/144. pp. 96~113.

Anderson, P. 1976. *Considerations on Western Marxism*. London: New Left Books.

Badiou, A. 2010. *The Communist Hypothesis*, trans. S. Corcoran and D. Macey. London: Verso.

Badiou, A. 2008. "'We Need a Popular Discipline': Contemporary Politics and the Crisis of the Negative." *Critical Inquiry* 34. pp. 645~659.

Badiou, A. 2006[2005/2004/2003]. *Polemics*, trans. S. Corcoran. New York: Verso.

Badiou, A. 2005[1998]. *Metapolitics*, trans. J. Barker. London and New York: Verso.

Badiou, A. 2001[1998]. *Ethics: An Essay on the Understanding of Evil*, trans. P. Hallward. New York: Verso.

Bannerji, H. 2000. *The Dark Side of the Nation*. Toronto: Canadian Scholars' Press.

Benjamin, W. 1999. *The Arcades Project*, trans. H. Eiland, and K. McLaughlin. Cambridge, Mass.: Harvard.

Berman, M. 1982. *All That is Solid Melts into Air*. London: Verso.

Buck-Morss, S. 2000. *Dreamworld and Catastrophe*. Cambridge, Mass.: MIT Press.

Buck-Morss, S. 1989. *The Dialectics of Seeing*. Cambridge, Mass.: MIT Press.

Bugeaud, T. R. 1997[1847]. *La Guerre des Rues et des Maisons*. Paris: Jean-Paul Rocher.

Burke, E. 1968[1790]. *Reflections on the Revolution in France*, C. C. O'Brien(ed.). London: Penguin.

Castells, M. 1977[1972]. *The Urban Question: A Marxist Approach*, trans. A. Sheridan. Cambridge, Mass.: MIT Press.

Corbusier, L. 1986[1923]. *Towards a New Architecture*, trans. F. Etchells. New York: Dover.

Coronil, F. 2001. "Smelling Like a Market." *American Historical Review* 106(1)[online]. Available at: http://www.historycooperative.org/journals/ahr/106.1/ah000119.html(accessed September 28, 2010).

Cunningham, D. 2005. "The Concept of Metropolis: Philosophy and Urban Form." *Radical Philosophy* 133, pp. 13~25.

Davis, M. 2006. *Planet of Slums*. London and New York: Verso.

Debray, R. 1967. *Revolution in the Revolution*, trans. B. Ortiz. New York: Grove Press.

Derrida, J. 2004. "Enlightenment Past and to Come." *Le Monde diplomatique*[online]. Available at: http://mondediplo.com/2004/11/06derrida(accessed September 28, 2010).

Engels, F. 1968[1845]. *The Condition of the Working Class in England*, trans. W. O. Henderson, and W. II. Chaloner. Stanford: Stanford University Press.

Florida, R. 2002. *The Rise of the Creative Class*. New York: Basic Books.

Foucault, M. 2008[2004]. *The Birth of Biopolitics, 1978–79*, trans. G. Burchell, ed. M. Senellart. New York: Palgrave.

Gray, J. 1998. "The Best Laid Plans." *The New York Times*(Books), 19 April[online]. Available at: http://query.nytimes.com/gst/fullpage.html? res=9802E5DD143DF93AA25757C0A96E958260&sec=&spon=&pagewanted=all(accessed September 28, 2010).

Hall, P. 1996[1988]. *Cities of Tomorrow*, updated edition. Oxford and Cambridge, Mass.: Blackwell.

Hallward, P. 2005. "The Politics of Prescription." *South Atlantic Quarterly* 104(4). pp. 769~789.

Harvey, D. 2008. "The Right to the City." *New Left Review* 53. pp. 23~40.

Harvey, D. 1982. *The Limits to Capital*. Oxford: Blackwell.

Harvey, D. 1973. *Social Justice and the City*. Baltimore: Johns Hopkins University Press.

Hitchcock, H. R. and Johnson, P. 1932. *The International Style: Architecture since 1922*. New York: W. W. Norton.

Jameson, F. 1991. *Postmodernism, or, The Cultural Logic of Late Capitalism*. Durham, NC: Duke University Press.

Jencks, C. 1977. *The Language of Postmodern Architecture*. New York: Rizzoli.

Kipfer, S., Goonewardena, K., Schmid, C., and Milgrom, R. 2008. "On the Production of Henri Lefebvre." K. Goonewardena, S. Kipfer, R. Milgrom, and C. Schmid(eds.), *Space, Difference, Everyday Life: Reading Henri Lefebvre*. New York: Routledge. pp. 1~23.

Kopp, A. 1975. *Changer la vie, changer la ville: de la vie nouvelle aux problèmes urbains, URSS 1917–1932*. Paris: Union Générale d'Éditions.

Kopp, A. 1970[1967]. *Town and Revolution: Soviet Architecture and City Planning, 1917–1935*, trans. T. E. Burton. New York: George Braziller.

Lefebvre, H. 2003[1970]. *The Urban Revolution*, foreword N. Smith, trans. R. Bononno. Minneapolis: University of Minnesota Press.

Lefebvre, H. 1991[1974]. *The Production of Space*, trans. D. Nicholson-Smith. Oxford: Blackwell.

Lefebvre, H. 1991[1947/1958]. *Critique of Everyday Life*, 1, trans. J. Moore. New York: Verso.

Lefebvre. H. 1984[1968], *Everyday Life in the Modern World*, trans. S. Rabinovitch. New Brunswick: Transaction Publishers.

Lefebvre, H. 1972. *Le pensée marxiste et la ville*. Paris: Casterman.

Lynch, K. 1981. *Good City Form*. Cambridge, Mass.: MIT Press.

Mandel, E. 1978/1975[1972]. *Late Capitalism*, trans. J. De Bres. London: Verso.

Marx, K. 1976[1867], *Capital: A Critique of Political Economy*, 1, trans. B. Fowkes. London: Penguin.

Misselwitz, P. and E. Weizman. 2003. "Military Operations as Urban Planning." A. Franke(ed.), *Territories: Islands, Camps and other States of Utopia*. Berlin and Köln: KW Berlin and Walther König.

Muthu, S. 2003. *Enlightenment Against Empire*. Princeton: Princeton University Press.

Negri, A. 2009[2002]. "The Multitude and the Metropolis." *Generation online*, trans. A. Bove[online]. Available at: http://www.generation-online.org/t/metropolis.htm(accessed September 28, 2010).

Osborne, P. 1995. *The Politics of Time*. New York: Verso.

Prashad, V. 2000. *The Karma of Brown Folk*. Minneapolis: University of Minnesota Press.

Roberts, J. 2006. *Philosophizing the Everyday: Revolutionary Praxis and the Fate of Cultural Theory*. London: Pluto.

Ross, K. 1995. *Fast Cars, Clean Bodies*. Cambridge, Mass.: MIT Press.

Sandercock, L. 1998. *Towards Cosmopolis*. Chichester: John Wiley.

Sargent, L.(ed.). 1981. *Women and Revolution*. Boston, Mass.: South End Press.

Scott, J. 1998. *Seeing Like a State*. New Haven, Conn.: Yale University Press.

Simmel, G. 1903. "The Metropolis and Mental Life"[online]. Available at: http://www.altruists.org/static/files/The%20Metropolis%20and%20Mental%20Life%20%28Georg%20Simmel%29.htm(accessed November 1, 2010).

Sivanandan, A. 1990. "RAT and the Degradation of the Black Struggle." *Communities of Resistance*. New York: Verso. pp. 77~122.

Smith, N. 2008/1990/1984. *Uneven Development*, 3rd edition. Athens, Ga.: Georgia University Press.

Venturi, R., Scott-Brown, D., and Izenour, S. 1972. *Learning from Las Vegas*. Cambridge, Mass.: MIT Press.

Žižek, S. 2006. *The Parallax View*. Cambridge, Mass.: MIT Press.

7장

계획의 실천,
그리고
비판적 개발 이론이 한 기여

캐서린 랜킨

계획 이론과 비판 도시 이론은 규범적인 정치적 질문과 '가능성의 정치'(Lefebvre 2003)에 관한 지향을 공유한다.[1] 단지 분석하고 예측할 뿐만 아니라 판단 기준을 개발하고 변화를 옹호한다는 점에서 그렇다. 그렇지만 이런 폭넓은 그림을 넘어서 보면, 도시 계획 이론의 아주 얇은 한 겹 정도만이 비판 도시 이론에 규범적으로 헌신하며, 자본주의 폭력에 도전하고, 혁명적 사회 변화의 주체를 찾고, 실천 수단에 관련된 목적을 탐구한다고 말하는 편이 공정하다.

이 규범적 영역에서 피터 마르쿠제는 분과 학문을 위한 '윤리적 양심'을 제공한다(이 책 6장을 보라). 마르쿠제는 부정의를 폭로하고 도시 생활 접근권과 참여의 권리를 확장하는 데 중점을 둔 비판적 실천의 선구자로 두드러진다. 마르쿠제가 쓴 글들은 도시 계획과 일상생활에 관한 성찰적이고 비판적인 이론을 정초할 뿐만 아니라(이를테면 축출에 관한 정치적으로 강력한 개념화는 이 책 11장을 보라), 그런 정식화를 동시대의 정치적 사건들에 관한 대중적 분석에 지속적으로 적용한다. 9·11 공격, 뉴올리언스 재난, 2008년 금융 위기와 정치적으로 긴급한 여러 사건을 겪은 뒤 마르쿠제는 사회 정의 원칙에 뿌리를 둔 행동 계획을 마련하기 위한 실용적 조치들을 내놓았다. 그러고는 공적 성격을 띤 성명서, 전문가 메일링 리스트, 학계와 실무자를 모두 대상으로 한 출판물을 통해 이런 내용을 전했다. 신자유주의 시대에 학계를 감염시킨 평가 문화에 사로잡힌 우리에게 이런 윤리적 개입은, 정의, 민주주의, 형평성, 도시에 대한 권리를 위해 '제국의 심장에서 벌어지는 투쟁의 가장 예리한 단면'으로서 학계를 참여로 이끌어야 할 특권과 책임을 지속적으로 상기시킨다(Roy 2006, 9).

이 장에서 나는 비판적 개발 연구에서 사용할 수 있는 이론적 자원을 활용해 이런 규범적 약속을 구축하려 한다. 비판적 개발 연구란 공식적으로 제도화된

---

1 이 원고 초안에 의견을 준 닐 브레너, 마틴 다니루크, 스테파니 그리스, 피터 마르쿠제, 마깃 마이어에게 감사드린다. 여기에서 개진한 논의를 지지하고 영감을 준 캐서린 화이트와 레이첼 실비에게도 감사드린다.

개발 연구라는 분과 학문 안에서 현실에 존재하는 개발 관행을 제국주의, 인종 차별, 남성 지배, 자본 확장 과정에 관련해 바라보는 접근 방식을 가리킨다.[2] 비판적 개발 연구에서 '비판적'의 의미는 닐 브레너, 피터 마르쿠제, 마깃 마이어가 이 책에서 자세히 설명한 '비판 도시 연구'에서 쓰인 의미하고 비슷하다. 곧 부정적 요소와 긍정적 요소를 모두 드러내는 세상을 지향하면서 질문하고, 자본 축적 논리와 그 밖의 지배 방식에 관련해 근본적으로 적대적인 태도를 취하며, 좀더 공정하고 지속 가능한 사회 형성의 가능성을 확인하는 일이다. 나는 계획 이론이 북반구 도시의 계획 관행에 관련되면서 정식화된 탓에 비판적 시각이 크게 결핍돼 있다고 생각한다.

도시에 대한 권리를 방어하기 위해 노력하는 계획 이론이 특히 대체로 남반구에서 발생하는 '대문자' 개발[3] 연구(Hart 2001)에서 빌려올 수 있는 비판의 관점을 포함하면 이익을 얻을 수 있다고 생각하는 이유는 세 가지다(그렇지만 비판적 개발 연구 안에서 이런 지리적 상상에 도전하는 작업, 그리고 그 작업이 영속시키는 신식민지 이분법에 관한 검토는 Silvey and Rankin(2010)을 참조하라). 첫째, 비판적 개발 연구와 계획 이론이 연구 대상으로 삼는 전문가적 실천은 자본주의적 축적 과정과 자비로운 수탁benevolent trusteeship이라는 자유주의적 개념하고 불성실한 관계를 공유한다. 그렇지만 비판적 개발 연구는 개선 프로젝트와 제국 프로젝트가 얽히는 과정을 추적하는 데 더 일관되게 전념했다. 개발에 관한 그런 식의 이론화가 계획이라는 더 미묘한 대상에 관련될 때, 여기에서도 자유주의적 자비의 현란함, 곧 진보, 지속 가능성, 권한 부여, 참여라는 이름으로 다른 사람들에게 무엇을 하라

---

2 질리언 하트는 여기에서 의식적 실행(이를테면 빈곤 완화 프로그램)으로서 '대문자' 개발과 내재적 과정으로서 '소문자' 개발(이를테면 자본주의와 불균등 발전) 사이를 가르는 유용한 구분을 제시한다(Hart 2001).
3 질리언 하트는 대문자 개발(Development)은 주로 전후 남반구에서 개발 행위자들이 의식적 개입을 하면서 진행된 현대화를 의미하고 소문자 개발(development)은 자본주의 변화의 결과에 따라 승자와 패자를 만들어낸 더 넓은 사회적 변화 양상을 의미하는 식으로 구별한다 — 옮긴이.

고 지시하는 윤리적 위험이 폭로되고 도전받을 수 있다. 둘째, 계획과 개발 연구 안에 포함된 비판적 관점들은 병렬적이지만 대체로 단절된 영역으로 발전했고, 서로 도움을 받아 풍성해질 수 있는 가능성을 탐구하는 데 거의 관심을 기울이지 않았다.[4] 셋째 이유는 실천을 향한 상대적으로 강한 의지를 바탕으로 시작된 계획에서 발생하는 기회에 관련된다. 비판적 개발 연구에서, 포스트-식민지 지정학에 관련된 성찰은 실천을 향한 과묵함을, '프로그래밍' 작업에서 필수적인 거리를 두고 벌어지는 일로 비판을 이해하는 방식을 만들어낸 듯하다(Li 2007). 계획 이론은 이런 구분을 거부하며, 따라서 비판적 개발 연구의 비판적 자원을 실용적으로 활용할 수 있는 좋은 위치에 자리 잡고 있다. 그렇게 해서 우리는 아나냐 로이Ananya Roy가 제시한 대로, 전문가가 신자유주의적 전지구화에 공모하는 지점을 밝히는 동시에 주변화된 주민과 집단에 관한 책무라는 핵심 원칙을 중심으로 실천을 구축한다는 목표 아래 계획에서 '포스트 식민성의 윤리'를 발전시키는 먼 길을 나아갈 수 있다(Roy 2006).

이 장은 내가 계획 이론이 도시에 대한 권리를 구상하고 방어하는 역량을 강화하기 위해 비판적 개발 연구에서 생산적으로 끌어낼 수 있다고 믿는(또는 끌어낸) 핵심 영역에 해당하는 세 부분으로 구성돼 있다. 첫째, 계획이 제국주의와 전지구화하고 맺는 관계, 둘째, 저항, 그리고 행위자의 문화 정치, 셋째, 연대와 협력의 실천에 초국적 페미니즘이 한 기여다. 이런 영역을 정교하게 논의하면서 나는 이 장에서 계획 이론과 비판적 개발 연구가 공유하는 영역을 검토하고, 계획 이론에서 포스트 식민성의 윤리를 구체화하기 위한 몇몇 유망하고 새로운 방향과 주제를 발견하는 대화에 그런 요소들을 더할 생각이다.

---

4 이 문제에 관련해 몇몇 예외에는 피터 마르쿠제뿐 아니라 아나냐 로이, 오렌 이프타첼, 카니쉬카 구네와데나, 파라나 미라프타브, 제니퍼 로빈슨, 바네사 왓슨, 그리고 급진적 계획 이론에 관련해 포스트 식민성 정치에 명시적으로 반대한 이들이 포함된다.

계획, 제국주의, 세계화

전후 시기에 전문가적 실천으로 개발이 제도화되면서, 비판적 개발 연구는 자본주의 사회 관계가 비자본주의 주변부로 침투해 저발전이 발생하는 과정, 그리고 이런 관계를 심화하는 데 제도화된 '대문자' 개발 관행이 공모하는 현상을 폭로하는 데 주된 관심을 기울였다(Baran 1957; Frank 1967). 또한 비판적 개발 연구는 프란츠 파농Frantz Fanon이 한 작업에 힘입어 개발의 주체가 보편화된 '백인', 곧 서구적 규범에 종속되면서 감내하게 되는 심리적 박탈감을 드러내기도 했다(Fanon 1967). 물론 계획 이론 안에서 근본적으로 마르크스주의적인 관점은 지리학자 데이비드 하비의 전작에 잘 표현돼 있다. 하비는 도시 공간의 생산과 자본 축적 과정, 그리고 이 두 과정에서 도시 계획이 지닌 함의 사이의 상호 강제적인 관계에 관해 두 가지 서로 관련된 주장을 한다.

첫째, 도시 계획은 자본의 2차 순환과 3차 순환에서 투자 기술을 제공하는 한 자본 축적의 논리에 도구로 기능한다(Harvey 2007[1982]). 그렇게 해서 도시 계획은 계급 투쟁과 과잉 생산 위기와 과소 소비 위기를 누그러뜨리는 데 결정적 구실을 하고, 따라서 도시 규모에서 자본주의 사회 질서를 재생산하기 위한 시공간적 해결을 보장한다(다른 이들도 이렇게 마르크스주의의 도시 관점에 특히 기여했다. 이를테면 닐 스미스의 불균등 발전 이론은 얼마 전 로익 바캉Loic Waquant이 미국과 프랑스의 도시 신자유주의 거버넌스를 놀랍도록 도발적으로 평가하면서 업데이트됐다(Waquant 2009)).

둘째, 도시 계획 이데올로기에서 나타난 변화(합리적 종합에서 옹호 등으로)는 특별히 건설된 경관 안에서 자본주의 도시화가 주기적으로 수선되는 현상에 연결될 수 있다. 이를테면 영토적 불안정성이 두드러지는 시기(주택 위기, 현행 교통 시설 평가 절하 등)에는 도시 계획이 도시 개혁을 위한 규율 잡힌 집합적 행동하고 함께 개입할 필요가 있다(Roweis and Scott 1981). '도시 계획의 이데올로기를 계획'하는 일은 자본주의적 축적의 논리다(Harvey 1996[1985]).

　비판적 개발 연구 관련 저작에서 나타난 둘째 물결은 좀더 구체적으로 이데 올로기의 담론적 생산에 주의를 기울인다. 중심부와 주변부 관계를 향한 비판 적 지향을 유지하지만, 주변부의 신식민지적 재현이 저발전의 물질적 과정에 기여하고 가능성의 정치적 조건을 실제로 제공하는 방식에 초점을 맞춘다. 에 드워드 사이드Edward Said가 쓴 《오리엔탈리즘Orientalism》(1978)은 발전 담론이 제1 세계(근대성, 진보, 이성의 지시 대상으로서)와 제3세계(미개발되고 종속된 타자로서. Ferguson(1990), Crush(1995), Escobar(1995)도 보라)를 정치적으로 구성하는 데 작용하는 과정을 탐구하는 담론 분석이 활발해지는 데 영감을 줬다. 아마도 피터 마르쿠 제는 계획과 비판 도시 이론에 사이드가 한 기여를 해석하는 데 가장 많은 노 력을 기울인 인물인 듯하다. 2004년에 《안티포드Antipode》에 실은 기고에서 마 르쿠제는 '글로벌리즘'이라 부르는 제국주의의 동시대적 현현을 오리엔탈리즘 에 비유한다. 글로벌리즘은 현실로 존재하는 전지구화를 나타내는데, 이때 현 실로 존재하는 전지구화 안에서 발견되거나 그런 흐름의 대안적 궤적으로 상 상될 수 있는 다른 모든 사회 조직 형태에 걸쳐 전지구적 자본주의를 정당화하 는 방식을 취한다.

　그렇게 해서 글로벌리즘은 하이에크의 반-계획주의 논문들과 월트 로스토 Walt Whitman Rostow의 근대화 이론, 프랜시스 후쿠야마Francis Fukuyama의 시장 승리주 의하고 결합하는 독특한 이론적 계보에 자리한다. 글로벌리즘은 시장의 세계 를 '전통'이나 침입 국가에 방해받지 않는 자연스럽고 불가피하며 진정한 세계 로 묘사하는 표현이다.

　따라서 우리는 글로벌리즘의 대중적 정당성을 재생산하는 데 계획이 하는 구실을 생각해볼 수 있다. 이를테면 글로벌 자본에 제공되는 공급 측면 유인 책의 최신 판본을 구성하는 '창조 도시' 이데올로기를 향해 쏟아지는 열광에서 (Peck 2005), '녹색 자본주의'라는 이름으로 기업 자본을 끌어들이려는 노력에서

(Prudham 2009), 도시 공간을 구성하는 원초적 폭력에 관련된 침묵, 그리고 자본 축적에 바람직하다고 여겨지는 도시 공간에서 가난하고 주변화된 사람들이 일상적으로 계속 쫓겨나는 '강탈을 통한 축적' 과정에 관련된 침묵에서 말이다 (Blomley 2004; Harvey 2003; Roy 2006). 마르쿠제에게 이론에 관한 정치적 정언 명령이란 글로벌리즘의 이데올로기와 실제로 존재하는 전지구화 사이의 차이를 밝히는 일인데, 이런 일의 목적은 (자유, 다양성, 성장에 관한 담론들하고 함께) 글로벌리즘 이데올로기의 실체를 파헤치고 실제로 존재하는 전지구화 때문에 발생하는 불평등과 고통에 대응하려는 정치 전략과 유권자 집단을 발전시키는데 있다.

유권자 문제는 잠시 뒤로 미루고, 제니퍼 로빈슨Jennifer Robinson이 한 작업으로 관심을 돌려보자. 지배 이데올로기에 관한 비판이 아니라 우리가 이 장 시작 부분에서 확인한 개발 연구와 도시 연구 사이의 잘못된 구분에 관한 비판에서 도출된 실천 영역으로 좀더 분명한 탐색을 시작한 로빈슨은 《일상 도시Ordinary Cities》(2006)에서, 이런 구분이 신식민주의적 이분법(북반구/남반구, 현대적인/개발 중인, 식민/피식민)을 영속화하며 일상적 도시 경험에 들어 있는 '다양한 코즈모폴리터니즘'을 흐리게 한다고 주장한다. 대신에 로빈슨은 도시 경험의 다양성과 복잡성이 모든 곳에서 이론을 만들고 도시를 건설하는 데 관여할 수 있는 탈식민적 도시 이해를 옹호한다. 이런 옹호를 바탕으로 로빈슨은 지역 사회와 공동체에서 벌어지는 다양한 경제 활동을 연결하는 집적 경제agglomeration economy를 육성하는 일, 그리고 기반 시설, 금융 서비스, 물류 관리, 숙련 노동 등에 다가갈 수 있는 보편적 접근권을 제공한다는 목표 아래 전 도시적 개발 전략 안에 지역 역량 관련 지원을 포함시키는 일에서 도시 계획이 하는 구실을 발견한다. 인도네시아에서 타니아 리Tania Li가 쓴 《개선의 의지The Will to Improve》(2007)가 매우 강력하게 (그리고 회의적으로) 시사하듯, 여기에서 제기되는 도전은 주류인 정부 의제(경쟁 자본주의, 신자유주의, 신식민주의)에 공모하는 방식이 아니라 이 의제들을 변형하는 방식으로 이런 유형의 실천에 나서는 데 있다.

관계성을 향한 관심은 비판적 개발 연구가 한 핵심 기여의 하나로서 이런 면에서 몇 가지 흥미로운 가능성을 제공하는데, 여기에서 지리학자 질리언 하트가 한 작업은 특히 시사적이다. 하트는 포스트-식민적 조건에 관한 그람시주의적 해석을 발전시켜 중심부와 주변부가 상대방을 계속 만들고 다시 만드는 정치-경제적 과정과 문화-정치적 과정을 강조하기 위해 '관계적 비교'라는 개념을 제시한다(Hart 2002; 2004; 2006). 여기에서 비판적 분석은 '사회적으로 생산된 공간으로 구성된 더 넓은 네트워크 내부에 자리한 연결의 결절점'으로서 장소 개념에서 시작한다(Hart 2006: 995; Massey 1994 참조). 따라서 어떤 장소의 특수성은 그 너머에 있는 힘과 관계에 관한 상호 연결의 특정한 혼합에서 발생한다. 그렇다면 도시 내부에서 특정 동학이나 궤적을 생성하기 위해 여러 세력이 실제로 함께 모이는 과정을 탐구하려면 상호 연결의 물질적 절차를 정리하는 문제가 과제로 될 텐데, 하트는 이 문제를 남아프리카 어느 시골에 사는 타이완 출신 기업가들을 연구해 설명한다(Hart 2002). 하트는 타이완 사람들이 아프리카에 많이 온 현상은 타이완에서 진행된 토지 개혁에 분석적이고 정치적으로 연결돼야 한다고 주장한다. 이 개혁이 탈식민 이행 경제에 속한 산업 부문으로 농민 노동력을 대규모로 동원할 수 있는 사회 임금을 제공하기 때문이었다. 하트가 관찰한 남아프리카 농민 축출은 자본 축적 논리에 고유한 강탈을 통한 축적이라는 '자연스러운' 과정이 아니라, 사회적으로 생산되며 타이완 시골과 남아프리카를 연결하는 특정한 시공간 국면에 뿌리를 두고 있다.

계획 이론에 관련된 중요한 정치적 함의가 바로 여기에 있다. 서로 연결된 역사적 지리 전반에 걸친 경험에서 드러난 예상하지 못한 유사성은 비판적 실천, 공통된 대응, 대안의 궤적을 위한, 지리학자 신디 카츠Cindi Katz가 한 표현에 따르면 글로벌 자본주의의 대항 지형학countertopography을 제시할 기초가 될 수 있다(Katz 2001; 2004). 비교 관계성을 향한 지향은 특히 이른바 금융 위기(이 책에서 마르쿠제가 지적한 대로 금융 위기일 뿐만 아니라 더 중요하게는 근본적 결함이 있는 경제 체제에 뿌리 깊게 자리 잡은 모순들을 드러내는 가시적 징후)라는 맥락에서 특히 중요한데, 북반구의 도시와 사회운동은 점점 더 내부로 시선을 돌리고 경제적 민족주의와 인종주의 형태로 핵심 유권자가 직면한 문제에 대응하려는 유혹을 받기 때문이다(Hanieh 2008). 계획 이론이 하는 도전은 일상적 투쟁에 내재된 공동의 대의를 모든 사람의 요구가 충족될 수 있는 더 나은 경제 체제로 나아가는 데 필수적인 협력과 연대에 필요한 지지층을 구축할 기초로서 어디에서든 드러내는 데 있다. 국면적 형성을 수적할 **분석** 역량을 개발하는 일은 이 기능을 지원하는 데 큰 발걸음이 될 수 있다. 그런 일은 또한 도시 계획 전문가와 도시 계획 교육 기관이 주도권을 쥔 세계의 서구적 관점, 곧 관계적 역사를 해체해 차이를 위계로 바꾸는 관점을 무너트리는 데에도 도움이 될 수 있다(Hart 2006, 997).

따라서 아르헨티나나 볼리비아에서 금융 위기에 관련된 진보적 대응을 거치면서 발생하는 일이 북반구 메트로폴리스의 중심에서는 그다지 중요하지 않은 사안으로 보일 수 있지만, 우리는 이 사안을 도시들 사이의 국면적 관계성에 진보적으로 대응할 수 있는 전문가들 내부의 전략적인 초지역적 동맹을 건설할 가능성을 사고하는 계기로 삼을 수 있다(Chatterton 2005; Faulk 2008; North and Huber 2004). 이런 관점은 그저 순진한 '모범 사례'를 의미하지 않으며, 다음 같은 질문을 던진다. 연대의 기회는 어디에 있는가? 그리고 다른 곳에서 드러난 실천의 다양성은 정세적으로 특정한 기회와 제약의 구조 안에서 할 수 있는 일에 관한 이론을 정립하는 데 어떻게 도움이 될 수 있는가(Robinson 2006)? 이를테면 인간 개발과 물리적 기반 시설에 장기 투자를 하는 맥락에서 가난한 생산자에게 신용 보조금을 지급하는 국영 은행 체계를 갖춘 베트남의 경험은 현재 국면에서 사회적 권리 원칙에 근거한 대안적 은행 모델에 관해 진지하게 사고할 영감을 어느 정도 줄 수 있다(Rankin 2009). 국제통화기금을 상대로 이른바 '제3세계 부채 위기'를 해결할 집단 협상을 벌이려던 주변부 국가들이 기획한 비동맹 운동은 중단됐지만, 이런 시도는 지자체 규모에서 고삐 풀린 기업 자본에 대항해 집단 교섭을 발전시킬 수 있는 기회와 도전이라는 통찰을 제공한다(Morphet 2004). 오늘날 '금융 이상의 위기'(이 책 3장)에 맞선 진보적 대응은 우리들이 물질적 어려움과 감정적 불만을 개인이 아니라 집합적 차원으로 인식할 수 있는 역량에 달려 있으며, 또한 여기에서 우리는 비판적 개발 연구에서 얻은 통찰이 계획 이론을 위해 할 구실을 설명하는 문제에 관해 생각할 수 있다.

저항, 그리고 주체의 문화 정치

글로벌리즘을 다룬 글에서 마르쿠제는 현실로 존재하는 전지구화의 내부 모순들이 주기적으로 터져 나오면서 조직적 반대와 주목할 만한 정치적 변화(2008년에 미국 유권자들이 보여준 모습 같은)가 커질 가능성이 있다고 예측한다(Marcuse 2004, 640). 이런 예측은 사회주의적 미래를 지지하는 집단이 구축될 방법이라는 핵심 질문을 가리키며, 물론 프랑크푸르트학파에서 이어진 강력한 연속성을 반영한다. 닐 브레너가 이 책에서 언급한 대로, 프랑크푸르트학파 내부의 비판 이론은 혁명적 행위자를 탐색한다는 공통점을 중심으로 통합됐다. 20세기 자본주의의 맥락에서 프랑크푸르트학파 이론가들은 대자적 계급으로서 프롤레타리아트를 향한 마르크스의 믿음을 포기했지만, 사회 변화를 가져올 분명한 행위자를 알아내려 분투했다. 동시에 이 책에 실린 여러 글에서 시사하듯, 비판 도시 이론은 자본주의를 사회적 지식의 비판적이고 적대적인 형태를 위한 조건을 제공하는 분열과 모순으로 특징지어지는 체계로 보는 근본적 지향을 견지한다. 비판적 개발 연구는 변혁적 행위자하고 이런 전제를 공유하는데, 이 변혁적 행위자는 자본주의의 모순을 거쳐 가능해지고 헤게모니 프로젝트와 정부의 대문자 개발 프로그램을 관련시킨다. 공통 경험을 공유하는 사회 집단을 의도하지 않게 생성하는 이 프로그램에는 국유림 거주민 퇴거, 자급 식량 대신 현금 작물을 재배하는 '기술적 지원' 받기, 또는 이 책에서 베두인족 문제에 관련해 이프타첼이 설명한 강제적 이스라엘화 같은 사례가 포함된다. 토지와 생계 수단의 박탈이라는 공유된 경험은 자기들이 수행하는 행위를 통해 공동의 이익을 인식하고 변화를 위해 동원할 수 있는 가능성을 창출한다(Scott 1998; Li 2007).

계획 이론과 비판 도시 이론은 이미 구성되고 주변화된 사회 집단들의 조직적 저항에 관해 할 말이 많은데, 계획 이론 사례에서는 그 집단들을 대신해 옹호하거나 그 집단들의 요구와 이해관계를 계획 과정에 개입시키는 포용적이고 참여적인 과정을 옹호할 필요가 있다.

그러나 저항이 취할 수 있는 다른 형태나 행위자의 문화 정치에 관해서는 그만큼 할 말이 많지 않다. 헤게모니 프로젝트의 모순이 그 안에서 주변적인 사회적 위치를 차지하는 사람들에게 잘 드러나지 않는 장소와 시간에 관해서는 어떤가? 아니면 사람들이 헤게모니에 자기가 복속된 사실이나 헤게모니 내부에 자리한 모순을 인식할 수 있으면서도 일상적으로 헤게모니를 상대로 거래하는 현실에 관해서는 어떤가(Kandiyoti 1991; 1994)? 또는 저항할 때도, 헤게모니 권력의 기준에서 누리는 지위를 위태롭게 하지 않도록 은밀하고 개별적인 방식으로 저항할 수도 있다(Shakya and Rankin 2008). 나아가 공공연하고 분명한 비판과 저항이 일어나 헤게모니 프로젝트의 안정성에 도전을 제기할 수 있게 되는 상황은 무엇일까?

나는 비판 도시 이론이 이런 질문을 제기하는 중요한 구실을 한다고 생각한다. 그리고 도시 정의를 위한 동원을 지원하고 촉진하는 과정에서 나타난 잠재적 기능과 실천적 지향을 고려한다면, 계획 이론의 임무는 두 배로 커진다. 인류학자 릴라 아부-루고드Lila Abu-Lughod는 이집트에서 남성 지배에 맞선 베두인족 여성들의 저항을 다룬 '저항의 로맨스'에 관한 글에서 특히 신랄하게 하위 주체 문제를 제기한다.

> 첫째, 우리는 여성이 자기 경험의 일부가 아니라 의식이나 정치의 형태(페미니스트 의식 또는 페미니스트 정치 같은)를 여성에게 잘못 귀속시키거나, 자기가 하는 실천을 정치 이전의, 원시적인, 또는 심지어 오도된 관행으로 폄하하지 않으면서, 여성이 삶의 많은 부분을 통제하는 사람들의 권력에 다양한 방식으로 저항할 수 있는 능력을 인정하는 이론들을 어떻게 발전시킬 수 있을까? 둘째, 우리는 베두인족 여성들이 자기 상황을 스스로 이해한다는 점을 기각하는 허위의식, 또는 자기를 냉소적 여론 조작자로 만드는 인상 관리 같은 분석 개념에 의지하지 않고, 기성 권력 체계에 저항하면서 지지한다는 사실을 어떻게 설명할 수 있을까? (Abu-Lughod 1990, 47)

얼마 전 발표된 글 몇 편은 개발 연구와 도시 연구에서 저항과 하위 주체를 논의한 문헌을 다루고 있으며(Boudreau et al. 2009; 이 책 3장; 이 책 10장), 도시에 대한 권리를 추구하기 위해 노력하는 급진적 도시 계획 실천에 적합한 시각을 구체화하려면 이런 접근법을 좀더 체계적으로 나란히 살펴볼 가치가 있다.

비판적 개발 연구에서 정치학자 제임스 스콧이 쓴 폭넓은 저술은 사회경제적 지배라는 조건 아래에서 하위 주체의 저항을 분석하는 기반이 될 이론을 제공한다(특히 Scott 1990 참조). 스콧은 동남아시아 소작농 사회에 관한 민속지학 연구와 기록 연구를 바탕으로 하위 집단이 권력자 비판뿐 아니라 '하부 정치infrapolitics', 곧 정치적 관행의 가시적 스펙트럼 바깥에서 벌어지는 다리 끌기나 가십 같은 전복적 행동을 표현하는 '은닉 대본hidden transcripts'이나 무대 밖 담론을 파악한다(Scott 1987; 1990 참조). 도시 이론가 미셸 드 세르토Michel de Certeau는 겉으로 대중적 수용처럼 보이는 관행이 일상적인 도시 생활 맥락에서 전복을 은폐할 수 있는 과정을 고려하는 유사한 접근 방식을 발전시킨다(de Certeau

1984[1980]). 드 세르토에게 핵심 개념인 '전술'은 엘리트 권력의 틈새에서 수행되는 간교한 책략과 속임수로, 이런 수단을 활용해 약자는 지배 체제가 부과한 한계를 일시적으로 확장한다.

그러나 두 접근 방식 사이의 차이는 규범적 도시 계획 이론을 발전시킨다는 우리의 목적에 중요하다. 그람시적 문화 정치 전통 안에서 작업하면서 스콧은 하부 정치와 은닉 대본(곧 약자의 무기)을 정치의 기반 구조, 곧 좀더 명백하고 집합적인 사회적 동원의 뿌리로 본다(Scott 1987). 저항 연구에 드 세르토가 한 기여는 도시 연구와 문화 연구에서 포스트모더니즘적이고 포스트마르크스주의적인 전환의 일부를 형성했다. 따라서 그런 견해는 집합적 비판 의식을 이상화하고 하위 주체를 본질적으로 도덕적이고 선한 정치적 주체로 낭만화하는 방식을 꺼린다. 소비에 초점을 맞추는 드 세르토는 민중들이 주변부 지위를 차지하는 방식에 관련해 미묘한 통찰력을 제공한다. 파편화되고, 분리돼 있으며, 본질적으로 온화하지 않고, 강력한 집단 정체성을 품지 않을 때도 많으며, 반드시 의식적으로 전복적이지도 않다. 그러나 이 접근 방식에는 사회 정의 문제에 관련된 구조적 개입이 결핍돼 있으며, 전술이 전략에 포함되는 방식에 관한 고려도 없다(Ruddick 1996). 따라서 정치적 행위자에 관한 복잡하고 모호한 문제들이 발생한다.

나는 계획 이론이 정치 참여와 사회 변혁에 관한 스콧의 관심을 유지하는 동시에 하위 주체 실천이 드러내는 모순적 성격과 정치적 모호성에 관한 드 세르토와 아부-루고드의 통찰이 지닌 중요성을 인정하는 저항 이론을 발전시켜야 한다고 주장한다. 이런 목표를 위해 우리는 서로 겹치는 실천 영역으로서 '전복subversion'과 '저항resistance'을 구별할 수 있다(Shakya and Rankin 2008).

'저항' 자체는 지배적 권력 체계에 도전하려는 집단적이고 명확한 행동으로 구체화될 수 있다. 대조적으로 '전복'은 좀더 모호한 정치적 주체, 곧 제약된 상황에서 되도록 많은 성과를 얻어내려고 전술을 활용하는, 개별적이고 은밀한 비순응 사례를 나타낸다. 결정적으로 전복은 의도하지 않은 목표일 수 있으며, 가족을 부양하고 빚을 갚고 사회적 의무를 다하면서 먹고사느라 노력한 결과일 수 있다(줄리 앤 부드로와 오렌 이프타첼은 미국 로스앤젤레스 지역의 가사 노동자와 이스라엘/팔레스타인 베르셰바 지역의 베두인족 등 주변화된 집단이 정치 행동에 참여하는 과정을 설명한다(Boudreau et al. 2009; Yiftachel 이 책 10장). 전복적 행위자는 민중이 지배적 문화 생산물을 자기 자신의 도덕적이고 사회적인 준거 틀에 집어넣는 방식에 달려 있다. 동시에 주변화된 이들에게는 이런 행위자 양식을 신자유주의적 도시주의에 관한 완전히 형태 갖춘 비판으로 바꾸는 개념이 없을 수도 있다고 제시하는 편이 합리적으로 보일 듯하다(Hall 1996). 전복은 본질적으로 진보적이지 않을뿐더러, 기성의 사회적 위계를 강화할 수도 있다. 다른 한편으로 전복은 지배 기구의 균열과 약점을 드러내며, 헤게모니의 취약성을 폭로한다. 그리고 어떤 사례에서는 장기적인 불안정 효과를 미칠 수도 있다.

이런 구별은 주변화된 집단에 책무성을 가지며 사람들의 주체성을 진보적 방식으로 참여시키는 목표를 지닌 도시 계획의 포스트 식민적 윤리에 어떻게 도움이 될 수 있을까? 책무성의 첫걸음은 '은닉 대본'과 '하부 정치'를, 그리고 은밀한 **동시에** 명백한 형태로 비순응과 모순적 의식을 담아내는 전술을 읽는 법을 배우는 일일 수 있다. 그런 독법은 자유 민주주의의 회랑에 참여하는 다른 이들의 역량이 아니라 유기적 지식인으로서 계획가의 기술과 의지에 달린 '듣기'의 한 방식이다(Forester 1989 참조). 그러면 전복을 '권력에 관한 진단'으로 인식할 수 있게 된다(Abu-Lughod 1990). 곧 특정한 계획 체제의 정치적 합리성뿐 아니라 민중들을 둘러싼 삶의 조건에 관한 중요한 정보를 전달하게 된다는 말이다. 이를테면 평범한 시민이 토론토 시내 공원에 옥수숫대로 퇴비 화장실을 짓는 소규모 계획은 근본적으로 사유 재산 소유자의 입맛에 맞춰 고안된 계획안의 경직성을 드러낼 수 있다. 이른바 세계에서 가장 '다문화'적인 도시의 한 곳인 토론토에서 업무 개선 지구[BID]를 통해 주어진 기회에 신규 이민자 기업가들이 참여하지 않는 현실은 지역 경제를 발전시킬 책임을 다른 능력을 지닌 주민에게 전가하는 파편화 효과를 드러낸다(Rankin 2008). 급진적 도시 계획 실천에서 그런 진단은 전문가가 일상의 전문적 실천을 하며 신자유주의적 도시주의에 공모하는 지점을 밝혀낸다. 그런 진단은 또한 일탈이나 비참여에 관련해 판단하거나 처벌하는 방식이 아니라, 전복적 행위를 민중이 직면하는 조건들을 비추는 창으로 바라보면서 그 기준에 따라 도시 계획 행동을 재평가하는 방식으로 대응해야 한다는 정언 명령을 부여한다.

초국가적 페미니즘, 비판적 성찰, 연대

주변화된 집단에 관한 책무성의 둘째 걸음은 개인의 전복적 실천에 관여하는 이들 사이에서 집합적 비판 의식을 촉진하는 도전을 끌어내는 노력이 돼야 한다. 주변화된 사회적 위치에 있는 민중이 다른 방식으로 주변화된 이들하고 공통된 이해관계뿐만 아니라 지배적 배제 체계가 작동하는 자의적 기반을 인식하게 되는 조건은 무엇일까? 현재의 정치-경제적 국면에서 물질적 결핍과 감정적 불만을 겪는 집단에 관해 피터 마르쿠제는 이런 질문을 제기한다. 이런 집단들이 이윤 지향적인 자본주의 세계 질서에 **반대**하고 도시에 관한 일반화된 권리를 **찬성**하는 공동의 대의를 어떻게 찾을 수 있을까?

  그런 상황을 촉진하는 데 도시 계획가는 어떤 구실을 할 수 있는지 고찰하려면 초국적 페미니즘이 비판적 개발 연구에 기여한 두 가지 측면을 생각할 필요가 있다. 첫째, 비판적 성찰성을 향한 초국적 페미니즘의 지향은 관계적 비교의 원칙(Hart 2004; 2006)을 그람시적 문화 정치에서 일반적으로 발견되는 수준보다 더 성찰적인 방식으로 계획 실천에 도입하는 데 큰 도움이 될 수 있다(비판적 이론 관점에서 보는 성찰성에 관한 논의는 이 책 7장도 보라). 둘째, 페미니즘 관점은 차이를 배제하는 방식이 아니라 차이에 정치적으로 개입하는 방식으로 절차적 질문을 도입한다(도시 계획 이론의 의사소통 행위에 관한 많은 문헌에서 찾을 수 있듯이. Goonewardena and Rankin 2004 참조).

계획 이론은 포스트 사회주의 시대의 문화적 관심과 설명을 향한 '전환'을 사회과학과 인문학 분야하고 공유하며, 여기에서 차이의 문제가 두드러지게 된다. 도시 계획 분야에서는 1990년대에 비평과 변형을 위한 자원으로서 문화 다양성과 혼종성을 찬양하는 출판물이 숱하게 기획됐다(Sandercock 1998a; 1998b; 2003; Healey 1992; 1997). 이런 발전에 대응해, 나는 재분배의 정치하고 결합해 인정의 정치에 관여하는 정의 이론을 발전시킨 페미니스트 철학자 낸시 프레이저가 한 경고에 계획 이론이 귀를 기울여야 한다고 생각한다(Fraser 1997). 프레이저는 이렇게 주장한다. 사회경제적 차이는 차이를 제거하려는 재분배의 실천을 요구한다. 문화적 차이는 차이의 가치 정하기를 목표로 삼는 인식의 실천을 요구한다. 부정의는 차이의 두 형태, 곧 잘못된 분배와 잘못된 인식에서 모두 발생하며, 문제는 재분배와 인식을 모두 지원하는 처방을 찾는 일이다. 반대로 많은 처방은 빈곤층에 낙인을 찍는 재분배 프로그램이나 빈곤층을 분열시키는 다문화 정책처럼 한 가지 부정의를 완화하려 하면서 다른 형태의 부정의를 악화시킨다(Fraser 1997; Bannerji 2000).

후자의 동학은 포스트모더니즘 계획 이론에 특히 관련되는데, 국가에 기반하는 재분배 계획 방식에서 점차 벗어나 '포스트모던 유토피아'를 건설하는 데 적합한 지형으로서 시민사회를 선호하게 되며(Sandercock 2003), 이런 모델은 '다르게 살면서 함께 의미를 형성하기'의 정치에 뿌리를 두게 된다(Healey 1992). 그렇지만 실제로 출현하는 결과물은 차이를 미학적으로 정의하는 주류적 다문화주의에 지나지 않는다. 정치적-경제적 결정 요인들이 제거되고, 탈정치화되며, 소비와 상품화를 위한 즐거운 구경거리로 제시될 뿐이다(Goonewardena and Kipfer

2006).[5] 결국 계획 이론에서 문화적 다양성에 관한 대부분의 정식화는 아주 많은 문화적 차이의 사회경제적 기반을 무시한다는 문제를 지닌다(Goonewardena and Rankin 2004; Goonewardena and Kipfer 2006).[6]

분명히, 도시 계획 이론에는 문화적 부/정의와 사회경제적 부/정의를 동시에 대면하는 전략이 필요하다. 실제로 마르쿠제는 박탈과 불만을 별도로 자리매 김하는 정식화를 제안한 적도 있다. 프레이저는 이 문제에 관련해 유용할 수도 있는 더 진전된 통찰을 제공한다. 바로 실제로 존재하는 부정의를 교정할 처방 전은 불공정한 결과를 만들어내는 근원적인 구조적 틀을 그대로 놓아두는 긍 정적 방법이나 근원적인 생성적 틀을 재구성해 불공정한 결과를 교정하는 변 혁적 방법 중 어느 쪽을 선택해도 작동할 수 있다는 통찰이다(Fraser 1997). 정의 이론(따라서 규범적 계획 이론)은 재분배, 인정, 만남을 위해 단순한 긍정 전략 이 아니라 변혁 전략을 옹호해야 한다. 신자유주의적 도시주의 시대에는 변혁 적 재분배가 점점 어려워 보일 수 있지만, 경제를 재사회화하고 (자본주의에 대 항하는) 대안적 잉여 전유 양식을 창출하는 사회주의나 또 다른 정부 형태를 상상하는 일은 어렵지 않다. 프레이저가 '해체'로 개념화한 변혁적 인정, 또는 문화적 차이에 관한 지배적 이해의 바탕에 놓인 가치 평가 구조의 변화는 계획 이론에서 상대적으로 제대로 정교화되지 않았다.

이 문제에 관련해 나는 인도의 개발 분야 여성 활동가들과 지리학자 리차 나 가르Richa Nagar가 협력해 쓴 《불장난Playing with Fire》이라는 특별한 책을 말하고 싶

---

5 비공식성과 '빈곤의 미학화'를 다룬 책을 참조하라(Roy and AlSayyad 2004). 이 주장은 그 책을 기반으로 삼아 논의를 정식화한 결과다.

6 인류학자 짐 퍼거슨(Jim Ferguson)은 《세계적 그림자(Global Shadows)》(2007)에서 비슷한 주장을 펼친 다. 인류학자들이 칭송하는 '대안적 모더니티들'이 다양한 문화적 전통을 '동등한' 요소로 취급하는 목표를 세 우더라도 현실적이고 생생한 문화적 차이는 불평등한 사회 집단들 속에서 특정 성원의 위치를 전형적으로 나 타낸다는 주장이다.

다. 상틴sangtin 작가(상틴은 힌두어로 '연대'를 뜻한다)로서 이 책을 쓴 저자들은 집단적인 정치적 의식화 과정을 이야기하는데, 어떤 때는 저항하고, 어떤 때는 재생산하고, 어떤 때는 그 안에서 전략적으로 살아간 개인적 경험에 관련지어 어쩔 수 없이 가부장제, 자본주의, 카스트 같은 '제도들을 끌고 다닌' 방식을 각각 다른 형태로 인식하게 된다. 이 책에 담긴 가슴 저미는 이야기들은 아이, 어린 며느리, 어머니, 엔지오 활동가로서 협동 조직 내부의 여성들이 겪는 일상적인 기쁨과 슬픔에 관련된다(Nagar 2006). 그러나 변혁의 순간은 개발 관행에서 스스로 선택한 협력 방식이 억압에 관련된 서로 다른 관계들을 간과하게 된 과정을, 그렇게 해서 억압을 악화시킨데다가 여성의 발전과 권한 부여라는 공유된 사명에 관련해 타협한 과정을 여성들이 집합적으로 인식하게 될 때만 발생한다. 카스트, 계급, 젠더 억압의 교차성에 내재된 상호 함의에 관한 인식은 상틴 작가들 사이의 연대를 형성시켜 자기가 속한 개발 조직 안에서 계급에 기반한 불의에 집합적으로 도전할 수 있게 하며, 궁극적으로 인도에서 여성과 개발 부문에서 전문성의 본질을 다시 생각하는 사회운동 전체를 촉진시킨다.

이런 설명은 변혁적 재분배 정치에 관련해 '문화적 해체'를 실천하는 데 어떻게 깨달음을 줄 수 있을까? 변화가 일상적 실천과 경험이라는 형태로 '집에서' 시작된다는 근본적인 페미니즘 원칙에 뿌리를 두고 실천의 세 가지 주요 영역이 등장한다(Martin and Mohanty 1986). 첫째 영역은 계획 행위 덕분에 혜택을 받는 다른 이들의 역사에 관련된 자기 경험뿐 아니라 그런 관계적 역사에 자기가 지닌 함의에 관해 스스로 배우기 위해서 경험을 역사화하고 위치성을 성찰적으로 질문하는 데 연관된다(Abu-Lughod 1998; Razack 2007; Mohanty 2003; Roy 2006). 여기서 하트가 제기한 관계적 비교 원칙이 좀더 성찰적인 방식으로 계획 실행에 연결될 수 있다. 차이를 정적이고 결정된 범주로 이해하기보다는 역사적 관계성과 책무성의 관점에서 이해하고, 경험을 순수하게 개인적이거나 본능적인 요소가 아니라 구성적이고 관계적인 요소로 이해하도록 요구하는 방식 말이다. 이런 식으로 차이를 역사화하면 둘째 실천 영역을 위한 가능성이 창출되며, 차이를 가로지르는 연대를 구축해 보편적 관심사에 관한 좀더 강력한 이론화가 출현할 수 있다. 마지막으로, 새로운 형태의 정치적 행위자가 형성될 수 있다. 성찰적이면서도 사람 사이의 '관계적 비교'에서 발생하는 연대는 비판적 행동주의에 참여할 수 있는 새로운 정치적 주체의 형성을 포함하는 만큼 그것 자체로 사회 변화의 과정을 구성한다.

페미니즘 이론하고 맺는 이런 관계는 어떻게 첫째 질문에 도움을 줄 수 있는가? 특정한 사회-공간적 장에서 억압받는 사람들은 어떤 조건 아래에서 헤게모니 과정에 관한 비판적 의식을 발전시키고 상황을 변화시키기 위해 함께 동원될 수 있을까? 하위 주체에 연관된 복잡한 문제를 대면하게 되면 서로 다른 의식 양식을 구별하기 위한 몇 가지 분석 자원을 제공받았다. 그러나 집합 행동을 위한 조건을 촉진하는 데 계획이 하는 구실을 생각하려면 문화적 차이에 연관된 쟁점들, 특히 재분배의 정치와 인정의 정치 사이의 결합을 제기할 필요가 있었다. 초국적 페미니즘의 통찰은 위치성에 관련된 성찰적 질문에 뿌리를 둔 계획 행위가 그런 촉매 구실을 할 수 있다는 사실, 그리고 도시에 대한 권리를 주장하는 데 필요한 정치적 지지 집단을 구축하는 데 도움을 줄 수 있다는 사실을 시사한다.

성찰의 도전과 겉보기에 다루기 힘든 차이들을 가로지르는 협력의 실천은 도시 계획가에게 부담스러운 책임을 부과하는 듯 비칠지도 모른다. 그러나 현실로 존재하는 전지구화를 향한 비판에 '다양성'을 활용하려면 이런 도전은 필수적이다. 협력의 실천은 도시 계획 기관이나 도시 계획 학계 안에서 독점적으로 정식화될 수 있는 수준에 견줘 잠재적으로 더 강력한 비판들을 양산한다. 실질적인 면에서는 경험 속에 자리한 지식을 포함하며, 과정 측면에서는 사회 변화를 위한 정치적 기반을 구축하기 때문이다. 협력의 실천은 또한 성찰적 실천이 도시 계획 기관 자체를 대상으로 삼은 내재적 비판을 생산할 수 있는 가능성을 제시하며, 또한 한편으로 도시 계획 기관들이 촉진한다고 주장하는 정의와 권한 부여의 원칙과 다른 한편으로 그런 기관들이 실제로 보여주는 작업 관행과 관계 방식 사이에 자리한 간극을 드러낸다. 적어도 협력의 실천에는 판단 기준이 변화할 필요가 있다. 좋은 계획 이론은 신자유주의 도시에서 발생하는 배제를 그저 정확하고 확실하게 표현하거나 사람들이 도시 생활에 접근하고 참여해야 하는 권리를 전략적으로 구체화하는 데 그치면 안 된다. 정치적으로 그만큼 중요한 요소는 비판적 행동주의에 나서는 개인 행위자와 집합 행위자를 구성할 수 있는 이론 형성의 가능성이다.

참고 자료

Abu-Lughod, L. 1990. "The romance of resistance: tracing transformations of power through Bedouin women." *American Ethnologist* 17(1). pp. 41~55.

Abu-Lughod, L. 1998. "Feminist longings and postcolonial conditions." L. Abu-Lughod(ed.), *Remaking Women: Feminism and Modernity in the Middle East*. Princeton: Princeton University Press, pp. 1~31.

Bannerji, H. 2000. *The Dark Side of the Nation*. Toronto: Canadian Scholars' Press.

Baran, P. 1957. *The Political Economy of Growth*. New York: Monthly Review Press.

Blomley, N. 2004. *Unsettling the City*. New York: Routledge.

Boudreau, J., Boucher, N., and Liguori, M. 2009. "Taking the bus daily and demonstrating on Sunday: reflections on the formation of political subjectivity in an urban world." *City* 13(2–3). pp. 336~446.

Chatterton, P. 2005. "Making autonomous geographies: Argentina's popular uprising and the Movimiento de Trabajadores Descocupados(Unemployed Workers Movement)." *Geoforum* 36(5). pp. 545~561.

Crush, J. S. 1995. *Power of Development*. London and New York: Routledge.

De Certeau, M. 1984[1980]. *The Practice of Everyday Life*. Berkeley: University of California Press.

Escobar, A. 1995. *Encountering Development*. Princeton: Princeton University Press.

Fanon, F. 1967. *Black Skin, White Masks*, trans. by C. L. Markmann. New York: Grove Press.

Faulk, K. A. 2008. "If they touch one of us, they touch all of us: cooperativism as a counterlogic to neoliberal capitalism." *Anthropological Quarterly* 81(3). pp. 579~614.

Ferguson, J. 1990. *The Anti-Politics Machine*. Cambridge: Cambridge University Press Archive.

Ferguson, J. 2007. *Global Shadows: Africa in the Neoliberal World Order*. Durham, DC: Duke University Press.

Forester, J. 1989. *Planning in the Face of Power*. Berkeley: University of California Press.

Frank, A. G. 1967. *Capitalism and Underdevelopment in Latin America*. New York: Monthly Review Press.

Fraser, N. 1997. *Justice Interruptus: Critical Reflections on the "Postsocialist" Condition*. New York: Routledge.

Goonewardena, K. and Kipfer, S. 2006. "Spaces of difference: reflections from Toronto on multiculturalism, bourgeois urbanism and the possibility of radical urban politics." *International Journal of Urban and Regional Research* 29(3). pp. 670~678.

Goonewardena, K. and Rankin, K. N. 2004. "The desire called civil society: a contribution to the critique of a bourgeois category." *Planning Theory* 3(2). pp. 117~149.

Hall, S. 1996. "When was 'the post-colonial'? Thinking at the limit." C. Chambers and L. Curti(eds.), *The Post Colonial Question*. New York: Routledge. pp. 242~260.

Hanieh, A. 2008. "Making the world's poor pay: the economic crisis and the global south." *The Socialist Project E-Bulletin* 155[online]. Available at http://www.socialistproject.ca/bullet/bullet155.html(accessed March 2, 2009).

Hart, G. 2001. "Development Critiques in the 1990s: Culs de Sac and Promising Paths." *Progress in Human Geography* 25(4). pp. 649~758.

Hart, G. 2002. *Disabling Globalisation*. Berkeley: University of California Press.

Hart, G. 2004. "Geography and development: critical ethnographies." *Progress in Human Geography* 28(1). pp. 91~100.

Hart, G. 2006. "Denaturalizing dispossession: critical ethnography in the age of resurgent imperialism." *Antipode* 38(5). pp. 977~1004.

Harvey, D. 1996[1985]. "On planning the ideology of planning." S. Campbell and S. Fainstein(eds.), *Readings in Planning Theory*. Boston, Mass.: Blackwell. pp. 176~197.

Harvey, D. 2003. *The New Imperialism*. Oxford: Oxford University Press.

Harvey, D. 2007[1982]. *The Limits to Capital*, 2nd edition. New York: Verso.

Healey, P. 1997. "Traditions of planning thought," Chapter 1 in *Collaborative Planning: Shaping Places in Fragmented Societies*. Vancouver: UBC Press. pp. 7~30.

Healey, P. 1992. "Planning through debate: the communicative turn in planning theory." *Town Planning Review* 63(2). pp. 143~262.

Kandiyoti, D. 1991. "Islam and patriarchy: a comparative perspective." N. R. Keddie and B. Baron(eds.), *Women in Middle Eastern History*. New Haven, Conn.: Yale University Press. pp. 23~42.

Kandiyoti, D. 1994. "Identity and its discontents: women and the nation." P. Williams and L. Chrisman(eds.), *Colonial Discourse and Post-colonial Theory: A Reader*. New York: Columbia

University Press. pp. 363~391.

Katz, C. 2001. "On the grounds of globalization: a topography for feminist political engagement." *Signs* 26(4). pp. 1213~1234.

Katz, C. 2004. *Growing Up Global*. Minneapolis: University of Minnesota Press.

Lefebvre, H. 2003. *The Urban Revolution*, trans. R. Bononno. Minneapolis: University of Minnesota Press.

Li, T. 2007. *The Will to Improve: Governmentality, Development and the Politics of Development*. Durham, DC: Duke University Press.

Marcuse, P. 2004. "Said's orientalism: a vital contribution today." *Antipode* 36(5). pp. 809~917.

Martin, B. and Mohanty, C. T. 1986. "Feminist politics: what's home got to do with it?" T. de Lauretis(ed.), *Feminist Studies, Critical Studies*. Indianapolis: Indiana University Press. pp. 191~212.

Massey, D. 1994. *Space, Place, and Gender*. Minneapolis: University of Minnesota Press.

Mohanty, C. T. 2003. *Feminism without Borders: Decolonizing Theory, Practicing Solidarity*. Durham, DC: Duke University Press.

Morphet, S. 2004. "Multilateralism and the non-aligned movement: what is the global south doing and where is it going?" *Global Governance* 10(3). pp. 517~637.

North, P. and Huber, U. 2004. "Alternative spaces of the Argentinazo." *Antipode* 36(5). pp. 964~1084.

Peck, J. 2005. "Struggling with the creative class." *International Journal of Urban and Regional Research* 29(4). pp. 740~870.

Prudham, S. 2009. "Pimping climate change: Richard Branson, global warming, and the performance of green capitalism." *Environment and Planning A* 41(7). pp 1594~1613.

Rankin, K. R. 2009. "Microfinance and the financial crisis," paper delivered at a conference titled "Understanding the Financial Crisis: Critical Approaches, Alternative Policies." University of Toronto, January 30, 2009.

Rankin, K. R. 2008. "Commercial change in Toronto's Downtown West neighborhoods," research paper 214. Toronto: Cities Centre, University of Toronto.

Razack, S. 2007. "Stealing the pain of others: reflections on Canadian humanitarian responses." *The Review of Education, Pedagogy and Critical Analysis* 29. pp. 375~494.

Robinson, J. 2006. *Ordinary Cities*. London: Routledge.

Roweis, S. T. and Scott, A. J. 1981. "The urban land question." M. Dear A. J. Scott(eds), *Urbanization and Urban Planning in Capitalist Society*. New York: Methuen. pp. 123~157.

Roy, A. and AlSayyad, N. 2004. *Urban Informality: Transnational Perspectives from the Middle East, South Asia and Latin America*. Lanham, Md.: Lexington Books.

Roy, A. 2006. "Praxis in the time of empire." *Planning Theory* 5(1). pp. 7~29.

Ruddick, S. 1996. *Young and Homeless in Hollywood*. New York: Routledge.

Said, E. 1978. *Orientalism*. London: Vintage Books.

Sandercock, L. 1998a. "Framing insurgent historiographies for planning." L. Sandercock(ed.), *Making the Invisible Visible*. Berkeley: University of California Press. pp. 1~33.

Sandercock, L. 1998b. *Towards Cosmopolis*. New York: Wiley.

Sandercock, L. 2003. *Cosmopolis II: Mongrel Cities of the Twenty-first Century*. New York: Continuum.

Sangtin Writers and Nagar, R. 2006. *Playing with Fire: Feminist Thought and Activism through Seven Lives in India*. Minneapolis: University of Minnesota Press.

Scott, J. C. 1987. *Weapons of the Weak*. New Haven, Conn.: Yale University Press.

Scott, J. C. 1990. *Domination and the Arts of Resistance*. New Haven, Conn.: Yale University Press.

Scott, J. C. 1998. *Seeing Like a State*. New Haven, Conn.: Yale University Press.

Shakya, Y. B. and Rankin, K. N. 2008. "The politics of subversion in development practice: an exploration of microfinance in Nepal and Vietnam." *Journal of Development Studies* 44(8). pp. 1181~1202.

Silvey, R. and Rankin, K. 2011. "Development Geography: Critical Development Studies and Political Geographic Imaginaries." *Progress in Human Geography* 35(2). pp. 1~9.

Wacquant, L. 2009. *Punishing the Poor*. Durham, NC: Duke University Press.

Writers, S. and Nagar, R. 2006. *Playing with Fire: Feminist Thought and Activism through Seven Lives in India*. Minneapolis: University of Minnesota Press.

8장

아상블라주, 행위자 네트워크, 그리고 비판 도시 이론의 도전

닐 브레너
데이비드 매든
데이비드 와쉬무스

오늘날 도시 연구 분야는 중요한 이론적, 개념적, 인식론적, 방법론적 도전에 직면해 있다.[1] 1960년대 후반과 1970년대 초반 '도시 문제'를 둘러싼 논쟁들이 굳건하던 시카고학파의 존재론을 뒤흔든 때도 확실히 있었지만(Castells 1979[1972]; Harvey 1973; Lefebvre 2003[1970]), 기성의 도시 연구 패러다임은 지금 동시대 도시의 변화와 투쟁을 조명하는 능력에서 점점 더 제한적이 되는 듯하다. 도시 문제를 둘러싼 이전의 논쟁하고 마찬가지로, 오늘날 '도시적 교착 상태'(Thrift 1993)의 근원은 도시 현상 자체의 변덕스러운 주기성과 매우 미끄러운 특성이다. 오늘날의 도시화는 1970년대보다 훨씬 더 복잡하다. "(도시화는) 그 규모로 우리를 놀라게 한다. 도시화의 복잡성은 우리의 이해 도구와 실천적 역량의 수단을 넘어선다"(Lefebvre 2003[1970], 45). 10년 전 에드워드 소자Edward Soja는 이런 상황을 적절하게 포착했다.

> 도시를 연구하는 데 참으로 좋은 시기이자 최악의 시기일 수 있다. 왜냐하면 새롭고 대응하기 어려운 도전이 너무 많은 반면, 만들어지고 있는 새로운 도시 세계들을 실천적이고 이론적으로 가장 잘 이해할 수 있는 방법에 관한 합의가 그 어느 때보다도 훨씬 적기 때문이다. (Soja 2000, xii)

몇몇 도시 연구 분야, 특히 학술적 분과 학문의 전문화된 관례에 뿌리를 둔 연구 분야는 새롭게 출현하는 도시 변화의 윤곽과 결과를 부분적으로 파악하는 낡은 연구 의제에 여전히 빠져 있다. 그러나 다행스럽게도 다른 곳에서는 사회과학과 인문학뿐만 아니라 도시 계획, 건축, 디자인 등 관련 분야에 걸쳐 도시

---

1 이 장은 닐 브레너(Brenner et al. 2011)와 데이비드 매든(Madden 2010b)이 쓴 글을 토대로 한다. 우리는 이 주제에 관한 작업을 자극하고 매우 중요한 쟁점에 관련해 동지적인 대화를 나눈 콜린 맥팔레인에게 감사드린다. 비판 도시 이론에 관련된 유익한 토론을 벌인 힐러리 안젤로에게도 감사한다.

학자들이 빠르게 변화하는 도시화의 세계적 풍경을 해독하는 작업을 하며 창의적으로 씨름하고 있는 덕분에 상당한 지적 모험이 눈에 띈다(Roy 2009; Sassen 2000; Soja 2000; Taylor 2004). 이런 연구자들이 직면한 주요 의제의 하나는 지구경제적 재구조화, (민영화와 자유화를 모두 포함하는) 시장 주도 규제 변화, 전세계적 노동의 유연화/비공식화, 대량 이주, 환경 파괴, 온난화, 대규모 영토 경관의 창조적 파괴, 모든 공간적 규모에서 벌어지는 양극화, 불평등, 소외, 박탈, 사회적 갈등의 심화 같은 규모가 크며 장기성을 띠는 경향 속에서 도시의, 그리고 좀더 일반적으로는 도시 경관의 진화하는 위치성을 탐색하는 일이다.

이런 발전의 역동성에 직면해 우리는 '도시' 연구의 장소, 대상, 의제에 관한 가장 기본적인 전제들을 재고해야 할 필요성이 점점 더 시급해지고 있다고 생각한다. 40년 전에 르페브르, 하비, 카스텔이 제기해 유명해진 '도시 문제'는 여전히 본질적으로 남아 있지만, 21세기 초라는 조건에 비추어 가장 근본적인 방식으로 다시 **제기**될 필요가 있다. 다시 말해, 오늘날 우리는 '도시'의 시작과 끝이 어디인지, 또는 사회적으로, 공간적으로, 아니면 또 다른 식으로 도시의 가장 본질적인 특징이 무엇인지 **정말로** 알고 있는가? 최소한, 한때는 안정적이고 심지어 자명한 형태로 도시 거주지의 특수성을 묘사하는 기반을 제공하는 듯 보이던 도회/시골이라는 구분조차 오늘날에는 점점 더 현대 도시 과정에 지도로 제대로 표시하기 어려운 초기 산업 자본주의의 이데올로기적 잔재로 나타나고 있다(Wachsmuth 2010). 더 근본적으로 말하면, 르페브르가 '완전한' 도시화나 '행성적' 도시화의 초기 과정으로 가정한 현상(Lefebvre 2003[1970])이 오늘날 실제로 현실화되고 있다는 주장이 가능할 수 있다(이 책 4장; 이 책 2장 참조). 만연한 사회공간적 불균등과 지속하는 영토적 불평등에도, 행성적 정착 공간의 전체 구조는 이제 외재적이고 내재적으로 도시화되고 있다(Madden 2011; Schmid 2005; Soja and Kanai 2005). 이런 전망 앞에서, 특히 현대의 전세계적 도시화가 보여주는 전례 없는 속도, 규모, 변동성을 감안한다면, 우리가 물려받은 개념과 방법들이 도시를 이해하고 변형하는 과정에서 현재의 조건에 여전히 적합한지를 따져보는 일은 필수적으로 보인다. 아주 간단히 말해, 세계 인구의 절반이 넘는 사람이 도시에 살고 있다는 명백한 사실 때문에 최근의 전지구적 '도시 전환'이 일어난다는 자주 반복되는 주문 같은 말은 현재의 전지구적 도시 조건에 관련한 지적, 표현적, 정치적 복잡성을 포착하는 출발점에도 미치지 못한다.

우리는 지금이 수십 년 전 몇몇 포스트 구조주의자들이 주장한 대로 지적 겸손에 빠지거나 거대한 메타 내러티브에서 후퇴할 순간은 분명히 아니라고 주장하려 한다. 반대로, 우리 관점에서 볼 때 오늘날에는 다양한 장소, 영토, 규모에 걸친 동시대 도시화의 행성적 차원들에 관한 야심 차고 폭넓은 (이론적, 구체적, **그리고** 실천적) 개입이 필요하다. 그렇지만 어떤 단일한 이론, 패러다임, 또는 메타 내러티브가 문제되는 과정을 본질적으로 완전히 해명할 수 있다는 생각은 매우 문제적일 수 있다.[2] 이론적 야망이 환원주의적이고 단순화된 틀을 구축하는 식으로 추구될 필요는 없다. 오히려 과제는 생각과 행동 양쪽에서 새로운 질문과 지평을 **여는** 개념과 방법을 만드는 데 있다. 따라서 1930년대부터 1960년대까지 이어진 시카고학파 도시 연구의 절정기 동안, 그리고 다른 방식으로 1970년대 구조주의적 마르크스주의 안에서 팽배하던 몇몇 폐쇄적 도시화 모델에 대조적으로, 오늘날 도시 이론은 어느 정도 절충주의를 수용하거나 심지어 찬미할 필요도 있다. 오늘날, 어느 때보다 더 도시 연구, 특히 이 연구 분야의 매개 변수와 목적을 재개념화하는 어려운 도전에 직면한 가장 헌신적인 연구자들 사이에서 협력적이고 열린 마음이 필요하다. 그런 학자들이 서로 견해를 달리하거나 반대되는 이론, 개념, 방법론을 선택할 때, 관련된 모든 사람이 그런 선택에 걸린 이해관계와 그 안에 담길 가능성이 큰 함의를 명확히 할

---

2 이 주장은 현재 국면에만 적용되지는 않는다. 도시화란 기본 양상과 결과가 단일한 이론 틀이나 인과적 메커니즘에서 도출될 수 없는 한 언제나 '열린 시스템'이었다(Sayer 1992).

유용한 기회가 나타날 수 있다.

이런 맥락에서, 우리의 목표는 브루노 라투르[Bruno Latour], 미셸 칼롱[Michel Callon], 존 로[John Law]와 그 후계자들이 발전시킨 사회과학 방법론인 행위자–연결망 이론[actor-network theory]에 관련된 도시 연구의 새로운 경향을 비판적으로 평가하는 데 있다(Latour 2005; Law and Hassard 1999; 비판적 검토는 Castree 2002 참조). 행위자–연결망 이론이 현대의 도시적 사고에서 나타난 몇 가지 중요한 흐름에 영향을 미쳤지만(이를테면 Amin 2007; Amin and Thrift 2002; Graham and Marvin 2001 참조), 도시 연구에서 그 이론을 가장 열성적으로 지지한 학자들은 분석의 핵심 도구이자 도시의 새로운 존재론을 마련할 기반으로 '아상블라주[assemblage]' 개념을 제시했다(Farías 2010; Farías and Bender 2010; Latour and Hermant 2006[1998]; McFarlane 2011a; 2011b). 따라서 이 장에서 우리는 행위자–연결망 이론에 기반해 새롭게 등장한 도시 연구 흐름을 일반적으로 '아상블라주 어버니즘'이라 지칭한다.[3]

현대 도시 연구 분야의 상황에 관해 앞서 말한 대로, 우리는 도시 문제에 관련해 물려받은 지적으로 제약된 어떤 전제들을 넘어선 뒤 이 성과를 바탕으로 오늘날 문제가 제기되고 맞붙어 싸워야 할 다양한 형태들을 향해 새로운 방법론적 창을 열기 위해서 아상블라주 도시학자들이 기울인 노력을 환영한다. 그러나 아래에서 자세히 설명할 테지만, 그런 노력을 향한 우리의 지향은 행위자–연결망 이론에 기반한 이론 체계를 발전시킨 주요 저자들이 지금까지 제안한 내용하고는 상당히 다르다. 아상블라주 개념을 **경험적**이고 **방법론적**으로 적용하는 방식은 정치경제학을 기반으로 한 덕분에 도시 연구의 다양한 분야에서 생산적 통찰을 만들어내지만, 우리는 몇몇 현대 행위자–연결망 이론 도시학자가 선호하는 **존재론적** 적용 방식에 상당한 결점이 있다고 생각한다. '소박

---

3 그렇지만 우리는 아래에서 행위자–연결망 이론과 이 이론에 관련된 존재론을 포함하지 않는 방식으로 아상블라주 개념을 동원할 수 있으며, 그런 선택이 바람직하다고 주장한다.

한 객관주의naïve objectivism'를 위해 구조 개념을 명시적으로 거부함으로써(Sayer 1992), 이 접근 방식은 도시 공간과 지역적으로 배태된 사회 세력이 자리하는 사회 공간적 '맥락들의 맥락'(Brenner et al. 2010)을 이해하는 데 필요한 주요 설명 도구를 스스로 내려놓는다. 이 문제에 관련해 이 접근 방식은 현대의 도시화가 모순되고 위계적인 사회적 관계와 자본주의의 제도적 형태를 거쳐 지속적으로 형성되고 경쟁하는 방식을 적절하게 파악하지 못한다. 마지막으로, 이 접근들이 근거하는 규범적 기반은 실제로 존재하는 사회적 관계와 제도적 장치에 관한 내재적이고 성찰적인 비판보다는 탈맥락화된 관점이다. 이런 검토는 아상블라주 기반 접근들은 재활성화된 지정학적 경제학에서 빌려오는 이론, 개념, 방법, 연구 의제에 연결될 때 비판 도시 이론에 가장 효과적으로 기여할 수 있다는 점을 시사한다.

이런 주장들을 개진하는 의도는 도시 연구에서 이론적 혁신의 경계를 둘러보려는 데 있지 않다. 오히려 우리는 현대 비판 도시 이론의 도전, 그리고 그 도전에 맞설 가장 적절한 전략에 관한 더 폭넓은 대화에 기여하고 싶다. 이 도전들을 이겨낼 단일하고 올바른 '해법'은 없다고 믿기 때문에, 우리가 하는 질문에는 제한이 없다. 거듭 말하건대, 우리 목표는 생각과 행동의 지평을 열고, 집단적 대화와 연구, 토론을 거쳐 이 지평들을 탐구하기 시작하는 데 있다.

행위자-연결망, 아상블라주, 그리고 도시 문제

지난 10년 동안 행위자-연결망 이론은 포스트 구조주의 사회 이론과 사회 과학에서 점점 더 두드러진 견해로 자리 잡았다(Castree 2002). '결합의 사회학sociology of associations'이나 '이행의 사회학sociology of translation'으로 알려진 이 이론은 과학 연구에서 발전했으며, 이름에서 알 수 있듯 모든 것을 행위자들의 연결망으로 본다. 연결망은 다중적 구성을 한 작업 동맹들로 이해된다. 행위자 또는 행위소actants는 단순히 말해 행동하는 것, 곧 다른 것에 저항하거나 영향을 미치는 모든 것이다. 행위자-연결망 이론에서 유명한 개념인 행위소는 인간뿐 아니라 비인간, 생물뿐 아니라 무생물, 물질적인 것뿐 아니라 관념적인 것, 큰 것과 작은 것, '자연적', '문화적', '사회적'이라 불리는 것들이다. 라투르가 초기의 실험적 진술에서 밝힌 대로, 행위자-연결망 이론은 환원 불가능성과 무한한 결합 가능성이라는 아이디어에서 출발한다. "어떤 것도 다른 어떤 것으로 환원될 수 없고, 어떤 것도 다른 어떤 것에서 추론될 수 없으며, 모든 것은 다른 모든 것하고 연합될 수 있다"(Latour 1993, 163). 이름에 '이론'이라는 단어가 들어 있기는 하지만, 행위자-연결망 이론은 실제로 여러 층위로 엮인 주장들을 포함한다. 행위자-연결망 이론은 연구 분야의 현장과 연구 대상을 구성하는 방법이며, 좀더 넓게 보면 사회학은 무엇이어야 하고 무엇이 아니어야 하는지에 관한 주장이다. 아마도 가장 일반적으로, 행위자-연결망 이론은 존재론과 인식론, 곧 존재하는 것에 관한 설명을 수반하는 동시에 존재하는 것에 관해 유효한 지식을 생성할 방법에 관한 일련의 연결된 주장들을 수반한다.

모든 종류의 본질주의에 명시적으로 반대하면서, 행위자-연결망 이론은 세계가 내재적이고, 우발적이고, 이질적이고, 존재론적으로 평평하다고 보며, 다른 수준, 최종적 설명, 또는 숨겨진 핵심이란 없다는 사실을 드러낸다. 행위자-연결망 이론은 철저히 구성주의적이지만, 사회적 구성의 표준적 언어에 관해서는 비판을 많이 한다(Latour 2003). 사회 구성주의의 주류는 '자연스러운' 것으로 나타나는 대상이 지닌 사회적 특성을 주장하는 반면, 행위자-연결망 이론은 사회/자연이라는 구분 자체에 의문을 제기하면서 하나의 범주로서 '사회적'과 '자연적' 둘 다의 분석적 일관성을 거부한다. 이런 견해에서 나오는 행위자-연결망 이론의 가장 중요한 명령은 '행위자들 자신을 따르라'다(Latour 2005, 12). 행위자-연결망 이론가들은 이 작업이 인간 행위자와 비인간 행위자가 공통의 개념을 사용해 설명돼야 한다는 의미를 담은 '일반화된 대칭성의 원칙'(Callon 1986)에 충실하면서 진행돼야 한다고 주장한다.

인간/비인간 연결망의 다양한 측면이 탐색됐지만, 행위자-연결망 연구에서 끌어올 수 있는 특정한 경험적 발견이나 결론의 조합을 찾을 수는 없다. 이를테면 이 전통에 속한 연구는 표면적으로는 잘 통합된 연결망들의 이질성과 다양성을 종종 드러내려 한다. 행위소들은 자기 자신을 연결망이 지속적으로 성공하는 데 필요한 '의무적 통과 지점'으로 만들려 시도한다. 모든 것이 올바르게 작동할 때 네트워크는 자기 자신을 '블랙박스'로 만들어 완결성의 환상 아래에 인위성을 숨긴다. 이런 블랙박스 상태는 유사 엔트로피적 붕괴, 전략적 오류, 아니면 하나 또는 또 다른 행위소의 의도적 거부 때문에 연결망이 무너질 때만 분명해진다.

지난 10년 동안 행위자-연결망 이론이 여러 도시 사상가에게 영향을 미쳤지만(Amin 2007; Amin and Thrift 2002; Bender 2010; Graham and Marvin 2001 참조), 행위자-연결망 이론의 핵심 주장은 도시 문제에 관한 근본적으로 새로운 접근에 개념적 핵심이자 존재론적 기반으로 제시되는 아상블라주라는 개념을 거쳐 도시 연구에 가장 체계적으로 도입됐다(Farías 2010; Farías and Bender 2010; McFarlane 2011a; 2011b). '아상블라주'라는 단어는 제도, 장소, 건축물, 예술 형식 안에 이질적 요소들이 함께 모이는 상황을 설명하기 위해 기술적 의미로 사용되기는 하지만(Madden 2010a; Sassen 2006), 영어권에서 철학 분야에 쓰이는 용법은 주로 질 들뢰즈Gilles Deleuze와 펠릭스 가타리Félix Guattari가 쓴 저작에 근거한다(Deleuz and Guattari 1987[1980]). 1980년대 후반에 브라이언 마수미Brian Massumi가 《천 개의 고원A Thousand Plateaus》 영어판을 내면서 들뢰즈와 가타리가 쓴 배치agencement 개념을 아상블라주assemblage로 번역했는데, 이런 관행이 번역가와 주석가들 사이에서 '느슨한 합의'를 거쳐 이어졌다(Phillips 2006, 108). 그러나 조지 마커스George E. Marcus와 에르칸 사카Erkan Saka가 보여주듯 아상블라주 개념은 그 뒤 다양한 방식으로 동원됐으며(Marcus and Saka 2006), 그중 일부만이 명시적으로 들뢰즈-가타리적이다(이를테면 De Landa 2006). 지금은 폐간한 학술지 《아상블라주Assemblages》에서 1980년대 후반에 전개된 혼종적이고 넓게 봐서 들뢰즈-가타리적인 건축 이론과 건축 비평 흐름을 제외한다면, 현대 도시 연구에서 아상블라주 사고의 지배적 음조는 앞에서 내가 요약한 대로 행위자-연결망 이론의 전통에 가장 강하게 연결돼 있다.

기술적 수준에서 도시 문제에 관한 아상블라주-이론적 접근은 도시를 연결망의 묶음으로 바라보는 관점을 수반한다. 벤더는 이렇게 설명한다.

> 메트로폴리스는 …… 인적 연결망, 기반 구조 연결망, 건축 연결망, 보안 연결망 같은 여러 연결망으로 구성된다. 목록은 거의 무한할 수 있으며, 주변 경계 때문에 제한되지 않는다. …… 연결망은 아상블라주가, 아마도 이웃, 거리 축제에 모인 군중, 월 스트리트 같은 금융 센터로 한 덩어리가 된다. 따라서 메트로폴리스는 아상블라주들의 아상블라주다. (Bender 2010, 316)

그러나 현대 어버니즘의 네트워크화된 특성을 강조하는 논의 자체는 상대적으로 논쟁의 여지가 없으며, 행위자-연결망 이론의 영향을 받지 않은 도시 연구들의 여러 접근 방식하고 공명한다(이를테면 Castells 1993; Cronon 1991; Taylor 2004). 그렇지만 행위자-연결망 이론에 기반해 도시화에 접근하는 방식을 옹호하는 주요 학자들은 도시 네트워크에 관한 일반적인 강조를 넘어 아상블라주 개념이 적용될 수 있는 극단적으로 넓은 존재론적, 분석적, 그리고/또는 규범적 목적을 제안하고, 여기에서 일정하게 인상적인 설명력을 확인하는 좀더 큰 야망을 품고 있다(Farías 2010; McFarlane 2011a; 2011b).

콜린 맥팔레인Colin McFarlane은 이런 경향을 잘 보여준다. 맥팔레인은 아상블라주라는 아이디어가 지닌 변덕스러운 성격을 부인하기보다는 인정하면서 이렇게 말한다. "일반적으로 불확정성, 발현, 무엇 되기becoming, 과정성, 요동, 그리고 현상의 사회물질성sociomateriality을 의미하기 위해 사회과학 연구에서 점점 더 많이 쓴다"(McFarlane 2011a, 206). 맥팔레인에 따르면 도시 연구의 모티프로서 아상블라주 개념은 주로 '사회물질적 변형'(McFarlane 2011a, 206), '집합, 네트워킹, 구성의 문법'(McFarlane 2011a, 207), '공동의 기능'으로서 '서로 겹침mutual imbrication'을 거쳐 '안정화'되거나 '불안정화'될 수 있는 '인간과 비인간 구성 요소들 사이의 상호작용'(McFarlane 2011a, 208)에 초점을 맞춘다. 아상블라주는 '개별 속성만으로 환원될 수 없는' 과정적 관계다(McFarlane 2011a, 208). 아상블라주 사고는 구성 과정을 강조하고 다양한 형태의 인간 행위자와 비인간 행위자를 인식하는 동시에 사물화, 환원주의, 본질주의를 피하려 노력한다. 이런 의미에서 맥팔레인은 아상블라주 사고에 '고유하게 경험적인 초점'이 있다고 주장한다(McFarlane 2011a, 209). 도시 이론으로서 아상블라주 사고는 당연하게도 도시 자체를 포함해 도시적인 '사물들'이 조립되는 과정, 그리고 그 사물들이 분해되거나 재조립될 수 있는 과정을 묻는다.

맥팔레인은 아상블라주의 접근 방식이 비판 도시 이론에 기여하는 세 가지 구체적 측면을 설명한다. 첫째, 맥팔레인은 아상블라주 사고를 '역사와 잠재력 사이의 관계를 거쳐 생성되는 도시 불평등'을 깊이 있게 설명하는 데 개입할 경험적 도구로 본다(McFarlane 2011a, 208). 아상블라주 과정에 상세하면서도 민속지학에 근거한 관심을 기울이게 되면 도시학자들이 현실로 존재하는 도시 상황의 구성 방식을 더 잘 이해할 수 있으며, 이런 이해를 바탕으로 당면한 상황에 맞는 대안을 더 잘 상상할 수 있다고 제안한다. 둘째, 맥팔레인은 아상블라주 사고 덕분에 연구자들이 물질성의 문제틀, 곧 물질 자체의 중요성과 주장된 행위자에 천착하는 데 도움을 받을 수 있다고 지적한다. "(그런 문제틀은) 반질반질 윤이 나는 정책 문서, 주택과 기반 시설 자료, 전단, 현수막과 파업 피켓 라인, 새롭거나 낡은 기술, 소프트웨어 코드, 신용 증권, 돈, 상품이 될 수도 있고,

또는 물론 도시 빈곤, 박탈과 불평등의 물질적 조건이 될 수도 있다"(McFarlane 2011a, 215). '사회적인 것과 물질적인 것에 걸쳐 행위자를 분배해 인간과 비인간 형태의 행위자가 모두 동등하게 고려될 수 있게 한다는 말이다. "아상블라주 사고는 행위자의 범위와 도시 불평등의 원인을 다양하게 하며, 비판적 개입의 공간을 잠재적으로 배가시킨다"(McFarlane 2011a, 219). 셋째, 맥팔레인은 아상블라주의 아이디어가 머지않아 도래할 바람직한 도시의 차별적 이미지를 포함하는 좀더 일반적인 비판적 '상상'과 정치적 감수성을 활성화시킨다고 본다. 엘리트주의적이거나 억압적인 다양한 프로젝트에 이 아이디어가 포섭될 위험을 지적하면서, 맥팔레인은 '도시 아상블라주의 규범적 정치 프로젝트'로서 '코즈모폴리터니즘'을 제안한다(McFarlane 2011a, 219).

그래서 맥팔레인에게 아상블라주 개념은 새로운 도시 문제들, 또는 최소한 우리가 물려받은 도시 문제들을 향한 새로운 지향뿐만 아니라 새로운 분석 장소, 방법론적 도구, 비판 대상, 그리고 정치적 전망을 열어젖힌다고 이야기된다(Farias 2010 참조). 이 담론이 지닌 잠재력을 보여주기 위해 뭄바이의 도시 비공식성에 관련해 자기가 한 작업을 간략하게 설명하면서, 맥팔레인은 '불평등의 구성과 경험 속에서, 그리고 좀더 평등한 어버니즘의 가능성에서 다양한 물질성들이 하는 결정적 구실'을 관찰한다(McFarlane 2011a, 216). 여기에서 주변화된 도시 거주자들은 지역의 건축물 잔해, 강바닥, 제조 폐기물, 나무 덮개 조각에서 '물질'을 수집해 도시를 '재활용'한다(McFarlane 2011a, 216). 국가를 비롯해 또 다른 강력하고 다양한 행위자들은 기반 시설을 비롯한 이런저런 자원에 다가갈 수 있는 접근성을 불평등하게 형성시킨다. 몇몇 활동가에게 도시의 물질적 네트워크는 저항의 대상이자 저항의 도구로 이용될 수 있으며, 새로운 도시 공유지urban commons를 위해 투쟁하는 도시 코즈모폴리터니즘이나 '단일 세계주의one-worldism'(McFarlane 2011a, 220)의 하위 주체적 형태를 생성한다. 맥팔레인은 아상블라주에 기반한 도시 상상이 가장 주변화된 도시 거주자들 사이에서 도시에 관한 새로운 권리를 불러일으키고 추구하는 '새로운 도시적 지식, 집합체, 존재론'을 생산할 수 있다고 주장한다(McFarlane 2011a, 221).

도시 학자들이 시대에 뒤떨어진 범주와 인식론에 의문을 제기하고, 도시 연구의 새로운 대상과 지형을 파악하고, 이전까지 도시 생활에서 당연시되던 차원인 정치적 이해관계와 결과를 강조할 수 있게 해주는 만큼, 아상블라주 어버니즘 지지자들이 발전시킨 관점은 도시 문제에 몇 가지 중요한 새로운 전망을 열어준다. 그러나 문제는 아상블라주 개념과 이 개념에 관련된 분석 양식이 성취하리라 예상되는 지적이고 정치적인 작업의 수준과 유형이다. 여러 가지 기여를 했다지만, 우리는 도시 문제에 관한 아상블라주-이론 접근이 적절한 분석적 잠재력을 실현하기에는 여전히 너무 넓게, 때로는 불확실하게 남아 있다고 생각하기 때문이다. 그리고 우리가 이제 주장할 테지만, 바로 이런 불확정성은 도시 이론이 비판 프로젝트에 개입할 수 있게 해주는 정치적 견해와 분석상 유리한 위치에서 멀어지는 후퇴에 해당한다.

우리가 볼 때, 도시 연구에 관한 아상블라주-이론 접근이 지닌 힘은 존재론적 차원들이 완전히 배제될 때, 그리고 여기에 상응해 개념적, 방법론적, 경험적, 규범적 매개 변수가 오히려 정확하게 구획될 때 가장 생산적으로 탐구될 수 있다. 이 개념을 '도시 연구의 기반 자체를 변형시키기' 위한 토대로, 그리고 '도시에 관한 대안적 존재론'(Farías 2010, 8; 13)으로 삼는 해석에 반대해, 우리는 여기에서 더 좁은, 주로 방법론적인 적용을 주장한다. 우리는 아상블라주 개념이 행위자-연결망 이론에서 내재적으로 끌어오지 않은 이론, 범주, 방법, 연구 의제의 폭넓은 레퍼토리라는 맥락에서 동원될 때 가장 유용하다고 생각한다. 이런 생각을 구체적으로 펼치면서, 우리는 도시 연구에 관한 아상블라주-이론 접근 안에서 정치경제학이 차지하는 매우 모호한 지위와 자본주의 자체의 개념을 살펴보는 데 특히 관심을 기울인다. 이 쟁점은 비판 도시 이론의 목표, 도구, 기술이라는 좀더 큰 질문에 밀접하게 서로 얽혀 있다.

정치경제학의 유령

처음 볼 때는 급진적 도시 정치경제학과 아상블라주 어버니즘에 관련된 새로운 이론적 관용구들은 공존할 수 있으며, 심지어 각각의 방법론적 지향, 설명적 범주, 분석 대상을 서로 변용할 수도 있다고 여겨질 만도 하다(Castree 2002; Farías and Graham 2010; McFarlane 2011a). 그런데 아상블라주 어버니즘에서 자주 언급되지는 않더라도 주된 의제는 도시 과정, 변형, 불평등의 재기술인 듯하지만, 급진적 도시 정치경제학의 핵심 개념과 관심사, 이를테면 자본 축적, 계급, 소유 관계, 토지 지대, 착취, 상품화, 국가 권력, 영토 동맹, 성장 연합, 구조화된 통합, 불균등한 공간 발전, 공간적 노동 분업, 위기 형성 등은 거의 언급되지 않는다. 대부분의 사례에서 이런 치환은 종종 단순히 실행되는데, 정치경제학 개념들을 명시적으로 비판하지 않거나 아상블라주-기반 접근이 그런 개념을 일반적으로 적용하는 현대 도시화의 여러 차원을 더 잘 밝힐 수 있다는 측면을 명확히 주장하지 않는 방식을 취한다. 그러나 자본주의의 사회적 관계, 제도, 구조적 제약, 시공간 동학, 갈등, 모순, 위기 경향은 단순히 우리가 명시적 언급을 중단한다고 해서 사라지지 않는다. 특히 이런 요소들이 형태상 심오한 탈바꿈을 경험하고 있는 상황에서, 현대의 전지구적 도시 조건에 관한 모든 비판적 설명에는 여전히 명시적 이론화와 분석이 긴요하다.

그렇지만 이 시기에, 아상블라주 기반 접근법에 속하는 많은 주요 논자 사이에서는 그런 범주들이 도시화의 자본주의적 구조화 분석을 심화, 확장, 변형, 대체하는 데 동원돼야 하는지를 둘러싸고 상당한 혼란이 있어 보인다. '아상블라주'라는 용어는 폭넓은 정치경제학 구조 속에서 연구돼야 하지만 이제까지 간과되던 **연구 대상**의 유형을 기술하고, 따라서 도시적 아상블라주의 정치경제학을 산출하는가? 아상블라주 분석은 도시 정치경제학의 **방법론**을 새로운 방향으로 확장해서 이전까지 간과되거나 단지 부분적으로 파악되던 자본주의

표 8-1. 아상블라주 분석과 도시 정치경제학의 접합들

	도시 정치경제학에 관한 관계	연구 초점 사례	대표 저자
수준 1. 경험적 도시 아상블라주의 정치경제학	아상블라주는 정치경제학적 구조를 통해, 그리고/또는 역사적이고 지리적으로 특정한 정치경제학적 경향들하고 맺는 관계 속에서 분석될 수 있는 특정한 유형의 연구 대상으로 이해된다.	도시들 안과 도시들 사이의 기술적 네트워크 (예: 전력망), 도시 간 네트워크, 영토와 권위와 권리의 아상블라주	Ali and Keil(2010), Graham(2010), Graham and Marvin(2001), Sassen(2006)
수준 2. 방법론적 도시 정치경제학의 방법론적 확장으로서 아상블라주	아상블라주(종종 긴밀히 연결된 '신진대사' 같은 개념에 결합돼)는 자본주의적 도시화에서 이전까지 간과되던 차원들을 탐색할 수 있는 방법론적 지향으로 제시된다. 비판 도시 정치경제학의 핵심적 관심사들이 아직 중심에 자리하지만, 지금은 새로운 탐구 영역으로 확대되고 있다.	사회자연의 생산, 기반 시설의 교란 또는 붕괴, 그리고 에너지, 가치, 존재, 미생물, 사람, 아이디어의 흐름	Bender(2010), Graham(2010), Heynen et al.(2006), Kaika(2005)
수준 3. 존재론적 '도시에 대한 대안적 존재론'(Farías 2010, 13)으로서 아상블라주	아상블라주 분석은 자본주의적 도시 개발에 관한 조사와 도시 정치경제학의 핵심적 관심사들 (예: 도시 공간의 상품화, 불평등과 권력 관계, 국가 개입, 양극화, 불균등한 공간 개발)을 대체한다.	건물, 고속도로, 인공물, 무허가 정착지, 의사소통 체계, 교통 흐름, 도시 간 네트워크를 포함하는 도시적 물질성과 기반 시설	Farías(2010), Latham and McCormack(2010), Latour and Hermant(2006[1998]), McFarlane(2011a; 2011b), Smith(2010), Tironi(2010)

도시화의 여러 차원에 관한 새로운 해석적 관점을 열어준다는 의미인가? 아니면 아상블라주 접근은 도시 정치경제학의 지적 프로젝트를 대체하거나 대신하는 새로운 **존재론적** 출발점을 제공하는가?

이런 질문들에 뒤이어, 우리가 요즘 여러 도시 연구 문헌에서 발전된 아상블라주 사고와 정치경제학 사이의 세 가지 주요 접합 지점으로 식별한 내용을 표 8-1로 정리한다. 여기에서 각 행은 이 접합이 이해될 수 있는 방식에 관한 핵심적인 논리적 견해와 다양한 정도로 행위자-연결망 이론의 영향을 받은 연구자들이 실제로 채택한 주요 분석 전략을 모두 나타낸다.

첫째 행은 도시 정치경제학 안에서 특정한 유형의 연구 대상으로 아상블라주를 사용한 사례를 나타낸다. 이를테면 사센은 아상블라주를 사용해 영토, 권위, 권리의 특정한 역사적 상호 관계를 언급하는 반면(Sassen 2006), 스티븐 그레햄Stephen Graham과 사이먼 마빈Simon Marvin의 《쪼개지는 어버니즘Splintering Urbanism》은 기반 시설 네트워크를 '도시와 도시 생활에 확인 가능한 영향을 미치는 개별적 인과 요인보다는 사회기술적 **조립체**assemblies나 기계적 복합체'로 인식한다(Graham and Marvin 2001, 31[강조는 원문]). 이 저자들은 존재론적 토대로서 아상블라주 사고에 의지하지 않으며, 대신에 구체적 도시 분석을 임시변동한 기반에서 재구성하기 위해 그런 접근 방식에서 특정한 명제들을 동원한다. 결과적으로 이 전통 속에서 작업하는 저자들은 자기가 파악하는 아상블라주를 어느 정도는 정치경제학 노선을 따라 분석하는 경향이 있으며, 사실상 도시 아상블라주의 정치경제학에 함께한다.

둘째 행에서 아상블라주 사고는 도시 정치경제학을 기반으로 하는 주로 방법론적인 접근 방식을 생성하면서 핵심 요소와 관심사의 일부를 확장하고 재구성하며, 부분적으로는 행위자-연결망 이론을 수단 삼아 선택적으로 전유한다. 이런 과정은 도시 정치생태학 관련 분야에서 도시적 사회자연의 생산을 특징짓는 상호 연결성을 띠면서도 유동적인 동학을 포착하기 위해 '신진대사' 개념을 사용하는 방식하고 비슷하다(Gandy 2004; Heynen et al. 2006; Kaika 2005; Swyngedouw 2006). 이 저자들이 지적한 대로, 신진대사 개념은 정치경제학에서 오랜 유산을 지니고 있을 뿐만 아니라 오늘날 아상블라주 분석의 몇몇 흐름에 명백한 친화성을 드러낸다(Foster 2000). 도시 정치생태학은 신진대사 개념과 행위자-연결망 이론에서 나온 선택적 방법론 도구를 사용해 아상블라주 사고와 정치경제학을 명시적으로 연결하며, 비판적 도시 정치경제학 안에서 사회자연에 관한 논의를 재구성한다. 이 저자들에게 신진대사 개념은 조사 대상(특히 도시적 사회자연 네트워크)에 특성을 부여하는 방법이자 설명 장치 기능과 이론 장치 기능을 동시에 수행한다. 한편으로 물질의 신진대사 순환은 물질을 질적 변화와 질적으로 새로운 아상블라주를 생산하는 결합 네트워크에 '등록'되게 한다(Swyngedouw 2006, 26). 다른 한편으로 도시화 자체는 '사회적으로 접합된 연결망과 도관을 통해 조직되는 과정인 사회자연적 관계의 내파^{內破}로서 물질화되는 신진대사적 순환 과정'으로 재정리된다(Swyngedouw 2006, 35). 이런 주장들은 도시 이론에 관한 실질적인 재사고에 해당하지만, 방법론적으로 확장된 틀 안에서 정치경제학의 핵심 관심사, 개념, 분석적 지향을 유지하기도 한다.

마지막 셋째 행에서 행위자−연결망 이론은 도시 연구의 전체적인 개념 장치와 설명 의제를 포함한다. 이런 방식으로 작업하는 저자들은 행위자−연결망 이론을 (도시와 비도시) 사회 세계의 근본적 특성을 재개념화하는 방법으로 본다. 도시 과정은 이제 방향이나 영역에서 차이가 없는 평평한 존재론 안에서 인간 행위소와 비인간 행위소의 거대한 집합으로 인식된다. 정치경제학이나 공간 사회학에 쓰는 개념에 기반한 도시 이해 방식은 정당성이 없거나 최소한 괄호로 묶여 있다고 여겨진다. 규모나 영토 같은 사회공간적 구조화 범주들은 이론적, 설명적, 해석적 도구가 아니라 주로 해석돼야 할 데이터로 이해된다(Smith 2010). 이렇게 해서 아상블라주 형성의 **문제틀**은 정치경제학을 대체할 급진적인 존재론적 대안으로 기능하게 된다. 아상블라주는 더는 단순히 개념적 모티브, 경험적 도구, 방법론적 지향이 아니라 도시적 사회 우주를 묘사할 대안적 지도 그리기에 필요한 존재론적 기반이다. 이런 견해를 보여주는 대표 사례는 라투르와 에밀 에르망^{Emilie Hermant}이 한 파리 연구(Latour and Hermant 2006), 이냐시오 파리아스^{Ignacio Farías}의 행위자−연결망 이론과 도시 연구에 관한 진술^{Farías 2010}, 아상블라주 어버니즘을 다룬 편저(Latham and McCormack 2010; Smith 2010; Tironi 2010)에 실린 파리아스와 토머스 벤더^{Thomas Bender}의 글 몇 편(Farías and Bender 2010), 그리고 맥팔레인이 얼마 전 쓴 글들(McFarlane 2011a; 2011b)이다.

아상블라주 사고와 정치경제학을 접합하는 이 세 가지 폭넓은 방법을 구별하는 논리는 단일한 '아상블라주 어버니즘'이란 없다는 점, 따라서 일반적인 용어에서 아상블라주 개념을 찬성하거나 반대하는 논의의 의미가 없다는 점을 분명히 한다. 동시에, 앞으로 할 논의에서 보여줄 테지만, 우리는 그중 몇몇 특정한 표현은 다른 것보다 더 방어할 만하다고 생각한다. 특히, 우리는 경험적 수준과 방법론적 수준인 수준 1과 2가 지닌 장점이 도시 연구 문헌에서 설득력 있는 요소로 확인됐으며, 앞으로 이론적 연구와 실질적 연구에서 더 구체화할 가치가 있다고 주장하려 한다. 이런 아상블라주 사고의 흐름은 행위자-연결망 이론을 비롯한 다른 원천에서 얻은 통찰을 신댁적으로 전유하는 과정을 거쳐 도시 정치경제학의 연구 초점과 이론적 지향을 생산적으로 수정하고 계속 변화시키는 중이다. 그러나 지금 자세히 설명하는 이유 때문에, 우리는 표 8-1의 수준 3으로 수행된 분석(존재론으로서 아상블라주)이 한 기여에 관해서, 특히 이 책이 설정한 틀 안팎에 자리한 **비판적** 도시 연구 프로젝트에 연관된 적절성에 관해서 훨씬 회의적이다.

소박한 객관주의의 존재론

행위자-연결망 이론의 주목할 만한 강점은 사회자연적 관계들의 다중적 물질성을 향한 관심이다. 게다가 행위자-연결망 이론에서 파생된 여러 접근은 건물과 건축 재료부터 기반 시설 전력망, 다양한 에너지 형태, 심지어 기상 시스템까지 포괄하는 비인간 행위소들이 '무효 전력reactive power'이나 행위 주체의 중요한 형태들을 생성할 수도 있는 시기와 방법에 관한 분석을 개척했다.[4] 그러나 정치경제학이나 도시 과정의 구조화(자본, 국가, 영토 동맹, 사회운동 등 무엇을 통하든 간에)에 주의를 기울이는 또 다른 이론 틀에 의지하지 않으면, 아상블라주 분석의 존재론적으로 활용된 전유는 동시대의 전지구적 도시 조건을 조명하는 기초로서 심각한 곤란을 마주하게 된다.

특히 행위자–연결망 이론과 아상블라주 어버니즘의 존재론적 변종들에 관련된 서술의 초점은 행위소들이 위치하고 작동하는 더 넓은 (지구적, 국가적, 지역적인) 구조적 맥락에 관한 중요한 설명적 질문을 다루지 않은 채 남겨둔다. 이런 질문에는 첫째, 자본 축적과 투자/비투자의 형성, 둘째, 역사적으로 굳어진 불균등 공간 개발, 영토 양극화, 지정학적 헤게모니의 대규모 배치, 셋째, 국가 권력, 영토 동맹 형성, 도시 거버넌스의 다단계 구조, 넷째, 다양한 형태의 강탈, 박탈, 불만을 둘러싼 사회정치적 투쟁이라는 정치 제도적 유산이 포함된다. 시대에 뒤떨어진 사회과학 설명 모델의 잔재라는 이유로 구조 개념을 명시적으로 거부하거나 그런 개념에 기대어 제기된 질문들을 단순히 무시하면서, 아상블라주 분석에 관한 존재론적 접근은 도시 공간과 지역적으로 배태된 사회 세력이 위치하는 사회공간적, 정치적–경제적, 제도적 맥락을 이해할 수 있는 핵심적인 설명 도구를 스스로 박탈한다. 더욱이 그 틀 안에는 본성적으로 인간적이든 비인간적이든 간에 관련된 행위소와 관련 없는 행위소를 구별하는 내재적 원리가 부재하다. 벤더가 제시하듯 그런 접근 방식은 '요소들을 행위자–네트워크에 무차별 흡수'하는 위험에 더해 '모든 행위자의 중요성을 평준화하는 효과'가 있다(Bender 2010, 305). 이 과정의 결과는 앤드루 세이어^Andrew Sayer가 다른 곳에서 적절하게 '소박한 객관주의'라 부른 것에 기초한 결합의 형이상학이다 (Sayer 1992, 45). 이런 분석 양식은 '사실'(이 사례에서는 인간 행위소와 비인간 행위소 사이의 연결)이 매개를 통한, 또는 적어도 이론적 가정과 해석적 도식을 통한 생동화를 요구하기보다는 자기 자신을 대변한다는 점을 전제로 한다.

---

4 제인 베넷(Bennett 2005; 2010)은 이 분석을 도시 연구 분야에 구체적으로 연관시키지는 않았지만, 이런 견해에 관한 매우 명확한 철학적이고 사회학적인 설명을 제공한다. 브뤼노 라투르는 20세기 사회과학을 조금 포괄적으로 비판하는 맥락에서 더 표준적인 참조점을 제공한다(Latour 2005).

그런 견해에 이어진 지적으로 문제 있고 정치적으로 중립적인 결과는 행위자-연결망 이론이 현대 도시 개발 관련 조사에 적용된 최근 사례에서 상당히 많이 입증된다. 이를테면 뭄바이의 무허가 주택에 관해 맥팔레인이 한 설명을 생각해보자(McFarlane 2011a). 이 연구는 뭄바이에서 주변화된 지역을 사례로 주택 배치를 폭넓게 설명한다. 맥팔레인은 빈곤과 불평등의 경험이 건조 환경을 구성하는 건축 자재와 기반 시설 요소를 거쳐 결정적으로 매개된다는 사실을 보여준다. 이런 논의를 바탕으로 맥팔레인은 무허가 주택의 물질성이 일상의 빈곤 경험을 매개하는 중요한 구실 때문에 더 많은 분석적 관심을 받을 만하다고 적절하게 제안한다. 이런 지적처럼 주택은 '매우 불평등한 자원과 불안정한 삶의 맥락'에서 **만들어**지고 **편집**된다(McFarlane 2011a, 216[강조는 원문]). 그러나 이 분석에 담긴 아상블라주에 관한 두툼한 설명은 조사 중인 불평등과 박탈의 특정한 형태를 해명하는 데 충분한가? 아상블라주-이론 분석은 뭄바이에서든 다른 곳에서든, 도시의 사회공간적 양극화, 주변화, 박탈의 바탕에 놓인 맥락과 원인을 설명하는 데 어느 정도나 도움이 되는가?

맥팔레인의 아상블라주 해석이 만들기와 편집하기의 동학에 관해, 그리고 편집하기에 관련된 사회자연적 과정의 넓은 스펙트럼에 관해 귀중한 조명을 비출 수 있지만, 그런 분석 속에는 바로 '매우 불평등한 자원과 불안정한 삶의 맥락'(McFarlane 2011a, 216)이 괄호로 묶여 있다. 이 괄호 치기는 논의 대상이 되는 지역에서 토지 소유권, 강탈, 박탈, 투쟁의 어떤 역사적 지리학이 불평등한 자원 분배와 불안정한 생활 조건을 생성하고 고착시키는지 묻는 질문을 제대로 해명하지 않는 만큼 문제가 있다. 결국 맥팔레인이 무허가 주택의 물질성에 관련해 제공하는 많은 세부 사항(발견된 건축 자재, 수직 모듈식 건축, 계획된 건축양식이 아니라 증축된 요소 등)은 라틴아메리카, 중동, 남아시아 곳곳에 자리한 여러 대도시의 다른 비공식 영역과 주변화 영역 내부의 사회물질적 조건을 똑같이 잘 설명한다(Roy and AlSayyad 2004). 그러나 전지구적 수준에서 다른 각 지역 내부에 자리한 판자촌과 무단 거주자 정착지는 숱하게 많고 더 폭넓은 권력의 역사적 지리학 안에서 상당히 다른 방식으로 배치된다. 이를테면 전지구적 노동 분업과 자본 투자/비투자의 순환, 식민과 탈식민 정치의 유산, 세계은행과 국제통화기금 같은 제국 권력과 국제기구들의 지정학적 통제와 복속과 개입 양식, 농업–산업 전환과 여기에 관련된 농촌–도시 이주의 상이한 양상, 투기적 부동산 개발, 기반 시설 생산, 주택 정책과 빈민가 정리를 통해 도시화를 형성하기 위한 국가 전략, 다양한 공간 규모에서 작용하는 다양한 형태의 사회운동 동원 등이다. 아상블라주 분석의 이런 흐름이 특징으로 드러내는 분석적 기법에서 이 맥락은 거의 언급되지 않으며, 이론화나 체계적 분석도 훨씬 미진하다. 그러나 이런 **맥락의 맥락**에 관한 지속적인 설명이 없다면 이 분석은 근본적으로 불완전한 상태로 있게 된다.[5]

아상블라주 존재론은 물질 자체에 초점을 맞추지만, 물질이 배태된 정치–경제적 구조와 제도를 필수적으로 고려해야 한다. 뭄바이의 무허가 주택을 설명한 맥팔레인에 따르면 건축 자재는 매우 다의적이고 잡다하다. 페인트 낙서, 장식 없는 벽돌, 뒤뜰 정원의 흙, 골이 파인 금속은 맥락에 따라 불안정한 빈곤의 표현일 수도 있고, 지배와 미학적 번영의 표현이 될 수도 있다. 맥팔레인은 사회물질적 아상블라주 개념을 설득력 있게 설명하면서 이렇게 질문한다. "기성의 지역 도시 계획에 비교할 때 …… '창조 도시'에 관한 리처드 플로리다의 세련된 파워포인트 프레젠테이션에서 특정한 주체는 무엇인가?"(McFarlane 2011a, 218~219). 그러나 여기에서 진짜 쟁점은 파워포인트의 사회적 물질성인가, 아니면 이 기술이 전개되는 구조적 맥락과 제도적 위치인가? 아마도 부동산 개발업

---

5 신자유주의화에 관한 네오–푸코적 분석에 관련해 '맥락의 맥락'을 고려할 필요성에 관련된 논의를 살펴봐야 한다(Brenner et al. 2011). 여기에서 아상블라주 어버니즘의 존재론적 흐름을 상대로 우리가 하는 비판은 이 주장하고 아주 비슷하다.

자들하고 동조하는 정책 기업가들은 세련된 파워포인트 프레젠테이션을 사용하는 반면, 노동 계급 주거 운동가들은 그렇지 않을 가능성이 아주 크다. 그러나 파워포인트 프레젠테이션에서 중요한 요소는 그 내용이 활용되는 이데올로기적 정당화 프로젝트다. 여기에 포함된 단어, 문구, 내러티브는 역사적이고 지리적인 위치에 따라 다른 권한이 부여된 사회운동, 세력, 동맹, 기관들하고 이유 있는 관계를 형성한다. 주민 축출, 정치적 권한 박탈, 또는 노동권에 초점을 맞춘 프레젠테이션을 창조 계급이나 국가 보조 오피스 타워가 받을 혜택에 초점을 맞춘 프레젠테이션으로 대체하는 일은, 순전히 물질적 측면에서 똑같아 보일 수 있지만 실제로 매우 다른 형태와 기능을 지닌 아상블라주다. 그런 아상블라주에 경험적 초점을 두게 되면 관련된 동학의 특정 측면을 밝히는 데 도움이 될 수 있지만, 이런 방식은 앞에서 말한 정치-경제적이고 제도적인 힘의 영역 안에서 경합하는 수단에 관한 탐구를 수반하게 된다. 대조적으로, 존재론적 아상블라주 개념은 비판 도시 이론의 핵심에 자리한 권력, 불평등, 부정의, 정치화, 투쟁, 동원에 관한 기본적 질문들하고 타협하기 어려운 소박한 객관주의로 그런 숙고를 대체한다(이 책 3장; Soja 2010).

실재, 가능태, 그리고 비판

행위자-연결망 이론의 주요 이론적 지지자들은 자기가 '비판 사회학'으로 보는 영역에 노골적으로 적대적이었다(Latour 2004; 2005; Madden 2010b). 이런 일반화는 아상블라주 분석의 여러 흐름에도 마찬가지로 적용된다. 아마도 이 이유 때문에 아상블라주 사고를 지적 도구에 통합한 비판 도시 연구 분야는 강력한 비판적 에너지를 공급하는 정치경제학 접근에 좀더 명시적으로 결합하는 경향을 띤 듯하다. 따라서 표 8-1의 경험적 수준과 방법론적 수준에 자기 작업을 자리매김하는 저자들은 각자가 하는 분석의 핵심 요소를 정초하는 데 도시 정치 경제학에 폭넓게 의지한다. 대조적으로 행위자-연결망 이론 지지자들은 비판적 사회과학에 명시적으로 반대하는 주장을 펼친다. 라투르는 자기 견해를 비판적 사회학에 '가혹하고 …… 진정으로 불쾌해하는' 태도라고 설명하며(Latour 2005, 12), '해방적 정치에 쏟는 열광' 속에서 적절한 과학적 태도를 포기하는 모습을 본다(Latour 2005, 52).[6]

동시에 앞에서 논의되거나 언급된 여러 저자를 포함한 다른 도시학자들은 아상블라주 분석을 비판 도시 이론에 명시적으로 연결하려 했다. 그래서 파리아스는 행위자-연결망 이론의 '급진성'을 극찬한 반면(Farías 2010, 3), 맥팔레인은 아상블라주 어버니즘이 실재와 가능태 사이의 관계, 특히 도시의 형성이 '다르게 조립될 수 있는' 방식에 관한 질문에 관심이 있다고 주장한다(McFarlane 2011a, 210). 그러나 문제는 실재와 가능태가 관련되는지 **여부**가 아니라 관련되는 **방식**에 있다. 여기에서 우리는 종종 정치적-경제적 분석에 동기를 부여하는 비판에 관한 변증법적 접근과 아상블라주 분석에서 내부적으로 파생된 접근 사이에는 의미 있는 근본적 차이가 자리한다고 생각한다. 많은 아상블라주 사고에 공통된 견해를 정식화하는 맥팔레인의 설명 속에서 잠재성은 외부성이다. 원칙적으로 모든 아상블라주는 분해될 수 있으며, 새로운 사회물질성을 통합해 새로운 아상블라주가 형성될 수 있다. 현존하는 아상블라주 외부에 있는 이 새로운 요소들은 인간과 비인간 관계의 다른 배열이 생성될 가능성을 제공한다. 이 가능성은 조사 대상인 사회물질적 관계에 역사적으로 특수하거나 내재적인 요소로 이해되기보다는 존재론적으로 전제된다. 맥팔레인은 도시에 대한 권리,

---

6 아는 주체가 알려지는 객체하고 상호 작용한다는 반실증주의적 인식에 더해, 정치에서 과학을 분리하는 문제에 관련한 신실증주의적 주장과 행위자-연결망 이론의 모순적 병합에 관련해 살펴봐야 한다(Madden 2010b).

커먼즈, 코즈모폴리터니즘 같은 생산적인 규범적 범주를 도입하지만(McFarlane 2011a), 대체로 아상블라주 접근이 대안을 추구할 수 있는 추상적 가능성이라며 무반성적으로 묘사하는 과정을 거쳐 작동하는 듯하다. 그러나 우리가 볼 때 이 접근법은 특정한 역사적-지리적 조건 아래에서 특정한 비판적 대안들이 어떻게, 언제, 왜 추구될 수 있는지를, 또는 더 일반적으로 몇몇 재조립화 가능성이 다른 가능성에 견줘 실현되고 또 다른 가능성이 억제되거나 제외되는 이유를 이해할 수 있는 명확한 근거를 제공하지 않는다.

대조적으로 비판 이론은 자본주의와 자본주의에 연관된 형태들이 실재의 내재적이고 구성적인 계기로서, 곧 모순과 부정으로서 가능태를 포함한다고 주장한다(Lefebvre 2009; Marcuse 1990[1960]; Ollman 2003; 이 책 2장). 특정한 역사적 구조는 사회 변혁의 가능성에 관련해 결정적 제약을 생성할 뿐만 아니라, 종종 숨겨지거나 억압되더라도 사회 변혁을 위한 기회를 결정하기도 한다. 그런 틀 안에서 비판을 향한 충동은 외부적이고 규범적인 지향이나 정신적 추상화가 아니라 가능한 일이 실현되지 못하게 제한하는 바로 그 구조, 모순, 갈등에 내재돼 있으며, 그런 계기들 덕분에 가능해진다. 이런 관점에서 볼 때 모든 비판 이론의 핵심 과제는 출현할 조건을 성찰적으로 설명하는 데 있는데, 그 과정에서 단순히 개별적 대립이나 규범적 헌신의 문제가 아니라 실질적으로 역사적인 견지에서, 동일한 모순 내부의 본질적 계기로서 서술해야 하며, 그 이론이 해독하고 궁극적으로 뛰어넘으려 하는 사회적 총체성을 역동적으로 전개해야 한다 (Marcuse 1990[1960]; Postone 1993).

내재적이고 변증법적인 이런 부정 개념을 아상블라주 이론의 외재주의적인 규범적 지향에 비교할 때, 우리는 정치적 전망에서 드러나는 차이도 발견하게 된다. (제인 베넷Jane Bennett이 강력하게 주장한 대로) 행위 주체에 관한 우리의 이해를 비인간 영역으로 확장한다는 명시적인 목표가 제시되더라도, 아상블라주 사고의 존재론적 형태들은 사회 변혁 과정에 개입할 수 있는 특정 인간 행위자와 사회 세력을 제대로 식별할 장치를 갖추고 있지 않다(Bennett 2010). 대신에 아상블라주와 행위자-네트워크가 익명적으로, 거의 불가사의하게 불안정해지거나 해체되는 수동태의 정치가 우세하다. 이를테면 맥팔레인은 이렇게 주장한다. "도시 아상블라주는 다양한 형태의 권력 관계, 자원, 정보 통제를 거쳐 구조화된다"(McFarlane 2011a, 210). 그러나, 그렇다면 **누가**(또는 때에 따라 **무엇이**) 누구를 상대로 구조화를 수행하는지 탐색하는 일이 핵심적이다. 행위소들 사이의 수동적 상호 작용에 따라 움직이는 세계에서, 도시 공간을 전유하고 재전유하려 싸우는 다양한 사회정치적 행위자들 사이의 투쟁이 벌어지는 힘의 영역은 뒷배경으로 밀려난다(이 책 3장; 이 책 5장; 이 책 16장). 대안적 미래에 관한 강력하고 심지어 급진적인 전망을 성공적으로 접합하는 아상블라주 이론의 흐름이 있지만(Bennett 2010 참조), 인간 행위자의 근본적으로 **정치적인** 차원들에 개입하지 않고 대안적 미래를 추구하는 일은 불가능해 보인다. 요컨대, 아마도 세계를 해석하는 비활성적 방식 때문에 아상블라주 사고의 존재론적 변종은 세상을 바꾸는 방법에 관련해 많은 지침을 제공하지 않는다.

아상블라주 어버니즘의 재조립?

얼마 전 현대 도시 이론을 평가하면서 아나냐 로이는 지금이 20세기 후반 도시 연구에 관련된 '이론적 지리학을 폭파할 때'이며, 따라서 북반구와 남반구에서 모두 현대의 전지구적인 도시적 순간들을 다룰 수 있는 새로운 '이론 지리학들'을 생산해야 한다고 주장한다(Roy 2009, 2). 이 장에서 우리의 목표는 아상블라주-이론 도시 연구에 속하는 다양한 창발적 흐름들이 이런 폭넓은 지적이고 정치적인 과제에 기여할 수 있는 정도를 평가하는 일이었다. 우리는 그런 논의를 거쳐서 열린 실증적 연구 의제와 방법론적 방향에 대체로 공감하지만, 비판적 도시 연구를 오도하지는 않더라도 그저 부분적 기반만 제공할 뿐인 아상블라주 어버니즘을 좀더 존재론적으로 근거 있게 적용하는 문제에 관해서는 상당히 유보적 태도를 보였다.

결론적으로, 우리는 이 연구 분야에서 지적 대담성과 실험이 필요하다는 점을 재확인하며, 도시적 아상블라주를 둘러싼 논쟁에 맹점이 있기는 하지만 그런 충동에 생산적으로 기여하는 유용한 방법을 강조하고 싶다. 비판 도시 이론이 현재 존재하듯이 빠르게 변화하는 전세계적 도시화의 조건을 해독하는 데 필요한 기성의 분석 도구를 갖추고 있는 상황은 확실히 아니다. 이를테면 인간/비인간 사이의 경계면, 네트워크로 연결된 상호 의존성, 사회물질적 기반 시설의 생산에 관련해 아상블라주 도시학자들이 제기한 질문은 핵심적인 문제들이며, 미래에 도시 문제로 손대려면 확실히 진지하고 지속적인 탐구를 할 가치가 있는 문제라는 사실은 의심의 여지가 없다.

오늘날 새로운 형태의 도시화와 세계 만들기(Lefebvre 2009; Roy 2009; 이 책 4장)는 지리경제적, 지정학적, 환경적 위기, 진행 중인 시장 주도 규제 실험, 모든 공간적 규모에서 치열하게 펼쳐지는 사회정치적 경쟁이라는 변덕스러운 맥락 속에서 서로 공동으로 구성한다. 도시적 조건이 전세계적 조건이 되면서, 그런 과정은 전해 내려온 도시적 객체의 절대적인 영토 확장이 아니라, 오히려 질적으로 새롭고 진정으로 행성적인 형태의 도시화가 출현하면서 진행된다. 여기에서 불균등하지만 밀도 있게 도시화된 사회공간적이고 정치적-경제적인 상호 의존성 조직은 일단 확장되고 두꺼워지며, 전지구적 공간에 걸쳐 온갖 장소, 영토, 규모에서 계속 차이를 만든다. 도시적인 것의 이런 세계적 범위 되기(르페브르식 용어로 하면 세계화modialisation)란 단순히 도시 인구의 양적 확장이나 전해진 메트로폴리탄 행정 구역의 외부 확장이 아니라 도시 자체의 질적 **재구성**을 수반했고, 전해 내려온 공간적 대립, 이를테면 도시/교외, 도시/시골, 중심부/주변부, 북반구/남반구, 사회/자연은 완전히 대체되지는 않더라도 근본적으로 재접합되고 있다.

이런 전례 없는 추세와 변형에 비추어 볼 때, 도시 이론에 관한 비판적 접근의 핵심 과제는 새롭게 나타나는 불균등한 지리적 발전의 형태들을 경향적이고 행성적인 범위의 대칭성뿐 아니라 똑같이 만연한 취약성, 불안정성, 변이성을 파악하는 방식으로 포착해 공간적 차이를 다룬 새로운 어휘집을 생성하는 일이다. 전세계적이지만 내부적으로 위계화되고 차별화된 도시적 총체(Lefebvre 2003[1970])의 지도를 그리는 특별한 도전에 직면한 바로 여기야말로 아상블라주 접근을 통해 촉진되는 개념적 행위와 방법론적 행위가 가장 생산적으로 되는 곳이 아닐까? 데이비드 하비가 제시한 '구조적 응집성' 개념이 개별 도시 지역의 규모에서 이 문제에 맞닥트린 오늘날, 새롭게 출현하는 행성적 도시 구성[7]의 이질적인 공간적, 정치 제도적, 환경적 요소들 사이의 다양화된 접합들을 해독할 필요가 있다(Harvey 1989). 세계 자본주의를 (재구성된) 시장 근본주의의 강화된 억압적 의제, 박탈을 통한 축적, 깊어진 환경 재앙을 은폐하는 위계적이고 코즈모폴리턴적이고 유연하며 경계 없고 창조적인 '세계 질서'로서 이데올로기적으로 투사하는 양상이 계속되는 상황 아래, 이 과업은 특히 긴급하다. 아상블라주 사고는 공간을 관계적으로 중층 결정된 풍부함으로 사고할 수 있는 조망을 열어주기 때문에(Bender 2010; Massey 2005도 보라), 이런 강탈, 파국, 가능성의 새로운 지리학을 탐색하고 지도로 그리는 데 유용한 통찰을 제공할 수 있다. 그렇지만 우리가 제안하듯, 이런 실험은 비판적인 지정학적 경제학의 지적 도구와 정치적 지향에 체계적으로 연결될 때 가장 효과적이다.

행성적 방식으로 새로운 형태를 띠게 됐지만, 우리는 도시 과정이 근본적으

---

7 일반적으로 이 문제에 관해서는 아이와 옹과 스티븐 콜리어의 글을 보라(Ong and Collier 2004). 하비의 작업에 관련해서는 닐 브레너를 참조하라(Brenner 1998). '글로벌'의 본질에 관해서는 사스키아 사센도 보라 (Sassen 2006).

로 자본주의적인 도시 과정으로 남아 있다고 주장한다. 우리가 볼 때 도시화의 이런 차원은 물론 국가 제도, 다양한 사회 세력, 모든 공간적 규모에서 나타나는 체계적 위기 경향을 거쳐 매개되며, 전세계에 걸쳐 도시 지역 내부와 도시 지역들 사이에서 강탈, 박탈, 주변화를 다루는 현대의 지리학을 생산하고 재생산하는 데 결정적 구실을 한다. 결과적으로, 도시 이론이 지적으로나 정치적으로 의미를 지니려면 장소, 영토, 규모를 가로질러 현대의 사회공간적 관계들에 내재하는 자본주의 비판을 위한 조망을 계속 탐색해야 한다.

여기에서 제안된 비판 도시 이론에 다가가는 접근법은 노동에 관한 초역사적 형이상학, 도시적인 것에 관한 구조주의적 구성, 계급 이론적 환원주의에 근거하지 않는다. 대신에 이론적 성찰, 방법론적 실험, 구체적인 연구 시도의 조합을 포함하는 나선형 운동을 통해(Sayer 1992), 사회공간적 재구조화의 현대적 형태들에 관련된 진행 중인 경향, 모순, 투쟁에 비추어 자체적인 설명 도구를 계속 재평가하고 재구성한다. 이런 배경에서 핵심 과제는 아상블라주 어버니즘의 분석적 지향과 방법론적 지향을 진행 중인 행성적 도시 변형에 다가가는 진정으로 비판적인 접근에 기여하는 방식을 거쳐 지정학적 경제학의 도구들에 연결하는 일이다. 이런 방식은 지역적 특수성과 우연성뿐 아니라 더 넓은 상호 맥락적 동학, 궤적, 투쟁에도 해당한다(Roy 2009). 요컨대 현 시대는 전통적인 도시 이론을 구성하는 정적인 범주들이나 아상블라주 사고에 속한 몇몇 흐름이 불운하게도 빠지기 쉬운 개념적 고요를 요구하지 않는다. 대신에 우리는 근본적으로 다른 유형에 속한 전세계적 공간의 가능성(Lefebvre 2009)을 지향하는 비판적 상상력을 위해 지적 구성 요소와 정치적 구성 요소를 계속 찾아 나서야 한다. 이런 필요성은 거꾸로 우리의 전지구적 도시 세계를 '뿌리에서'(Marx 1963, 52) 파악할 역량을 갖춘 비판 도시 이론을 벼려내라는 요구로 이어진다.

참고 자료

Ali, S. H. and Keil, R. 2010. "Securitizing network flows: infectious disease and airports." S. Graham(ed.), *Disrupted Cities*. New York: Routledge. pp. 111-130.

Amin, A. 2007. "Re-thinking the urban social." *CITY* 11(1), pp. 100-114.

Amin, A. and Thrift, N. 2002. *Cities*. London: Polity.

Bender, T. 2010. "Reassembling the city: networks and urban imaginarie." I. Farías and T. Bender(eds.), *Urban Assemblages: How Actor–Network Theory Changes Urban Research*. New York: Routledge. pp. 303-323.

Bennett, J. 2010. *Vibrant Matter*. Durham, NC: Duke University Press.

Bennett, J. 2005. "The agency of assemblages and the North American blackout." *Public Culture* 17(3). pp. 445-565.

Brenner, N. 1998. "Between fixity and motion: accumulation, territorial organization and the historical geography of spatial scales." *Environment and Planning D: Society and Space* 16(5). pp. 459-581.

Brenner, N., Madden D. J., and Wachsmuth, D. 2011. "Assemblage urbanism and the challenges of critical urban theory." *CITY* 15(2). pp. 225-340.

Brenner, N., Peck, J., and Theodore, N. 2010. "Variegated neoliberalization: geographies, modalities, pathways." *Global Networks* 10(2). pp. 182-222.

Callon, M. 1986. "Some elements of a sociology of translation: domestication of the scallops and the fishermen of St. Brieuc Bay." J. Law(ed.), *Power, Action and Belief: A New Sociology of Knowledge?* London: Routledge. pp. 196-223.

Castells, M. 1993. *The Rise of the Network Society*. Cambridge, MA: Blackwell.

Castells, M. 1979[1972]. *The Urban Question: A Marxist Approach*, trans. by A. Sheridan. Cambridge, MA: MIT Press.

Castree, N. 2002. "False antitheses? Marxism, nature and actor–networks." *Antipode* 34(1). pp. 111-146.

Cronon, W. 1991. *Nature's Metropolis*. New York: Norton.

De Landa, M. 2006. *A New Philosophy of Society: Assemblage Theory and Social Complexity*. New York: Continuum.

Deleuze, G. and Guattari, F. 1987[1980]. *A Thousand Plateaus*, trans. by B. Massumi. Minneapolis, MN: University of Minnesota Press.

Farías, I. 2010. "Introduction: decentering the object of urban studies." I. Farías and T. Bender(eds.), *Urban Assemblages: How Actor-Network Theory Changes Urban Research*. New York: Routledge. pp. 1-24.

Farías, I. and Bender, T.(eds.). 2010. *Urban Assemblages: How Actor–Network Theory Changes Urban Research*. New York: Routledge.

Farías, I. and Graham, S. 2010. "Interview with Stephen Graham." I. Farías and T. Bender(eds.), *Urban*

Assemblages: How Actor–Network Theory Changes Urban Research. New York: Routledge. pp. 197–203.

Foster, J. B. 2000. *Marx's Ecology.* New York: Monthly Review Press.

Gandy, M. 2004. "Rethinking urban metabolism: water, space and the modern city." *CITY* 8(3). pp. 363-379.

Graham, S. 2010. "When infrastructures fail." S. Graham(ed.), *Disrupted Cities.* New York: Routledge. pp. 1-26.

Graham, S. and Marvin, S. 2001. *Splintering Urbanism.* New York: Routledge.

Harvey, D. 1989. *The Urban Experience.* Baltimore: Johns Hopkins University Press.

Harvey, D. 1973. *Social Justice and the City.* Baltimore: Johns Hopkins University Press.

Heynen, N., Kaika, M., and Swyngedouw, E.(eds.) 2006. *In the Nature of Cities.* New York: Routledge.

Kaika, M. 2005. *City of Flows.* New York: Routledge.

Latham, A. and McCormack, D. 2010. "Globalizations big and small: notes on urban studies, actor–network theory, and geographical scale." I. Farías and T. Bender(eds.), *Urban Assemblages: How Actor–Network Theory Changes Urban Research.* New York: Routledge. pp. 53-72.

Latour, B. 2005. *Reassembling the Social.* New York: Oxford University Press.

Latour, B. 2004. "Why has critique run out of steam? From matters of fact to matters of concern." *Critical Inquiry* 30. pp. 225-248.

Latour, B. 2003. "The promises of constructivism." D. Idhe and E. Selinger(eds.), *Chasing Technoscience: Matrix for Materiality.* Bloomington: Indiana University Press. pp. 27-46.

Latour, B. 1993. *We Have Never Been Modern.* Cambridge, MA: Harvard University Press.

Latour, B. and Hermant, E. 2006[1998]. *Paris: Invisible City,* trans. by L. Carey-Libbrecht[online]. Available at http://www.bruno-latour.fr/livres/viii_paris-city-gb.pdf(accessed July 6, 2011).

Law, J. and Hassard, J.(eds.). 1999. *Actor Network Theory and After.* Cambridge, MA: Blackwell.

Lefebvre, H. 2009. *State, Space, World,* trans. by S. Elden, N. Brenner and G. Moore. Minneapolis, MN: University of Minnesota Press.

Lefebvre, H. 2003[1970]. *The Urban Revolution,* trans. by R. Bononno. Minneapolis, MN: University of Minnesota Press.

Madden, D. 2011. *City Becoming World: Nancy and Lefebvre on Global Urbanization.* unpublished manuscript.

Madden, D. 2010a. "Revisiting the end of public space: assembling the public in an urban park." *City & Community* 9(2). pp. 187-207.

Madden, D. 2010b. "Urban ANTs: a review essay." *Qualitative Sociology* 33(4). pp. 583-690.

Marcus, G. and Saka, E. 2006. "Assemblage." *Theory, Culture & Society* 2(3). pp. 101-106.

Marcuse, H. 1990[1960]. "A note on dialectic." A. Arato and E. Gebhardt(eds.), *The Frankfurt School Reader.* New York: Continuum. pp. 444-451.

Marx, K. 1963. *Early Writings,* ed. and trans. by T. B. Bottomore. New York: McGraw-Hill.

Massey, D. 2005. *For Space*. London: Sage.

McFarlane, C. 2011a. "Assemblage and critical urbanism." *CITY* 15. pp. 2204–3224.

McFarlane, C. 2011b. "The city as assemblage: dwelling and urban space." *Environment and Planning D: Society and Space*. forthcoming.

Ollman, B. 2003. *Dance of the Dialectic*. Chicago: University of Illinois Press.

Ong, A. and Collier, S.(eds.). 2004. *Global Assemblages*. Cambridge, MA: Blackwell.

Phillips, J. 2006. "Agencement/Assemblage." *Theory, Culture & Society* 2(3). pp. 108–209.

Postone, M. 1993. *Time, labor and social domination*. New York: Cambridge University Press.

Roy, A. 2009. "The 21st century metropolis: new geographies of theory." *Regional Studies* 43(6). pp. 819–930.

Roy, A. and AlSayyad, N.(eds.). 2004. *Urban Informality: Transnational Perspectives from the Middle East, Latin America and South Asia*. Lanham, MD: Lexington Books.

Sassen, S. 2006. *Territory, Authority, Rights: From Medieval to Global Assemblages*. Princeton: Princeton University Press.

Sassen, S. 2000. "New frontiers facing urban sociology at the millennium." *British Journal of Sociology* 51(1). pp. 143–159.

Sayer, A. 1992. *Method in Social Science*, 2nd edition. London and New York: Routledge.

Schmid, C. 2005. "Theory." R. Diener, J. Herzog, M. Meili, P. de Meuron, and C. Schmid(eds.), *Switzerland: An Urban Portrait*, 1. Zurich: Birkhaueser, pp. 163–224.

Smith, R. G. 2010. "Urban studies without 'scale': localizing the global through Singapore." I. Farías and T. Bender(eds.), *Urban Assemblages: How Actor–Network Theory Changes Urban Research*. New York: Routledge. pp. 73–90.

Soja, E. 2010. *Seeking Spatial Justice*. Minneapolis, MN: University of Minnesota Press.

Soja, E. 2000. *Postmetropolis*. Cambridge, MA: Blackwell.

Soja, E. and Kanai, M. 2005. "The urbanization of the world." R. Burdett and D. Sudjic(eds.), *The Endless City*. London: Phaidon. pp. 54–89.

Swyngedouw, E. 2006. "Metabolic urbanization: the making of cyborg cities." N. Heynen, M. Kaika, and E. Swyngedouw(eds.), *In the Nature of Cities*. New York: Routledge. pp. 21–40.

Taylor, P. J. 2004. *Global Urban Network*. New York: Routledge.

Tironi, M. 2010. "Gelleable spaces, eventful geographies: the case of Santiago's experimental music scene." I. Farías and T. Bender(eds.), *Urban Assemblages: How Actor–Network Theory Changes Urban Research*. New York: Routledge. pp. 27–52.

Thrift, N. 1993. "An urban impasse?" *Theory, Culture & Society* 10(2). pp. 229–338.

Wachsmuth, D. 2010. "City as ideology." paper presented at the Association of American Geographers annual conference, April 14, Washington DC.

9장

'창조 도시'라는 새로운 도시 성장 이데올로기

슈테판 크래트케

모든 도시 이론이 '민중을 위한 도시'를 앞당기는 데 쓸모가 있지는 않다. 몇몇 사례는 현실에서 '이윤'을 위한 도시를 정당화하는 이데올로기로 작동하며, 기득권층의 권리를 강화할 뿐이다. 리처드 플로리다가 제시한 창조 계급 이론이 도시 기득권층을 옹호하는 좋은 사례인데(Florida 2004; 2005), 이 이론은 개념과 방법론에서 약점이 뚜렷한데도 북아메리카와 유럽에서 지역 연구자나 정치인들에게 긍정적인 반응을 얻으며 큰 영향을 미쳤다.

사람들은 창조 계급 이론이 매우 명확한 이론적 진술을 포함하고 있다고 여겼다. 이 이론적 진술들을 뒷받침하는 경험적 증거가 적절히 제시된다거나, 정책 개입에 필요한 실용적 처방을 전해준다고 생각했다. 특히 도시 수준에서 플로리다가 제시한 개념은 '희망을 담은 메시지'이자 경제 발전에 성공한 미래로 이끌 길잡이로 보였다. 새로운 도시 성장 이론을 제시하면서 한 주장을 보면, 플로리다는 '창조 계급'이 살고 싶어하고 알아서 모여드는 도시나 지역에서 경제가 성공적으로 발전한다고 예상할 수 있는 만큼 이런 계층을 특별히 끌어 모을 만한 도시와 지역을 만들어야 한다고 말했다. 플로리다는 창조 계급을 구성하는 개인을 도시로 끌어들일 유인을 구체적으로 살피면서 창조 계급이 누릴 수 있는 높은 생활 수준과 쾌적한 편의 시설을 제공해야 한다고 정책 결정자들에게 권고했는데, 이 집단은 수준 높은 창조적 활동에 매력을 느끼며, 따라서 미래에 지역이 발전하는 데 아주 중요하다고 여겨지기 때문이라는 이유를 댔다(Fritsch and Stützer 2007, 15).

창조 계급 이론은 북아메리카 전역과 여러 유럽 국가를 비롯해 독일 정치가와 사회과학자들 사이에서 인기를 얻었다(Berlin-Institut 2007). 좀더 폭넓은 조사에 바탕해서(Krätke 2014), 나는 플로리다가 제시한 '창조 계급' 이론을 비판하고 제이미 펙이 내놓은 비판을 확장하겠다. 얼마 전 펙은 도시 정책 분야에서 새롭게 유행하는 도시 창조성에 초점을 맞췄는데(Peck 2005, 740), 오늘날 널리 퍼진 창조성 전략이 '도시 간 경쟁, 젠트리피케이션, 중산층의 소비, 장소 마케팅

place-marketing을 둘러싸고 형성된 티끌만큼 잔존하는 신자유주의 발전 의제'하고 완벽하게 어우러진다는 점을 강조했다(이 책 2장 참조). 여기에서 나는 플로리다가 쓴 계급과 자본주의 발전 개념 속에 드러난, 그리고 이 두 개념 때문에 도시 경제 발전을 가져오는 다양한 본질적 요인을 부적절하게 인식하게 된 결과로 드러난 문제들을 살펴보면서 펙이 한 비판을 확장할 생각이다. 나아가 나는 많은 도시(특히 글로벌 도시)들은 오늘날 세계 경제를 파멸로 몰아가는 신자유주의 일당이 저지르는 행위들의 용광로로 더 잘 특징지어진다고 주장하면서 '창조성의 용광로'로 도시를 바라보는 플로리디의 관점에 의문을 제기한다. 내가 현대 자본주의의 '딜러 계급dealer class'이라 이름 붙인 계층이 부상한 현상은 전세계 모든 사람이 희생해서 아주 효과적으로 배치된 새롭고 다양한 대량 살상 금융 무기를 발명하는 흐름으로 이어졌다. 이런 배경에 대비되게 '창조 시대'라는 귀에 쏙 박히는 명제는 드러내놓고 이데올로기적이지는 않더라도 매우 모호한 의미를 획득했다(Florida and Tinagli 2004).

　나는 이 장을 두 부분으로 나눠 구성했다. 첫째, 창조 계급, 그리고 현재의 자본주의 발전 양식이라는 긍정적 개념에 유의하면서 플로리다의 이론을 비판한다. 둘째, 유연 노동 관계가 확산되고 주요 도시에서 젠트리피케이션이 확대되는 흐름을 특히 강조하면서 이른바 '창조 산업'이 도시 경제의 성장에 미치는 영향을 살펴볼 생각이다(젠트리피케이션은 이 책 11장 참조).

'창조 계급'의 해체를 향하여

플로리다의 이론이 제시하는 사회 계급 개념은 주로 임의적 규정에 의존하며, 현대 자본주의를 '이끄는' 직업 집단의 우월감을 지탱한다. 전통적 계급들 사이에서 플로리다는 노동자 계급, 서비스 계급(저숙련 서비스 부문 노동자로 구성된 집단), 농민 계급을 구분한다. 플로리다에 따르면 '창조 계급'이라는 이름을 붙인 새로운 계급은 오늘날 경제 발전에서 결정적인 요소다.

이런 개념들을 도입하면서 플로리다는 다양한 형태의 창조적 활동을 적절하게 구분해야 하는 난점을 고려하지 않는데(Howkins 2001), 오늘날 거의 모든 직업군이 창조적인 직무와 근본적으로 실무적인 직무를 일정하게 혼합한 직무 형태에 지배받는다는 사실 때문에 이 문제는 현대 산업 사회에서 심각하게 악화되고 있다. 만약 제조업 부문 노동자의 다수가 복잡한 기술 체계와 조직 절차를 다루는 데 필요한 매우 발전된 암묵지와 문제 해결력을 갖추지 못했다면, 현대 자본주의는 얼마 지나지 않아 극심한 혼란에 빠져들 수밖에 없었다. 게다가 창조성은 현대 자본주의를 구성하는 다양한 도시 세계에서 살아가는 근로 빈곤층에게 주요한 생존 자원이기도 했다(Wilson and Keil 2008).

플로리다에 따르면 창조 계급은 세 직업군으로 구성된다(Florida 2004). 첫째 집단은 '초창조적 핵심supercreative core'으로, 자연과학자, 엔지니어, 정보 과학자, 경제학자와 사회과학자, 의료 전문가(의사), 건축가, 연구원을 비롯한 관련 직업을 포함한다. 둘째 집단은 '보헤미안'이라 부르는데, 예술 영역에 속하는 여러 직업군(작가, 시각 예술가와 행위 예술가, 음악가, 디자이너 등)뿐 아니라 예술 영역의 범위를 좀더 넓혀 미디어와 엔터테인먼트 분야에서 활동하는 창조적 직업으로 구성된다. 마지막으로 플로리다가 '창조적 전문가'라는 이름을 붙인 셋째 집단은 매니저, 조직 전문가, 중재자, 중개인 같은 고숙련 직업군에 속한 전문직으로 구성된다고 한다. 이 마지막 분류는 기업을 비롯한 조직의 관리, 금융 전문가와 부동산 전문가 같은 법률 자문과 기업 컨설팅 관련 직업군을 포함한다. 여기에 더해 입법부 성원, 정무직 공무원, 공공 행정 분야의 숙련된 전문가와 관리자 등도 포함한다. 플로리다는 창조적 전문가 집단에 경제 발전을 '지원'하는 기능을 부여하는 반면 초창조적 핵심 직업군은 혁신가로 기능한다고 설명한다. 따라서 이 초창조적 핵심 집단은 경제 발전과 기술 발전의 이면에 자리한 추진력으로 특징지어진다.

플로리다가 규정한 창조 계급의 범위는 매우 의심스럽다. '창조적 전문가' 집단을 문화 경제에 속하는 예술 분야의 창조적 직업들이나 기술 연구와 개발 활동에 관여하는 동일 규정의 직업군 아래 나란히 분류하는 방식은 문제가 많다. 여기에서 플로리다는 자기가 제시한 접근법을 현대 계급 구조를 긍정하거나 비판하는 않는 개념으로 바꿔버린다.

현대 자본주의에서 금융과 부동산 분야 전문가들은 지식 기반형 경제 발전을 촉진하는 데 아무런 기여를 하지 않는다. 오히려 이런 직업군은 내가 '딜러 계급'이라 이름 붙인 집단을 대표하는데, 금융에 지배되다가 점점 더 투기에 추동되는 자본주의 발전 체제를 통해 이윤을 얻으려 시도한다(이 책 16장 참조). 금융 부문은 자본주의 경제 안에서 더는 단순한 '지원' 기능을 수행하지 못한다. 오히려 모든 경제 분야와 하위 영역에 영향을 퍼트리는 중인 새로운 자본주의 발전 모델의 지배적 추진력이 되고 있다. 현대 금융 지배적 축적 체제를 움직이는 사회적 행위자들은 실제로 금융 분야의 '혁신'과 새로운 금융 '생산품'을 끊임없이 창조하고 있지만, 이런 산물들은 대개 서구 산업국을 시작으로 다른 지역 국가들의 경제 발전을 탈안정화하고 '현실 경제' 부문(제조업 등)의 발전 잠재력과 혁신 능력을 손상시키는 데 기여했다. 현대 금융 시장의 극단적인 파괴성을 염두에 두면(Huffschmid et al., 2007), 2007년에 폭발해 지금도 계속되고 있는 세계 경제 위기에서 입증된 대로, 금융 전문가와 부동산 전문가를 새로운 '창조 계급'의 성원으로 분류하는 플로리다의 논의는 매우 이데올로기적이다. 아주 간략하게 말해 딜러 경제는 신자유주의적 자본주의 발전 모델에 연관되며, 단어의 의미에서 보면 전혀 창조적이지 않다. 현실에서는 딜러 경제란 경제 발전에 심각한 위협이 될 뿐이다.

딜러 계급의 부상은 플로리다가 제시한 창조적 전문가 범주로 분류되는 또 다른 직업군을 포함하기도 한다. 금융 지배형 자본주의 발전 모델에서 법률 자문과 기업 컨설팅 직군은 민간 부문 기업을 '주주 가치'의 원칙과 금융 투자 거래의 논리에 일치시키는 데 연관된 결정적 기능을 수행한다. 금융 투자자들이 행사하는 압력 아래에서 딜러 경제의 경영 관행은 거시적이고 혁신을 지향하는 기업 발전 모델을 희생시키면서 산업 구조의 기반이 되는 제조업 부문과 서비스 부문으로 확산한다. 컨설팅 분야에 관련해 만약 우리가 이 분야의 시장을 주도하는 (이를테면 맥킨지 같은) 업체가 양산한 고도로 표준화된 결과물과 새로운 기술 발전에 연관된 창의적 기획을 비교해보면, 플로리다가 기대한 창조적 성과는 아주 의심스럽게 된다. 더욱이 조지프 슘페터가 오래전에 강조한 대로 아주 소수의 기업가와 경영자만이 '창조적 혁신가'로 사회에 기여한다 (Schumpeter 1952). 이 사회 집단의 나머지 대부분은 익숙한 관행, 비즈니스 모델, 생산 형태를 답습하는 용감한 모방자일 뿐이다.

'정치 계급'을 구성하는 입법부 성원, 정무직 공무원, 공공 행정 분야의 숙련된 전문가와 관리자 등을 '창조 계급'의 일부로 보는 플로리다의 관점에 관련해서도 중대한 의문이 제기될 수 있다. 어느 정도는 공상 같은 이런 분류 방식은 좀더 넓은 신자유주의 시대 계급 투쟁의 맥락에서 공직자와 정무직 공무원들의 행위, 가정, 이데올로기의 탈정치화를 촉진한다. 오늘날 독일에서 정치 계급의 이른바 '창조적' 활동은 대개 신자유주의 딜러 경제의 투기적 금융 조작에 실제로 참여하는 행위들로 구성된다. 전지구적 금융 위기에 주립 은행 Landesbanken 같은 독일 공공 금융 기관이 연관(미국의 비우량 주택 담보 대출 묶음 상품에 투자했다)되면서 210억 유로가 넘는 재앙이나 다름없는 재정 손실이 발생했다. 이런 막대한 손실은 전체 은행 부문의 붕괴를 막기 위해 조성된 4800억 유로의 정책 자금하고 함께 고스란히 독일 납세자들에게 떠넘겨졌다.

우리가 지금까지 살펴본 논의는 명확한 결론을 가리킨다. '창조 계급'이라는 의심스러운 개념은 해체돼야 한다(Markusen 2006). 금융, 부동산, 전문 경영, 컨설팅 분야의 '최상위' 전문가 집단은 기술 분야와 예술 분야의 창조적 직업군들에 견줘, 또는 그 문제에 관련해서는 전체 노동 계급의 경제 행위들에 견줘 지역 경제 발전에 더 뚜렷하게 기여하지는 않는다. 이런 명제는 지역의 경제적 성공을 의미하는 다양한 차원들에 갖가지 직업군이 미치는 영향을 분석하면서 경험적으로 검증될 수 있다(Krätke 2011).

플로리다는 자기 이론을 뒷받침하는 경험적 증거에 바탕해 '창조 계급' 집합체의 지역적 집중과 첨단 기술 분야의 지역적 성장 사이에 중요한 상관관계가 입증된다고 주장한다(Florida 2005). 그렇지만 통계상의 상관관계를 보면 이 둘 사이에 인과 관계가 반드시 수반되지는 않는다. 현실에서 보면 플로리다가 주장하는 '창조 계급' 집합체란 무척이나 이질적인 사회적 집단과 기능적 집단이 공존하는 현상에 지나지 않으며, 이런 집단들은 정의상 거의 모든 대도시를 규정하는 속성이기도 하다. 그런 맥락에서 각 지역의 다양한 '인구 집단'들 사이에 핫도그 가판대, 첨단 기술 기업, 마약 판매상, 금융 상품 딜러 등의 숫자 같은 통계상 상관관계를 많이 찾을 수 있지만, 그중에는 어떤 종류의 사회학적 의미가 없는 사례도 종종 포함된다.

플로리다는 첨단 기술 부문이 지역 경제 발전의 성패를 가름하는 핵심 지표를 대표한다고 확신한다. 따라서 플로리다는 도시와 지역이 아주 다른 영역별 프로필을 바탕으로 해 경제 발전에 성공할 수 있는 가능성을 전혀 고려하지 않는데, 이런 가능성은 여러 경제지리학자들이 이미 상세하게 살펴본 적이 있는 요소다(Krätke 2011). 실제로 특정 지역의 부는 각각 다른 경제 분석표와 발전 경로에서 유래한다. 거점 도시와 금융 중심지에서 경제 발전은 대부분 다른 지역에서 벌어진 생산적 활동을 거쳐 창출된 부를 전유하는 데 좌우된다. 도시와 지역에서 살아가는 주민들에게 지역 경제가 거둔 성공을 보여주는 가장 중요한 지표는 전반적으로 성장한 지역 고용 통계다. 지역 노동 계층별 소득 분배의 개선은 경제적 성공을 보여주는 더욱 의미 있는 지표가 된다. 오직 신자유주의 시장 이데올로기라는 틀 속에서만 소득 양극화는 도시 경제와 지역 경제에 해로운 요소로 고려되지 않는다. 조금 더 일반적으로 말하면 장기적인 관점에서 한 지역의 경제적 성공은 부문별 구조와 혁신 능력을 한 단계 상승시키는 역량에 달려 있다(Cooke 2002).

창조 도시 – '가난하지만 섹시한'?

번창하는 '창조 산업'을 기반으로 한 '창조 도시' 개념은 도시 정치를 주도하는 정책 결정자들에게 매력적으로 여겨졌는데, 예술 분야의 창조적 작업자들이 몰려들고 문화 산업이 성장하면 도시 경제의 발전과 도시 재생에 긍정적 영향을 끼치리라 예상한 때문이었다. 이런 이유 덕분에 문화 산업이 도시 중심에 확고히 자리 잡은 지역뿐 아니라 전통적 제조업과 서비스 산업이 경제적 쇠퇴에 직면하고 있거나 노동 시장에서 가해지는 압력에 시달리는 지역을 포함한 많은 도시들이 플로리다가 제기한 창조 계급 이론을 '희망의 메시지'라 이야기한다. 실제로 문화 산업(이른바 창조 산업을 구성하는 가장 큰 부분을 대표한다)은 21세기를 이끄는 '선도 부문'의 하나라는 특징을 띨 수도 있었다(Scott 2000). 소비 양식이 변화하면서 문화 상품을 찾는 수요가 점점 더 늘어나는 한편, 문화 산업이 새로운 미디어 사업, 자본주의 경제의 확대된 마케팅 활동, 다양한 문화 형태가 상업화되면서 더욱 빠르게 확산하는 상업적 엔터테인먼트에 '콘텐츠'를 제공하는 핵심 공급자가 되고 있기 때문이다.

그렇지만 도시 체제 안에 예술 분야의 창조적 노동 인구가 집중되는 현상은 공간적 측면에서 매우 선택적이다. 제한된 범위의 특정한 도시와 주요 대도시만이 문화 경제 영역을 지역 발전 전략의 초점으로 적절하게 이용할 수 있는 탓이다. 얼마 전에는 빌바오, 글래스고, 맨체스터 같은 유럽의 전통적인 산업 지역에 자리한 여러 도시들이 경제 재생을 위한 '문화 전략'에 의존했는데, 여기에는 문화 시설의 확대와 도시 건축 환경의 선택적인 '향상'뿐만 아니라 문화 경제 영역에 제공하는 지원이 포함된다. 비교 연구를 보면 문화 전략은 낙후한 산업 지역에서 시도하는 도시 재생을 지원하는 구실을 할 수 있지만, 일자리 창출 기제라기보다는 이미지 상승이 주된 기능이다(Benneworth and Hospers 2009). 다양한 '낡은' 산업에서 점점 축소되는 고용 기회를 상쇄할 문화 경제의 잠재력은 양적 측면으로 보면 제한된다. 따라서 오직 문화 산업의 성장에만 의존해서 도시 경제를 유지할 수 있는 지역은 없다. 이런 상황은 '창조 도시' 도시 성장 이데올로기를 기반으로 계획된 많은 구제 약속들하고 직접적으로 모순된다.

　베를린은 독일 도시 체계에서 창조 산업의 가장 중요한 중심을 상징한다. 시 당국이 발표한 문화 경제 관련 보고서에 따르면(Senatsverwaltung für Wirtschaft, Technologie und Frauen 2008), 베를린 시의 문화 경제 관련 노동 인구(종업원, 기업가, 자영업 프리랜서)는 2006년 기준 16만 명에 이르며, 도시 전체 노동 인구의 10퍼센트를 차지한다. 게다가 문화 경제 부문은 기업 개수와 고용 측면에서 도시 경제의 비교적 튼튼한 부분에 속한다. 그렇지만 대도시를 구성하는 전체 도시 경제의 관점에서 보면 실제로는 생명 공학, 의료 기술, 선진형 생산자 서비스 같은 다양한 지식 기반 부문들 옆에 붙어 있는 조금 작은 '성장의 섬'을 대표할 뿐이다. 이 성장의 섬들은 전통 제조업과 저숙련 서비스업을 포함하는 다른 부문들을 둘러싼 일자리 감소라는 바다에 자리한다. 독일 연방 고용연구소가 발표한 자료에 따르면 1995년부터 2005년까지 베를린 전체 고용자 수는 22만 9000명이 줄어 18퍼센트 감소했다. 제조업에서 13만 6000명이 줄고 저숙련 서비스업에서 5만 9000명이 준 결과다. 같은 기간 문화 경제 영역에서는 5200명(20퍼센트)이 증가했는데, 이 결과는 문화 경제 분야 노동 인구의 50퍼센트 정도를 차지하는 자영업 프리랜서와 예술가를 뺀 수치다. 자영업 프리랜서와 예술가 집단을 통계에 포함하면, 문화 경제 분야에서 늘어난 일자리는 1만 개 정도에 이른다고 짐작된다. 고용이 늘어난 다른 분야는 4만 8000명을 기록한 지식 기반 서비스업이다. 양적 측면에서 보면 이런 성장의 섬들은 베를린 전체에서 줄어든 일자리의 25퍼센트를 상쇄할 수 있었다. 문화 경제 영역에 관련해서는 노동 시장 문제를 전반적으로 조정할 가능성은 더욱 제한된다. 베를린이 문화 경제의 안정된 중심으로 자리 잡은 도시이기는 하지만, 그렇다고 해서 주로 이 영역에 의존해 도시 경제가 재생될 수 있다고 예상할 만한 근거는 전혀 없다. 비교적인 관점에서 볼 때 베를린 사례의 가장 중요한 특징은 활짝 핀 창조 산업과 지역 경제 성장 사이의 불일치다. 베를린 경제는 전체적으로 보면 상대적으로 허약한 반면, 창조 산업은 확대되고 있다. 베를린 시장은 베를린이 '가난하지만 섹시한' 도시라고 말할 정도다. 그러므로 베를린 사례는 창조 산업과 도시 경제 성장 사이의 관계에 관련해 플로리다가 내놓은 인과 관계 주장에 맞선 강력한 반론을 제시한다.

일자리 증가와 도시 경제 재생에 문화 산업이 하는 기여를 긍정적으로 보더라도 이른바 창조 경제 전반에 걸쳐 사회적 보호와 편익이 부족한 불안하고 '질 낮은' 일자리가 널리 확산된 현실을 반드시 인식해야 한다. 창조 산업은 오랫동안 사회적 보호를 외면하는 신자유주의 노동 시장의 조건들을 도입하는 과정에서 선도적인 구실을 한다고 여겨졌다. 창조 산업 부문의 노동 관계는 영속적인 프리랜스 노동, 임시 계약직, 1인 기업 등이 지배한다(Howkins 2001). 민간 영역은 '창조 경제'에서 증가한 일자리의 대부분을 차지하는데, 대개 단기 계약에 파트타임 고용 형태를 선호한다.

노동 유연화와 자영업 확대라는 측면에서 보면 문화 산업과 미디어 산업은 아주 심각한 구조 조정의 흐름을 보여주는 전조로 받아들여질 만하다. 두 산업은 '특권적 지위'를 누리는 유연화된 피고용인과 극단적으로 불안정한 고용 상황에 내몰린 유연화된 노동자 사이의 뚜렷한 양극화를 특징으로 한다. 유연화된 피고용인이라는 특권 집단에는 엔터테인먼트 부문의 고위 인사와 인터넷과 멀티미디어 분야의 고숙련 전문가가 포함된다. 유연화된 피고용인 부류는 직업적 삶에서 '개인적인 자기 결정권'이라는 기회를 누릴 수 있다. 그렇지만 미디어 산업과 문화 산업에서 일하는 노동자들은 대부분 단기 계약, 장시간 초과 노동, 저임금에 시달리면서 두세 개 직업을 전전했다. 오늘날 예술 분야에서 일하는 창조적 노동자들은 대부분 숙련 서비스 영역에 속하는 '중간 계급 근로 빈곤층'을 구성한다.

베를린에 사는 많은 고숙련 창조적 노동자들은, 그중 특히 프리랜서들은 문화 경제 분야에 속하는 계약직 노동을 하면서 받은 수입에 기대어 가까스로 생존을 이어갈 수 있을 뿐이며, 따라서 '하르츠 IV' 입법을 통한 실업수당 등 보충적인 사회적 지원을 요청해야 한다(*Tagesspiegel*, November 22, 2009). 불안정 계약직, 저임금, 장시간 초과 노동은 창조 산업 분야 노동 관계에서 '개인적 자기 결정권'을 행사할 기회가 뜻하는 양의성을 강조한다. 무비판적 설명을 제시한 플로리다와 노동 시간과 다중 작업에 관련된 유연화된 '자기 결정권'의 긍정적으로 알려진 측면들을 강조하는 이들 사이의 뚜렷한 대조 사이에 그런 조건들이 자리하기 때문이다(Oßenbrügge et al. 2009). 베를린의 문화 경제를 다룬 보고서에 따르면(Senatsverwaltung für Wirtschaft 2008), 2006년 기준 문화 경제 부문의 노동 인구는 '정규직' 7만 7000명과 '부차적' 고용 관계(곧 단기 계약과 최저 임금 수준)에 해당하는 1만 2000명, 자영업 프리랜서와 (대부분 소규모) 기업가 7만 명으로 구성됐다. 그러므로 문화 경제 부문 노동자의 대다수(52퍼센트)는 자영업 프리랜서이거나 '부차적' 일자리에 종사한다. 문화 경제에서 프리랜서 노동자가 차지하는 비중은 1998년 이후 두 배 정도로 늘어났다(Senatsverwaltung für Wirtschaft 2008, 97~98).

베를린에서 이 부문이 기록한 강력한 성장세는 도시의 고용 기회가 전반적으로 부족한 현실을 보여주는 지표로, 곧 베를린 경제 발전의 독특한 '강점'보다는 위기의 징후로 가장 잘 해석될 수 있다. 이런 성장 동학은 소규모 스타트업들이 시장에 상대적으로 손쉽게 접근할 수 있는 상황 때문에 특히 문화 경제 부문에서 더욱 확대된다. 게다가 (부분적으로는 예술 분야 창조적 노동자들을 끌어당기는 사회문화적 매력과 낮은 평균 임대료의 유용성 때문에) 예술가와 젊은 창조적 노동자들이 베를린으로 모이는 흐름이 지속되면서 숙련된 창조적 노동자 사이에 값싸고 유연한 노동력의 저수지를 제공하는 '문화 산업 예비군' 이 형성된다. 자본주의적 문화 기업과 미디어 산업은 이런 흐름을 환영하고 활용한다. 창조 분야에서 일하는 프리랜서들 대부분은 단기 일자리와 계약직을 둘러싼 경쟁이 증가하고 뒤이어 프리랜서 노동 인구의 개인별 소득이 감소하는 데 기여하는 형태로 이런 조건을 경험한다.

이런 방식을 거쳐 신자유주의적 정책 처방에 결합되면서 '창조 산업'은 좀더 진전된 탈규제되고, 유연화되고, 불안정해진 고용 형태를 향한 더욱 거대한 흐름의 선두에 선다. 이런 주장들은 '창조 산업'이 성공적이고 지속 가능한 도시 경제의 발전 경로를 형성하는 과정에서 핵심적 구실을 한다는 플로리다식 이데올로기 논쟁에 도전장을 던진다.

도시 경제 발전과 노동 관계에 연관된 함의는 제쳐두더라도, 문화 산업과 창조적 노동자들은 도시를 사회공간적으로 재구조화하는 과정에서 특정한 기능을 수행하고 있다. 문화 경제 부문이 부상하는 현상은 지역 단위의 공간적 '고도화'와 재구조화 과정을 정기적으로 유발하는 계기가 되는데, 이런 과정은 도시 내부에서 사회공간적 불평등과 양극화가 증가하는 데 기여한다. 문화 생산자와 예술 분야에서 일하는 창조적 노동자들이 도심 지역의 특정 구역에 밀집하는 현상은 대도시 중심에서 일어나는 불안정한 재산업화로 해석할 수 있는데(Hutton 2008), 이때 상대적으로 허약한 기업들과 창조적 노동자 중 저소득층은 끊임없이 불안정과 배제에 직면하게 된다.

이런 불안정은 예술가들에게 특히 민감하게 작용하는데, '가파르게 팽창하는 도심지 자산 시장 속에서' 최저 생활 수준의 수입과 불안정한 재직 기간 탓에 어려움을 겪기 때문이다(Hutton 2008, 32). '창조 산업' 분야의 기업과 노동자가 지역에서 배제되는 현상은 그 분야에 벌어진 산업적 '고도화', 곧 덜 풍족한 예술가들이 새롭게 등장한 고소득 미디어 기업에 밀려나는 과정과 주거 젠트리피케이션 과정에서 모두 기인할 수 있다. 배제는 또한 대규모 도심 재개발 사업이라는 틀 속에서 벌어지기도 한다.

대도시 내부 규모에서 예술가와 문화 경제 활동이 특정 지역에 밀집하는 현상은 젠트리피케이션의 '온상'으로 기능한다(Lees et al. 2008; Slater 이 책 11장). 낡은 건물, 낮은 부동산 가격, 다목적 용도를 포함하는 특정한 도심 구역은 대개 예술 분야에 종사하는 창조적 인력들이 모여든 환경과 아직 제내로 자리 잡지 못한 문화 경제 분야 기업들로 구성된다.

그런 지역 문화 클러스터는 해당 구역에서 일어나는 젠트리피케이션 과정에 기여한다. 요컨대 예술가들은 '젠트리피케이션'의 '개척자'가 된다. 황폐해진 지역에 생명을 불어넣고, '근사한' 술집, 클럽, 카페, 식당 같은 지원 구조가 발달하도록 촉진하는 탐험가이자 재생가인 셈이다. 그러므로 예술가들은 유행을 타고 문화적으로 더 관심을 끄는 도시 거리에 살고 싶어하는 중산층 단골을 더 많이 끌어들인다. 젠트리피케이션의 공급 측면에 관련해서 보면, 자본주의적 부동산 개발업자와 투자자는 사람들이 주목하는 도시 구역의 주택 공급량과 건조 환경을 향상시키는 데 자금을 투자한다. 부동산 사업에는 땅값 상승이라는 정해진 운명에 묶여 낮은 공장 건물을 잠깐 빌려 쓰는 임시 사용자인 창조적 단역 배우와 상징 가치 측면에서 때때로 프로젝트의 '시장성'을 높이는 실천이 종종 필요하다.

젠트리피케이션 현상은 또한 문화 경제의 창조적 노동 인구를 구성하는 각각 다른 계층들 사이에서 도시 공간을 둘러싸고 벌어지는 경쟁적 다툼을 강조한다. 고전적 개척자들은 대부분 노동 시장의 하층에 자리한 창조적 예술가, 저임금 보헤미안, 고숙련 청년으로 구성된다. 젠트리피케이션이 진행되면서 이 개척자들은 창조적 노동 인구를 비롯한 다른 부문에 속한 좀더 잘사는 하위 집단들에 밀려 계속해서 쫓겨난다. 이 집단은 주로 여피[1]나 보보스[2] 같은 생활 방식을 추구하느라 유행을 이끄는 도심 지역에 살고 싶어하는 고소득 도시 전문직이다. 그렇지만 방치된 지역에 처음 자리를 잡은 탐험가와 재생가들이 밖으로 밀려나는 현실은 '창조적 분위기'를 해치고, 여러 부문을 가로지르는 추진력을 형성할 가능성을 축소하고, 지역이 지닌 '하위문화 자본'을 위협한다. 머지않아 처음의 창조적 현장은 또 다른 '가치 낮은' 입지들에 강제로 자리를 내주게 되고, 새로운 정주와 젠트리피케이션의 주기가 시작된다.

베를린에서 도시 전역에 걸쳐 창조적 환경이 재배치되는 현상은 지난 20여 년에 걸쳐 명확하게 인지돼왔다. 1990년까지 가장 두드러진 '핫 플레이스'는 크로이츠베르크Kreuzberg였다. 무엇보다 동베를린과 서베를린의 재통합이 진행된 다음 10년 동안 이 기능은 프렌슬라우어 베르크Prenzlauer Berg와 미테Mitte에 넘어갔다. 두 지역은 많은 주민이 배제돼 쫓겨나는 젠트리피케이션이 확산되는 과정을 거쳤으며(Krätke and Borst 2000; Holm 2006; Berent and Holm 2009), 뒤이어 저임금과 불안정한 일자리에 시달리는 예술가와 창조적 노동자들이 쫓겨나는 경험을 했다. 그렇지만 이 두 지역은 여전히 예술 분야의 창조적 노동자와 문화 경제 기업들이 모여드는 곳이다. 지난 10년에 걸쳐 탐험가와 재생가들이 꾸민 '창조적 현장'은 다시 재배치됐고, 지금은 인접한 (북부) 노이쾰른Neukölln 지역으로 확대돼 프리드리히샤인Friedrichshain과 크로이츠베르크로 이동하는 중이다.

크로이츠베르크-프리드리히샤인 지구를 배경으로 한 '메디아 슈프레Media Spree' 개발 계획 사례가 입증하듯이, 베를린의 쇠락한 도심 지역에 '창조 산업'들이 밀집하는 현상은 강변에 자리 잡은 낡은 산업 부지를 최상급 부동산으

---

1 'Young Urban Professionals'의 머리글자 'YUP'에 '히피(hippie)'의 'ie'를 붙인 말. 도시 주변에 살면서 전문직에 종사하는 젊은이들 — 옮긴이.

2 'Bourgeois Bohemians'의 머리글자로, 성공한 부르주아 계층이면서도 보헤미안처럼 저항적이고 자유로운 삶을 추구하는 사람 — 옮긴이.

로 바꾸는 용도 변경을 목표로 대규모 프로젝트를 추진하려는 부동산 개발업자들에게 이용됐다(Scharenberg and Bader 2009). 메디아 슈프레 프로젝트는 슈프레강 양쪽에 걸쳐 도시 중심의 동쪽 경계가 자리한 지역을 포괄한다. 엠티브이MTV 유럽과 유니버설 뮤직 독일 지사 같은 눈에 띄게 커다란 기업들이 이 지역을 대표하며, 음악과 패션과 미디어 산업에 관련된 여러 중소 규모 기업이 나란히 자리 잡고 있다. 동시에 이 지역은 활기 넘치는 클럽 문화와 하위문화 씬들 같은 다양하고 연관된 창조적 환경들의 본거지이기도 하다. "창조적이고 대안적인 동네 이미지는 그 지역에 기업을 끌어들이는 데 핵심적인 구실을 했으며, 메디아 슈프레가 대중의 담론에서 표현되는 중요한 측면을 구성했다"(Scharenberg and Bader 2009, 331). 지역의 창조적 현장과 문화 경제 기업들이 도심지 경계 지대에 사무 공간과 아파트를 대규모로 개발하려는 부동산 주도형 메디아 슈프레 기업 연합에 이용된다는 사실은 아주 확실한 듯했다. 이 개발은 문화 경제가 '창조적 주변부' 기업으로, 그리고 현존하는 탐험가와 재생가(곧 저소득 창조적 노동자와 예술가 계층)들이 몰린 창조적 현장으로 치환될 미래로 우리를 이끌게 되리라.

메디아 슈프레는 젠트리피케이션이 점점 더 전지구적 도시 개발 전략으로 기능하게 되는 과정을 명확하게 보여주는 사례로 간주될 수 있다(Smith 2002). 오늘날 이 전략은 도시 건조 환경에서 널리 알려진 주거 중심 젠트리피케이션 과정을 넘어서는 폭넓은 범위의 '고도화' 프로젝트를, 특히 도심 지역에서 낡은 산업 지구의 용도를 변경하는 대규모 프로젝트를 포함한다. 메디아 슈프레 프로젝트 같은 현대 젠트리피케이션의 확대된 형태들은 '전체 지역을 포괄적이면서도 계급에 따라 굴절된 방식의 도시 개조를 개척하려는 새로운 경관 단지로 탈바꿈시키는 매개체'로 기능한다(Smith 2002, 96).

플로리다가 제시한 포괄적인 '창조 계급' 집단으로 돌아가, 우리는 '창조 계급' 안에서 계급 투쟁이 벌어진다는 결론을 내릴 수 있을지도 모른다. 부동산 사업을 하는 창조적 전문가들은 토박이 저소득 예술가들과 '창조적 주변부' 기업들을 '초창조적 핵심'(여피, 보보스, '창조 산업' 분야의 고소득 기업)의 구성 요소인 상위 계층으로 갈아 치우는 과정을 조직하고 있다. 이런 과정에서 드러나는 도시 정책적 함의에 관련해서 보면 플로리다가 제기한 이론은 신자유주의 도시 정책을 이데올로기적으로 정당화하는 데 적합했으며, 신자유주의 사회 모델 안에서 기능적 엘리트들에게 특권을 부여하는 도시 재구조화(이를테면 젠트리피케이션과 부동산 개발 프로젝트)에 접근하는 데 특히 더 어울렸다(Peck 2005; Brenner and Theodore 2002). 유럽 전역에 걸쳐, 그리고 유럽을 넘어, 도시들이 '인재를 추구하는 경쟁'에 새롭게 뛰어들어야 한다는 주장에 대응해서, '창조 계급'의 필요라 알려진 조건에 맞춰 도시의 틀을 갖추는 데 창조적 도시 정책들이 동원됐다. 결과적으로 지역 예술 현장에 제공하는 공적 보조금, 거리에 가득한 볼거리, 한층 개선된 도시 외관이 뒤따른다면, 그런 전략들은 대개 도시 재생에 관련된 너무 익숙한 접근을 새롭게 정당화하게 되기 마련이다(Peck 2005).

결론

비판 도시 이론은 새로운 도시 성장 이데올로기들이 제기하는 지적이고 정치적인 도전에 직면할 수밖에 없다. 일반적으로 창조 도시 개념이 도시에 열광하는 이데올로기들 사이에서 선두 자리를 차지했다. 앞에서 나는 플로리다가 제시한 창조 계급 개념을 해체했다. 먼저 현대 자본주의 발전이라는 구조 내부의 아주 다양한 경제적 기능들 사이에서 이 문제 많은 직업군을 낱낱이 분해해야 할 필요성을 강조한다. 그리고 딜러 계급(창조적 전문가를 가리키는 플로리다식 용어)은 지역 경제 발전에 중요한(긍정적인) 영향을 전혀 끼치지 않는다는 사실을 입증한다. 나아가 이 장은 현대 '창조 산업' 노동 시장을 플로리다가 제시한 정도에 견줘 훨씬 더 음울하게 묘사했다. 저임금과 초과 노동에 시달리는 프리랜서나 비공식 노동의 성장, 그리고 이런 부문에서 나타나는 불연속적 직무 흐름은 주요 도시 경제들의 포스트포드주의적 재구조화를 해체하는 '위기 징후'로 해석된다. 마지막으로 나는 문화 경제와 창조적 노동 인구가 도심지의 특정 장소들이 점점 고급 주택들로 바뀌는 사회경제적 재구조화 과정에도 기여한다는 사실을 보여줬다. 이런 맥락에서 부동산 개발업자들은 낡은 산업 부지를 최상급 부동산으로 바꾸는 용도 변경을 목표로 한 대규모 프로젝트를 추진하기 위해 문화 경제 기업과 쇠락하고 방치된 도심 지대의 '창조적 현장'이 지역적으로 응집하는 현상을 이용한다(이 책 11장 참조).

앞선 분석에 비추어 보면 신자유주의적 자본주의 내부에서 기능적 엘리트들의 이해관계를 지지하는 도시 정책들을 정당화하는 논리에는 근거가 없다. 플로리다와 추종자들이 하는 주장하고 반대로, 지속 가능한 지역 경제 구조의 발전은 네트워크로 연결된 지역적 혁신 체제에 더해 연합된 인적 자원을 통해서 뒷받침되며, 젠트리피케이션과 대규모 부동산 개발 프로젝트에 전혀 의존하지 않는다. '창조 계급'이라는 이데올로기적 구성물은 '창조성'에 내포된 일반적이고 긍정적인 의미에 기대는 반면에, 딜러 계급이 저지르는 경제적, 정치적, 사회적 파괴 행위를 은폐한다. 이런 이유 때문에 이 이론은 이미 도시에 대한 권리를 누리고 있는 사람들의 권리를 더 한층 강화하는 데 기여한다.

참고 자료

Benneworth, P. and Hospers, G.-J(eds.). 2009. *The Role of Culture in the Economic Development of Old Industrial Regions*. Münster, Hamburg: LIT.

Berlin-Institute für Bevölkerung und Entwicklung. 2007. *Talente, Technologie und Toleranz ⊠ wo Deutschland Zukunft hat*. Berlin.

Berent, M. and Holm, A. 2009. "Is it, or is not? The Conceptualization of Gentrification and Displacement and its Political Implications in the Case of Berlin-Prenzlauer Berg." *City* 13(2-3), pp. 312-324.

Brenner, N. and Theodore, N.(eds.). 2002. *Spaces of Neoliberalism*. Oxford: Blackwell.

Cooke, P. 2002. *Knowledge Economics*. London: Routledge.

Florida, R. 2004. *The Rise of the Creative Class*. New York: Basic Books.

Florida, R. 2005. *Cities and the Creative Class*. New York: Routledge.

Florida, R. and Tinagli, J. 2004. *Europe in the Creative Age*. Milan: Demos.

Fritsch, M. and Stützer, M. 2007. "Die Geographie der kreativen Klasse in Deutschland." *Raumforschung und Raumordnung* 65. pp. 15-29.

Holm, A. 2006. *Die Restrukturierung des Raumes*. Bielefeld: Transcript.

Howkins, J. 2001. *The Creative Economy*. London. New York: Penguin Press.

Huffschmid, J., Köppen, M., and Rhode, W.(eds.) 2007. *Finanzinvestoren: Retter oder Raubritter?* Hamburg: VSA.

Hutton, T. 2008. *The New Economy of the Inner City*. New York, London: Routledge.

Krätke, S. 2011. *The Creative Capital of Cities*. Oxford: Wiley-Blackwell.

Krätke, S. and Borst, R. 2000. *Berlin — Metropole zwischen Boom und Krise*. Opladen: Leske & Budrich.

Lees, L., Slater, T., and Wyly, E. 2008. *Genrtification*. New York, London: Routledge.

Markusen, A. 2006. "Urban Development and the Politics of a Creative Class." *Environment and Planning A* 38(10), pp. 1921-1940.

Oßenbrügge, J., Pohl, T., and Vogelpohl, A. 2009. "Entgrenzte Zeitregime und wirtschaftsräumliche Konzentrationen." *Zeitschrift für Wirtschaftsgeographie* 53(4), pp. 249-263.

Peck, J. 2005. "Struggling With the Creative Class." *International Journal of Urban and Regional Research* 24. pp. 740-770.

Scharenberg, A. and Bader, I. 2009. "Berlin's Waterfront Site Struggle." *City* 13(2-3), pp. 325-335.

Schumpeter, J. A. 1952. *Theorie der wirtschaftlichen Entwicklung*, 5th edition, Berlin: Duncker & Humbolt.

Scott, A. J. 2000. *The Cultural Economy of Cities*. New York, London: Sage.

Senatsverwaltung für Wirtschaft, Technologie und Frauen(ed.). 2008. *Kulturwirtschaft in Berlin*. Berlin.

Smith, N. 2002. "New Globalism, New Urbanism: Gentrification as Global Urban Strategy." N. Brenner and N. Theodore(eds.), *Spaces of Neoliberalism*. Oxford: Blackwell. pp. 80-103.

Wilson, D. and Keil, R. 2008. "The Real Creative Class." *Social and Cultural Geography* 9. pp. 841-847.

10장

비판 이론과 '회색 지대'
– 피식민자의 동원

오렌 이프타첼

베르셰바[Beersheba] 근처 나카브(네게브) 사막 지역에서 '미승인 베두인 거주지 위원회[Council of the Unrecognized Bedouin Villages]' 의장 후세인 알리파이아[Hussein al-Rifa'iya]가 한 대중 연설에서 시작하자. 2009년 1월 2일, 알리파이아는 며칠 전 이스라엘 당국이 파괴한 와디 알나암[Wadi al-Na'am]에 자체 재건축한 모스크에서 연 기공식에 참석했다. 알리파이아는 말했다.

우리는 부서진 집을 모두 다시 세울 수 있게 도울 겁니다. 물론 공식적으로 '불법'이지만, 우리 팔레스타인 사람들은 대대로 이곳에서 살아온데다가 어디 갈 데도 없습니다. 우리는 남부 지역에 사는 아랍인들이 결코 굴복하지 않는다는 사실을 국가와 공동체에 보여주려고 이 모스크를 세웠습니다. …… 이스라엘은 나카브와 가자에서 모두 폭력과 파괴라는 수단을 쓸 수 있지만, 우리는 언제나 다시 세울 겁니다.

이 발언은 간이 모스크 기공식 집회에서 서너 번 이어진 연설의 하나인데(그림 10-1과 10-2를 볼 것), 눈앞에 다가온 선거를 준비하는 지역 지도자의 또 다른 과대 선전이라며 무시할 수 있다. 그렇지만 베르셰바 주변에 자리한 수십 곳의 '미승인' 소도시와 마을에 사는 아랍 베두인족 사이에서 발전한 새로운 정치 전략과 새로운 주체성이 출현하는 전조를 상징할 수도 있다. 이 발언은 베두인족 대 인종주의적 유대인 국가의 대립을 통해 '주변부의 주변부'에서 벌어지는 '회색 지대화[gray spacing]'라는 새로운 정치, 곧 비공식 개발을 향한 투쟁에 바탕해서 출현한 변화를 예증하지만, 주변을 둘러싼 유대인 공동체를 포함해 나카브 지역에서 '북쪽 사람들'로 알려진 다른 팔레스타인인 공동체하고 맺는 관계 속에서도 이해돼야 한다.[1]

---

1 여기에서 '베두인'이라는 용어는 신중하게 사용되는데, 왜냐하면 지역 주민들 사이에 널리 쓰이는 말이기 때문이다. 이 용어가 팔레스타인과 아랍 민족 내부에서 하나의 하위 정체성을 나타낸다는 점, 그리고 경계가 유동적이고 구멍이 많다는 점을 처음부터 기억해야만 한다.

그림 10-1. 2009년 1월 와디 알나암에서 연설하는 '미승인 베두인 거주지 위원회' 의장 후세인 알리 파이야

그림 10-2. 간이 모스크를 짓는 모습. 2009년 1월, 와디 알나암

지금까지 살펴본 일화는 내가 이 글에서 진전시키고 싶은 두 가지 주된 이론적 논의에 연결된다. 첫째, 대부분의 비판 도시 이론들은 도시와 지역을 이해하는 데 필요한 필수적인 기반을 제공하는 반면에 비공식성으로 가득한 '회색 지대'의 확산과 새로운 도시 식민 관계들의 출현을 특징으로 하는 새로운 정치지리학에 담긴 함의를 충분히 설명하지는 못한다. 새로운 지리학은 도시 정치 체제의 핵심 기반으로 정체성의 정치를 내세우는데, 정체성의 정치는 비판 도시 이론이 전형적으로 강조하는 계급 또는 변화를 일으키는 시민적 동력 아래 포함되기는커녕 오히려 서로 뒤얽혔다. 둘째, 이 새로운 지리학은 더는 국가의 중앙 권력을 중심에 두고 회전하지 않는 주체성들을 재창출하고 있다. 나는 아래에서 아랍 베두인족의 투쟁을 서로 연결하는 과정에, 그리고 (국가가 세운 퇴거 계획에 맞서 땅에 내거는) 수무드sumood,[2] 기억의 형성, 자율적 정치 등 세 가지 형태의 주요 실천 속에서 일어나는 급진화와 이탈 과정에 '회색 지대화'가 끼치는 영향을 추적하면서 이런 상황을 자세히 살펴본다.

새로운 정치는 종종 정체성과 국가를 통한 동원을 넘어서는데, '아래에서 시작하는' 권력 기구의 분열을 상징한다. 새로운 정치는 때로는 '반란적 시민권insurgent citizenship'을 향한 투쟁에서 시작되지만(Holston 2009), 복수의 주권들을 향한 투쟁으로 진전되고 변형될 수 있다. 그런 변형은 좀처럼 명쾌하거나 충분히 표현되지 않으며, 어쩔 수 없이 모순과 긴장으로 가득해진다. 그렇지만 이런 투쟁에서 시민권, 통합, 평등처럼 이 분야의 주요 학자들(Harvey 2008; Holston 1998; 2008; Marcuse 2002)이 강조한 가치들이 더는 중요한 목표가 되지 못하고 다양한 노력들이 인종적 발전과 정체성을 위한 자율적 공간을 창출하는 지점이 있다.

---

2 팔레스타인인들을 점령지에서 추방하려는 이스라엘 당국에 맞서 고향을 떠나지 않겠다는 의지를 드러내는 행동. '결의'라는 뜻을 지닌 수무드는 올리브나무나 예술 작품에 등장하는 임신한 여성 등으로 상징된다 — 옮긴이.

통제 수단으로서 '회색 지대화'를 만들어낸 중앙 권력이라는 역설을 설명하는 이런 위상은 이 과정 자체에 지금 침식되고 있는 중이다. 국가에서 정치 과정과 정체성이 떠나가고 있을 뿐 아니라 대안의 정체성 프로젝트들로 방향을 튼 '회색 지대'를 점령하거나 창출하는 사람들 사이에서 정치적 급진주의를 증식시킨다. 바꿔 말하면 권력 관계를 연장하려 시도하면서 국가 억압을 수단으로 활용해 추구하는 정치적 안정은 억압 정책에서 유래하는 탈안정화 과정을 거쳐 붕괴되고 있는 중이다. 여전히 미약한 처지이기는 하지만 하위 계층은 행위, 정체성, 자원 추구를 국가에서 (완전하지는 않지만) 부분적으로 분리하면서, 그리고 포용적 국가의 시민이 돼 시민적 통합으로 나아가는 대안적 전망을 발전시키면서 대응 전략을 바꾸고 있다.

그렇지만 이런 주장들에는 제약도 뒤따라야만 한다. 첫째, 국가는 강력한 행위자로 남아 있으며, 적극적 포섭 또는 공세적 주변화와 억압을 통해 이런 발전을 다루려 시도한다. 그러므로 정치적 갈등과 사회적 변형이 일어나는 장소를 묘사하는 회색 지대의 형성은 언제나 논쟁적이다. 둘째, 투쟁은 대체로 당국을 상대로 한 영웅적 대결을 수반하지 않으며, 포괄적 전략이나 정교하게 규정된 의제를 제시하지도 못한다.

아주 일반적으로 말하면 회색 지대화란 억압적 권력이 작동하면서 '균열'을 '친숙'하게 하는 과정을 거쳐 일어나는 '평범한 일상의 느린 잠식'을 필요로 한다(Bayat 2007; Perera 2009). 이런 투쟁들은 생존과 비밀 작전의 공간에서 완전히 통합되지도 않고 완전히 접합되지도 않는 다양한 소규모 운동으로 구성되지만, 우위를 차지하고 있는 도시 질서를 전복하는 과정에 누적적으로 중요한 영향을 끼친다.

나는 인종주의적 도시들을 다룬 새로운 정치지리학에 초점을 맞춘 최신 비교 연구 프로젝트를 기반으로(Yiftachel 2007; Yiftachel and Yacobi 2004), 그리고 팔레스타인에서 벌어진 여러 투쟁, 그중에서도 특히 베르셰바 지역 토착 베두인들을 장기간에 걸쳐 개인적으로 접촉하면서 얻은 결과에 바탕해 분석을 진행한다.[3] 따라서 이 글에서 나는 공간, 권력, 개발이 새로운 도시 시민권, 계급, 정체성을 창출하는 방식을 묘사하기 위해 구조적 인식론과 '곤란에 빠진' 인식론을 모두 사용하려 시도한다. 이런 맥락에서 이스라엘/팔레스타인을 예외 사례가 아니라 변화하는 세계에서 수천 개 도시에서 전개되는 구조적 관계를 보여주는 극적 사례로 다룬다.[4]

'회색 지대'

'회색 지대'라는 개념은 합법/인가/안전이라는 '밝음'과 퇴거/파괴/죽음이라는 '어둠' 사이에 자리한 발전, 소수 민족 거주지, 주민, 업무 처리에 관련된다. 회색 지대는 통합되지 않고 제거되지도 않는데, 오히려 오늘날 국가 당국의 감시와 도시 계획의 바깥에 부분적으로 존재하는 도시 지역의 의사-영구적 한계 지대를 형성한다(Yiftachel 2009를 볼 것). '회색 지대화'를 사회적 관계의 끊임없는 '생산' 과정으로 동일시하는 관점은 '합법'과 '범죄', '억압'과 '종속', '고정'과 '임시' 사이에 존재하는 허위의 근대적 이분법을 우회한다. 그런 관점 자체가 오늘날 이동성 증가, 인종적 혼합, 정치적 불확실성을 특징으로 한 지구화 속에서 도시 공간의 형성을 분석하는 데 더욱 적합하고 비판적인 렌즈를 제공할 수 있다.

---

3 2005년 이후 나는 '미승인 베두인 거주지 지역위원회(Regional Council of the Unrecognized Bedouin Villages)'에서 계획자로 일했다.

4 대부분의 독자는 이스라엘/팔레스타인 관계에 예외주의, 끊임없는 갈등, 정치적 드라마를 연관시키겠지만, 나는 이런 요소들이 계급, 정체성, 젠더 정치에 뒤따라 나타나는 인종적 민족주의, 자본주의, 통치성, 구식민주의와 신식민주의가 지닌 침투력의 피상적 표현이라고 주장한다. 이 힘들이 가장 비서구적인 도시와 국가들에서 무척 자주 비슷한 잔인함을 드러내면서 뚜렷하게 나타나며 서구 국가들에서 점점 증가하고 있기는 하지만, 이스라엘/팔레스타인은 세계 미디어와 정치에서 일종의 예외로서 구성된다.

회색 지대는 주로 저발전된 지역의 현대 도시주의를 대표하는 지배적 특징인데, 결코 단독으로 나타나지는 않는다. 이 개념은 또한 권력의 중심에 연결된 권력 집단들이 '위에서 아래로' 실행하는 비공식 공간의 창출을 포괄하는 반면(Yiftachel 2009), 나는 이런 현상을 나타내는 가장 공통된 표현, 곧 주변부에 자리하고, 허약하고, 한계 지워진 공간들에 초점을 맞춘다. 그렇지만 '회색 지대화'에 종속된 공동체들은 아무런 권력 없이 도시 정책을 받아들이는 수용자가 아니다. 오히려 혁신적 생존 전술을 채택하고, 자기 조직화와 협상과 권한 부여를 하는 기반으로 회색 지대를 활용해서 새로운 동원과 반란의 정체성들을 발생시킨다. 확실히 권력 관계란 국가, 개발업자, 중간 계급에 크게 기울기 마련이다. 그렇지만 비공식 거주지의 '감춰진' 주민들은 현실에서 도시와 지역의 틀이 형성되는 과정에 관여하는 중요한 행위자다.

도시 정치 영역에서 회색 지대는 대개 은밀하게 묵인되는 반면, 바람직한 '사물의 질서'에 관련돼 상상된 '오염', '범죄성', '위험'을 말하는 경멸적 담론에 지배된다. 실제로 묵인된 현실과 '묵인될 수 없는' 법, 도시 계획, 담론상의 틀 사이에서 나타나는 분리는 '회색 지대화' 과정이라는 절차를 밟게 되는데, 그사이 주민 전체가 확실성과 안정성이 부족한 결과 개발이 지체된 비계획 도시 구역 안에 몰리면서 '수용된' 공간과 '거부된' 공간 사이의 경계는 끊임없이 이동한다. 결과는 많은 도시에서 명확하다. 바로 전체 지역과 지구는 새로운 도시 식민 관계를 구성할 도시 시민권을 실현하는 데 필요한 기본 서비스가 부족하다는 점이다(자세한 설명은 Davis 2006; Fernandes and Varley 1998 참고).

회색 지대화는 권력이 동반된 과정이다. 그러므로 '완강한' 비공식성들의 구체적인 출현은 교정 정책이나 균등화 정책을 거치는 방식이 아니라 담론, 규칙, 폭력을 탈합법화하고 범죄화하는 방식을 일정한 범위에서 활용함으로써 전형적으로 다뤄진다. 이런 과정은 지위에 따라 도시 집단을 나누는 경계를 만들어내는데, 도시 시민권의 의미가 민족성, 출생지, 계급 같은 임의적인 특징에 의존하는 '분리된 도시 통합'과 '지지부진한 아파르트헤이트'로 구성된 과정이다. '분리된 통합'이라는 이중의 움직임은 묵인과 비난이 동반되며 '교정되기'를 끝없이 기다리는 '영속적 임시성'이라는 상태 속에서 회색 지대를 유지시킨다 (Davis 2006; Neuwrith 2006; Roy 2005; 2009b; Roy and AlSayyad 2004). 나는 아래에서 이런 이론적 측면들로 되돌아갈 생각이다.

아랍 베두인들의 '회색 지대화'

지금도 이스라엘/팔레스타인의 남부 지역에 자리한 나카브(네게브) 사막에 사는 아랍 베두인 주민들은 역사적 팔레스타인에서 가장 주변부로 밀려나고 가난해진 집단이다. 고유한 역사와 전통, 정체성을 지닌 토착 집단으로서 1948년 나카브 사건(아랍 쪽에서 보면 재난) 뒤에 이스라엘에 남은 공동체들로 구성됐다. 이때 (물론 베두인을 포함한) 팔레스타인인의 70퍼센트 정도가 지금 이스라엘이라 부르는 지역의 바깥으로, 주로 가자 지구, 서안 지구, 요르단으로 쫓겨났다. 베두인들이 1948년 이후 지금도 겪고 있는 고통과 추방과 폭력은 한 시인의 시심을 자극했다. 살레 알지아드나Saleh al-Ziadnah는 노래했다. "나카브에서 우리는 살아 있네/ 나크바Nakbah[5]는 매일 일어나네/ …… 다시 찾아내려는 우리의 끝없는 탐색/ 우리가 살 집을 ……"(Nakbah ceremony, al-Qrein village, May 14, 2008).

베르셰바 지역의 나카브 베두인 18만 명은 크게 세 집단으로 나뉜다. 첫째, 조상들이 살아온 땅(대부분 미승인 지역)에 사는 사람들, 둘째, 원래 사는 마을에서 쫓겨나 새로 만든 미승인 도시나 마을로 옮긴 사람들, 셋째, 현대적인 계

---

5 1948년 5월 15일은 이스라엘 건국일이자 팔레스타인인들이 대대로 살던 땅을 이스라엘 이주자들에게 빼앗긴 대재앙의 날이다 — 옮긴이.

그림 10-3. 카셈 자네. 뒤쪽으로 베르셰바가 보이는 미승인 베두인 지역(2008년 8월)

획도시로 옮긴 도시화된 사람들이다. 앞의 두 집단은 '회색 지대'에 살고 있으며, 2008년 말 기준으로 9만 명 정도다(그림 10-3과 10-4, 그리고 Goldberg 2008 참고).

1948년에 주권을 획득한 뒤부터 이스라엘은 아랍인이 거주하고, 소유하고, 권리를 주장한 대부분의 지역을 내부 식민지 정책을 활용해 유대인 지역으로 바꿨다. 유대화 정책에 쓴 주요 도구는 모든 미등록 토지를 대상으로 한 국가 소유 선언과 이 국유지를 관리하는 배타적인 유대인 이스라엘 국토청 설립이었다. 대부분의 나카브 베두인들은 오스만튀르크 제국이나 영국 식민지 시기에 자기 땅을 등록하지 않았다. 여러 이유가 있었지만, 흔히 잘 작동하는 관습적 토지 체계와 대부분의 식민 지배자를 일시적 존재로 바라보는 역사적 관점이 거론된다. 형식상 승인이 결여된 1948년 이전 상태는 베두인이 자기 땅을 사용하고 개발하는 방식에 영향을 미치지 못했다(Ben-David 2004; Falah 1989; Kedar 2004; Meir 2005).

이스라엘이 독립하고 베두인을 도시화하려 강하게 시도하면서 거센 갈등이

그림 10-4. 베르셰바 지역의 인문 지리와 도시 지리(2005년)

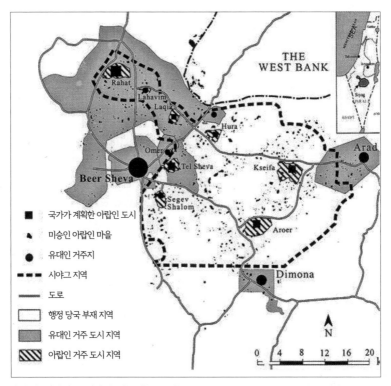

출처: 이스라엘 내무부에서 제공하는 지도를 수정.
주: 대부분의 아랍인 지역은 승인을 받지 않고 도시 자격도 갖추지 못한 상태다.

벌어졌다. 이스라엘 국가는 베두인이 토지에 관련해 지닌 고유한 권리를 부정했고, 뒤이어 베두인들을 이스라엘의 역사적 영토를 차지한 '침입자'이자 '침략자'로 선언했다. 베두인들을 강제로 이동시키려 하면서 국가는 도로, 수도, 전기, 병원, 도시 계획 등 대부분의 공공 서비스를 공급하지 못하게 방해했다. 가옥 파괴 작전은 조직적인 기반 위에서 착수됐다.

결과적으로 공공 서비스를 잘 갖춘 인접한 유대인 거주지에 민족-계급적으로 현저히 대조되는 대도시형 지리가 형성되면서 베두인 거주지는 빈곤, 아동

사망률, 범죄율이 이스라엘/팔레스타인에서 가장 나쁜 지역의 한 곳이 된다. 대도시인 베르셰바는 잘 개발된 현대적 도시 핵심과 심각한 빈곤에 시달리는 변두리의 비공식 지역으로 구성된 많은 제3세계 도시들을 점점 닮아가고 있다. '지지부진한 아파르트헤이트' 과정과 새로운 식민 관계의 출현은 여기에서 가장 명확해진다.

도시 계획과 지역 계획 업무에서 재현되는 베두인 아랍인들의 모습은 비존재와 무시 사이에 펼쳐져 있었다. 그 지역에 사는 선주민인데도, 그리고 현재 주민의 거의 3분의 1을 차지하는데도, 도시 계획 관련 부처에서 베두인은 존재감이 미약하고 임의적이다. 이를테면 지난 10여 년 동안 베두인은 단 두 명만이 지구 단위 도시계획위원회의 성원이 됐고(이 사람들은 각각 유대인 13명하고 함께 위원회를 구성했다), 베르셰바 시의회에는 베두인이 단 한 명도 없었다. 이스라엘 국토청, 주택복지교육부 등 다른 도시 계획 관련 부처들은 일시적으로 아랍인을 한 명씩 포함시키기도 했지만, 그런 사람들은 언제나 드물고 무기력한 지위에 있었다.

갈등은 물질적 차원과 상징적 차원에서 일어났다. 핵심 발화점은 널리 알려진데다가 건축사적으로 큰 의미를 지닌 베르셰바 모스크를 중심으로 회전했다. 베르셰바 모스크는 이 지역 주민들을 위해 오스만튀르크 제국이 건설한 뜻 깊은 장소였다. 아랍인들이 지속적으로 요구하지만, 시 당국은 무슬림이 기도할 수 있게 모스크를 다시 열게 해달라는 요청을 거부한다. 이런 맥락에서 베르셰바 부시장 엘리 보커는 2003년에 이렇게 말했다. "모스크는 결코 재개관할 수 없습니다. …… 우리 지역을 보면 이미 베두인 마을과 도시에 12곳이 되는 모스크가 있습니다. …… 아랍인들이 왜 이곳에 오려는 걸까요? 모두 이 사실을 기억해야 합니다. 베르셰바는 유대인의 도시이고, 도시가 지닌 특성을 지킬 권리가 있다는 사실 말입니다"(Sheva[지역 신문], May 16, 2005).

몇몇 비정부 기구가 한 호소에 따르면 이스라엘 대법원은 '아랍인들의 문화적 용도'에 맞게 모스크를 개원하려는 시도에 찬성하는 판결을 내렸다. 이런 판결이 나왔는데도 시 당국은 반대 의사를 굽히지 않고 있으며, 지금도 그 건물은 사람들이 사용하는 데 너무 위험하다고 비난한다. 아랍인들이 공개된 장소에서 기도 의식을 실행하려 몇 번 시도하지만 건물에 울타리를 치고 폭력을 행사하는 경찰에 막혔다. 결국 모스크는 10년 동안 방치됐고, 지금은 더욱 낡은 건물이 됐다. 이런 도시 갈등은 도시 계획과 개발 사이에 벌어지는 긴장에, 그리고 지금도 민족주의적 유대인 국가가 점점 더 강하게 시도하고 있는 식민화에 파괴력을 더한다(abu-Saad 2008).

도시 식민주의와 '새로운 비판 도시 이론'

이 글의 핵심은 배제된 집단들 사이에서 다양하고 새로운 주체성이 발전한다는 사실이다. 이런 현상은 그런 집단들이 헤게모니 프로젝트가 영향을 미치는 범위를 벗어나 있지만 그 도시의 경제와 '땅'의 정치 안에 머무는 도시 식민주의 상황에서 특히 두드러진다. 이런 동학은 앞에서 확인한 대로 새로운 비판 도시 이론들을 찾는 요구로 연결된다. 새롭고 확대된 비판 도시 이론 말이다. 현시대에 비판 도시 이론은 비판적 도시 분석을 단순히 대체하는 데 그치지 않고 도시에서 벌어지는 투쟁과 정체성 변형 사이의 숱한 연계에 관한, 그리고 이런 요소들이 '회색 지대화'의 물질적, 담론적, 정치적 측면 안에 배태되는 방식에 관한 논의로 확장한다. 확실히 몇몇 중요한 작업이 이런 쟁점을 제기하기 시작했으며(Bayat 2007; Mbembe and Nuttal 2004; Roy 2009b; Simone 2006), 여기에서 나는 이런 유형의 작업에 더 많은 중요성을 부여하면서도 비판 도시 이론의 주요 담론에 이런 작업들을 분명하게 연결시킬 생각이다.

억압적 '회색 지대화'와 정체성 변형을 해석하려고 나는 더 폭넓은 비판 이론들을 동원했다. 특히 신식민주의 도시 관계를 다룬 이론들뿐 아니라 안토니오 그람시의 영향을 받은 접근들을 참고했다(Kipfer and Goonewardena 2007; Legg 2008; Mbembe and Nuttal 2004). 그람시의 영향을 받은 접근들은 정체성 형성을 끊임없는 정치적 과정의 일부로 이해한다. 그런 점에서 집합적 정체성을 대개 전정치적 속성으로 간주하는 대부분의 마르크스주의 이론이나 자유주의 이론들하고 다르다. 경합의 정치를 거쳐 끊임없이 정체성을 재형성하는 방식은 부르주아 계급과 하위 주체 집단에 모두 해당한다. 곧 부르주아 계급은 일상적으로 헤게모니의 기둥을 재생산하면서 그람시가 개념화한 '수동 혁명'의 동력을 형성하며, 하위 주체들은 반헤게모니 투쟁과 대항 헤게모니 투쟁을 정체성들하고 접합함으로써 지속되는 억압에 반응한다.

접합articulation은 그람시의 영향을 받은 접근들에서 핵심이 되는 개념으로, 권력과 자원을 둘러싼 투쟁과 협상이 진행되는 동안 계급 위치와 문화 형태가 집합적 정체성의 형성에 결합되는 과정을 암시한다. 접합은 주변적이고 반란적인 정체성들에 관련된 연구에 특히 적당한 수사적 어구다. 정체성은 종속과 억압에 맞선 저항을 거쳐 부상하기 때문이다. 여러 학자들이 이런 과정을 반란적이고 급진화하는 정체성들의 출현에 연결한다(Holston 1998; 2008; Laclau and Mouffe 2001; Miraftab 2009; Roy 2009a).

에르네스토 라클라우와 샹탈 무페가 그람시의 영향을 받아 쓴 저작(Laclau and Mouffe 2001)을 기반으로 삼아 우리는 갈등agonism(주된 가치 체계 내부에서 차이를 접합하기)과 적대antagonism(주요한 가치 체계 외부에서 차이를 접합하기) 사이에서 동요하는 과정으로 정체성들이 급진화하는 과정을 개념으로 정리할 수 있다. 급진적 접합은 헤게모니 질서에 대항하는 집합적 적대의 발전에 기반하는데, 이때 적대는 하위 주체들을 향해 가치, 이해관계, 문화적 지향으로 구성된 특정한 정체성을 부과하려 하는 한편으로 바람직한 질서에 종속시키려 시도한다. 여러 학자들에게서 더 많은 시사점을 끌어내어 우리는 도시에서 동원을 매개하는 다양한 수단들을 통해 억압과 적대적 접합 사이의 연결 고리를 추적할 수 있다(Brenner 2006; Holston 2008; Jacobs 1998; Marcuse 2002; Mayer 2008; Roy 2009a; Samadder 2007). 주변화된 집단들이 평등과 포섭을 가로막는 견고한 장벽들을 정치적으로 의식하게 될 때, 그리고 행동하는 데 충분한 자원을 정리할 수 있게 될 때, 갈등 형태를 띤 대립은 적대 형태를 띤 급진주의로 이동하는 듯하며, 평등한 통합이라는 지평은 사회적 주류에서 벗어나는 자율적 해방이라는 어젠다에 힘입어 도전받게 될 수 있다(Laclau 1994; Mouffe 1995도 참고).

이 과정은 그런 조건들이 널리 발전한 아프리카와 아시아 도시들을 다룬 비판적 저술들이 최근 보여준 대로 회색 지대의 확산에 연관된 도시 식민 관계들에 대응하면서 특히 활발해진다(Mbembe and Nuttal 2004; Miraftab 2009; Roy 2009a). 대도시 베르셰바에서도 이런 점은 사실이다. 앞에서 본 대로 이 도시에서 이스라엘은 독점적인 시온주의 발전 질서 아래 도시 식민주의 과정을 만들어내면서 토지와 개발을 유대화하고 탈아랍화하느라 끈질긴 노력을 기울였다. 중요한 점을 지적하면, 현재 진행되는 분석에서 '식민적'이라는 단어는 유럽식 (대문자) 식민주의에, 또는 이어지는 '탈식민적' 관계들에 반드시 연결되지는 않는다. 차라리 나는 여기에서 '내부 식민주의'를 다룬 초창기의 학술적 논의에, 그리고 여러 학자들이 더욱 정교하게 발전시킨 이 용어에 관한 역사적 이해에 의존할 생각이다(O'Dowd 1999; Agamben 2006; Kipfer 2007). 이런 학자들은 전유와 지배를 촉진하는 다면적 권력 형성체를 명시하면서 식민지화 과정을 다룬다. 식민지화의 도시 정치 경제가 지닌 특징은 몇몇 차원으로 정리할 수 있다.

- 지배적 이해관계의 확장(공간적이거나 또 다른 형태)
- 주변부 집단을 대상으로 한 착취
- 정체성을 본질로 만들기
- 위계적이고 강요된 분리

특히나 식민 관계는 형식적으로 평등한 시민권과 정치적 성원권 같은 기본 조건을 종종 출발점으로 삼는 비판 도시 이론의 본령에서 이상할 정도로 결여돼 있다. 그렇지만 방대한 도시들에서 식민지 유형 관계들이 점점 우위를 차지하고 회색 지대가 확장되면서 새로운 식민 질서를 만들어내려는 세력들을 포함하는 방식으로 투과성을 갖춘 토대를 확대하는 '새로운 비판 도시 이론'이 지금 필요하다는 사실이 명확해진다. 이렇게 된 이유는 프랑크푸르트학파, 프랑스 철학과 대륙 철학, 네오그람시주의 학자들, 최근의 영어권 네오마르크스주의 학자나 네오베버주의 학자들에 연관되거나 관련 없는 비판이론가들이 도시 사회 관계의 형성에서 식민 관계의 중심성을 전반적으로 빠트리기 때문이다. 그런 상황에서 시민권과 성원권 개념은 철저하게 파열된다. 포괄적이 되기는커녕, 이 개념들은 도리어 배제와 거부의 도구가 된다.

'남부 문제'에 관한 그람시의 논의는 중심을 벗어난 지역에서 무의식적 통합과 착취가 벌어지는 과정을 그리는데, 거의 내부 식민주의라 할 만한 과정을 묘사한다. 그렇지만 헤게모니 개념 자체는 주변부를 통합하는 지배 계층의 의지와 능력에 관련된 가정을 기본으로 삼고 있으며, 권력의 작동이 구조적이고 견고한 배제를 전제하는 식민지 상황을 다룰 때는 뚜렷한 한계를 드러낸다. 이런 약점은 또한 다른 주목받는 비판 이론들 사이에도 널리 퍼져 있는데, 프랑크푸르트학파에 영향을 받거나 푸코주의, 르페브르주의, 네오마르크스주의에 부분적으로 의존하는 그 이론들은 '사회 안에서' 사회 관계들을 규율하고, 종속시키고, 관리하는 상위 계층의 능력을 설명한다.

식민 상황은 '사회'의 한계 바깥에, 그러므로 헤게모니 프로젝트나 통치성 프로젝트에 따라 주조되는 상상된 통합과 통제의 그물망을 넘어 자리한 집단들이 영속적으로 존재한다는 특징을 지닌다. 이런 특징은 여러 인종주의적 국가뿐 아니라(Yiftachel 2006; Yiftachel and Ghanem 2004), 주로 남반구와 동반구의 성장하는 대도시 지역에서 구조적 요소로 자리 잡고 있다(Roy 2008; Simone 2006;

Yiftachel 2007). 그곳에서 흡수와 통치성의 메커니즘은 종종 식민화된 집단들을 통합하려는 의도, 의지, 역량을 갖추지 않는다.

비판적 문헌은 하위 주체들을 동화시키고, 흡수하고, 복종하게 만드는 엘리트들의 권력을 설명하는 통찰력을 갖춘 비판적 개념을 많이 포함하고 있다. 그람시가 쓰는 '변형', 푸코가 쓰는 '규율'과 '통치성', 네오마르크스주의가 쓰는 '제국의 신자유주의화'가 바로 그런 개념들이다(Hardt and Negri 2000; AlSayyad and Roy 2006). 그렇지만 이런 개념들은 하위 주체 집단들을 종종 너무 다른 존재로, 지나치게 적대적이거나 지리상 별개의 존재로 낙인찍으면서도 사회적 헤게모니 프로젝트의 한계 안에 포함되는 식민지 상황에서 집단적 관계와 집합적 주체성의 발전을 설명하지 못한다.

새로운 접합은 도시권 개념을 둘러싸고 더욱 풍부한 논의를 하면서 영감을 얻을 수도 있다(Brenner and Elden 2008; Harvey 2008; Kipfer 2007; Lefebvre 1996; Mitchell 2003; Yacobi 2006). 폭넓은 호소력을 지니기는 하지만 이 생각은 도시 공간을 전유하고 그 공간의 미래를 구체적으로 결정하는 데 참여하려는 합법적 주장을 제외하면 조금 모호하다. 르페브르는 한발 더 나아가 도시권이 '중심성과 차이'에 관한 정당한 요구를 수반한다고 주장한다(Lefebvre 1996). 자기가 제시한 이론을 학술적 측면이나 실제적 측면에서 발전시킨 적은 결코 없지만, 르페브르가 새롭게 만들어낸 개념은 당연히 도시권의 존재를 부정하게 되는 도시 억압에 대항한 동원을 개시할 계기를 창출한다.

그렇지만 비판적 학자 집단이 이 개념에 담긴 가치를 인정하면서 학술적으로, 더욱 중요하게는 물질적이고 정치적으로 르페브르의 개념에 '살'을 붙일 더 많은 작업들이 필요해진다. 개념을 실체화하려면 또한 공통적이고, 자유주의화되고, 주로 법적이거나 도덕적이며, 역사적이고 물질적인 맥락에서 도출된 '권리' 개념에서 벗어나 방향을 돌려야만 한다. 대신 다른 곳에서 주장한 대로 (Yiftachel 2009), 충분하지 못할지도 모르는 권리 기반 접근법에 맞서 회색 지대에서 경험한 물질적 빈곤과 배제에 응답하려면 도시권은 '도시 계획 시민권planning citizenship', 도시 주권, 집단적 자결권 같은 더욱 물질화되고 정치화된 개념들에 바탕해 강화돼야 한다(Kipfer and Goonewardena 2007; Mbembe and Nuttal 2004; Tzfadia 2008; Watson 2002).

공간, 정체성, 계급, 권력은 따라서 헤게모니의 한계들에 관련된 윤곽을 그리는 데 결합돼야만 하는데, 그런 한계들은 다양한 권력 유형을 정당화하기보다는 종종 폭력적 양상을 띠는 식민 통제의 형태들을 게토에 가두게 강제하는 방향으로 지배적 권력을 자극한다. 새롭게 확대된 비판 도시 이론을 향한 요구는 획기적이지만 아직은 한계를 드러내는 비판적 접근법들, 적어도 형식적인 의미에서 성원권 개념을 지닌 '사회'가 이미 존재한다고 아무 문제없이 가정하는 이런 접근법들의 한계를 인식하면서 출발한다. 이런 경향에서 획기적인 계기는 흑인 게토를 다룬 연구인데(Marcuse 1997; 2002), 여기서 마르쿠제는 '고전적' 형태에서 '추방된' 도시 공간과 공동체로 바뀌고, 그리하여 나중에는 신자유주의 젠트리피케이션을 거쳐 '부드럽게' 잠식되고 약화되는 게토의 변형 과정을 눈에 띄는 방식으로 설명하기 위해 경제적 계급, 정체성, 공간적 체제에 집중했다. 다른 사례들, 곧 식민주의와 도시를 다룬 저작(Kipfer 2007), 도시 계획 이론에 관한 비판적 분석(Watson 2002), 신자유주의 시대의 도시 계획과 주체성에 관한 성찰(Roy 2005; 2008), 남반구 도시들의 발전을 다룬 섬세하면서도 비판적인 분석(Robinson 2006), 아프리카 도시들에서 나타나는 비공식성을 특징으로 한 새로운 공간들을 다룬 저작(Simone 2006) 등은 비판 도시 이론 접근법이 가능할 뿐 아니라 매우 훌륭한 시도라는 사실을 명확하게 보여준다.

급진화와 베두인족

접합 과정은 '땅 위에서' 실제로 어떻게 벌어질까? 토착 아랍인들은 회색 지대에서 장기 생존해야 하는 상황에 직면해 투쟁과 주체성을 어떻게 변화시킬까? 여기에서 내가 지금까지 묘사한 동학의 핵심적인 개념 요소들이 하나로 엮이는데, 식민지 관계들이 만들어낸 결과, 계급과 집단적 정체성의 새로운 접합, 비공식 공간성들이 수행하는 비판적 기능 등은 모두 점진적이지만 눈에 잘 띄는 급진화 과정으로 우리를 이끈다(abu-Saad and Yonah 2000; Meir 2005; Yonah et al. 2004).

특히 베두인족의 급진화는 대항 헤게모니보다는 반헤게모니에 더욱 가까워지는데, 대개 이 주변부 공동체가 국가 헤게모니를 대체하기는커녕 도전하는 모습조차 상상할 능력이 없기 때문이다. 그러므로 '근원적인 것을 추구'한다는 의미뿐 아니라 공동의 의제를 새롭게 설정할 기반으로서 국가 목표를 근본적으로 이탈한 의제를 끌어온다는 의미에서 대체로 급진적이다. 따라서 이 투쟁은 개인적 의미와 집단적 의미에서 생존을 목표로 하는 '비영웅적' 행위다. 베두인족은 물리적 발전을 구성하는 담론과 물질성을 거쳐 새로운 정체성을 구축하고 있다. 이 정체성은 피할 수 없는 긴장과 분열 속에서도 억압적인 이스라엘식 체제를 마주할 뿐 아니라 완전히 겹치는 많은 가족들을 거쳐서 형성된다.

이렇게 복잡한 접합과 급진화 과정은 여러 가지 실천, 운동, 담론, 동원으로 구성된다. 나는 여기에서 '수무드', 기억 형성, 자율적 정치 등 세 요소를 강조할 생각이다. 이 목록이 완전할 수 없다는 점은 명확하며, 따라서 두세 가지 사례를 들자면 경제학, 범죄 행위, 젠더 관계, 문화 생산의 영역에서 제기되는 다른 중요한 실천과 제안들로 보완할 수 있다. 그렇지만 이 세 가지 실천은 정체성 구축의 중요 동학을 개략적으로 제시할 수 있으며, 장소, 물질성, 역사, 권력에 연관되는 방식으로 진행된다. 그럼 각각에 관해 간단히 살펴보자.

수무드

수무드는 인내, 끈기, 조용한 결의를 의미하는 아랍식 용어다. 이 용어는 팔레스타인인들이 1948년 나크바가 불러온 결과들을 정신적으로 극복하려는 시도를 상징하게 된다. 많은 팔레스타인인들은 이때 전쟁의 공포 속에 추방되거나 피란을 떠난 상태였고, 뒤이어 땅과 집을 잃었다. 수무드는 나카브 지역 베두인족들 사이에서 널리 실천됐는데, 자기 땅에 그대로 남거나, 강요된 도시화를 반대하거나, 조상 대대로 내려온 전통을 보존하는 방식이었다.

수무드는 '회색 지대화' 현상하고 관계가 깊다. 대부분의 미승인 베두인 지역은 1948년 이전에 형성됐지만, 국가가 토지에 관련된 권리를 부인하면서 베두인들은 '불법 침입자'라는 법적 범주에 갇히게 됐다(Amara 2008; Human Rights Watch 2008). 국가는 토지의 지위를 둘러싸고 벌어진 논란을 몇 십 곳의 마을과 도시를 승인하지 않는 '이유'로 활용하기도 했다. 그렇게 해서 지난 60년 동안 국가가 법적 결정과 도시 계획에 관련해 실행한 여러 결정은 차근차근 '회색 지대화' 과정으로 나아갔으며, 가족의 확장 같은 가장 세속적인 이유까지 포함해 모든 발전은 '비합법'인 행위로 여겨진다. 동시에 건축 자재가 부족한 탓에 계획도시로 나아가려는 계획을 실행하지 못해 탈출을 위한 현실적 선택지도 없지만, 토지 소유권과 집단적 정체성의 상실이라는 점에서 위협을 받고 있는 상황이기도 하다(abu-Saad 2008).

평범한 민족적 이상이던 수무드는 그러므로 불법 도시 계획 금지 지역에서 필수적인 생존의 기예로, 나아가 수도, 전기, 이동, 교육, 보건 같은 기본적 필요를 충족하기 위해 거주지를 발전시키려는 일련의 전술로 서서히 바뀌었다. 이런 전략은 파괴된 주택을 다시 세우려는 집단적 노력보다도 더욱 명확한 형태를 띠었다. 이런 현상은 중요하고 의미도 있었다. 이를테면 2007년에 이스라엘은 197개 정도 되는 주택을 폭파했는데, 폭파된 주택들을 2008년 말까지 거의 모두 새로운 건축물로 다시 지었다(http://www.dukium.org).

살던 땅을 떠나도록 주민을 설득하거나 강제하는 데 국가가 실패하고 난 뒤 연이어 벌어지는 차별, 범죄화, 수난은 급진적 접합 과정의 핵심이다. 이 과정이 진행되는 동안 박탈과 정체성은 둘 다 새로운 지향점을 구축하려는 투쟁 속에서 결합된다. 이런 맥락에서 아티야 알아타민에 주목해야 한다. 카셈 자네 지역의 위원회 의장인 알아타민은 2008년 6월에 열린 공청회에서 베르셰바 지역의 미래 계획에 관해 발언한다.

정당한 '수무드'를 실천하면서 우리는 법을 위반할 수밖에 없습니다. …… 왜냐하면 법과 그 법에 근거한 계획이 이 장소에 들이닥쳤고, 우리가 이곳에 살아온 오랜 시간을 지워버리려 했습니다. …… 우리 공동체는 본래 이 장소에 속하며, 이 장소는 우리 공동체에 속합니다. …… 우리가 살아가는 집이 다시 파괴된다고 해도 우리는 우리 땅에 남을 겁니다. …… 우리는 우리들이 가진 유일한 공동체를 무너트리려는 계획을 결코 받아들일 수 없습니다.

― 도시계획 반대 특별위원회 의정서, 남부 지구, 2008년 6월 28일

기억 형성

베두인족들은 수무드를 실천하면서 정체성을 재구축할 기반으로 집단적 기억도 동시에 계발하기 시작했다. 이런 과정은 베르셰바와 나카브에서 아랍인들의 과거를 말소시키는 몇 십 년 이어진 시간에 연결돼 있으며, 무수한 물리적 실천뿐 아니라 대중적이고 국가적인 담론으로 표현된다. 가장 눈에 띄는 사실을 보면, 베르셰바 주변 45개 베두인 거주지(대부분 이스라엘 국가가 수립되기 전부터 사람이 살고 있었다)를 가리키는 지명은 주민들을 가시적인 존재로 만들 수 있는 공식 문서나 지도에 포함된 적이 없다. 더욱이 지형과 역사적 장소를 가리키는 아랍식 명칭은 거의 모두 이스라엘식으로 바뀌었다(Benvenisti 2001). 이스라엘 대중들은 베르셰바에 자리한 아랍 도시를 모든 관련 문서에서

표기하는 방식을 따라 '튀르키예'라 불렀다. 베르셰바를 다룬 다양한 역사 서술은 '오토만'과 '영국'이 지배한 체제를 강조하고(반면 그 지역 주민은 무시하고) 1948년 전쟁과 아랍계 주민 추방을 전반적으로 건너뛰어 이 도시의 과거에서 아랍이라는 요소를 축소하려는 경향을 드러낸다(전형적 사례는 Cohen 2006; Gradus 1993; 2008 참조). 계획의 관점에서 보면 지역 전체 베두인 주민의 중심이 되고 아랍인 4000명가량이 직접 거주하는 장소인데도 이 도시에는 앞서 강조한 대로 아랍 색채를 띤 문화 기관이나 공공시설은 물론 모스크도 없다(abu-Rass 2006).

지난 10년간 민족적 기억을 재구축하려는 팔레스타인적 동원의 흐름뿐 아니라 공식적 말소라는 상황에 맞서서 베두인족 문화 활동가들은 역사적 기억을 장려하는 작업에 박차를 가하기 시작했다. 이런 노력은 전통적 형태, 이슬람적 형태, 팔레스타인적 형태 등 세 가지로 나타난다. 경계선이 겹치는 이 실천들이 지닌 힘을 측정하기는 쉽지 않지만, 베두인족 담론에는 상호 배제적이지 않은 형태로 세 가지가 모두 존재한다. 기억 형성은 일반적으로 지난 10년 사이에 눈에 띄게 증가한 듯하다. 처음에는 이슬람적 형태가 주목받다가 얼마 전부터 팔레스타인적 형태가 인기를 끄는데, 이런 변화는 시온주의 국가에 이어진 정서적 연대는커녕 이스라엘 시민권에 관련된 어떤 규범적 소속감조차 점점 떼어 버리려는 새로운 주체성에 필요한 기반을 창출하는 과정을 거쳐 진행된다.

전통적 행위자들은 베두인족의 부족 문화와 '사막' 문화를 장려하려 시도한다. 박물관, 여행자 센터, 몇몇 교육 시설 등을 설립하는 과정에서 공통적으로 국가 또는 지역 당국하고 협력하는 방식을 취했다. 국가는 이런 시설을 소수자들을 위한 배출구라 보는데, 이 시각은 어쩌면 베두인을 외부에서 들어온 유목민으로 생각하는 대부분의 유대인과 서구인이 지닌 오리엔탈리즘에 젖은 왜곡된 인식에 적합할 수도 있다. 이 시각은 또한 베두인족의 현대적 부족 중심주의와 세평에 기반한 '부족 원로들'의 통치에 관해 대중들이 생각하는 '진실'을 지지하며, 베두인 공동체를 더욱 분열시키고 허약하게 만드는 한편 전통적이지만 종종 국수주의적이고 반동적인 요소들을 증대시킨다(abu-Rabia-Queder 2008). 그렇지만 부분적으로 흡수된 기억 세대들조차 베두인족은 대안적인 의식, 정체성, 주체성을 발전시켰으며, 동등하고 동화된 이스라엘 정체성이라는 관념에서 점차 벗어났다.

기억과 정체성의 이슬람화는 지역 정치 지도자와 지지자들 사이에서 인기를 얻었고, 나카브에서 기반이 튼튼한 이슬람 운동Islamic Movement을 통해 촉진됐다. 지역 지도자들은 팔레스타인 대항 정체성을 공개적으로 표명하지 않으면서도 시온주의 국가하고는 뚜렷이 구별되는 특성을 드러낼 경로를 찾고 있었다. 인종주의적이고 반팔레스타인 성향을 자주 드러내는 행정 당국이 자행하는 범죄화 시도를 피하면서 대중성은 얻고 싶어했다. 이런 전략은 베두인족 공동체와 새롭게 구축된 이슬람식 과거 사이에 담론적이고 제도적인 새로운 연계가 형성되는 시기에 강력한 효과를 냈다. 교과서, 도로명, 나카브 주변 모스크들의 급속한 발전, 점점 증가하는 종교적 의상과 일부다처제를 포함한 가족법 등 모든 곳에서 전략이 현실화됐다. 뒤이어 얼마 전에는 베두인 정체성과 역사적 이슬람주의 의식의 의미를 형성하기 위해 모스크가 가장 중요한 초점이 되기도 했다(Ben-Yisrael and Meir 2008; Luz 2008).

정치적으로 가장 논쟁이 되는 사안은 베두인족 기억의 팔레스타인화다. 그렇지만 이런 현상은 나카브 베두인족들이 발생 단계에 들어선 팔레스타인 국가의 일부로서 20세기 초부터 이 땅에 존재한 만큼 역사적이고 지리적인 측면에서 자연스럽다. 다른 팔레스타인 종족들에 견줘 베두인족을 구별하는 경계선은 희미해지고 끊임없이 변하고 있다(Parizot 2004; 2005). 여기에서 가장 눈에 띄는 기억 실천은 점점 팔레스타인식 나크바가 많이 쓰이는 현실이다. 얼마 전부터 베두인족들은 대중 연설, 미디어 담론, 트라우마를 남긴 과거를 되새기는 지역 기념식에서 점점 더 많은 공간을 할애해 나크바를 '발견'했다(abu-Rabia 2008; abu-Mahfouz 2008). 처음에 지적한 대로 많은 베두인족들에게 나크바는 먼 옛날

그림 10-5. 나크바 추념식, 알크레인, 2008년 5월

기억이 아니라 국가 차원에서 지속적으로 시행되는 퇴거 정책이자 축출이라는 점에서 눈앞에 살아 있는 현실이다.

　나크바는 빈민 지구를 둘러싼 곤란, '내부 난민' 상태(Kedar 2004), 토지와 주택 손실, 1948년 이전 상태로 돌아가려 시도하는 베두인족들을 예방하는 조치 같은 더욱더 다양한 쟁점을 다루는 반복된 수사학으로 나타난다. 또한 나크바하고 함께 '아우다awdah'가 나타나는데, '귀환'이라는 뜻을 지닌 이 현상은 대부분의 팔레스타인인들에게 잘못된 역사의 수정이라는 희망을 상징한다. 이런 맥락에서 2008년 5월 나카브에서 처음으로 공개적으로 연 나크바 추념식 현장에서 알크레인 지역 촌장인 알리 아부시케이타Ali abu-Shcheita가 한 발언에 주목하자. 추념식은 파괴된 지 얼마 안 된 주택가 주변에서 열렸으며, 베두인족들이 투쟁하고 있는 45개 미승인 공동체를 상징하는 커다란 손 팻말 45개를 든 어린이 45명이 행진해서 주목받았다(그림 10-5 참고). 기념식은 아부시케이타가 발언하면서 시작됐다.

　여러분들 보시는 대로 우리는 지금 우리가 살던 집 근처에 서 있습니다. 정부가 파

괴해서 잔해만 보이죠. 주택이 13곳 넘고, 모스크까지 해서 파괴 명령을 받았습니다. 우리는 결코 이곳을 떠날 수 없었는데, 6년 전 어느 날 갑자기 '불법'으로 선언됐습니다. 우리에게 나크바는 진정으로 생생한 현실입니다. …… 그렇지만 이 아이들을 보세요. 그리고 아이들이 여러 사람들 눈앞에서 계획과 지도를 따라 우리 마을로 되돌아가는 길을 보세요. …… 바로 이런 것들이 우리 '아우다'의 시작입니다.

자율적 정치

변화하는 베두인 주체성을 보여주는 셋째 측면은 정치적 조직과 동원 영역에서 명확히 나타난다. 뚜렷한 흐름은 공동체들에 밀접히 연계해 어젠다를 발굴한 자율적 기구들이 발전하는 추세다. 정당과 아랍 지방 정부에 관련된 조직들뿐만 아니라 몇몇 활동적인 비정부 기구들이 요즘 들어 여럿 창설됐다. 가장 주목할 사례는 1997년에 창설한 '미승인 거주지 지역위원회'Regional Council of the Unrecognized Villages·RCUV'였다. 위원회는 행정 당국이 끊임없이 하는 요구에 응답하면서 형성됐는데, 1994년 내륙 남부구의 전 청장 샬롬 다니노Shalom Danino가 한 발언이 전형적이었다. "베두인족을 이끌 지도자가 없다는 사실은 잘 알려져 있다. …… 그 사람들이 뭘 원하는지 말해줄 사람이 아무도 없다. …… 그치들은 백 가지 목소리로 떠든다"(Sheva, May 24, 1994, p. 7).

이스라엘이 취하는 이런 공통된 접근법은 '분할 지배'라는 낡은 식민지 시대의 관행을 반영하고 재창출한다. 따라서 이스라엘은 베두인족 사이에 자리하는 부족, 계급, 지역적 분할을 더욱 촉진했고, 나아가 통제 정책에 맞선 저항을 약화시키는 데 이런 분할을 활용하려 시도했다. 베두인들은 미승인 거주지 지역위원회를 창설한 뒤 이 위원회를 당국에 맞서 베두인족을 대표할 뿐 아니라 베두인 거주 지역을 민주적으로 자율 관리하는 과정을 주도하는 대의 기구로 활용해 이런 시도에 맞서 싸우려 했다. 지역위원회는 45개 지역에서 선거를 거쳐 뽑은 대표자로 구성하며, 위원장은 대표자 중에서 뽑는다. 1997년 이후에 9개 지역이 승인을 받으면서 위원회 성원은 36명으로 줄어든다. 지금까지 선거를 세 번(1997, 2001, 2005년) 치렀고, 그때마다 (완벽하지는 않지만) 상대적으로 부드럽게 권한을 넘겨받아 각각 다른 지도부가 구성됐다.

중요한 점은 미승인 거주지 지역위원회가 적대적 국가로 간주한 이스라엘뿐만 아니라 베두인족이 펼친 운동을 지배하는 흐름을 보인 동시에 전유한 '북부' 아랍과 팔레스타인의 영향력에도 맞서면서 자치 지역을 개척한 사실이다. 이런 특징은 팔레스타인 공동체들 사이에서 오랫동안 지속된 긴장뿐만 아니라 유대인과 '북부' 아래에서 이중 식민화에 시달린 남부 아랍인들의 감각을 반영한다. 미승인 거주지 지역위원회 위원장 아트와 아부프라이키Atwa abu-Freich는 얼마 전 이렇게 주장했다. "우리 위원회는 남부 아랍인들을 진정으로 대표하는 목소리이자 남부 아랍인들이 내는 유일한 목소리입니다"(와디 알나암 재건축 기공식, 2009년 1월 2일).

이스라엘 당국은 초기에는 미승인 거주지 지역위원회에 적대적이었다. 위원회의 대표성을 인정하지 않았고, 오히려 '베두인족 진흥관리국The Managing Authority for Advancement of the Bedouins·MAAB'으로 알려진 관료제적 기구를 강화했다. 자기 땅에서 잘사는 베두인족을 추방해 다른 곳에 재정착시키는 정책을 지속적으로 시도해서 잘 알려진 기구에 붙인 오웰식 용어였다. 이를테면 2003년 이스라엘 정부는 '베두인족 문제를 최종적으로 관리'할 샤론-리브니 계획에 착수했는데, 이 계획은 베두인족 진흥관리국을 거쳐 '법적 강제'에 필요한 예산을 3배 늘리지만 새로운 정착촌이나 도시가 인정되리라는 희망은 결코 주지 않았다. 또한 베두인족 공동체들은 자기들의 미래를 결정하는 과정에 참여할 수도 없었다. 나중에 '다로마Daroma' 계획, 베르셰바 신도시 계획, 골드버그 위원회 보고서[6] 같은 새로운 국가 계획은 모두 법적 강제를 강조했는데, 공식적으로는 미승인 거주지 지역위원회가 명확히 제시한 주장들에 별다른 주의를 기울이지 않았다.

그렇지만 공식적으로는 미승인 거주지 지역위원회를 인정하지 않는 정부도 비공식적 협의에 새로운 리더십을 참여시키기 시작했으며, 심지어 정착촌 승인을 거부하는 오래된 강경 노선을 놓고 절충에 들어갔다. 이런 변화는 미승인 거주지 지역위원회가 (인권협회, 공존 포럼, 아달라^{Adalah,}[7] 인권의사회 같은 핵심 조직들이 건넨 도움을 받아) 정착촌과 마을을 승인받으려, 그리고 베두인 지역에 아랍 지역 정부를 설립하려 끈질기게 펼친 운동 덕분이었다. 1999년에 미승인 거주지 지역위원회는 아랍식 이름을 확인해 지명을 바꾼 45개 정착촌과 마을을 승인하라는 요구를 담은 '청사진'을 문서로 발간했다.

몇 년에 걸쳐 미승인 거주지 지역위원회는 승인받을 방법을 찾으려는 45개 공동체에 관련된 지도와 보고서를 발간했고, 이 공동체들이 모두 생존 능력을 갖추고 있으며 각각 적어도 500명을 수용한다는 사실을 보여줬다. 500명은 이스라엘 도시 계획 당국이 (유대인) 행정 단위로 인정할 때 최소 결정 기준인 40가구를 훨씬 넘어서는 수치였다. 미승인 거주지 지역위원회가 세운 계획은 대개 '비전문적'이고 '무모'하고 '어리석은' 생각으로 치부됐지만,[8] 대중적인 압박이 어느 정도 효과를 발휘했다. 2008년 정부는 45개 중 9개 지역을 승인했으

---

6 '다로마'는 2005년 이스라엘 정부가 네게브/나카브 지역에 투자를 촉진하려 채택한 개발 계획이다. 베르셰바 지구 계획과 신도시 계획은 법령에 따른 토지 사용에 관련된 문서들로, 미래에 진행할 개발을 계획된 구역에 맞게 조정하는 내용을 담고 있다. 골드버그 위원회는 '베두인족에 관련된 도시 계획, 정착, 토지 문제를 해결할 계획을 제출할 목적 아래 정부가 지명한 위원들로 구성됐다. 이 위원회가 제출한 보고서가 2009년 1월 국무회의에 제출됐으며, 보고서에 관련된 실행 계획을 입안할 새로운 위원회도 구성됐다.

7 아달라는 아랍어로 '정의'라는 뜻이며, 1996년 이스라엘에 설립된 아랍 소수자 권리를 위한 인권 단체이자 법률 센터다 — 옮긴이.

8 2000년에서 2001년 사이 이 계획을 둘러싸고 논쟁이 벌어진 지구 단위 도시계획위원회 규약에는 전문적, 법적, 실질적 근거를 들어 계획 자체를 문제 삼는 경멸적인 언급들이 포함돼 있다. 미승인 거주지 지역위원회가 몇 번 개입한 사례를 빼면, 위원회 성원 14명 중 아무도 이 계획을 완전히, 또는 부분적으로 지지하지 않았다.

며, 주택 건축을 허가하고 기반 시설을 공급할 계획을 세우기 시작했다. 또한 정부는 '아부바스마abu-Basma'라는 이름을 붙인 자치단체를 만들어 새롭게 승인된 정착촌에 행정 서비스를 제공했다. 여전히 유대인이 기관장으로 임명돼 관리하기는 하지만, 이 신생 자치단체는 앞으로 이 지역에서 아랍인이 이끄는 지방 정부가 세워질 수 있는 기반을 형성한다.

승인을 요구하는 자생적 투쟁과 안팎에서 벌어지는 격렬한 충돌을 주도해야 하는 처지에 놓인 덕분에 미승인 거주지 지역위원회는 자연스럽게 더욱 세세한 분석을 보장하게 된다. 여기에서 요점은 현실 부정과 강제 추방이라는 인종적 강경 노선에 기반한 정책에 대항해 비공식적이고 자율적인 리더십이 '아래에서' 출현하는 현상을 설명하는 데 있다. 미승인 거주지 지역위원회가 정착촌 승인 투쟁에 참여하면서 분산된 공동체들은 수무드를 계속 이어갈 수 있는 정치적이고 전문적인 구조를 확보했다. 그런 구조를 통해 회색 지대에서 살아갈 미래를 장기적 관점에서 서서히 제도화하는 한편, 자생적 주권의 초기 형태를 다질 기반이 될 근거들을 마련했다.

결론

이 글을 끝내면서 나는 미승인 거주지 지역위원회의 아트와 아부프라이키가 한 연설을 인용한 와디 알나암 모스크 재건축 기공식이 열린 현장으로 되돌아가고자 한다.

우리는 이 길이 머나먼 여정이라는, 이 새로운 모스크에는 어쩌면 더 많은 파괴와 법적 처벌이 뒤따를지 모른다는 사실을 알고 있습니다. …… 그렇지만 우리는 우리를 쫓아내려는 시도가 뜨겁게 저항하는 가자 지구에서 볼 수 있듯 결코 완벽하게 성공할 수 없다는 사실도 알고 있습니다. 우리는 이 땅에서 태어난 자손들이기 때문이고, 우리는 이 땅에서 살아남는 방법을 알기 때문이며, 우리는 …… 우리 마을에서 살고 있다는 오직 그 이유 하나 때문에 이 나라가 우리를 '범죄자'로 부른다는 …… 사실을 알기 때문입니다. …… 이런 사실은 중요하지 않아요. 왜냐하면 우리는 이 장소에 깃든 사람으로, 그러니까 이 나라가 아니라 우리들만의 함께하는 미래를 위해 살아가는 사람으로 언제나 남아 있을 테니까요.

아부프라이키가 들려준 말들은 식민지나 다름없는 상황, 회색 지대를 전형적으로 특징짓는 지속적인 빈곤, 끊임없이 생겨나는 적대감, 고통받는 주변부에서 지금도 명확히 드러나는 급진화를 반영한다. 내가 이 글에서 주장한 대로 이 모든 현상은 도시에서 벌어지는 다양한 투쟁을, 그리고 그런 투쟁들에 내재된 물질성, 정치, 접합들을, 또한 신식민지 시대에 접어든 오늘날 도시 사회를 개조하는 문제들을 명확히 설명하기 위해 새로운 비판 도시 이론에 통합돼야만 한다.

참고 자료

abu-Mahfouz, M. 2008. "The odyssey of the abu-Mahfouz tribe: from al-Naqab to exile." *Hager — Studies in Culture, Polity and Identities* 8(2), pp. 65-92.

abu-Rabia, S. 2008. "Between memory and resistance: an identity shaped by space: the case of the Naqab Arab Bedouins." *Hager — Studies in Culture, Polity and Identities* 8(2), pp. 93-120.

abu-Rabia-Queder, S. 2008. *Excluded and Loved: Educated Arab Women in the Naqa.* Jerusalem: Eshkolot(Hebrew).

abu-Rass, T. 2006. "Land dispute in Israel: the Bedouin case." *Adalah notebooks*[online]. Available at: http://www.adalah.org/newsletter/heb/apr06/ar2.pdf(accessed June 15, 2011).

abu-Saad, I. 2008. "Introduction: state rule and indigenous resistance among al-Naqab Bedouin Arabs." *Hager — Studies in Culture, Polity and Identities* 8(2), pp. 3-24.

abu-Saad, I. and Y. Yonah. 2000. "Identity and political stability in an ethnically diverse state: a study of

Bedouin Arab youth in Israel." *Social Identities* 6(1), pp. 49-61.

Agamben, G. 2006. "Metropolis." *Generation online*[online]. Available at: http://www.generation-online. org/p/fpagamben4.htm(accessed June 1, 2011).

AlSayyad, N. and A. Roy. 2006. "Medieval modernity: on citizenship and urbanism in a global era." *Space and Polity* 10(1), pp. 1-20.

Almara, A. 2008. "The Goldberg Committee: legal and extra-legal means to solving the Naqab Bedouin case." *Hager — Studies in Culture, Polity and Identities* 8(2), pp. 227-240.

Anderson, L. and O'Dowd, J. 1999. "Borders, border regions and territoriality: contradictory meanings, changing significance." *Regional Studies* 33(7), pp. 593-604.

Bayat, A. 2007. "The quiet encroachment of the ordinary." *Chimmrenga*. pp. 8-15.

Ben-David, J. 2004. *The Bedouins in Israel–land conflicts and social issues*. Jerusalem: Jerusalem Institute for Israel Studies(Hebrew).

Benvenisti, M. 2001. *Sacred Landscapes*. Los Angeles: University of California Press.

Ben-Yisrael, A. and A. Meir. 2008. "Renaming space and reshaping identities: the case of the Bedouin town of Hura in Israel." *Hagar — Studies in Culture, Polity and Identities* 8(2), pp. 65-92.

Brenner, N. 2006. *New State Spaces: Urban Governance and the Rescaling of Statehood*. Oxford: Oxford University Press.

Brenner, N. and S. Elden(eds.). 2008. *Henri Lefebvre: State, Space, World*. Minneapolis: University of Minnesota Press.

Cohen, E. 2006. *Beer Sheva: the Fourth City*. Tel-Aviv: Carmel(Hebrew).

Davis, M. 2006. *Planet of Slums*. London: Verso.

Falah, G. 1989. "Israel state policy towards Bedouin sedentarization in the Negev." *Journal of Palestine Studies* 18. pp. 71-90.

Fernandes, E. and A. Varley(eds.). 1998. *Illegal Cities*. London: Zed.

Goldberg, E. C. 2008. *Report of the Committee for the Regulation of Bedouin Settlement in the Negev*. Jerusalem: Ministry of Construction and Housing(Arabic, Hebrew).

Gradus, Y. 1993. "Beer-Sheva: capital of the Negev Desert." Y. Golani, S. Eldor, and M. Garon(eds.), *Planning and Housing in Israel in the Wake of Rapid Changes*. Jerusalem: The Ministry of the Interior, pp. 251-265.

Gradus, Y. 2008. "Introduction." Y. Gradus and E. Meir(eds.), *Beer Sheva: Metropolis in the Making*. Beer Sheva: BGU Press, pp. 1-12.

Hardt, M. and A. Negri. 2000. *Empire*. Boston: Harvard.

Harvey, D. 2008. "The right to the city." *New Left Review* 53. pp. 23-40.

Hechter, M. 1975. *Internal Colonialism*. Berkeley: University of California Press.

Holston, J. 1998. "Spaces of insurgent citizenship." L. Sandercock(ed.), *Making the Invisible Visible*. Berkeley: University of California Press. pp. 37-56.

Holston, J. 2008. *Insurgent Citizenship*. Princeton: Princeton University Press.

Human Rights Watch. 2008. *Off the Map: Land and Housing Rights Violations in Israel's Unrecognized Bedouin Villages*. New York: Human Rights Watch.

Jacobs, J. 1998. *Edge of Empire*. London: Routledge.

Kedar, S. 2004. "Land settlement in the Negev in international law perspective." *Adalah Newsletter* 8(1).

Kipfer, S. 2007. "Fanon and space: colonization, urbanization and liberation from the colonial to the global city." *Environment and Planning D: Society and Space* 25(4). pp. 654-663.

Kipfer, S. and K. Goonewardena. 2007. "Colonization and the new imperialism: on the meaning of urbicide today." *Theory and Event* 10(2). pp. 1-39.

Laclau, E.(ed.). 1994. *The Making of Political Identities*. London: Verso.

Laclau, E. and C. Mouffe. 2001. *Hegemony and Socialist Strategy*. London: Verso.

Lefebvre, H. 1996. "Philosophy of the city and planning ideology." *Writings on Cities*. London: Blackwell, pp. 97-101.

Legg, S. L. B. 2008. *Spaces of Colonialism*. London: Blackwell.

Luz, N. 2008. "The making of modern Beer Sheva: an imperialistic Ottoman project." Y. Gradus and E. Meir(eds.), *Beer Sheva: Metropolis in the Making*. Beer Sheva: BGU Press, pp. 163-178(Hebrew).

Marcuse, P. 1997. "The enclave, the citadel and the ghetto." *Urban Affairs Review* 33(2). pp. 228-264.

Marcuse, P. 2002. "The partitioned city in history." P. Marcuse and R. Van Kempen(eds.), *Of States and Cities*. Oxford: Oxford University Press, pp. 11-35.

Mayer, M. 2008. *The Terrain of Urban Social Movements in the Age of Neoliberalism*[online]. Available at: http://www.policing-crowds.org/speaker/2006/margit-mayer.html(accessed May 15, 2011).

Mbembe, A. and S. Nuttal. 2004. "Writing the world from an African metropolis." *Public Culture* 16(3), pp. 47-372.

Meir, A. 2005. "Bedouins, the Israeli state and insurgent planning: globalization, localization or glocalization?" *Cities* 22(3). pp. 201-235.

Miraftab, F. 2009. "Insurgent planning: situating radical planning in the global South." *Planning Theory* 8(1). pp. 32-50.

Mitchell, D. 2003. *The Right to the City*. New York: Guilford.

Mouffe, C. 1995. "Post-Marxism: democracy and identity." *Environment and Planning D: Society and Space* 13, pp. 259-265.

Neuwrith, R. 2006. *Shadow Cities*. London: Routledge.

Parizot, C. 2004. *Crossing and Constructing Borders within Daily Contact*. Aix-en-Provence: Institute de recherches et d'études sur le monde arabe et musulman(IREMAM)[online]. Available at: http://halshs.archives-ouvertes.fr/halshs-00080661/en(accessed May 15, 2011).

Parizot, C. 2005. *Entrepreneurs without Borders: Bedouins between Negev and Dahariyya*. Aix-en-Provence: Institute de recherches et d'études sur le monde arabe et musulman(IREMAM)[online]. Available at: http://halshs.archives-ouvertes.fr/halshs-00094746/en(accessed May 15, 2011).

Perera, N. 2009. "People's spaces: familiarization, subject formation and emergent spaces in Colombo."

Planning Theory 8(1). pp. 51–75.

Robinson, J. 2006. *Ordinary Cities.* London: Routledge.

Roy, A. 2005. "Urban informality: toward an epistemology of planning." *Journal of the American Planning Association* 71(2). pp. 147–158.

Roy, A. 2008. "The 21st-century metropolis: new geographies of theory." *Regional Studies* 42(4). pp. 69–86.

Roy, A. 2009a. "Civic governmentality: the politics of inclusion in Beirut and Mumbai." *Antipode* 41(1). pp. 159–179.

Roy, A. 2009b. "Strangely familiar: planning and the worlds of insurgence and informality." *Planning Theory* 8(1). pp. 7–12.

Roy, A. and AlSayyad, N. 2004. *Urban Informality: Transnational Perspectives from the Middle East, South Asia and Latin America.* Lanham, Md.: Lexington Books.

Samaddar, R. 2007. *The Materiality of Politics.* London: Anthem Press.

Simone, A. 2006. "Pirate towns: reworking social and symbolic infrastructures in Johannesburg and Douala." *Urban Studies* 43(2). pp. 357–370.

Swirski, S. 2008. "Transparent citizens: Israeli policy towards the Negev Bedouins." *Hagar-Studies in Culture*, Polity and Identities 8(2). pp. 25–46.

Tzfadia, E. 2008. "Abusing multiculturalism: the politics of recognition and land allocation in Israel." *Environment and Planning D: Society and Space* 26(6). pp. 1115–1130.

Watson, V. 2002. "The usefulness of normative planning theories in the context of Sub-Saharan Africa." *Planning Theory* 1, pp. 27–52.

Yacobi, H. 2006. "From Rakevet to neighborhood of Neve-Shalom: planning, difference and the right to the city." *Makan* 1(1), pp. 21–32.

Yiftachel, O. 2006. *Ethnocracy: Land and Identity Politics in Israel/Palestine.* Philadelphia: University of Pennsylvania Press.

Yiftachel, O. 2007. "Re-engaging planning theory." *Planning Theory* 5(3). pp. 211–222.

Yiftachel, O. 2009. "Theoretical notes on 'gray space': the coming of urban apartheid?" *Planning Theory* 8(1), pp. 88–101.

Yiftachel, O. and A. Ghanem. 2004. "Understanding ethnocratic regimes: the politics of seizing contested territory." *Political Geography* 22(4). pp. 538–568.

Yiftachel, O. and H. Yacobi. 2004. "Control, resistance and informality: Jews and Bedouin-Arabs in the Beer-Sheva region." N. AlSayyad and A. Roy, *Urban Informality in the Era of Globalization: A Transnational Perspective.* Boulder: Lexington Books. pp. 118–136.

Yonah, Y., I. abu-Saad, and I. Kaplan. 2004. "De-Arabization of the Bedouin: a study of an inevitable failure." O. Yiftachel, D. Newman, A. Kemp, and U. Ram(eds.), *Hegemonies, Identities and Challenges: Israelis in Conflict.* Eastbourne: Sussex Academic Press. pp. 65–80.

Zureik, E. T. 1979. *Palestinians in Israel: a Study of Internal Colonialism.* London: Routledge and Kegan Paul.

11장

사라진 마르쿠제 – 젠트리피케이션과 축출에 관하여[1]

톰 슬레이터

---

1 이 제목은 피터 마르쿠제가 쓴 잊지 못할 책 《사라진 마르크스(Missing Marx: A Personal and Political Journal of a Year in East Germany, 1989-90)》(1991)를 염두에 둔 의도적 말장난이다. 이 책은 격동기인 1989년에 일어난 중요 사건과 경험을 관찰한 결과에 기반해 사회주의 국가가 해체된 과정을 개인적 수준과 정치적 수준에서 열성적으로 설명한다.

1999년 임대인이 아파트 임대료를 두 배로 올렸지만, 우리는 왜 그러는지 이해할 수가 없었어요. …… 월세가 750달러에서 1200달러가 됐죠. 그래서 집주인은 거의 두 배를 가져갔죠. 이 건물에 저희 말고 다섯 집이 더 있었는데, 한 집은 에콰도르에서 오고, 한 집은 콜롬비아에서 와서……쭉 공장에 다니면서 생계를 벌었고, 28년 동안 계속 여기에 살았어요. 저는 8년 됐는데. …… 저희 살던 집에는 고양이 기르는 커플이 들어왔죠. 그래요, 집주인이 바란 게 이런 거죠. 그 사람은 집 주변에 나무를 심고 싶다는 말을 달고 살았어요. …… 쭉 나무를 심고 문을 달더니, 그러고 나서 임차인들한테 월세를 두 배 올린다는 편지를 보내더군요. 우리한테 근사하게 보이고 싶어서 한 짓은 아니었어요. 젠트리피케이션이 사람들한테 영향을 미친 거죠. 집주인은 낡은 아파트를 더 근사하게 보이게 하고 싶었고, 그래서 수리도 했지만, 결국 다른 사람들한테 명품 아파트를 공급한다는 사명감에 가득차서 한 짓일 뿐이었죠. (임대인에게 쫓겨난 어느 뉴욕 주민(Newman and Wyly 2006, 44))

특히 젠트리피케이션은 그 말이 처음 나타난 때 대도시 핵심 지역의 탈산업화하고 그 말이 지닌 연관성에서 …… 그리고 노동 계급 퇴출하고 이어진 연관성에서 개념 자체를 분리해야 한다. (Butler 2007, 162)

왜 젠트리피케이션을 다룬 많은 사람들은 루스 글래스Ruth Glass가 젠트리피케이션이라는 단어를 처음 만들어 쓴 구절을 인용하면서도 아름다운 문장으로 가득한 그 글 전체를 읽지는 않을까? 글래스는 그저 대단한 말썽쟁이에 그친 사람이 아니었고, 도시와 사회 정의라는 강력한 의미를 모든 저술에 포함시킨 참여형 학자였다. 고전 반열에 오른 이 저술은 자기가 살아가는 도시의 운명에 관한 놀랍도록 예지적인 전망을 담고 있다.

1950년대 이후 도시와 시골을 막론하고 토지 계획 관련 법률은 본질적으로 반계획 성향을 띤 입법이었다. …… 개발권은 탈국가화됐으며, 개발 가치는 동결되지 않았다. 부동산 투기는 따라서 '자유'로워졌다. 이런 수단들은 임대료 규제 완화 조치에 더해 다른 대도시에 견줘 런던을 괴롭힌 자산 가치 폭등이 지속되도록 공식 허가한 셈이었다. 그런 환경에서 런던 안이나 런던 근처에 자리한 지구는 음침하거나 유행에 뒤처진 지난 시절에 견줘 값비싼 동네가 된 듯하다. 그리고 런던은 정말 얼마 지나지 않아 일과 삶을 누릴 수 있는 여유를 갖춘 재정적으로 가장 최적인 생존 원칙을 사례로 보여주는 도시가 될 수도 있다. 따라서 언제나 '독특한 도시' 런던은 별다른 불만을 사지 않을 테고, …… [런던은] 곧 핵심 지구에서 소름 끼칠 정도로 재산이 많은 상태embarrass de richesse를 직면하게 될 수 있다. 그리고 또한 이런 상황은 문제로 판명될 수밖에 없다. (Glass 1964, xix~xx)

45년 뒤, 이 글을 읽는 일은 밝으면서도 우울하다. 단지 글래스가 한 예측이 정확하다는 사실이 드러난 때문이 아니라,[2] 젠트리피케이션을 염려하는 쪽으로 글래스를 이끈 사회 정의라는 원칙이 요즘 이 주제를 다룬 여러 저술에서 그다지 뚜렷하게 나타나지 않기 때문이다(Slater 2006). 독자적인 개념이자 정치적 슬로건으로서 '젠트리피케이션'은 재활성화, 부흥, 재생, 부활, 재개발, 되살림, 재구조화, 재유행, 재도시화, 주거지화 같은 용어 들처럼 경쟁 과정을 묘사하는 신자유주의적 이야기를 강화할 목적 아래 의도적으로 사용된 접두어의 행렬에 휩쓸려 여러 장소에서 사라졌다(Peck and Tickell 2002). 지난 10년간 우리는 여러 활동가들이, 그리고 따라서 반젠트리피케이션 투쟁이 핵심 도시에서 쫓겨날 정도로 전세계에 걸쳐 이런 과정이 극적으로 확장되는 모습을 목격했다(Hackworth and Smith 2001; Hartman 2002; Roschelle and Wright 2003). 적정 가격 주택affordable housing

---

2 경제적 탈규제 흐름을 틈타 자유를 얻은 글로벌 금융 기구들은 센트럴 런던을, 실제로는 영국 서남부의 대부분을 지독하게 비싼 장소로 바꿔버렸다. 특히 주택 가격이 급등했다.

을 확보하려 투쟁하고, 축출 위험에 놓인 주민을 보호하며, 주택을 상품이 아니라 인간이 절대적으로 의존하는 기본 욕구를 충족하는 데 필수적인 원천으로 바라봐야 한다고 주장하는 이들에게 형편이 안 좋은 시간이었다. 도시 문제를 연구하는 학자들은 연이은 젠트리피케이션의 파도에 맞서 싸우는 이들에 견줘 훨씬 안정된 처지에서 활동하면서 장밋빛 현재를 바탕으로 삼아 '젠트리피케이션'을 재생시키려는 전략을 찾는 과정에 핵심적 구실을 한다(Smith 2002).

나는 요즘 제기되는 젠트리피케이션을 찬양하는 논의, 그리고/또는 축출을 거부하는 논의에 비판적으로 개입하는 방식을 활용해 도시에서 일어나는 이 중차대한 과정에 관한 지식 생산의 정치를 개략적으로 설명하고 비판적으로 분석한다. 나는 사태가 벌어지는 과정에 가장 큰 영향을 받을 사람들에게도 젠트리피케이션이 긍정적인 일이 될 수 있다고 장담하는 여러 주장을 논박하면서 이 주제에 관련해 피터 마르쿠제가 한 기여에 의존할 생각이다. 그런 주장은 젠트리피케이션에서 역사적 의미를 제거하고 개념적 내용을 발췌하는 정도에 그칠 뿐 아니라, 젠트리피케이션 과정에서 일어나는 다양한 이주 형태에 개념적 명확성을 부여한 마르쿠제의 시도하고 함께 살펴보면 분석적 결함도 눈에 띈다. 오늘날 학자들은 젠트리파이어gentrifier[3]의 삶과 시간에 강력한 분석적 렌즈를 들이댔을 뿐 아니라, 젠트리피케이션에 관한 의견을 변화시키고, 뭔가 다른 현상을 지칭하고, 또는 심지어 처음부터 이 현상이 가져오는 부정적 효과를 논박해왔다. 마르쿠제가 축출에 관해 제기한 핵심 주장을 부활시키고 이해하게 되면 젠트리피케이션 논쟁에서 사회 정의 문제를 한 번 더 중요한 의제로 다룰 수 있으며, 도시권 운동에 참여하는 학자와 활동가들도 더 많은 명분을

---

3 루스 글래스에 따르면 젠트리파이어는 젠트리피케이션에 반대한다는 의사를 표현하거나 그런 행동을 하는 사람이지만, 요즘은 '쇠퇴한 구도심을 활성화하는 사람'이나 '젠트리피케이션을 일으키는 집단'이라는 뜻으로 쓰인다 — 옮긴이.

쥘 수 있다.

논의에 앞서서 몇몇 개념을 명확히 하자. 나는 젠트리피케이션을 노동 계급 지역이나 유휴 공간을 중간 계급 거주지, 그리고/또는 상업 용도로 변형하는 과정이라 정의한다(Lees et al., 2008). '유휴vacant'란 몇몇 독자에게 골칫거리일 수 있지만, 나는 지난날 노동 계급 중심 산업 지역이던 곳에서 자주 벌어지는 배제적인 '신축형' 젠트리피케이션에 속한 숱한 사례들 때문에 이 개념을 포함시킨다.[4] 축출에 관련해서는 이제는 고전이 된 《축출 — 어떻게 싸울 것인가Displacement: How to Fight It》에 나온 정의를 빌려온다. "이 용어는 가족 외부에 있는 힘이 가족의 삶을 불가능하고 위험하고 감당할 수 없게 만들 때 벌어지는 일을 묘사한다"(Hartman et al. 1982, 3). 정의를 둘러싼 논의에 우리는 지나치게 많은 잉크를 써왔다. 어떤 개념의 정의란 분석적 용법과 정치적 용법이 모두 있으며, 젠트리피케이션에 관한 모든 고찰의 최전선에는 계급 불평등이 자리한다는 사실이 중요할 뿐이다.

의견은 비싸다

날마다 《가디언The Guardian》 온라인판에는 외부 필진이 여론의 주목을 끄는 주제를 다룬 도발적인 논평 기사 몇 편이 크게 실린다. 코너 이름은 '의견은 자유

---

4 제이슨 해크워스는 젠트리피케이션을 '점진적으로 더욱 부유해지는 수요자들을 위한 공간의 생산'으로 정의한 적이 있다(Hackworth 2002, 815). 이런 정의는 '이 개념이 비주거형 도시 변화에 유용하게 적용된다는 점, 그리고 하위 계급 집단이 더 부유한 수요자 집단에 떠밀리는 사이에 실질적인 시간 지체가 종종 일어난다는 점, 곧 축출과 교체는 종종 직접적이지도 않고 간접적이지도 않다고 해도 공간 자체가 더 부유한 수요자들에 맞춰 변형되고 있기 때문에 그 과정은 여전히 '젠트리피케이션'이라는 점을 보여주는 몇 십 년에 걸친 연구와 논쟁에 비춰' 정당화된다(Hackworth 2002, 839).

다'Comment is Free'다.[5] 지난 몇 년 동안 필진 명단을 보면 정치가, 저널리스트, 학자, 활동가까지 다양한 면모가 인상적인데, 대부분의 사례에서 각각의 논평은 온라인 포스팅 형태로 실질적인 공적 반응을 불러일으킨다. 얼마 전에는 새 필진이 논평을 실었는데, 바로 저명한 도시지리학자 크리스 햄넷Chris Hamnett이다. 지금 벌어지고 있는 글로벌 재정 폭발을 다룬 여러 논평은 빈틈없고 유익하다는 사실이 판명됐지만, 젠트리피케이션에 관해 숙고한 〈재생 게임The regeneration game〉이라는 한 편은 부정확한 사실과 혼란스런 분석이 뒤섞인 볼품없는 결합물로 기억될 만하다. 더 깊이 설명하기 전에 젠트리피케이션 연구에 햄넷이 한 기여에 관련해 간단한 배경을 제시할 필요가 있는데, 왜냐하면 이 학자가 감행한 정치적 변신은 젠트리피케이션을 둘러싼 논쟁이 특히 영국에서 나아간 지점을 정확하고 효과적으로 설명하기 때문이다.

　햄넷은 1964년에 이 신조어를 고안한 루스 글래스에 뒤이어 젠트리피케이션을 학술적으로 연구한 논문을 처음 발표했다(Hamnett 1973). 그 연구는 1969년 주택법이 미친 영향과 이너 런던[6]에 초점을 맞췄는데, 이 법은 '재고 주택 기준을 높여 정체 수준인 신규 주택 건설을 보충하려는' 시도였다(Hamnett 1973, 252). 핵심은 주택 소유자, 개발업자, 지주가 주거의 질을 향상시키는 데 자유롭게 쓸 수 있는 '주택 개선 보조금', 곧 자산 투자로 받는 보상을 극대화하려는 이들에게 '극단적으로 수익성을 보장'(Hamnett 1973, 253)하도록 만들어주는 조항이었다. 런던 곳곳에서 수천 가구가 이 조항 덕분에 '개선'됐지만, 햄넷은 이런 과정에 비판적이었다.

5　이 코너(http://www.guardian.co.uk/commentisfree) 이름은 《가디언》 전 편집자 찰스 스콧(Charles Prestwich Scott)이 1921년에 쓴 글에 나온 유명한 문장에서 따왔다.
6　런던 시티와 웨스트민스터를 비롯해 인접 지역을 포함한 런던 중심부 ─ 옮긴이.

1969년 주택법이 크게 성과를 내지 못한 곳에서는 개선 과정에서 종종 쫓겨나는 주민들을 위해 여러 조건을 개선했다. …… 소유주는 개선 작업이 끝나자마자 보조금을 일부 반환하거나 전부 반환해야 할 의무 없이 주택을 마음대로 팔 수 있으며, 개발업자나 지주는 세입자에게 개선 작업이 끝난 뒤 주택을 매각하거나 임대료를 서너 배 올린다고 자유롭게 통지할 수도 있다. 이런 '조건 없는' 정책이 런던의 재고 주택 수에서 일부 기준을 눈에 띄게 개선한 점에는 의심의 여지가 없지만, 엄밀히 말하면 그 일부는 전통적으로 저소득 계층에게 제공되던 시설이었다. (Hamnett 1973, 252~253)

1980년대에 들어서서 햄넷은 런던 지역 주택의 주거권에서 나타난 변화로 관심을 돌렸고, '플랫[7] 분할 판매flat break-up market'(개인이 임대하는 플랫식 공동 주택으로 사전에 용도가 규정된 건축물을 개별 점유 형태로 판매하는 형태)라는 주제를 다룬 연구 논문 여러 편을 공동으로 발표했다(Hamnett and Randolph 1984; 1986). 햄넷 등이 한 분석은 주택 금융 조합 주택 담보 대출이 윤활유 구실을 하는 자본 투자 흐름에 초점을 맞췄고, 이 젠트리피케이션 유형은 적정한 가격의 사적 임대 매물을 잠식할 뿐 아니라 결정적으로 임차인들을 축출, 곧 '오늘날 센트럴 런던 지역에서 가격대가 적정한 개인적 임대 매물이 많은 사람들에게 더는 가능한 선택지가 아닌 상황, 여기에서 주택을 임대할 수 없는 사람들이 사실상 중심지를 벗어나 다른 대안을 찾아 쫓겨나는 상태'로 내몬다는 결론으로 끝을 맺었다(Hamnett and Randolph 1986, 150).

1991년, 우리는 자주 인용되는 한 논문에서 덜 비판적이고 더 논쟁적인 햄넷을 발견한다(Hamnett 1991). 여기에서 닐 스미스가 제시한 지대 격차rent-gap 이론[8]

---

7 영국에서 한 층에 한 가구만 살게 만든 아파트를 가리키는 말 — 옮긴이.
8 도시 근교화와 도심 공동화에 따라 실현 지대와 잠재 지대 사이에 격차가 나타나면서 자본 투자를 자극해 젠트리피케이션이 일어난다는 이론 — 옮긴이.

을 마무른 햄닛은 런던 지역 노동 인구가 전문화되고 있으며 소비자 수요를 이 지역에서 일어난 (그리고 더 일반화된)[9] 젠트리피케이션을 설명하는 주택 시장에 위치시키는 압력이 있다고 주장한다.[10] 2003년, 첫 논문을 발표한 지 30년 만에 햄닛은 '1961년부터 2001년까지 이너 런던에서 재형성된 중간 계급'을 고찰한 논문을 써서 ('젠트리와 도시'라는 적절한 제목을 붙인)《어번 스터디즈 Urban Studies》특별호에 모습을 드러냈다(Hamnett 2003a). 생산 측면 설명에 관련된 몹시 진부한 비판을 쓸데없이 반복하는 데 더해,[11] 햄닛은 런던에서 벌어진 대규모 축출 사태를 부정했다.

여러 연구에서 노동 계급이 쫓겨난 직접적인 원인은 젠트리피케이션이라는 가정이 일관되게 나타난다. 어떤 사례에서는 이런 가정이 의심할 수 없는 진실이지만, 많은 도심 지역에서 노동 계급 인구가 서서히 줄어드는 현상은 부분적으로는 런던 전체의 노동 계급 인구가 (은퇴, 사망, 외부 이주out-migrating, 상향적 사회 이동에 따라) 장기적으로 감소하고 더 많은 중간 계급 인구가 그 빈자리를 대체하는 흐름이 가져온 결과라는 가정이 여기에서는 논쟁이 된다. 달리 말하면 **핵심 과정은 축출 자체보다**

---

9 1990년대 내내 햄닛은 변화하는 직업 구조(특히 전문직 중간 계급의 증가)를 고려하지 않고 글로벌 도시들을 바라보는 '양극화' 관점을 제시한다는 이유로 사스키아 사센(Saskia Sassen)을 몹시 비난했다. 그렇지만 햄닛은 사센이 쓴 책에 담긴 폭넓은 정치적 메시지를 고려하지 않았다(어쩌면 이런 이유 때문에 사센이 이 비난에 서면으로 대응할 필요를 느끼지 않은 듯하다).

10 이 쟁점은 2002년 9월 글래스고에서 열린 학술회의 '상향적 주택 지구의 궤적'에서 제기됐으며, (폭넓은 주제를 다루라는 요청을 받은 상황에서) 젠트리파이어에만 거의 배타적으로 초점을 맞춘 점, 비판적 관점이 현저하게 결여된 점, 낡은 논쟁들을 다시 꺼낸 점(Redfern 2003), '긍정적 젠트리피케이션'이라는 평가를 한 점(Cameron 2003) 등으로 유명했다.

11 스미스는 햄닛이 글래스고에서 열린 학술회의에서 논문을 발표한 뒤 이 문제를 지적했고, 1990년대는 물론 그 뒤에도 몇몇 영향력 있는 기고자들이 젠트리피케이션 연구자들을 향해 이 이론적 곤경에서 빠져나와야 한다고 주장했다. 그렇지만 햄닛, 동료 평가자, 특별호 편집자, 학술지 편집자들은 아무도 주의를 기울이지 않았다.

는 대체의 한 종류가 될 수 있다. (Hamnett 2003a, 2419)

이런 주장은 이너 런던 지역의 직업별 계급 구조, 그리고 이 구조와 주택 시장 사이의 연결 관계에 관해 장기 연구를 진행한 결과로 제기됐는데, 이 연구 탓에 런던에서는 의미 있는 규모로 축출이 벌어진 적 없다는 초기 주장이 설 자리를 잃었다. 오늘날 젠트리피케이션을 다룬 문헌에서 노동 계급이 쫓겨나는 현상을 일관된 **가정**(1991년에 쓴 논문에서는 축출을 사**실**로, 그리고 젠트리피케이션 연구가 아주 중요한 핵심적 이유로 본다)이라고 보는 이유가 흥미로울 뿐 아니라, 햄넷은 이제 런던에서 '외부 이주'를 하는 노동 계급이 젠트리피케이션을 벗어날 수 있는 과정, 곧 '소수 인종을 포함한 몇몇 노동 계급 주택 소유자들이 급격히 상승한 가격으로 집을 처분하고 이사할 기회를 얻을 수 있는' 방법에 관해 논평한다(Hamnett 2003a, 2422).

아마도 더 큰 골칫거리는 그 논문의 마지막 문장, 곧 '노동 계급 거주자들은 대부분 사적 주택 시장에 지나치게 비싼 가격을 매겼다'가 햄넷이 그전에 한 모든 말에 모순된다는 점일 듯하다(Hamnett 2003a, 2424). 햄넷에게 이런 '고가 전략 price out'은 런던에서 전문직 중간 계급이 증가하면서 주택 가격이 인플레이션 성격을 띠게 된 때문인데, 그런데도 논문 전체를 훑어보면 우리는 젠트리피케이션이 원인으로 작용한 축출은 일어난 적 없다고 느낀다. 예전에 스미스는 햄넷이 초기에 친젠트리 성향을 띤 철학적 개인주의에 찬성해 사회 정의에 쏟던 관심을 포기한 셈이라고 지적한 적이 있었다(Smith 1992). 2003년에 쓴 논문에서 우리는 좀더 멀리 나아간 햄넷이 지금은 루스 글래스가 예상한 대로 런던에서 대규모 젠트리피케이션이 진행된 동안 눈에 띄는 축출이 벌어진 일을 부인한다는 사실을 알 수 있는데, 왜냐하면 지금 직업적 계급 구조는 런던 사람들이 대부분 중간 계급이라는 사실을 '보여주기' 때문이다.

햄넷이 '의견은 자유다'에 쓴 글을 읽으면 슬퍼진다. 시작부터 집단적 기억 상실증을 고발하는 목소리가 들려온다.

젠트리피케이션을 공격하는 비판자들은 선택적이거나 제한된 기억을 갖고 있다. 그
사람들은 30년 전 영국의 구도심이 장기간에 걸친 경제적 악순환과 사회적 쇠락에
빠져 허우적대고 있었으며 중간 계급이 떼를 지어 떠나는 중이었다는 사실을 망각
한 상태다. 젠트리피케이션을 비판하는 이들은 정작 자기가 무엇을 하고 싶은지를
질문해야 한다. 시계를 되돌려 도시가 방치와 노후화에 시달린 40년 전으로 퇴행하
고 싶은 걸까? 아니면 젠트리피케이션에 어떤 긍정적 이점이 있다는 사실을 동의하
려는 걸까? 영국의 1970년대처럼, 그리고 지금 미국에서 벌어지는 현실처럼 중간 계
급이 구도심을 포기하고 교외로 흩어지는 방식을 선호하는 걸까? 아니면 구도심으
로 돌아가는 방식을 선호할까? 비판자들은 두 방식 다 선택할 수 없다.

이런 주장은 '어딘가에 살아야만 하는' 확대되는 집단인 중간 계급들을 향한
경험주의적 관심에 근거하는데, 조금도 새롭지 않지만 적어도 세 가지 측면에
서 철저히 반박될 수 있다.

1. 중간 계급을 도시 재구성을 실행하는 유일한 행위자로 취급하는 오류를 저지른
   다. 도시의 운명은 중간 계급의 공허하고 신성한 현존에 전적으로 의존한다.
2. 대부분의 젠트리파이어가 기원한 곳은 교외가 **아니라는** 사실을 확인하는 학술
   문헌을 무시한다.[12] 따라서 햄넷은 자기가 공인된 전문가인 바로 그 문헌에 관한

---

12 이 문헌은 너무 포괄적이어서 몇몇 사례만 뽑아내기조차 어렵지만, '도시 귀환' 신화를 둘러싼 논의는 마르
쿠제를 참고하면 된다(Marcuse 1985a). 그리고 '쇠퇴 담론'을 매우 자세하게 논의하는 로버트 보르가르는 젠
트리피케이션이 교외에서 시작된 물리적 움직임이라는 잘못된 가정으로 나아간다(Beauregard 1993). 확실히
젠트리파이어들이 교외를 거부한 사실은 틀리지 않지만, 이런 사실은 대부분 중심 도시를 결코 떠날 수 없는
현실을 상징한다(Ley 1996 참조).

선택적이거나 제한된 기억을 가지고 있다.

3. 젠트리피케이션을 병리적인 '도시 방치와 노후화'에 대응해 **상상할 수 있는 유일한 구제책**으로 다룬다. 도시 변형의 경로에서 제시된 대안들은 잘못된 선택으로 나타난다. 곧 도시는 쇠퇴하거나 아니면 젠트리피케이션을 거칠 수 있을 뿐이다. 다른 대안은 없다. 이런 상황 때문에 햄넷은 기성 신자유주의 도시 정책 담론에 동조하게 된다.

여기에서 햄넷이 젠트리피케이션이 드러낸 하향세를 기술하고 그런 흐름에 반응하는 방식은 이렇다.

그래서, 하향세를 살펴보자. 성공한 도시 재생이 구도심에서 몇몇 지역 주민들을 살기 힘들게 만들 정도로 자산 가격을 밀어 올리는 데 도움을 준 사실은 그다지 의심할 여지가 없다. 작은 신축 아파트 가격이 25만 파운드를 넘어서면서 지역에 살던 노동 계급 주민들은 클러컨웰이나 도클랜드를 비롯해 비슷한 재개발 지역에서 주택을 사지 않으려 한다. 그리고 고급 술집과 와인 바들은 집뿐 아니라 저렴한 상점과 카페까지 잃게 될 지역 주민들에게는 너무 비싼 듯하다. 그렇지만 이런 사실이 젠트리피케이션에 반대하는 설득력 있는 논지인가? 영국 도시의 계급 구조는 대부분 중간 계급은 증가하고 노동 계급은 감소하는 변화를 겪고 있다.

이 구절은 요즘 햄넷이 쓴 글들에서 나타나는 두 가지 특징을 드러낸다. 첫째, 근린 주택 지구를 대체한 고급 술집과 와인 바를 '성공한 도시 재생'으로 환원하는 논리는 젠트리피케이션이 진행되면서 노동 계급 주민들이 주거권을 상실하는 문제를 **사소한 사안으로 치부한다**. 둘째, 젠트리피케이션 비판자들을 논박하려고 계급 구조의 변화를 강조하는 논리는 중간 계급이 확대되는 현상을 합리적 한계를 넘어설 정도로 **과장한다**. 따르던 제자 중 한 명이 지적한 대로(Watt 2008), 햄넷이 분석한 런던 지역 계급 변화는 경제 활동에 초점을 맞춘 인구 주택 총조사에서 추출한 직업 범주에 바탕한다. 곧 경제 **비활동** 계층(장기 실업자, 환자와 장애인, 고령자, 그리고 노동 계급이 될 수 있는 많은 사람들)은 분석 레이더에서 사라진다는 의미다. 더구나 폴 와트Paul Watt가 한 설명처럼 16세에서 74세 사이인 런던 주민의 23.2퍼센트는 2001년 인구 주택 총조사 데이터에 근거한 계급 도식에서 75세 이상인 주민 전체하고 함께 공식적으로 '분류 불가능' 범주에 속했다. 이런 대규모 부재는 햄넷이 한 시도처럼 젠트리피케이션을 **찬성하는** 설득력 있는 논지가 될 수 있을까?

사회 계급은 단순히 측정의 문제로 환원될 수 없다. 사회 계급은 불평등의 형태로, 지역 사회 관계를 표현하는 젠트리피케이션의 형태로 도시 공간에 선명히 각인된 일련의 권력 관계(지배와 착취)에 근거한다. 측정은 도시 문제를 바라보는 폭넓은 이론적 관점에서 너무 자주 분리되며, 햄넷 사례에서 사회 계급과 런던 지역 주택 문제의 변화 양상을 인지하는 **정치적** 관점은 뿌리 깊은 부정의를 반영한다.[13] 그렇지만 아마도 그런 반정치적 해석은 햄넷이 근거를 둔 도시에서는 당연한 듯하다. 그러니까 아주 최근에는 하이게이트 공동묘지에 자리한 주택이 600만 파운드에 팔린 일이 있었다(Davis and Alexander 2008 참조). 그곳에 한 자리를 차지한 가장 유명한 인물[14]이 무덤 속에서 탄식할 게 틀림없다.

---

13 특히 햄넷이 얼마 전 '로마가 불타는 동안 바이올린을 켠다'는 이유로 동료 인문지리학자들을 비난하면서 짜증을 낸 사실은 맞다. 그렇지만 젠트리피케이션에 관련해 햄넷이 제시하는 논지에 기초하면, 그 학자들은 그 바이올린을 햄넷에게서 빌려오지 않았을까?
14 하이게이트 공동묘지에 묻힌 카를 마르크스를 가리키는 듯하다 — 옮긴이.

'젠트리피케이션은 아주 좋은 일이다'

'한 사람이 수행한 연구가 영향력을 지니려면 정책 결정자와 실행자에게 그 사람이 이미 생각하고 있는 내용을 알려서 자기가 제안하는 정책이 특정 연구에 근거를 둔다고 그 관련자가 공언하게 해야 한다'(Hammersley 2005, 328). 젠트리피케이션 비판자들을 호되게 질책할 때 크리스 햄넷은 혼자가 아니다. '긍정적 젠트리피케이션' 모형을 역설한 기고문 세 편은 얼마 전 미국의 정책 기획 집단과 미디어에 알려졌고, 일국적 맥락을 넘어 주목을 끌었다. 이 세 편의 기고문은 젠트리피케이션 비판자들이 완전히 오해하고 있다는 주장을 옹호하며, 젠트리피케이션은 많은 사람들을 쫓아낸 적이 없고 마땅히 장려해야 할 긍정적인 측면이 있다는 대체로 비슷한 결론을 포함한다.

2002년 브루킹스 연구소에서 연구비를 받은 신자유주의 경제학자 제이콥 빅도르Jacob Vigdor는 〈젠트리피케이션은 가난한 사람들을 위협하는가?〉라는 논문을 작성했다(Vigdor 2002). 〈게토는 좋을까, 아니면 나쁠까?〉(Cutler and Glaeser 1997)가 발표된 뒤 수사학적 질문을 던지는 경제학자를 보여준 가장 멋들어진 사례. 인용 목록을 보면 빅도르는 특히 축출 문제를 두고 논쟁을 벌인 학자들이 쓴 저작을 비롯해 도시 경제학 분야를 넘어서는 문헌에 감사의 말을 전하고 있으며, 보스턴 지역 주택 시장의 장기 변동을 평가하기 위해 미국 주택 조사American Housing Survey에서 많은 통계적 증거를 열거한다(조사 보고서를 젠트리피케이션해서 '중심'과 '주변'으로 현명하게 분리하는 방식은 엘빈 와일리Elvin Wyly와 대니얼 하멜DAaniel Hammel의 사례(Wyly and Hammel 1999)를 따른다). 불행하게도 빅도르가 젠트리피케이션에 관해 하는 설명('젠트리피케이션이 일어나는 근본적 원인은 무엇인가? 젠트리피케이션은 상위 가구의 선호가 변화할 때, 또는 상위 가구와 하위 가구 사이의 수입 불균형이 증가할 때 일어날 수 있다')은 그다지 폭넓지 않으며, 전통적인 신자유주의 토지 이론(일정한 근린 지역에 자리한 토지를 돈을 내고 사려는 각 가구의 의지는 그 지역의 주거 환경에 관련된 평가에 기반한다)에 근거한다(Vigdor 2002, 171).

그다지 놀랍지 않지만 빅도르는 이런 식의 (설명적이라기보다는 사실상 더욱 **묘사적인**) 논법을 향해 쏟아진 비판적 반응에 감사할 뜻은 없고, 소비자 주권을 당연시하는 '선호 기반 젠트리피케이션'이라는 고통스러운 모델링 훈련을 향해 무모하게 뛰어든다. 또한 이런 접근은 이 개념에서 고유한 계급적 특질을 제거하는데, 빅도르는 '젠트리피케이션이란 무엇인가'라는 질문에 대답하려 시도하는 부분에서 **'계급'이라는 단어를 언급조차 하지 않는다.** 실제로 이 단어는 40쪽에 이르는 영어 논문에서 두 번(중간 '계급'과 상층 '계급') 나온다. 계급 불평등은 축출을 좋은 일로 보이게 하고 정책을 매끈하게 만드는 '일반 균형으로 본 젠트리피케이션'이라는 제목이 붙은 부분에서 더 확실하게 버림받는다.

젠트리피케이션은 하위 계층 가구에 필요한 취업 기회를 만들어낼 수도 있고, 하위 계층 가구에 주어진 기회를 재배치할 수도 있으며, 주어진 기회를 지역에 재배치해 더 쉽게 접근할 수 있게 만들 수도 있다. 둘째, 토지 가치 상승은 재산세에 의존하는 지방 정부에 추가 재원을 안기는데, 이 돈은 가난한 주민들에게 향상된 서비스를 제공하거나 더 낮은 실효세율을 적용하는 데 쓰일 수 있다. 마지막으로 젠트리피케이션 과정은 가난한 주민들을 위해 근린 주택 지구의 질을 향상시킬 수 있는데, 그 결과 중간 계급과 상층 계급이 핵심 도시를 포기한다는 가설로 정리된 부정적 효과가 상쇄될 수 있다. (Vigdor 2002, 144~145)

보스턴에서 일어난 축출에 관해 빅도르는 독립 변수들을 지루하게 열거하면서 면밀히 조사하고 분류하며, 저소득 가구에 '질 높은 근린 주택 지구가 지니는 중요성이 질 높은 주택 한 채보다 비중 있는 요소로 나타난다'는 사실과 '교육 수준이 낮은 가구가 실제로 대도시 지역 안 다른 곳에 거주하는 사례보다는 자기 집에 남아 있는 사례가 상당히 더 많다'는 사실을 알아낸다(Vigdor 2002, 161). 이런 발견 때문에 빅도르는 공간적 평형 상태를 찾아내는 데 관심을 기울이다가 논문 여기저기에서 절망에 부딪치는 결론으로 나아간다.

젠트리피케이션은 하위 계층을 쫓아내는가? 일화 형태로 제시되는 증거들은 축출이 실제로 발생한다고 암시하지만, 이런 결과는 방대한 현상을 맥락에 끼워 맞춘다. 교육 수준이 낮은 가구가 젠트리피케이션 구역에서 쫓겨나는 현상은 다른 구역에 견줘 결코 자주 일어나지 않으며, 실제로 덜 자주 일어날 수 있다. (Vigdor 2002, 161)

비통계적 증거를 '일회성' 요소라며 거의 의무적으로 기각하면서 빅도르는 완전히 사변적이고 자기 스스로 제시한 증거로 전혀 뒷받침되지 않는 결론을 향해 더욱더 나아간다.

젠트리피케이션은 핵심 도시의 근린 주택 지구를 하위 계층 가구들에게 더욱 매력적인 곳으로 만들 수 있을지도 모른다. …… 재활성화된 근린 주택 지구가 개선되고 사회경제적으로 통합되면 그곳은 살기 좋은 곳으로 바뀔 수 있다. …… 근린 주택 지구의 재활성화는 시장 실패가 아니다. 이 글에서 구상한 모델처럼 이런 재활성화는 선호 변화가 가져온 효과적인 결과물이거나 지역 경제 차원에서 진행되는 수익 배분이다. (Vigdor 2002, 172)

빅도르는 '적절한 정책 대응'을 고찰하면서 논의를 마무리하며, 독거 노인들이 새롭고 비용이 덜 드는 주거지를 찾아 이동하는 데 국가, 그리고/또는 지방 정부가 지원을 해야 한다는 충격적인 제안을 내놓는다(Vigdor 2002, 173). 그런 개인이 좀더 알맞은 비용으로 지금까지 살던 곳에 남아 지낼 수 있게 지원을 받아야 한다고 말하면서도 구체적인 방안에 관련해서는 아무런 제안을 하지 않는다. 실제로 빅도르는 자기가 아무것도 찾지 못한 곳에서 축출을 옹호하고 있다. 마크 프라이드Marc Fried부터 체스터 하트만Chester Hartman을 거쳐 존 베탕쿠르John Betancur와 위니프리드 커란Winifred Curran까지 아메리카 대륙을 가로질러 수행된 질적 연구들은 고령자들 사이에 특히 심각해진 축출에 따라붙는 사별의 의미를 파악한다. 그렇지만 사별, 곧 근친자 상실은 빅도르가 한 예측의 일부가 될 수 없는데, 독립 변수가 아니기 때문이다. 따라서 속이 뒤집힌 축출자들은 좀더 폭넓은 공간적 균형이라는 틀 속에서 논리적이고 자연스러우며 필연적인 젠트리피케이션을 추구하려는 시도에 욕을 퍼부을지도 모른다. 또한 빅도르가 축출되는 주민을 처음으로 다룬 연구 중 하나를 시작한 바로 그 도시에 관한 글을 쓰고 있다는 점은 기억할 만하다. 그 연구의 제목 '잃어버린 집을 위한 애도'(Fried 1963)를 우리는 더 설명할 필요가 없다.

빅도르는 젠트리피케이션 비판자들에 맞서서 랜스 프리먼Lance Freeman이 시작한 날카로운 도전에 곧바로 합류했다. 특히 세 가지 자료가 프리먼을 집단적 공유 재산으로서 젠트리피케이션을 재정비하려 시도하는 정책과 미디어의 핵심에 위치시켰다. 첫째, 3년 주기로 실시하는 '뉴욕시 주택-공실 조사NYCHVS'에 기초한 인구 이동 자료를 활용한 공동 연구(Freeman and Braconi 2004), 둘째, 같은 인구 이동 자료를 활용하지만 소득 역학 패널 연구PSID에 기초한 전국 단위 연구(Freeman 2005), 셋째, 뉴욕 시 인근 두 지역을 대상으로 혼용 기법 접근을 취한 책으로서 (오해를 불러일으키는 제목을 내건)《빈민가는 있다 — 원점에서 바라보는 젠트리피케이션There Goes the 'Hood: Views of Gentrification from the Ground Up》(Freeman 2005). 프리먼은 이전 연구들이 '설득력 있는 방식으로 젠트리피케이션에서 기인한 축출을 정량화하는 데 실패'하고 '잠정적인 축출자들에게 발생할 수 있는 문제를 더 깊이 해명하는 데 실패'한 지점에서 출발했다(Freeman 2005, 466). 몇몇 측면에서는 정확하지만, 그러나 프리먼은 그런 과제에 유용한 통계 자료가 없다는 이유로 원칙을 받아들이지 않고 거부한다. 프리먼은 자기가 쓴 자료들이 근린 주택 지구에서 일어나는 젠트리피케이션 과정에 진입하고 퇴장하는 비율과 범위를 보여주는 유용한 지표라고 믿지만, 두 가지 직접적인 문제가 이 믿음에 이의를 제기한다. 첫째, 축출을 측정하는 데 정부 주택 데이터베이스를 사용하면 측정 대상이 되는 현상에서 정부가 하는 적극적 구실을 사전에 배제한다.

국가가 젠트리피케이션을 다양한 규모에서 주택 정책으로 채택하는 한 …… 축출의 수준과 축출자의 운명을 문서로 입증하는 종류의 데이터, 이 정책들의 실패를 드러내는 행위나 다름없는 데이터를 수집하면서 별 다른 이기심은 끼어들지 않는다. (García-Herrera et al. 2007)

둘째, 그리고 '뉴욕시 주택공실 조사' 사례를 보면, 주택 데이터베이스는 신자유주의 도시 재구조화에 직면해 **살고 있는 곳에 남기 위해** 고통을 견뎌내는 저소득층과 노동 계급 성원들이 벌이는 투쟁을 포착할 수 없다. 다음 같은 주장은 타당하다.

뉴욕시 주택공실 조사는 …… 개인 환경과 가정 환경으로 구성된 완전한 사회적 복잡성을 분석하는 데 어울리지 않는다. 한 도시를 뜨겁게 달구는 부동산 시장에 뛰어들어 경쟁할 수 없는 임차인과 뉴저지(또는 다른 곳)로 떠난 사람들은 시야에서 사라진다. 쫓겨나서 함께 지낼 수밖에 없게 된 개인이나 가족은 확인할 수 없다. 그리고 (가구가 이동하게 된 이유를 묻는 질문에 단답형으로 하나만 선택하게 설계된) 조사 구조 탓에 임대료를 더 내기 힘들어질 정도로 예상을 넘어선 청구서, 실업, 이혼 같은 다른 위기들 사이에 놓인 임차인 가구를 쫓아내는 환경을 지독하게 단순화한다. (Newman and Wyly 2006, 42)

그렇지만 랜스 프리먼과 프랭크 브라코니Frank Braconi는 꽤나 허세를 부리면서 뉴욕에서 근린 주택 지구 젠트리피케이션이 7차나 진행된 1996년부터 1999년까지 저소득 계층과 저학력 계층 가구가 다른 지역에 견줘 19퍼센트 덜 이동한 듯하다는 결론을 내렸다. 두 사람은 그런 가구들이 젠트리피케이션이란 좋은 서비스와 편의 시설을 가져다준다는 평가를 내린다고 가정했고, 대중들은 얼마 지나지 않아 예측 가능한 미디어의 반응을 따라갔다. 프리먼이 수행한 전국 단위 연구는 더욱 낮은 이동 비율을 확인할 수는 없었지만, '젠트리피케이션과 축출의 연관성은 특별히 강하지 않으며'(Freeman 2005, 483) 젠트리피케이션은 '몇몇 사람이 쫓겨나기는 해도 근린 주택 지구로 이동해 들어오는 사람들이 바뀌면서 흔적을 남기고 떠나는 점진적 과정'(Freeman 2005, 488)이라고 결론지었다. 비록 프리먼이 '근린 주택 지구에서 일어나는 변화를 연구하는 학생들이 이해해야 할 중요한 교훈'이라고 주장하더라도(Freeman 2005, 488), 이런 결론은 젠트리피케이션을 조사하는 이들에게는 새롭지 않다. 그렇지만 지역 사회의 변화를 연구하는 학생들은 그 뒤에 곧바로 따라오는 문장을 아주 신중하게 다룰 필요가 있다.

정책적 관점에서 보면 그 속에 담긴 함의는 어쩌면 더욱 미묘할지도 모른다. 젠트리피케이션은 버림받은 상태이던 근린 주택 지구에 증대된 투자와 중간 계급 가구를 가져다준다. 이런 변화는 많은 핵심 도시에서 조세 기반을 잠재적으로 확대할 수 있으며, 아마도 사회경제적 통합도 강화할 수 있다. 투자 중단과 중산층 탈출이 이어진 몇 십 년이 흐른 뒤 젠트리피케이션이 가져오는 이런 편익들을 간과해서는 안 된다. (Freeman 2005, 488)

여기에서 우리는 '뉘앙스' 분석이라는 위험에 직면한다. 투자가 중단된 근린 주택 지구에 젠트리피케이션이 초래할 수 있는 문제점들을 인지하고는 있지만, 프리먼은 정책적 관점에서 제기된 문제들을 중시하지 않는다. 그중 하나는 젠트리피케이션이 가져다준다고 가정된 편익하고 함께 도입됐다. 아마도 이런 이유 때문에 《유에스에이 투데이USA Today》는 프리먼이 쓴 논문을 잘 이용했고, 그 논지를 다듬어서 '연구 동향 — 모든 사람을 위한 상승, 젠트리피케이션'이라는 헤드라인을 걸었다.

《빈민가는 있다》는 통계 분석의 한계를 인식한 점에서 칭찬할 만하다. 젠트리피케이션이 진행된 뉴욕 인근의 두 근린 주택 지구는 지리학 분야에서 관심의 초점이 된다. 맨해튼 구의 할렘과 브루클린 구의 클린턴힐은 모두 인종 차별에 기반한 투자 중단을 경험했다(할렘에서 특히 심각했다). 프리먼은 할렘의 '원 거주민'[15] 43명과 클린턴힐의 원 거주민 22명을 인터뷰하는 전략을 세웠다.

> 응답자가 한 대답에서 근린 주택 지구가 변화하는 상황과 그런 변화가 자기에게 미치는 영향에 관한 인식을 이끌어내야 했다. 특히 중요한 초점은 편의 시설, 서비스, 인구통계학, 지역 사회 단위의 사회적 상호 작용에서 일어난 변화에 맞춰졌다. 또한 인터뷰는 응답자의 주택 상황과 미래의 이동 계획에 관련한 정보를 얻어내려 했다. (Freeman 2006, 10)

프리먼은 이 인터뷰들을 바탕으로 다음 같은 결론을 내린다. 첫째, 젠트리피케이션은 장기 거주자들이 중요하게 평가하는 근린 주택 지구의 서비스와 시설을 향상시킬 수 있다. 둘째, 많은 '냉소주의'가 젠트리피케이션의 도래를 환영했다. 셋째, 주민들은 '넓은 범위의 축출이 가능하지 않을 듯'(Freeman 2006, 79)하더라도 축출을 걱정한다. 넷째, 젠트리파이어들은 좋은 이웃도 나쁜 이웃도 될

---

15 '원 거주민'은 모두 비백인이었고, 그중 37퍼센트는 대학 교육을 받았으며(젠트리파이어?), 인터뷰한 몇몇은 거의 '막 들어온 사람'이나 마찬가지라 원 거주민이 아닌데도 두 지역에서 주택 보유 기간의 중간값은 17년이었다.

수 있다.

프리먼이 쓴 책에서는 장기 거주자들이 주거 환경이 향상된 근린 주택 지구에 좋은 평가를 내린다는 주장과 그곳에서 최근에 겪은 정도보다 훨씬 더 나은 상태가 돼야 한다는 주장이 가장 널리 퍼져 있다. 프리먼과 인터뷰 응답자들은 심각한 투자 중단과 중단 징후에 견줘 훨씬 더 바람직한 현상으로 젠트리피케이션을 바라보며, 젠트리피케이션이 '축출'이라는 '유령'을 되살리는 반면에 주거지를 그전에 견줘 훨씬 더 좋은 장소로 만들고 더 나은 서비스를 제공하기 때문에 장려해야 할 긍정적 측면이 있다고 생각한다. (프리먼이 결코 고려하지 않은 핵심 질문은 '왜 더 좋은 서비스를 제공하는 젠트리피케이션이 돼야만 하는가?'다). 그렇지만 시카고 시 브런즈빌을 다룬 한 논문(Boyd 2005)처럼 흑인 게토에서 벌어진 젠트리피케이션을 민족지적으로 분석한 논의들은 젠트리피케이션이 축출 위협에 시달리는 가난한 흑인 주민들의 이해관계 때문에, 그리고 흑인들의 동의를 바탕으로 발생하고 있다는 논지를 **환상**이라는 이유로 거부한다. 미셸 보이드^{Michelle Boyd}가 한 분석에서 계급은 젠트리피케이션의 본질이며 인종을 **거쳐** 경험하게 되는 대상이다. 프리먼의 경우에 인종은 계급을 **압도**하며, 계급은 개념적 내용과 역사적 의미에 민감한 젠트리피케이션에 관한 조사를 방해한다.

빅도르와 프리먼은 둘 다 자기 자신을 고독한 이성의 목소리로 자리매김하고, 연구 결과가 자기를 얼마나 멀리 벗어나더라도 그다지 영향을 받지 않으며, 특정한 의제에 맞춰 상세히 설명되고 자극받는다. 다음 같은 반응은 이전의 조사 결과를 이용할 수 있는 윤리적 책임 문제를 넌지시 제기한다.

젠트리피케이션과 축출에 관련된 새로운 증거는 …… 맥락을 벗어나 이어진 정책 논쟁에 영향을 미치는 모호한 학술적 수도원 밖으로 재빨리 도약했다. …… [그리고] 민영화, 주택 소유권, 나아가 투자가 중단된 구도심을 괴롭히는 모든 요인을 포괄하는 간단한 설명으로 간주되던 집중된 빈곤을 타파하려 구상한 '사회적 혼합social mix'과 인구 분산 전략 같은 폭넓은 범위의 시장 지향형 도시 정책에 관한 관심을 늘 잊어버렸다. 만약 축출이 문제가 되지 않는다면, 많은 사람이 말하는 대로, 따라서 도시 재생(그 과정을 다른 무엇으로 부르든 상관없이)도 괜찮은 일이 된다. 어쩌면 중간 계급 공동체로 이동하라는 요구를 하지 않아도 가난한 사람들에게 중간 계급 근린 주택 지구에서 누리는 편익을 가져다줄 수 있을지 모른다. (Newman and Wyly 2006, 25)

이 인용문의 마지막 두 문장은 젠트리피케이션이 벌어진 근린 주택 지구에서 빈곤층 이동률이 낮다는 점을 과시하는 한편 기자들의 탐문도 신경 쓸 필요가 없다는 듯 가장 최근에 실시된 전국 단위 연구에 담긴 취지를 적확하게 포착한다. 도시경제학자 테라 맥키니시Terra McKinnish는 명확한 의도를 밝히면서 글을 시작한다.

우리는 이 [저소득] 근린 주택 지구에서 들어오고 나가고 머무는 가구들의 특징을 분석한다. 근린 주택 지구 젠트리피케이션에서 파악되는 기초적인 인구통계학적 사실들은 적절한 데이터가 부족한 탓에 대부분 알려지지 않고 있으며, 그런 사실들을 확실히 하지 않은 채 젠트리피케이션에 연관된 정책 쟁점을 논의하기는 어렵다. (McKinnish et al. 2010, 180)

불행하게도 명쾌함은 여기에서 끝난다. 문헌 비평은 애석하게도 앙상할 뿐이고, '젠트리피케이션의 정의'라는 소제목이 붙은 절은 지독하게 혼란스럽다. 실제로 그 부분에는 이 개념에 관한 정의가 전혀 들어 있지 않다. 대신에 인구 주택 총조사 빈곤 관련 자료집에 따르면 1990년부터 2000년까지 평균 가구 수입이 적어도 1만 달러 증가한 사실을 단순히 주목한다. 대개 철저히 숨겨진 통계에 접근할 수 있는 특권을 어느 정도 자랑하면서, 맥키니시는 '이동자와 잔류자'를 다루는 지리적 규모를 좁히고 좀더 세세한 인구통계학적 정보를 제공한 덕분에 저소득 계층 소수자가 젠트리피케이션이 발생한 상황을 탈출하지 못한다고 생각되는 이유에 관해 비그달과 프리먼이 품은 의심을 모두 뛰어넘어 자기들이 정당성을 인정받는다는 주장을 펼친다.

전체적으로 보면 우리는 젠트리피케이션이 비백인 가구를 축출하기보다는 오히려 중간 계급 소수자 가구, 특히 아이나 노인이 있는 가구에 매력적인 근린 주택 지구를 창조한다는 사실을 안다. …… 우리가 젠트리피케이션이 진행된 지역으로 규정한 근린 주택 지구들은 이미 수입이 크게 증가하는 경험을 했지만 …… 여전히 꽤 많은 비백인 저학력 가구를 비롯해 동일한 인구통계학적 집단을 구성하는 많은 이민자들이 살고 있다. 이런 사실들은 단지 경직된 젠트리피케이션-축출 논의가 1990년대에는 기준이 아니더라는 점을 시사할 뿐이다. (McKinnish et al. 2010, 191~192)

젠트리피케이션이 중간 계급에게 매력적인 근린 주택 지구를 창조하고 소득을 증대시킨다는 기정사실을 새로운 연구 결과로 제시하는 곤혹을 제쳐두면, 이 논문의 초고가 작성된 뒤 벌어진 일들에 대부분의 관심이 쏟아져야 한다. 미국 경제조사국National bureau of Economic Research·NBER은 그 초고를 널리 퍼트렸고, 얼마 뒤 시사 주간지 《타임Time》은 〈젠트리피케이션 — 가난한 사람들을 내쫓지 않는?〉이라는 기사를 출고했다. 맥키니시하고 함께 논문을 쓴 랜달 월시Randall Walsh가 밝힌 의견은 특히 귀찮다는 투였다. "우리는 축출이 발생하지 않는 공동체는 존재할 수 없다고 말하고 있지는 않다. 그러나 일반적으로 미국의 도시화된 지역에 있는 모든 근린 주택 지구에서는 젠트리피케이션이 아주 좋은 일처럼 보인다."

《타임》에 실린 기사는 이런 결론을 내린다. "이 연구는 대중의 상상 속에 자리 잡은 정도에 견줘 젠트리피케이션에 관해 더욱 미묘한 그림을 그린다." 제이콥 빅도르와 랜스 프리먼이 스스로 수행한 연구의 가시성과 영향력을 극대화하려 노력하던 때하고 정확히 똑같은 말투다.

여기에서 면밀히 검토하는 연구들은 사실 '미묘할' 일이 전혀 없다. 실제로 그런 연구를 수행하도록 자극한 듯한 계기는 젠트리피케이션을 저소득 노동 계급 공동체에 심각한 분노부터 중대한 격변까지 어떤 사태든 일으킬 수 있는 과정으로 제시한 급진적 관점을 향해 품은 깊은 의심이었다. 자기 집에서 쫓겨나는 사람들, 감당할 수 있는 수준을 넘어 인간의 기본적 필요가 상품화되면서 주거권을 부정당하는 현실을 향한 도덕적 분노는 거의 느껴지지 않는다. 우리는 신자유주의 토지 이론을 향한 도전만큼 공동체 활동가들을 위한 안내서로서 《축출 ─ 어떻게 싸울 것인가》의 첫 몇 쪽을 읽고 젠트리피케이션의 긍정성을 강변하려는 사람들이 침묵하는 사안에 담긴 중요성을 확인해야 한다.

자기 집이나 근린 주택 지구에서 비자발적으로 주민을 이동시키는 일은 잘못된 정책이다. 정부나 개인이 하는 시장 행위 때문에 어떤 결과가 초래되든 상관없이, 강요된 축출은 더 큰 자원과 권력을 지닌 사람들, 일정한 건물, 토지, 근린 주택 지구를 '더 나은' 용도로 쓸 수 있다고 생각하는 사람들에 저항할 경제 권력과 정치 권력이 없는 이들에게 닥친 문제다. 밀어내는 사람이 이익을 얻는다. **또한 어떤 목적이든 최소한 일대일 대체를 요구하지 않고 중하위 소득자 재고에서 주택을 제거하려는 시도를 허락하는 행위는 기본적으로 잘못된 일이다**. 공실 상태인 개인 또는 공공 소유 저임대료 주택의 해체, 전환, '개선' 복원은 그 주택들에 거주자가 있을 때 만큼 엄격하게 반대돼야 한다. (Hartman et al. 1982, 4~5)

'강력한 증거'를 찾아 나서는 탐색, 크리스 햄넷에게 자기가 이전에 내놓은 결과를 논박하도록 허용하는 동일한 탐문은 또한 도시에서 벌어지는 축출과 그 축출이 젠트리피케이션하고 맺는 연계에 관련해 개념적 발전과 분석적 정교화를 할 모든 기회를 가로막는다. 빈곤층 사이의 낮은 이동률을 말하는 전달자들에게는 인식론의 호박 농장에 도착하기 위한 분석적 교정 수단이 필요하며, 이런 수단은 피터 마르쿠제에게서 발견할 수 있다.

사라진 마르쿠제 – 젠트리피케이션과 축출을 설명하다

주제를 이해하기 어렵게 만드는 요소는, 의미 있고 중요하다고 하더라도, 당신이 그 대상을 이해할 수 있기 전에 난해한 문제들을 다루면서 특별한 훈련을 받아야 한다는 점이 아니라, 주제에 관한 이해와 대부분의 사람이 알고 **싫어하는** 대상 사이의 차이이다. (Wittgenstein 1977[1931])

1980년대 초 뉴욕 시는 양 극단에 선 두 과정이 동시에 발생하는 풍경을 드러냈다. 바로 방치와 젠트리피케이션이었다. 정책 결정자들에게 방치는 고통스럽지만, 아무것도 선별 절차가 부재한 상태를 중단시킬 수는 없었다. 다른 한편 젠트리피케이션은 정책 결정자들에게 매우 바람직했다. 방치의 구제책으로서, 민영 부문이 대부분의 비용을 대며 어떤 축출이 **벌어지든** 사소한 일로 취급하면 됐다. 그렇지만 저소득층 공동체에 도시 정책은 희망을 전혀 제공할 수 없었다. 당신은 방치할 수도 있고 젠트리피케이션을 진행할 수도 있다는 메시지일 뿐이었다. 피터 마르쿠제는 논문을 여러 편 써 이 허위의 선택이라는 연약한 약점에 메스를 들이대며,[16] 방치와 젠트리피케이션은 반대되거나 대안적이기는커

---

16 마르쿠제가 이 점을 처음 지적하지는 않았다. 닐 스미스는 지대 격차 테제를 제시해 헤게모니를 쥔 신고전파 경제 사상에 도전했다(Smith 1979). 여기에서 이익이 남는 재개발 기회를 앞둔 건조 환경에서 자본 탈가치화의 가장 극단적인 단계를 나타내는 방치가 갈무리될 수 있었다.

녕 오히려 밀접힌 연결된다는 사실을 보여준다(Marcuse 1985a; 1985b; 1986). 전형적인 개념적 엄밀함을 유지한 채 마르쿠제는 주장을 요약하고 있다.

방치는 몇몇 고소득 가구를 도시 밖으로 내모는 반면, 또 다른 사람들을 도심에 가까운 젠트리피케이션 지역으로 내몬다. 방치는 인접 지역으로 일부 저소득 가구를 내모는데, 여기에서는 주택과 임대료에 가해지는 압력이 증가한다. 젠트리피케이션은 도시의 다른 지역에 사는 고소득 가구를 끌어들이는데, 어느 곳이든 수요를 축소하고 방치로 나아가는 추세를 증가시킨다. 더욱이 젠트리피케이션은 주택과 임대료에 가해지는 압력을 증가시켜 저소득 주민을 쫓아낸다. 방치와 젠트리피케이션은 둘 다 경제적 양극화에서 일어난 변화에 직접적으로 연관된다. 가난한 사람들은 축출 압력에 끊임없이 시달리고 부유한 사람들은 젠트리피케이션이 벌어진 근린 주택 지구에 끊임없이 자기 자신을 가두려 하는 악순환이 만들어진다. 젠트리피케이션은 방치를 해결할 교정 수단이 되기는커녕 그 과정을 악화시킨다. (Marcuse 1985a, 196)

칭찬할 만큼 명료한 이런 설명은 소비자 주권에 근거해 젠트리피케이션과 방치를 해석하려는 시도를 통렬하게 고발한다. 여기에서 젠트리피케이션은 증가하는 주택 수요에 따라, 방치는 감소하는 수요에 따라 설명된다고 여겨진다. 마르쿠제가 보여준 대로 주택 수요에 관한 '이중 시장' 주장(한 시장에서는 젠트리피케이션이 일어나고 다른 시장에서는 방치가 일어난다)은 '두 현상이 각각의 바로 근처에서 종종 발생한다'는 지리학적 사실 때문에 탈선하게 된다(Marcuse 1985a, 197). 결정적으로 젠트리피케이션과 방치는 개별 가구가 지닌 선호가 가져온 결과가 아니라 모든 선호의 **이면에** 놓인 사적이면서 공적인 제도적 요인들, 아주 간단히 말하면 주택 시장과 공공 정책의 상태가 가져온 혼란스러운 결과로 설명됐다. 그러나 축출에 관련된 질문에서 극단적으로 어려운 문제는 무엇일까? 마르쿠제는 축출의 네 가지 유형을 개념으로 정리하기 위해 도시 문제를 다룬 초기 저술들을 바탕으로 논의를 확장한다(Grier and Grier 1978; LeGates and Hartman 1981).[17]

1. 직접적인 마지막 거주자 축출: 물리적(곧 점유자를 강제로 내쫓으려 집주인이 건물에 난방을 끊는 행위)이거나 경제적(곧 임대료 인상)인 유형.

2. 직접적인 연쇄 축출: 표준적인 '마지막 거주자'를 넘어서서 '건물이 물리적으로 멸실하거나 임대료가 상승하는 초기 단계에서 이주를 강요받을 수도 있는' 거주민을 포함해 계산되는 유형.

3. 배제적 축출: 젠트리피케이션과 방치라는 양자택일로 주택 문제에 접근할 수 없는 거주자들에 연관된 유형.

   • 한 가구가 집 한 채를 자발적으로 비우고 그 집이 뒤이어 젠트리피케이션 대상이 되거나 방치 상태에 놓여 또 다른 비슷한 가구가 이사 오지 못하는 상태라면, 그 지역 주택 시장에 진입하려는 2차 가구가 이용할 주택 수는 감소한다. 따라서 새로 진입하려는 2차 가구는 그런 상황이 아니면 살 수도 있는 곳에서 배제된다. (Marcuse 1985a, 206)

4. 축출 압력: 거주 중인 근린 주택 지구가 변형되는 동안 빈곤층과 노동 계급 가족들을 괴롭히는 명도 신청.

   • 한 가족이 극적으로 바뀌는 주변 환경을 지켜볼 때, 친구들이 동네를 떠날 때, 단골 상점이 문 닫고 또 다른 고객을 위한 새 상점이 그 자리를 차지하고, 공공시설과 교통수단과 모든 지원 서비스가 확실히 변화하면서 그 지역을 살기 점점 더 안 좋은 곳으로 만들고 있을 때, 축출 압력은 이미 심각한 상태가 된다. 압력이 현실성을 획득하는 일은 단지 시간문제일 뿐이다. 이런 환경 아래 살아가

---

17 이런 논의는 또한 마르쿠제의 저작을 요약한 롤런드 앳킨슨의 작업(Atkinson 2000, 150~151)을 교정하는 수단으로 기능한다. 여기에서 앳킨슨은 대체로 '축출 압력'을 혼동하고 이해하지 못한다.

는 가족들은 피할 수 없는 운명을 기다리느니 할 수 있는 한 빨리 이동해야 할지 모른다. 그런데도 사람들은 축출된다. (Marcuse 1985A, 207)

1980년대에 뉴욕 시의 주택 시장에 관한 분석에 매여 있는 동안 1980년대 이후 젠트리피케이션을 다룬 방대한 문헌은 이런 통찰들을 다른 곳에 적용할 수 없다는 사실을 시사하는 명백한 증거를 아무것도 제공하지 못한다. 마르쿠제는 방치와 젠트리피케이션이 존재하는 축출의 전경에 관련된 찬성론을 펼쳤다. "축출이 지니는 완전한 영향력은 네 가지 형태에 관한 고찰을 모두 포괄해야만 한다. …… 경제적 변화, 물리적 변화, 이웃의 변화, 개별 주택의 변화에서 시작하는 축출을 포함해야만 한다"(Marcuse 1985a, 208).

마르쿠제는 젠트리피케이션이 유도한 축출을 정확히 측정하는 과정에서 부딪치는 어려움에 무척이나 민감했지만, 그런 일이 **축출에 관한 연구를 시작하기에 앞서, 그리고 어떤 결론이 도출되기 앞서 개념적 명확성**을 확보하는 데 필수적이라는 점을 지적하고 있었다. 이런 논의는 모든 젠트리피케이션 연구자들을 위한 마스터클래스이지만, 애석하게도 미디어의 헤드라인을 차지할 만한 저작을 낸 사람들은 이 논의를 무시해버렸다.

사례로 배제적 축출을 살펴보자. 마지막 절에서 인용한 연구들은 모두 근린 주택 지구의 젠트리피케이션 때 빈곤층 사이에서 가구 이주율이 더 낮은 사실은 축출에 관한 관심이 지나치게 부풀려 있다는 점을 시사했다고, 그리하여 가난한 사람들은 주변 근린 주택 지구에서 발생하는 '개선'을 인정한 채 사는 곳에 계속 머물 방법을 찾아야만 한다는 점을 시사한다고 주장했다. 이런 주장에 맞서 마르쿠제는 이렇게 응답한다.

그런 사람들은 결국 괜찮은 근린 주택 지구 서비스(말하자면, 양적 측면을 고려하는 기묘한 문구다. 통계만을 기준으로 판단하면 교도소 수감자는 '낮은 이동 성향'을 지닌다)를 확보하고 있어서 '더 낮은 이주 성향을 드러내는가? 아니면 젠트리피케이션 과정 자체가 적정 가격 주택을 찾을 가능성을 축소하기 때문에 이동하지 않고 있는 게 아닐까? (Marcuse 2005)

프리먼은 반격한다.

이 개념(배제적 축출)은 프리먼과 브라코니가 도출한 결론을 설명하지 못할 듯한데, 젠트리피케이션이 발생하는 과정에서 **이주율**이 더 낮은 이유와 가장 급격한 임대료 상승을 경험한 이유를 설명하지 않기 때문이다. 추측건대 젠트리피케이션이 발생하지 않는 지역에 사는 빈곤 가구도 도시 주택이 흔히 젠트리피케이션 대상이 되기 때문에 마찬가지로 곤궁한 처지에 놓여 있었다. (Freeman 2008, 187)

프리먼이 언급한 '젠트리피케이션이 발생하지 않는 지역에 사는 빈곤 가구'는 프리먼과 브라코니가 2004년에 발표한 연구에서 인용한 통제 집단을 대표하는데, 이 집단은 뉴욕 시에서 가장 가난한 몇몇 지역(빈곤율이 높은 브루클린과 퀸즈 일부 지역을 비롯해 브롱크스 전 지역을 포괄) 출신 거주자들을 포함한다. 이 집단도 젠트리피케이션을 거친 주택에 접근할 수 없다는 사실을 언급해서 배제적 축출을 논박하려는 시도는 흥미로운 방어 전략이지만, 그러나 빈곤한 임대 가구를 대상으로 삼는 (퇴거를 통한) 높은 수준의 **강제된** 이주를 전거로 제시하는 방대한 연구에 적절한 전략은 아니다.

주택 소유주에 견줘 주거권 보장이 훨씬 취약한 임차인들은 비자발적 이주자 사이에서 압도적인 비율로 대표된다. 그리고 주택 소유자에 비교해 임차인들이 압도적인 소수가 되고 소득도 더 낮은 경향을 띠기 때문에 비자발적 이주 문제는 우리 사회의 좀더 취약한 가구들에 압도적인 영향을 끼친다. (Hartman and Robinson 2003, 467)

그래서 프리먼과 브라코니의 통제 집단에 관련해 이런 설명이 가능하다. "우리는 젠트리피케이션 지역에서 축출되는 비율에 비교하는 수단으로 사용하기에는 인위적으로 높은 기준을 제출하면서 이런 주민들이 도시의 다른 지역에 사는 주민들보다 더 자주 이동한다고 예측할 수 있을지 모른다"(Newman and Wyly 2006, 28). 게다가, 만약 젠트리피케이션 이론이 뭔가를 가르쳐준다면, 우리는 (한 지역의 실현 지대와 재투자가 진행될 수 있을 수준이 되는 잠재 지대 사이의 격차가 재투자를 일으킬 정도로 충분히 넓을 때) **지대 격차가 젠트리피케이션이 발생하지 않는 지역에서 가장 크다**는 사실을 이제야 알게 된다. 더 높은 수준의 이동성, 특히 퇴거가 발생하는 시점은 체계적 투자 중단을 유지하던 집주인과 개발업자들이 근린 주택 지구가 실질적 이익을 내면서 재개발될 수 있는 어떤 지점에 도달한 사실을 알아차릴 때로 예상된다(Clark 1987; Hammel 1999 참조). 이런 모든 사항을 좀더 명확한 개념적 용어로 정리하면, 직접적 축출(마지막 거주자와 아마도 연쇄 형태)은 젠트리피케이션이 발생하지 않은 지역에 사는 빈곤 가구가 겪고, 배제적 축출은 젠트리피케이션이 발생하는 한편 낮은 이동성이 예상되는 지역에 사는 빈곤 가구가 겪는다.

축출에 쏟아진 관심이 지나치다고 주장하면서 가난한 사람들은 젠트리피케이션이 가져오는 '개선'을 인정해야 한다는 가설로 그런 관심을 대체하게 되면 임대료를 자기 주위에서 생겨나 모든 것을 더 비싸게 바꾼 '개선'으로 만들기 위해 비젠트리파이어들이 꾸준히 진행한 투쟁을 크게 무시하게 된다. 특히 임차인들 사이에 축출을 두려워하는 마음이 변함없이 나타난다는 사실은 언급하지 않게 된다. 프리먼이 이 두려움을 논의하기는 하지만, 책 전체에 걸쳐 그런 마음은 불행하게도 공동체 조직을 거쳐 '누그러지게' 될 수 있으며 그렇게 돼야 한다는 '냉소주의'[18]를 특징처럼 지닌 감정으로 묘사된다(Freeman 2006, 186). 게다가 프리먼은 축출되는 이들이 결국에는 괜찮은 상태가 된다는 데 의문을 던진다.

사회심리학에는 사람들이 자식이나 사랑하는 누군가를 잃는 일처럼 삶에서 비극적 사건에 직면한 때 자기가 지닌 회복력을 상투적으로 과소평가한다고 주장하는 연구 흐름이 있다. 축출은 어쩌면 이런 방식하고 비슷할 수 있었다. (Freeman 2006, 164)

학자들이 마르쿠제를 잊는 편리한 방법을 보여준 또 다른 사례는 런던 시 클러컨웰에서 벌어진 주거용 다락방 개조를 다룬 얼마 전에 나온 논문에서 찾을 수 있다(Hamnett and Whitelegg 2007).

상업적 젠트리피케이션은 …… 사회 임대 주택 입주자가 주도하는 사회적 혼합과 공간의 윤리를 의미 있으면서도 어쩌면 돌이킬 수 없게 바꿨다. 그렇지만 이런 흐름은 창고, 산업용 건물, 사무용 건물이던 곳에 거의 전부 새로운 주택을 지으면서 의미 있는 주거 축출을 동반하지 않는다. 따라서 전통적인 노동자 카페와 술집이 호화 레스토랑, 와인 바, 주방용품 상점, 꽃집으로 바뀌는 광경을 지켜본 몇몇 주민이 느끼는 상대적 박탈감이 점점 더 커지는 상황을 동반할 수 있기는 하지만, 축출 없는 젠트리피케이션의 명확한 사례다. (Hamnett and Whitelegg 2007, 122)

축출 없는 젠트리피케이션이 일어나고 사회적 혼합의 양상도 변화했지만, 그 지역은 사회 임대 주택 입주자가 (더는) 주도하지 않는 곳이 **됐고**, 노동자 카페나 술집은 호화 점포를 위해 사라졌을까? 크리스 햄넷과 드루 화이트렉Drew Whitelegg이 서술한 내용은 마르쿠제가 쓴 **축출 압력**이다. 그래서 두 사람은 **축출**을 수반하는 명확한 젠트리피케이션 사례를 실제로 폭로했다. 또한 가까운 '뜨

---

18 젠트리피케이션을 반대하는 모든 시도를 주민들이 느끼는 '냉소주의'로 재구성하는 행위란 그런 주민들은 그릇된 의식을 지니고 있으며 젠트리피케이션은 좋은 일이라는 현실을 이해할 능력이 없는 사람들이라는 의미를 담은 강력한 정치 행동이다. 나는 이런 점에서 마틴 어거스트(Martine August)에게 감사한다.

는' 지역에 자리한 창고, 산업용 건물, 사무용 건물이 용도 전환돼 임대료와 건물 가격을 끌어올리면서 근린 주택 지구를 둘러싸고 벌어진 '간접적 축출'을 다룬 최신 연구를 두 사람이 염두에 두지 않은 점은 유감스러운 일이기도 하다(Davidson 2007). 더구나 윌리엄스버그[19]와 브루클린에서 벌어진 **산업적 축출**을 다룬 논의에 따르면 젠트리피케이션이 유발한 축출을 단지 점유한 주택만 영향을 받는 일로 파악하는 시각은 무익할 뿐이다(Curran 2004; 2007).

　마르쿠제의 개념적 논리가 지닌 폭넓은 적용 가능성에 관한 마지막 주석을 달자면, 마르쿠제가 쓴 글에는 반젠트리피게이션 투쟁에 제공할 더 많은 통찰이 담겨 있다. 배제적 축출은 북반구 도시에 사는 가난한 사람들이 드러내는 낮은 이동성이 젠트리피케이션을 인정하는 가난한 사람들의 정서하고 동등한 가치를 지닌다는 시각을 강조하는 모든 논자들에게 잠재적으로 치명적인 **정치적** 대응이다. 떠벌이 신도시학파 앙드레 듀아니Andres Duany는 진행 중에 있는 근린 행동주의neighbourhood activism를 조롱하면서 묻는다. "그래서 젠트리피케이션 때문에 왜 이렇게 호들갑이지?"(Duany 2001) 마르쿠제에게서 영감을 받은 대답은 '젠트리피케이션 때문에 적정 가격 주택이 많이 사라져서 젠트리피케이션이 벌어진 동네가 곤란해진다'다. 그런 곳에 사는 사람들은 사실 주거 이동을 심각하게 제약하기 때문에 젠트리피케이션에 '감사'하지 않는다. 남반구 여러 도시에서 (베이징 올림픽 같은) 거대 이벤트를 준비한다는 구실로 슬럼을 철거하는 행위는 '직접적인 마지막 거주자 축출'과 '직접적인 연쇄 축출'이 탈구의 중요성,[20] 나아가 그 뒤에 놓인 동학을 이해하는 데 더 적절하지 않을 수도 있다는 사실을 의미한다. 다양한 축출 형태를 창출하는 메커니즘을 파악해야만 전복을 정당화하려는 시도를 효과적으로 반박할 수 있다.

---

19 미국 버지니아 주 남동부에 자리한 도시로, 미국 독립 혁명이 일어나기 전 식민지 시기의 모습으로 복원돼 있다 ─ 옮긴이.

결론 – 대안에 관하여

> 살던 집이 자리한 동네에서 쫓겨나는 사건은 중대한 관계를 상실할 정도로 삶의 의미를 파괴하는 일이나 다름없다고 할 수 있다. 명도 신청은 목적을 구체화하는 과정을 거치며 전체적인 애착 구조를 위기에 빠트리는데, 왜냐하면 이런 애착은 낯선 환경에서 손쉽게 회복될 수 없기 때문이다. (Marris 1986, 57)

현재 진행 중인 젠트리피케이션과 축출을 모두 대상으로 한 논쟁은 주류 시각이 지배하고 있다. 주류 시각은 재개발 과정에서 가난한 주민들이 나타낸 낮은 이동성을 반젠트리피케이션 활동가들이 축출에 관해 보이는 염려가 지나치다는 사실을 보여준 강력한 증거로 삼아, 젠트리피케이션에서는 근린 주택 지구 수준에서 벌어진 계급 불평등의 표현이라는 역사적 의미를 박탈하고 축출에서는 개념적 내용을 앙상하게 만든다. 신고전파 도시 경제학에 결부되고 세련된 방법론과 미묘한 논리로 치장한 이런 시각들은 사운드 바이트[21]와 멋들어진 통계를 추구하는 저널리스트에게, 그리고 '에피소드' 따위는 무시하고 '신뢰할 만한 증거 기반'을 탐색하는 정책 결정자에게 매우 매력적이라고 판명됐다.

비판적 도시 연구를 수행하려면 ('정책 관련성'에 호소하는 과정을 거쳐야 정당해지는) 조사 범주에서 도출된 독립 변수들이 드러내는 실증주의적 단조로움을 벗어나 논쟁이 새로운 방향으로 향하게 해 젠트리피케이션을 찬양하고

---

20 상하이 신티엔디 지구에서 벌어진 노동 계급 젠트리피케이션 연구를 보면, 젠트리피케이션에 연결된 공원 진입로를 닦느라 6개월에 걸쳐 1950가구가 퇴거를 당해 가난한 교외 지역으로 축출되고, 가까운 곳에 자리한 타이핑차오(太平橋) 공원을 조성하느라 43일(그때까지 상하이에서 벌어진 가장 빠른 축출 기록) 동안 3800가구와 156개 작업장이 퇴거되거나 축출됐다(He and Wu 2005). 직접적 축출은 감정적이고 경제적인 파멸을 불러왔다. "거주자들이 재정착 주택을 받기는 했지만, 많은 주민이 그 뒤 몇 년 동안 치솟은 출퇴근 비용과 파괴된 사회적 연결망 탓에 만성 실업 상태에 놓였다"(He 2007, 194).

21 인상적인 한마디, 짧은 코멘트, 사건 따위를 텔레비전이나 라디오에 쓰려고 짧게 줄이는 일 — 옮긴이.

축출을 부정하는 논리를 거부해야 하며, **사회 정의에 연관된 문제로서 주택**, 특히 인권이자 인간의 기본 필요로서 적절하고 적정 가격 주택에 근거하는 더 견고한 분석적, 정치적, 도덕적 틀로 나아가야 한다. 주택은 허구적 금융 자산이다(Harvey 1985). 피난처나 **집**이 갖는 비허구적 지위는 의심할 여지가 없다. '집'은 가장 고상한 인간적 반응을 환기한다.

> 집은 애착, 안정, 개인적 통제라는 안전감에 집중된 감정과 공간이 자리하는 곳이다. 집은 영속하는 장소이자 신뢰할 수 있는 연결망이고, 정체성과 사회적 삶을 지탱하는 지주이고, 정서적 필요와 물질적 필요를 추구하는 출발점이 되는 친밀성과 신뢰의 소재지다. (Segal and Baumohl 1988, 249)

따라서 살던 집을 명도 신청하거나 강탈하는 행동은 '악질적이고 불의한 행위'이며(Smith 1994, 152), 중간 계급 젠트리파이어들의 소비자 선호를 조사하는 데 전념한 장장 10년에 걸친 시간을 더 당혹스럽게 만든다. 오늘날처럼 무자비한 글로벌 금융 폭발이 벌어질 듯한 상황이 되면(그런 상황은 대부분 자본 축적의 주요한 매개물이 되는 주택 때문에 일어났다), 확장되는 시장 지배 속에 동원된 국가 권력이 남긴 파편 더미 속에 갇힌 비판적 도시학자들에게는 황금 같은 기회가 찾아온다(Tickell and Peck 2003). 미국에서는 대공황하고 아주 비슷한 사태가 일어나 예상하지 못한 기회를 제공하는데, 왜냐하면 1930년대에 주택과 실업 문제를 둘러싸고 커다란 혼란이 벌어져 사회 안정이 위태로워지자 주택 담보 대출 지급 유예, 저소득 주택 소유주를 대상으로 한 연방 정부 차원의 강력한 지원(사적 지원에 반대되는 개념), 전국적인 공공 주택 프로그램 수립 같은 정책이 실시된 때문이었다(Squires 1992). 그래서 유행처럼 번지는 압류와 회수 때문에 벌어지는 대규모 축출은 단지 지난 30년 동안 이어진 경제적 탈규제가 지닌 근본적 결함을 나타내는 징후만으로 분석되면 안 된다. 축출은 주택 문제(그리고 물론 도시 문제)에 관한 연구로 **사회 정의를 되돌려놓는** 더 폭넓은 지적 프로젝트의 일부로서 분석돼야 한다.

간단한 일은 아니다. 《하우징 스터디즈Housing Studies》와 《어번 스터디즈Urban Studies》 같은 학술지 최신호를 주의 깊게 검토하면 이런 지면들이 '도시 연구에서 증대하는 타율성'(Wacquant 2008)의 도구가 되고 있다는 사실이 드러난다. 정책 결정자와 도시 통치자의 우월적 지위, 그리고 '더 높은 이론적 부담'(Wacquant 2008, 203)을 감수하는 자율적인 지적 프로젝트를 경기장 밖으로 퇴장시키는 주류 미디어가 이끄는 연구 말이다. 자본주의 도시와 자본주의 토지의 경제와 정책을 구성하는 사회정치적 이해관계의 근원적 구조에 의문을 제기하는 시각,[22] 또는 닐 스미스가 '젠트리피케이션이 벌어질 수 있게 하는 경제적이고 정치적인 모든 착취'(Smith 1996, xx)라고 부른 시각이 자리할 여지가 그다지 많지 않다는 사실이 드러난다. 종종 국가에서 연구비를 받는 도시 연구자들은 자기가 제기한 질문이 자기를 어디로 이끌든 그 문제를 정식화하고 완벽한 자유를 누리면서 해답을 찾을 능력이 좀처럼 없다. '정책에 관련된' 연구가 하는 기능은 도시를 개선하는 데보다는 비판적 이성이 던지는 무례한 질문에 맞서서 지배 계급을 호위하고 방어하는 데 더 깊이 연관된 듯하다(Wacquant 2004).

그런데 젠트리피케이션을 대체할 대안은 무엇일까? 요즘 이 주제는 파산할 염려가 조금도 없다. 실제로 요즘 학계에서는 젠트리피케이션을 중단하기보다는 '관리'할 수 있는 방법을 논의한 정책 지향형 제안들이 확산하는 흐름이 두드러지게 나타나고 있다(예외 사례는 Ley and Dobson 2008 참조). 이런 연구는 **어떤**

---

22 〈젠트리피케이션과 공공 정책〉이라는 제목을 붙인 《어번 스터디즈》 특별호 편집자 서론에서 두 필자는 어렵게 모은 학술적 성과가 '동시대 젠트리피케이션 프로젝트에 연계된 불평등한 삶의 기회에 정면으로 문제 제기를 하는 좀더 포괄적인 정책 포트폴리오로 나아갈 첫 단계를 촉진할 수 있'으리라는 희망을 드러낸다(Lees and Ley 2008, 2383). 이런 희망은 정책 결정자들이 이 학술지를 곧 읽을 테고 신자유주의 도시화에 저항하는 문제에 흥미를 느끼게 되리라는 두 가지 잘못된 가정을 전제하고 있다.

지향을 띠어야만 하느냐는 핵심적인 도덕적 문제를 사전에 배제한다(Blomley 2004). 제임스 드필리피스는 싸워야 할 문제의 핵심을 똑바로 이해한다.

> 젠트리피케이션은 …… 저소득 주민이, 그리고 그런 주민이 사는 동네가 자본 부족
> 이 아니라 권력이 부족한 탓에, 또한 삶을 구성하는 가장 기본적인 요소들에 관한
> 통제 수단이 부족한 탓에 고통을 겪는다는 점을 확실히 증명하기 때문에 중요하다.
> (DeFilippis 2004, 89)

미국 곳곳 여러 공동체에서 권력과 통제 수단을 획득하려는 조화로운 노력
을 다룬 드필리피스의 통찰력 넘치는 논의[23]는 **주택 탈상품화**의 가능성을 고
찰하는 자리로 우리를 살짝 더 밀어 넣는다. 이런 관점에서 피터 마르쿠제가
1980년대 중반에 바로 이 문제를 다룬 효과적인 글을 다른 사람하고 함께 쓴
사실은 특히 흥미롭다(Achtenberg and Marcuse 1986). 정책 연구자들은 일종의 급진
적 이상주의라며 아마도 무시할 테지만, 그 글에 담긴 많은 내용은 오늘날 벌
어지는 주택 붕괴에 매우 큰 적절성을 지닌다.

> 주택을 향해 총력을 기울인 정치적 반격이 펼쳐지고 주택 상황과 경제 조건이 악화
> 되고 있는 탓에, 괜찮고 적정 가격 주택과 적당한 근린 주택 지구에 공통된 이해관
> 계를 지닌 저소득 세입자와 중위 소득 세입자, 주택 소유자를 모두 단결하게 할 수
> 있는 더 넓은 기반을 확보한 진보적 주택 운동을 발전시킬 기회가 찾아온다. …… 주
> 택 문제를 둘러싸고 진행되는 공적 논쟁에서 쓰는 용어를 변경하고, 우리의 경제 체

---

23 드필리피스는 제한 자산형 주택협동조합(Limited Equity Housing Cooperative), 공동체 토지 신탁
(Community Land Trusts), 공제주택조합(Mutual Housing Association)에 초점을 맞춘다. 집단 소유 형태
는 폭넓은 정치경제적 상태를 좀처럼 붕괴시키지 못하지만, 적어도 토지와 주택을 시장의 야만성 아래에서 떼
어놓을 수는 있다.

제와 사회 체제에서 상품으로서 주택이 갖는 본성과 기능에 도전하고, 주택에 관련해 사람들이 지닌 정당한 필요가 대안적 접근을 거쳐 충족될 수 있는 방법을 증명할 프로그램이 필요하다. (Achtenberg and Marcuse 1986, 475)

두 사람은 그런 프로그램의 목표를 주의 깊게 개괄한다.

임대료를 감당할 수 있고, 면적이 적당하고, 품질 좋고, 보유 기간을 보장하며, 억압받는 집단이 맞닥트린 특수한 주택 문제를 인정하면서 선택을 지지해주는 근린에 위치한 주택을 모든 사람에게 제공하기. (Achtenberg and Marcuse 1986, 476)

주택 탈상품화 전략[24]은 '주택 문제에 영향을 미치는 여러 결정에서 이윤이 하는 구실을 제한하고 대신에 사회적으로 결정된 필요라는 기본 원리로 대체하려는' 시도가 될 수 있다(Achtenberg and Marcuse 1986, 476). 두 사람은 주택의 사회적 소유, 주택 공급의 사회적 생산, 주택 금융 자본의 공적 통제, 토지의 사회적 통제, 근린 주택 지구의 주민 통제, 소수자 우대 정책과 주택 선택제, 공정한 자원 배분을 요구했다.

지금 주택 탈상품화를 옹호하는 행위는 경험적 현실에서 유리돼 어떤 낭만적 몽롱함에 도취되는 일도 아니고, 젠트리피케이션과 축출이라는 당면한 문제를 풀 실질적 해법에서 손을 떼려는 의도도 아니다. 단지 아주 절박하게 필요해진 시간에 이 개념들을 되살리면 상당한 이익을 얻는다고 주장하려 할 뿐이다. 자본화된 지대가 지금은 나선 강하고 있다는 점, 그리고 다량의 가치 하

---

24 닐 스미스와 피터 윌리엄스는 자기들이 편집한 책에서 이런 결론을 내렸다. "장기적으로 볼 때 젠트리피케이션에 대항하는 유일한 방어 수단은 주택 탈상품화다"(Smith and Williams 1986, 272). 이 말은 피터 윌리엄스가 결국 영국 모기지대출자협회 부국장이 된 시기를 상징한다!

락이 발생하고 있다는 점은 의심의 여지가 거의 없다. '탈젠트리피케이션'에 관한 모든 논의는 압류를 당해 가장 심각한 타격을 입은 동네가 지금부터 5년에서 8년에 걸쳐 젠트리피케이션을 겪게 되리라는 가능성 때문에 실제로 오도가도 못 하고 있다. 확대된 지대 격차가 자본 소유자의 착취를 가로막는다는 맥락에서 주택 탈상품화에 관해 사고하는 일은 더 효과적일 수 있다.

자기들이 쓴 말이 지니고 있는 설득력, 이론적 정교화, 과학적 엄밀성, 도시의 사회공간적 재구조화에서 가장 큰 영향을 받는 사람들이 겪는 곤경에 쏟는 깊은 관심은 진지한 논의와 논쟁에 필요한 적어도 하나의 강력한 사례를 제공해 준다. '도시권' 운동에 관여하는 학자들에게 주어진 과제는 몇몇 사람이 다른 사람보다 더 큰 권리를 누리게 하는 방법에 관한 연구를 진전시키는 문제가 아니라 도덕적으로 옹호할 수 있는 원칙들을 구축하는 일이다. 마르쿠제는 이렇게 주장했다.

> 핵심 문제는 방치를 회피하고, 젠트리피케이션을 통제하고, 축출을 배제할 수 있는지 **여부**나 이런 과제를 수행할 수 있는 **방법**이 아니라, 오히려 이런 과제를 수행하려는 욕구가 있는지 여부다. 이 문제는 정치 영역에서 대답해야 할 사안이다.
>
> (Marcuse 1986, 175)

참고 자료

Achtenberg, E. P. and Marcuse, P. 1986. "Toward the decommodification of housing." R. Bratt, C. Hartman and A. Meyerson(eds.), *Critical Perspectives on Housing*. Philadelphia: Temple University Press. pp. 474-483.

Atkinson, R. 2000. "Measuring gentrification and displacement in Greater London." *Urban Studies* 37. pp. 149-266.

Beauregard, R. 1993. *Voices of Decline*. Oxford: Blackwell.

Blomley, N. 2004. *Unsettling the City*. New York: Routledge.

Boyd, M. 2005. "The downside of racial uplift: the meaning of gentrification in an African-American neighbourhood." *City & Society* 17. pp. 265-288.

Butler, T. 2007. "For gentrification?" *Environment and Planning A* 39. pp. 162-281.

Cameron, S. 2003. "Gentrification, housing redifferentiation and urban regeneration: 'going for growth' in Newcastle upon Tyne." *Urban Studies* 40. pp. 2367-2482.

Clark, E. 1987. *The Rent Gap and Urban Change*. Lund: Lund University Press.

Curran, W. 2004. "Gentrification and the nature of work: exploring the links in Williamsburg, Brooklyn." *Environment and Planning A* 36. pp. 1243-1258.

Curran, W. 2007. "From the frying pan to the oven: gentrification and the experience of industrial displacement in Williamsburg, Brooklyn." *Urban Studies* 44. pp. 1427-1440.

Cutler, D. and Glaeser, E. 1997. "Are ghettos good or bad?" *Quarterly Journal of Economics* 112. pp. 827-872.

Davidson, M. 2007. "Gentrification as global habitat: a process of class formation or corporate creation?" *Transac

tions of the Institute of British Geographers* 32. pp. 490-506.

Davis, H. and Alexander, L. 2008. "Karl would not be amused." *The Times*, August 15.

DeFilippis, J. 2004. *Unmaking Goliath*. New York: Routledge.

Duany, A. 2001. "Three cheers for gentrification." *American Enterprise Magazine*, April/May, pp. 36-39.

Freeman, L. 2005. "Displacement or succession? Residential mobility in gentrifying neighborhoods." *Urban Affairs Review* 40. pp. 463-591.

Freeman, L. 2006. *There Goes the 'hood: Views of Gentrification from the Ground Up*. Philadelphia: Temple University Press.

Freeman, L. 2008. "Comment on 'the eviction of critical perspectives from gentrification research.'" *International Journal of Urban and Regional Research* 32. pp. 186-291.

Freeman, L. and Braconi, F. 2004. "Gentrification and displacement: New York City in the 1990s." *Journal of the American Planning Association* 70. pp. 39-52.

Fried, M. 1963. "Grieving for a lost home." L. J. Duhl(ed.), *The Urban Condition: People and Policy in the Metropolis*. New York: Basic Books.

García-Herrera, L., Smith, N. and Mejías Vera, M. 2007. "Gentrification, displacement and tourism in Santa Cruz de Tenerife." *Urban Geography* 28. pp. 276-298.

Glass, R. 1964. "Introduction: aspects of change." Centre for Urban Studies(ed.), *Aspects of Change*. London: MacGibbon and Kee. pp. xiii-xlii.

Grier, G. and Grier, E. 1978. *Urban Displacement: A Reconnaissance*. Washington DC: US Dept. of Housing and Urban Development.

Hackworth, J. 2002. "Postrecession gentrification in New York City." *Urban Affairs Review* 37. pp. 815-943.

Hackworth, J. and Smith, N. 2001. "The changing state of gentrification." *Tijdschrift voor Economische en Sociale Geografie* 92. pp. 464-477.

Hammel, D. J. 1999. "Re-establishing the rent gap: an alternative view of capitalized land rent." *Urban Studies* 36. pp. 1283-1393.

Hammersley, M. 2005. "The myth of research-based practice: the critical case of educational inquiry." *International Journal of Social Research Methodology* 8. pp. 317-430.

Hamnett, C. 1973. "Improvement grants as an indicator of gentrification in Inner London." *Area* 5. pp. 252-361.

Hamnett, C. 1991. "The blind men and the elephant: the explanation of gentrification." *Transactions of the Institute of British Geographers* 16. pp. 173-189.

Hamnett, C. 2003a. "Gentrification and the middle-class remaking of inner London, 1961-2001." *Urban Studies* 40. pp. 2401-2426.

Hamnett, C. 2003b. "Contemporary human geography: fiddling while Rome burns?" *Geoforum* 34. pp. 1-3.

Hamnett, C. 2008. "The regeneration game." *The Guardian*, June 11. Retrieved from http://www.guardian.co.uk/commentisfree/2008/jun/11/housing(accessed 1 July 2011).

Hamnett, C. and Randolph, B. 1984. "The role of landlord disinvestment in housing market transformation: an analysis of the flat break-up market in Central London." *Transactions of the Institute of British Geographers* 9. pp. 259-379.

Hamnett, C. and Randolph, B. 1986. "Tenurial transformation and the flat break-up market in London: the British condo experience." N. Smith and P. Williams(eds.), *Gentrification of the City*. London: Allen and Unwin, pp. 121-152.

Hamnett, C. and Whitelegg, D. 2007. "Loft conversion and gentrification in London: from industrial to postindustrial land use." *Environment and Planning A* 39. pp. 106-224.

Hartman, C. 2002. *City for Sale: The Transformation of San Francisco*. Berkeley: University of California Press.

Hartman, C., Keating, D. and LeGates, R. with Turner, S. 1982. *Displacement: How to Fight It*. Berkeley: National Housing Law Project.

Hartman, C. and Robinson, D. 2003. "Evictions: the hidden housing problem." *Housing Policy Debate* 14. pp. 461-501.

Harvey, D. 1985. *The Urbanization of Capital*. Baltimore: Johns Hopkins University Press.

He, S. 2007. "State-sponsored gentrification under market transition: the case of Shanghai." *Urban Affairs Review* 43. pp. 171-198.

He, S. and Wu, F. 2005. "Property-led redevelopment in post-reform China: a case study of Xintiandi redevelopment project in Shanghai." *Journal of Urban Affairs* 27. pp. 1-23.

Lees, L. and Ley. D. 2008. "Introduction to special issue on gentrification and public policy." *Urban Studies* 45. pp. 2379-2384.

Lees, L., Slater, T. and Wyly, E. 2008. *Gentrification*. New York: Routledge.

LeGates, R. and Hartman, C. 1981. "Displacement." *Clearinghouse Review*, July 15. pp. 207-249.

Ley, D. 1996. *The New Middle Class and the Remaking of the Central City*. Oxford: Oxford University Press.

Ley, D. and Dobson, C. 2008. "Are there limits to gentrification? The contexts of impeded gentrification in Vancouver." *Urban Studies* 45. pp. 2471-2498.

Marcuse, P. 1985a. "Gentrification, abandonment and displacement: connections, causes and policy responses in New York City." *Journal of Urban and Contemporary Law* 28, pp. 195-240.

Marcuse, P. 1985b. "To control gentrification: anti-displacement zoning and planning for stable residential districts." *Review of Law and Social Change* 13. pp. 931-945.

Marcuse, P. 1986. "Abandonment, gentrification and displacement: the linkages in New York City." N. Smith and P. Williams(eds.), *Gentrification of the City*. London: Unwin Hyman, pp. 153-177.

Marcuse, P. 1991. *Missing Marx*. New York: Monthly Review Press.

Marcuse, P. 2005. "The politics of research about gentrification', unpublished manuscript." New York: Department of Urban Planning, Columbia University.

Marris, P. 1986. *Loss and Change*(revised edition). London: Routledge and Kegan Paul.

McKinnish, T., Walsh, R. and White, K. 2010. "Who gentrifies low-income neighborhoods?" *Journal of Urban Economics* 67, pp. 180-193.

Newman, K. and Wyly, E. 2006. "The right to stay put, revisited: gentrification and resistance to displacement in New York City." *Urban Studies* 43. pp. 23-57.

Peck, J. and Tickell, A. 2002. "Neoliberalizing space." *Antipode* 34. pp. 380-404.

Redfern, P. 2003. "What makes gentrification 'gentrification'?" *Urban Studies* 40. pp. 2351-2366.

Roschelle, A. and Wright, T. 2003. "Gentrification and social exclusion: spatial policing and homeless activist responses in the San Francisco bay area." M. Miles and T. Hall(eds.), *Urban Futures: Critical Commentaries on Shaping the City*. London: Routledge. pp. 149-166.

Segal, S. P. and Baumohl, J. 1988. "No place like home: reflections on sheltering a diverse population." C. J. Smith and J. A. Giggs(eds.), *Location and Stigma: Contemporary Perspectives on Mental Health and Mental Health Care*. London: Unwin Hyman, pp. 250-263.

Slater, T. 2006. "The eviction of critical perspectives from gentrification research." *International Journal of Urban and Regional Research* 30. pp. 737-857.

Smith, D. M. 1994. *Geography and Social Justice*. Oxford: Blackwell.

Smith, N. 1979. "Toward a theory of gentrification: a back to the city movement by capital, not people." *Journal of the American Planning Association* 45. pp. 538-648.

Smith, N. 1992. "Blind man's buff, or Hamnett's philosophical individualism in search of gentrification?" *Transactions of the Institute of British Geographers* 17. pp. 110-115.

Smith, N. 1996. *The New Urban Frontier: Gentrification and the Revanchist City*. London: Routledge.

Smith, N. 2002. "New globalism, new urbanism: gentrification as global urban strategy." *Antipode* 34. pp. 427-550.

Smith, N. and Williams, P.(eds.). 1986. *Gentrification of the City*. London: Allen and Unwin.

Squires, G.(ed.). 1992. *From Redlining to Reinvestment: Community Responses to Urban Disinvestment*. Philadelphia: Temple University Press.

Tickell, A. and Peck, J. 2003. "Making global rules: globalisation or neoliberalization?" J. Peck and H. W.-C. Yeung(eds.), *Remaking the Global Economy*. London: Sage. pp. 163-181.

Vigdor, J. 2002. "Does gentrification harm the poor?" *Brookings-Wharton Papers on Urban Affairs*. pp. 133-173.

Wacquant, L. 2004. "Critical thought as solvent of doxa." *Constellations* 11. pp. 97-101.

Wacquant, L. 2008. "Relocating gentrification: the working class, science and the state in recent urban research." *International Journal of Urban and Regional Research* 32. pp. 198-205.

Watt, P. 2008. "The only class in town? Gentrification and the middle-class colonization of the city and the urban imagination." *International Journal of Urban and Regional Research* 32. pp. 206-311.

Wittgenstein, L. 1977[1931]. Culture and Value. Oxford: Blackwell.

Wyly, E. and Hammel, D. 1999. "Islands of decay in seas of renewal: housing policy and the resurgence of gentrification." *Housing Policy Debate* 10. pp. 711-871.

Wyly, E. and Hammel, D. 2001. "Gentrification, housing policy, and the new context of urban redevelopment." K. Fox-Gotham(ed.), *Critical Perspectives on Urban Redevelopment* 6. New York: Elsevier Science. pp. 211-276.

12장

현실 속 정의로운 도시? 암스테르담에서 벌어진 도시권 투쟁

유스투스 아위테르마르크

니외우마르크트Nieuwmarkt 역[1]에는 저항의 기념물과 억압의 추억이 한데 뒤섞인 콜라주가 있다. 한 벽화는 '유대인 구역Juden Viertel'이라는 간판과 도로 봉쇄 시설을 보여준다. 니외우마르크트 지구는 유대인이 압도적으로 많았는데, 나치 점령군은 이곳을 고립시킨 뒤 강제 수용소에 가게 될 유대인을 모아두는 장소로 바꿨다. 또 다른 벽화에서는 눈을 가리고 무대에 오른 사람이 보인다. 아마도 국외 추방에 항의하려 파업을 벌인 죄를 목숨 바쳐 속죄해야 하는 부두 노동자인 듯했다.

벽은 또 다른 이야기를 들려준다. 곧 2차 대전 뒤 20년에 걸쳐 이 지역을 덮친 가혹한 도시 재개발에 맞선 저항에 관한 이야기 말이다. 당국은 지역 전체를 완전히 파괴하고 싶어했다. 번잡한 도로 체계와 낡은 건물은 곧게 뻗은 길, 지하철, 고층 빌딩으로 바뀌어 사람, 교통수단, 자본이 전례없는 속도를 내며 순환할 수 있게 됐다. 말 몇 마리가 잡석 사이에 서 있는 벽화도 보인다. 또 다른 벽화에서는 경찰 기동대가 시위대를 거리 밖으로 몰아내 파괴의 다음 단계로 나아갈 길을 닦을 준비를 갖추고 있었다. 터널 바로 앞 플랫폼 한쪽 작고 갈라진 나무 담장에는 구호가 씌여 있다. '우리는 **여기에** 계속 살겠다Wij blijven hier wonen.' 위쪽 플랫폼 구석에 있는 벽은 흔하고 단조로운 회색 페인트 대신에 붉은 벽돌이다. 벽 밖으로 툭 튀어나온 들보와 도리는 마치 그저 잊힌 모퉁이, 철거용 철구鐵球의 모사가 아니라는 사실을 상기시키는 듯하다.[2]

나치 점령자들이 저지른 잔학 행위와 선거를 거쳐 구성된 정부가 추진한 현

---

1 네덜란드 암스테르담 니외우마르크트 지구에 자리한 지하철역으로, '니외우마르크트'는 '새로운 시장'이라는 뜻이다 — 옮긴이.

2 이런 흔적이 원본인지 아닌지 말하기는 어렵다. 다른 공무원이 부순 집을 떠올리게 하는 물건을 보존하려고 어떤 공무원이 잡석을 뒤져 빼놓은 사례일지도 모른다. 공무원들이 무너진 벽을 재현한 뒤 하얀 페인트를 묻힌 커다란 붓으로 많은 사람이 자기가 사는 동네를 편들게 자극할 저런 문구들을 써넣으려 어떤 사람들에게 의뢰한 사례일 수도 있다.

대화 의제를 비교하는 일은 기묘할 수 있다. 그러나 나는 이런 대비가 기념물을 세운 의도라 생각하지는 않는다. 사실 이 기념물은 일관성이 부족한 듯하다. 그 그림은 그저 그곳에 걸려 있고, 나는 전시물 내용과 전시 이유를 설명하는 아무런 표시를 찾을 수 없었다.[3] 커다랗고 질 낮은 그림 틀 아래 인쇄된 문구가 딱 하나 보인다. '니외우마르크트가 인사를 전합니다groeten van de Nieuwmarkt.' 틀 안에는 깨진 거울이 있는데, 창작자가 의도한 결과인지 문화 파괴자가 저지른 만행인지는 확실하지 않다. 이런 그림, 소품, 벽화의 콜라주가 어떤 의미를 지닌다면, 두 시대 사이의 비교가 아니라 차이에 자리하고 있다. 내가 생각할 때, 여기서 차이란 민주주의의 본질과 도시권의 본질을 포괄한다. 나치 점령기에 니외우마르크트 지구에 사는 유대인 주민들은 박멸되고 저항자들은 처형됐다. 불의에 반대하거나 유대인 주민들하고 연대하는 행동은 잔학 행위를 더 강도 높게 할 뿐이었다. 반면 도시 재개발 기간 동안 당국은 주민들이 불만을 터트릴 수 있게 허용할 뿐 아니라 최종적으로 굴복했다. 지상에서는 근대가 멈춘 곳을 볼 수 있다. 니외우마르크트 지구 가장자리에 자리한 워털루플레인[4]은 4차선 도로가 끝나는 곳이다. 호텔과 은행을 세우려 계획한 곳에는 지금 사회 주택이 들어서 있다(그림 12-1).

---

3 주의 싶은 관찰자는 지상에서 또 다른 작고 기발한 기념물을 발견하게 된다. 거북이 모양 돌인데, 등딱지 위에 이오니아식 기둥을 지고 있다. 이런 상징은 내게 소용이 없지만, 다행스럽게도 우리는 여기에서 문자를 몇 개 발견한다. 기둥 한쪽에는 이스라엘로 이주한 유대인이 암스테르담을 그리워하는 향수를 표현한 야콥 이스라엘 드 한(Jacob Israël de Haan·1881~1924)의 시구가 새겨져 있다[1919년 팔레스타인으로 이주한 네덜란드계 유대인 문학가이자 변호사이자 언론인으로, 1924년 예루살렘에서 반시온주의 정치 활동을 벌인다는 이유로 시온주의 반군사 조직 하가나(Haganah)에 암살됐다 — 옮긴이]. 다른 쪽에는 마침내 여기에서 벌어진 일을 묘사한 문구가 보인다. "이 지점에 이르러 낡은 도시의 양식은 사라졌다. 이 지점을 넘어서 지역 사회의 도시 재생이 시작됐다. 기념식을 대신해 1986년에 이 기념비를 세운다."

4 암스테르담 한가운데 자리한 광장으로, 월요일부터 토요일까지 여는 상설 벼룩시장으로 유명하다 — 옮긴이.

그림 12-1. 니외우마르크트 지구에 자리한 사회 주택

출처: Goezde Tekdal.

　　정부가 반정부 저항을 기념한 사실은 암스테르담 역사의 가장 어두운 장면
과 민주화의 전성기 사이에 놓인 간극을 알려준다. 비인간적 행태를 저지른 당
국에 맞선 항의가 점령기 동안에는 범죄로 취급된 반면, 니외우마르크트 저항
이 지난 뒤에는 의무로 여겨졌다. 국가가 명령한 도시 재생 프로젝트에 맞선 저
항을 공식적으로 기념하는 행위는 정의로운 도시가 실제로 띠어야 하는 모습
이 무엇인지를 숙고하는 데 필요한 영감의 원천으로서 암스테르담이 지닌 중
요성을 생생하게 보여준다. 그러므로 이 장에서 나는 정의로운 도시의 특질들
을 확인하고, 암스테르담을 '현실 속 정의로운 도시'로 탄생하게 할 방법을 탐
색한다. 그렇지만 오늘날 암스테르담이 정의로운 도시의 이념형에 가깝지 않
다는 주장도 제기한다. 사실 1970년대와 1980년대에 거둔 성과, 곧 강력한 세
입자 권리, 많은 사회 주택, 공식화된 주거 상담은 암스테르담 개발 과정에서
진행된 신자유주의적 전환을 부드럽게 추진하는 데 기여한다.

정의로운 도시와 암스테르담

암스테르담에서 도시 사회운동이 거둔 성과는 국제적으로 널리 알려지고 부러움을 샀다. 1960년대 암스테르담은 앙리 르페브르의 눈길을 사로잡았다. 르페브르는 현대화에 저항할 새로운 전략을 지적이고 실천적인 면에서 실험하는 예술가와 활동가들이 함께하는 도시를 탐구하려 암스테르담으로 달려갔다. 10여 년 뒤인 1977년, 암스테르담에 처음 들른 수전 페인슈타인[Susan Fainstein]은 미국 도시들이 직면한 여러 문제를 해결할 평능한 해법을 발견했다. 1990년대 에드 소자[Ed Soja]는 암스테르담을 관용과 시민 참여 문화를 촉진하는 도시로 묘사했다(Soja 1992). 1990년대 말과 2000년대 초에 걸쳐 여러 번 다시 들른 페인슈타인은 암스테르담을 자기가 생각하는 정의로운 도시에 가까운 곳으로 치켜세웠다(Fainstein 2005). 2008년 미국 도시사회학자 존 길더블룸[John Gilderbloom]은 암스테르담에서 '정의로운 도시'를 다룬 학술회의를 조직했다. 참가자들은 행사가 열린 암스테르담을 (약물과 성매매에 관련된) 진보적 정책과 포용적 복지국가가 독특하게 혼합된 덕분에 사람들이 '미국인들에 견줘 더 관용적이고, 안전하고, 행복하고, 건강하게' 사는 곳으로 상찬했다(Gilderbloom 2008, n. p.; Gilderbloom et al. 2007).

길더블룸은 서너 가지 기준에 따라 암스테르담을 다른 많은 도시들에 견줘 호의적으로 평가한다. 페인슈타인이 이해하는 정의로운 도시는 더욱 독특하다. 이를테면 '성장'은 정의를 촉진하는 데 도움이 될 수 있지만, 불의를 악화시킬 수도 있다. 마찬가지로 지속 가능한 도시를 상상할 수 있게 하지만, 불평등으로 가득 찬 도시가 될 수도 있다. 정의로운 도시와 이상적(또는 좋은, 또는 번창하는, 또는 지속 가능한, 또는 안전한) 도시(이런 개념은 모두 도시 사람들의 안녕을 확보하는 데 특정한 방식으로 기여한다)를 명확하게 구별하기 위해, 나는 페인슈타인의 '정의로운 도시' 개념을 채택해 수정하려 한다(Fainstein 2010).

페인슈타인에게 평등한 분배란 주로 주택 부문에서 한 도시가 얼마나 정의로운지 평가하는 첫째 기준이다. 여기에서는 다양성과 민주주의가 하위 기준으로 제시된다. 다양성은 도시가 차이를 향해 열려 있는 정도, 그리고 문화와 경제 면에서 다양한 근린 주택 지구를 허용하는 수준에 연관된다. 페인슈타인은 이 다양한 기준들 사이에 놓인 숱한 긴장을 확인한다. 이를테면 도시 재생 정책은 가난한 소수자 가구를 집단 거주지가 자리한 지구에서 빼내 강제로 재배치하려는 시도이며, 공정과 민주주의를 희생해 다양성을 증대시킬 수도 있다(Fainstein 2010, 73). 페인슈타인에 따르면 각각 다른 기준들 사이의 긴장 또는 균형 사례에서 공정이 우위여야 한다. 페인슈타인이 채택한 접근법은 다양한 계획뿐 아니라 여러 도시를 평가할 명확한 기준을 정의하기 때문에 가치를 지닌다. 나는 또한 페인슈타인이 제시하는 정의로운 도시의 기본 원칙에 동의한다. 그 정의로운 도시란 사람들이 존 롤스가 말하는 '무지의 장막' 뒤에서 선택한 도시일 수 있다. 그렇지만 나는 정의로운 도시를 (조금) 더 급진적으로 해석하는 지점에 다다르기 위해, 그리고 정의로운 도시를 이상적 도시에서 더 날카롭게 구별하기 위해 조금은 다른 부분을 강조할 생각이다.

공정

페인슈타인은 대단히 실용적인 이유 때문에 '평등equality'보다 '공정equity' 개념을 선호한다. 페인슈타인은 평등을 이렇게 생각한다.

평등이란 대부분의 공과에 지급되는 보상, 동기 말살이라는 문제, 성장과 평등 사이의 균형, 더 커다란 선이라는 명분을 내세워 중간 지점 위에서 모든 사람을 벌하는 불공평에 기반해 모든 반대를 끌어당기는 자석처럼 작동한다. (Fainstein 2010, 36)

따라서 페인슈타인은 '공정'이라는 용어를 더 선호한다. 정책 분석에 공통적으로 사용될 뿐 아니라 '평등보다 더 널리 수용되는 가치이자 부유층을 명확히 목표로 삼는 용어라기보다는 좀더 폭넓은 정치적 지지를 확보할 수 있는 힘을 지닌' 용어인 '공평fairness'을 함의하기 때문이다(Fainstein 2010, 36). 그러므로 공정은 모든 개인을 평등하게 대하는 방식에 연관되지 않으며, 오히려 '적절한' 방식으로 대하거나 '처음부터 이미 부유한 사람들을 편들지 않는 공공 정책'을 실시하는 데 연관된다(Fainstein 2010, 36). 각각 다른 종류의 도시들이 계획가가 이 공정이라는 개념을 채택해 건설된 사실이 확실하다 해도, '적절성'은 정의 개념에 담긴 엄밀성을 무뎌지게 한다. 이를테면 암스테르담 시의 정책 결정자들은 고소득층이 개인 소유 주택에 살고 저소득층이 사회 주택에 사는 방식이 '적절'하다고 느낀다. 사회 주택 입주자 대기 명단이 있다고는 해도 시장을 거쳐 직접 이용할 수 있는 개인 소유 주택이 더 편하기 때문에, 적절성 개념은 두 계층이 불평등한 대우를 받는 현실을 보여준다.

그러므로 나는 정의로운 도시를 만들 첫째 전제 조건은 부족한 도시 자원의 분배가 특히 주택 시장에서 소득이나 자본의 분배에 연계되지 않아야 한다는 점이라고 생각한다. 도시를 각각의 구매력에 관계없이 모든 사람이 접근할 수 있게 만든다는 약속은 부족한 자원을 공평하게 분배하려는 목적을 띤 프로젝트를 진행할 초석이 된다.[5] 이런 논의는 정의로운 도시란 평등주의적 소득 분배를 확립하거나, 또는 특정 가구나 투자자가 경제적으로 특권을 누리는 지위를 토지 시장과 주택 시장에서 차지한 특권적 지위(따라서 이런 시장이 더는 시장으로 기능하지 못하게 만드는 지위)로 전환시키지 못하게 막는 제도를 창출할 수 있다는 뜻이다. 내재된 희소성을 분배하는 기준은 입주 대기 기간, 필요,

---

5   이 둘은 특성이 똑같지 않다는 데 주목해야 한다. 집이 작거나 덜 안락하다는 말은 사실일 수 있다. 나는 제한되거나 불완전한 주택을 인구 전체에 걸쳐 고르게 공급한다면 (반드시 쾌적할 필요는 없어도) 그 도시는 정의로운 도시로 정당하게 불릴 수 있다고 여전히 생각한다. 정의로운 도시를 가르는 기준은 희소성의 정도가 아니라 희소성이 분배되는 방식이다.

입주 대기 기간과 필요의 결합이 될 수 있다. 대기 시간이나 필요에 따라 자원을 배분하는 방식은 좀더 평등주의적인 분배로 귀결될 뿐 아니라, 다양성에 요구되는 함의를 여럿 지닌다. 구매력이나 또 다른 권력 형태가 주택 분배에서 아무런 구실을 하지 못할 때, 앞으로 계급 분리는 낮아질 가능성이 크다.

민주주의

페인슈타인은 도시가 대중들의 요구를 충족시키는 범위에 따라 민주주의 개념을 정의한다. 페인슈타인은 의사소통 합리성과 포용성 같은 민주적 가치들을 우선시하는 계획 이론가들에게 회의적인데, 불평등 관계를 강화하고 재생산하는 데 자기들이 지닌 민주적 권리를 사용할 수 있기 때문이다. 특정한 근린 주택 지구에 사는 주민들이 저소득 집단이나 소수자들을 배제하고 싶어할 때, 그런 요구에 주의를 기울이는 일은 민주적이지만 공정과 다양성을 모두 희생해야 할지도 모른다. 그렇지만 주민들은 자기가 살아갈 생활 환경을 형성하는 진행 중인 프로젝트에 직접적이고 결과적으로 참여할 수 있어야 한다(Harvey 이 책 16장, Purcell 2002). 대개 평등을 강요하는 쪽은 국가이기 때문에, 현실 사회주의에서 벌어진 문제처럼 권위주의적 관료 기구에 권력이 집중되는 매우 실질적인 위험이 도사리고 있다. 따라서 나는 정의로운 도시를 위한 둘째 전제 조건이 생활 환경을 주민 스스로 통제하는 상황, 곧 자기가 속한 정치체에 주민이 참여하는 구조라고 주장한다. 무엇을 배분받든 수동적으로 받는 데 그치는 대신, 주민들은 특정한 형태를 띤 보편적 지급 방식의 분배에 영향을 미치고 결정할 수 있어야 한다. 주민들은 특수한 필요에 따라 보편적 지급 방식의 분배에 효과적으로 영향을 미치고 결정할 수 있는 방법에 맞춰 스스로 조직할 권리와 능력을 지니고 있어야 한다.

불가능한 것을 요구하기

정의란 롤스식 논리에 따라 규정돼야 한다는 급진적 가정에서 출발하는 대신에 현실적 규정에서 페인슈타인은 좀더 실용적인 접근법을 채택한다. 공정 개념에서 특히 그렇다. '중간 지점 위에 있는 사람'이라는 문구에 담길 수도 있는 부정적 함의를 환기시키지 않으려고 평등에 대항해서 이 개념을 선택한다. 이어서 공정은 잔존하는 권력 구조에 맞춰 '적정함appropriateness'과 '공평함fairness'처럼 손쉽게 떠올릴 수 있는 방식으로 정의된다. 이 장에서 내가 출발하는 지점은 페인슈타인이 출발한 지점하고 똑같지만, 페인슈타인이 시도한 개념화가 좀더 정의로운 도시로 이끄는 정책을 채택하려는 도시 계획가들에게 확신을 주는 형태로 정식화되는 반면에 나는 도시 운동이 급진적 주장을 내세우도록 고무할 수 있고 실제로 고무한 개념을 지지한다. 앞에서 말한 두 가지 전제 조건은 불가능한 것, 곧 도시권의 완전한 실행을 위해 정식화된다(Marcuse 이 책 13장). 그런 과정은 상당한 저항을 극복하지 않고는 일어날 수 없다. 희소한 자원을 공정하게 분배하는 방식을 창출하는 과정은 매우 많은 도시 거주자가 여러 가지 특권을 잃는 변화를 함축한다. 더 부유할수록(또는 더 연고가 많거나 더 훌륭할수록), 자기가 가진 구매력을 주택 시장에서 유리한 지위로 더는 전환하지 못하게 된 사람들은 더 많은 부를 잃는다. 국가 관리들도 도시 형성을 지배하지 못하게 되면서 상당한 권력을 잃는다. 이런 이해 속에서 보면 정의로운 도시란 도시 계획가나 또 다른 권력 소유자가 건설할 수는 없고, 오히려 그런 사람들에게는 정복의 대상이다.

내가 알기로 오늘날 세계에는 앞에서 말한 정의로운 도시의 두 기준에 걸맞게 살 수 있는 도시가 없다.[6] 그러나 몇몇 도시는 다른 곳에 견줘 이 기준에 좀

---

6 실제로 여기에서 개괄하는 정의로운 도시를 실현하는 과제는 도시들을 역동적이고 흥미롭게 만드는 다른 특질에 특정 도시가 지나치게 많은 희생을 하기 마련이라 어쩌면 그렇게 바람직하지 않을 수 있다.

더 가까이 다가가는 중이며, 정확하게 이런 이유 때문에 우리는 실제로 존재하는 신자유주의 도시에 맞서 고무적인 반례로 쓸 수 있는 실제로 존재하는 정의로운 도시에서 나타난 추상적 이념형의 구체적인 유사물에 흥미를 가져야 한다(Brenner and Theodore 2002를 비교할 것). 다음 절에서 설명할 텐데, 암스테르담은 이런 목적에 적합할 수 있다. 그렇지만 나는 암스테르담이 정의로운 도시의 사례로 유효할 뿐 아니라 정의로운 도시를 위해 투쟁하는 운동들이 얼마나 극적이고 빠른 속도로 추진력을 잃을 수 있는지를 보여주는 사례로 여겨질 수 있다고 주장한다. 암스테르담은 모든 사람을 위해 정의로운 도시가 되고자 열망하는 곳에서 많은 사람에게 좋은 도시로 퇴보한 곳이라고 나는 말하려 한다.

정의로운 도시의 우월성

1960년대와 1970년대에 자본뿐만 아니라 국가도 도심지 투자를 중단했다. 정부는 물론 투자자도 도시는 시대의 요구에 따라 새로워지고 재구성돼야 한다고 느꼈다. 다음으로 시대의 요구는 모더니즘식 용어로 정의된다. 모더니즘식 렌즈를 거친 도시는 희망을 잃은 채 역기능과 무질서에 빠진 보기 흉한 혼란 상태처럼 비친다. 그렇지만 점점 늘어나는 인구는 도시에서 모더니즘에 젖은 계획가들을 혐오하는 부위에 아주 정확히 일치했다. 그리고, 똑같이 중요한 사실을 말하자면, 이런 도시 주민들은 더는 정부의 바람을 신의 법률로 인식하지 않았다. 비판주의와 상상이 빠른 속도로 민주화됐다. 일반 의지를 따르는 숙련된 종복으로 여겨지던 행정 당국은 이제 모더니즘적 광신자로 모습을 바꿨다.

1970년대 들어서서 주민 저항이 서유럽 전체에 걸쳐 여러 도시에서 격렬해졌다(Castells 1983). 암스테르담에서는 빈집 점거 운동squatting movement이 벌어지면서 주민 저항이 격렬해지고 급진화되는 데 기여했다. 1970년대에 빈집 점거 운동가들은 적정 가격 주택이 파괴되는 현실과 도시 공간을 배경으로 한 모더니즘의 환상이라는 속임수에 맞선 운동으로서 중요성을 획득했다. 니외우마르크트를 비롯한 암스테르담 여러 곳에서 공실 비율이 멸실 주택 수 예상에 속도를 더했다. 많은 점거 운동가들이 빈집에 들어갔고, 모더니즘적 재생 계획에 대항하는 장벽을 쌓았다. 네덜란드 사람들은 대개 빈집 점거 운동가들을 언제나 싫어했지만, 이 시기에는 생활 환경을 파괴하는 당국에 대항해 모인 주민들의 자연스런 협력자가 됐다. 도시 곳곳에서 주민들, 세입자와 빈집 점거 운동가들은 모더니즘식 재생 계획을 반대하는 데 성공했다. 자본이 남겨놓은 곳이지만 국가가 식민하지 않은 공간에서 주민 운동은 도시를 바라보는 대안적 관점을 확산하면서 성장했다. 이 운동은 신규 주택 건설, 기존 주택 유지, 도시 계획 민주화를 옹호했다(Pruijt 1985; Mamadouh 1992).

이 운동이 지닌 힘 덕분에 여당인 노동당 내부에서 개발 지향형 기술 관료들이 결국 물러났다. 어느 누구보다도 얀 셰퍼Jan Schaeffer는 새로운 도시 전망을 체현했다. 셰퍼는 1960년대와 1970년대에 암스테르담 더페이프de pijp 지구에서 진행된 개발 계획에 활발히 저항했고, 계속 주민 운동을 펼치면서 노동당 고위직에 올랐다. 1973년에는 중앙 정부 공공주택부 차관보가 됐는데, 그 직위에서 주민 운동을 더욱 발전시키고 확장하는 데 필요한 제도적 전제 조건들을 창출하는 과정을 도왔다. 네덜란드 정부 역사상 가장 좌파적인 각료로서 셰퍼는 도시 재생이 '시대의 요구'를 더 잘 충족시키기 위해 도시를 재구성하는 데 기여해야 한다는 생각을 근절할 수 있었다. 대신 셰퍼는 '지역을 위한 건설'이라는 구호를 대중화하고 제도화하며 '콤팩트 시티compact city' 개념을 고안하는 과정을 도왔다. 한 지구 전체를 완전히 파괴하기보다는 되도록 현재 남아 있는 도시 구조 안에서 프로젝트를 추진하려 했으며, 가능한 곳이면 어디든 파괴 대신에 혁신이 선택돼야 했다. 중앙 정부는 주택 건설을 자극하는 데 쓸 수 있는 상당한 예산을 배정했다.

1978년 지역 당 지도자이자 도시 재생 담당 부시장으로 암스테르담에 복귀한 셰퍼는 자기가 선택한 접근이 더 인간적일 뿐만 아니라 더 효과적이기도 하다는 점을 입증할 수 있었다. 1978년 1100호에 그친 주택 건설 물량은 1984년 9000호로 빠르게 늘어났다(Dienst Wonen 2008, 7). 경기 후퇴도 셰퍼가 세운 계획을 전혀 방해하지 못했다. 국가적 수준에서 주택 부문 세출은 경제에 필수적이며 유익하다고 여겨졌다. 높은 이자율, 저항하는 주민, 낮은 수요에 직면한 개인 주택 소유자들은 종종 정부에 자산을 매각하고 싶어했다. 3만 5000호(대략 전체 주택 재고의 15퍼센트) 정도가 시장에 나와 주택조합과 국가의 통제 아래 들어갔다(Dienst Wonen 2008, 12).

탈상품화와 공정

주택을 분배하고 임대료 수준을 결정하는 메커니즘이 역동적이면서 복잡하더라도, 우리는 주택 재고를 탈상품화하는 방향에서 나타난 전반적인 흐름을 세 가지 관찰할 수 있다. 이런 흐름들은 전국에 걸쳐 나타나지만, 주민 운동이 활발히 벌어진 암스테르담에서 특히 뚜렷했다. 첫째, 임대인이 임대료 수준을 결정할 권리는 점점 박탈됐다. 시간이 흐르면서 공평한 임대료를 결정할 포괄적인 체계로 이른바 포인트 시스템puntensysteem이 만들어졌다. 포인트 시스템에서 임대료는 주택의 사용 가치에 근거한다. 사용 가치는 주택 면적과 편의 시설 품질 같은 객관적 기준에 따라 산출된다(Huisman and Kelk 2008). 이런 규제들을 소유 형태에 관계없이 모든 주택에 적용한다. 포인트 시스템은 전체 포인트가 일정한 한계를 넘어서면 적용하지 않는다. 현재는 그 한계가 임대료 650유로에 해당하지만, 1991년 이전에는 대체로 더 높았다. 이런 상황은 기본적으로 임대 부문 전체가 강력한 규제 아래에 있다는 사실을 의미했다. 그리고 소유주가 거주하는 주택이 전체에서 차지하는 비율이 매우 낮기 때문에(1997년 기준 13퍼센트), 1980년대 말 무렵 암스테르담의 주택 시장은 사실상 탈상품화된 시장이 된 셈이라는 뜻이었다(Huisman 2009, 9). 이런 수단은 소유자보다는 거주자가 희소한 자원에 접근하도록 정의하는 방식으로 다양한 주택 보유 유형 사이에 드러난 불평등을 감소시켰다. 투자자가 투기로 이익을 얻을 기회는 주민 운동이 도시란 이윤이 아니라 사람을 위한 곳이라는 점을 효과적으로 주장하면서 극단적으로 축소됐다.

둘째, 자산 사용을 결정할 소유자의 권리는 점차적으로 축소됐다. 자산 소유자는 1960년대에도 여전히 세입자를 선택할 중요한 재량권을 갖고 있었지만, 1970년대에 그런 재량권은 배분이 중앙 집중화되고 표준화되면서 제한됐다. 표준화는 보편적인 적격성 기준의 정식화를 거쳐 성취됐다. 입주 대기 기간은 틀림없이 가장 중요한 기준이지만, 어떤 조건 아래에서는 (긴급한) 필요 또한 일정한 구실을 한다. 중앙 집중화는 도시 차원의 분배 체제를 창출하는 과정을 거쳐 성취됐다. 개인 지주들은 자산을 등록했고, 지자체와 지주는 이용할 수 있게 된 숙박 시설을 교대로 배분했다. 주택조합은 처음에는 각각 따로 입주 대기 목록을 작성했지만, 서서히 하나로 취합했다.

셋째, 중앙 집중형으로 배분한 주택에 접근할 기회는 점점 일반화됐다. 처음에는 기혼 부부만 지자체를 거쳐 분배된 주택에 입주할 자격을 얻었지만, 1960년대에 점점 늘어난 1인 가구와 비혼 커플도 입주 자격을 얻었다. 연령 제한은 1960년대 초 26세에서 1980년대 초 18세까지 점점 내려갔다. 처음에 주택조합은 노동조합 성원이나 다른 전문직 협회 같은 특정 집단만 고려했지만, 점점 일반인도 접근할 수 있게 문호를 개방했다. 따라서 기업들은 극빈층의 필요만 충족하려 하지 않았고, 1980년대에 모든 계층에 적당하고 임대료가 적정한 주택을 제공할 정도로 주택 재고를 늘리려 의식적으로 노력했다. 오랫동안 다양하게 정의해왔지만, 적당함이란 대체로 2인 가구에 방 2개 아파트, 3인 가구에 방 3개 아파트 같은 기준을 의미했다. 달리 말해 소득보다는 가구 구성이 적당과 부적절을 결정하는 기준이었다.

민주화와 참여

국가 권력의 강화가 이런 프로젝트에 절대적인 중심이 됐지만, 그래서 주민의 권력은 국가에 **대항해** 행사됐다. 많은 특정한 제도들이 1970년대와 1980년대에 만들어져 주민들이 도시권을 주장할 수 있도록 보장하는 데 기여했다. 개별 세입자를 대상으로 한 법적 지원을 제공할 뿐 아니라 조직화된 주민 집단을 도울 공식 조직이 설립됐고, 활동가들은 운동 경력을 공무원 경력으로 전환할 기회를 얻었다. 젊은 활동가들은 사회복지 사업을 위한 학교('사회 학교sociale academie')로 갔고, 학생들이 가한 압력 아래 일반적으로는 학교 당국을 향해, 그리고 특히 국가를 향해 점점 의심하는 태도를 취했다. 역설적인 발전이 일어났다. 국가는 민간 기업과 시민사회의 수중에서 사회복지 사업을 점차 빼앗았고, 국가에 맞선 투쟁에서 사회복지 활동가들은 점차 자기 자신을 주민들의 협력자로 여겼다(Duyvendak and Uitermark 2005). 사회복지 활동가들은 이 지위를 유지할 여유가 충분했는데, 중앙 정부가 전액 지원하는 예산을 받기 때문이었다(또 다른 아이러니다). 지방 정부나 주택조합에 종속되지 않은 탓에 활동가들은 항의자와 비판자라는 위치를 선택할 수 있었다.

논리와 전문성으로 무장한 공동체 활동가들은 자기들이 지닌 요구를 잘 충족시키기 위해 개발 계획을 바꾸고 싶어하던 주민들을 지원하는 더 커다란 네트워크 속에서 독보적인 행위자였다. 주민들은 자기들에게 공감하는 전문가들의 자발적 지원과 국가 보조금을 등에 업고 건축가, 학자, 도시 계획가들이 제시한 개발안을 물리칠 수 있었다. 이런 제도와 전문가들이 주민 운동의 확장판으로 점차 작동하기 시작하면서 추상적 이념은 구체적인 정책 제안으로 전환됐다. 이 권력은 다양한 제도와 욕구를 공식적 주장으로 바꾸며, 개인적 수준과 (다양하며 중복되는) 집단적 수준에서 주민들이 제기한 필요를 충족시키는 방식으로 도시 공간을 형성하는 데 핵심적인 구실을 한다.

그림 12-2. 1980년대 암스테르담 동쪽 지역 오스테르파르크부르트(oosterparkbuurt)에 지은 사회 주택. 1960년대와 1970년대 사회 주택의 품질은 요즘 기준으로 보면 종종 보잘 것 없었다. 그렇지만 품질은 점점 좋아졌고, 어디든 사회 주택 단지에 지은 주택은 15만 유로와 30만 유로 사이에 매매될 수 있었다. 이 구획에 있는 집은 여전히 100퍼센트 사회 주택이다.

출처: Goezde Tekdal.

정의로운 도시의 탄생

1960년 이후 암스테르담에서 펼쳐진 주거 정치의 역사는 이중으로 발전하는 형태를 띠었다. 풀뿌리 동원은 국가를 민주적 통제 아래 뒀고, 주택 시장은 점차 국가 통제 아래 들어갔다. 주민 운동과 새롭게 마련된 제도들은 접근성을 보편적으로 넓히고 구매력을 극대화한 탈상품화형 주택을 공급하는 데 도움이 된 한편으로 그런 과정에서 주민 참여를 장려하고 직접 행동과 직접 민주주의를 촉진했다(그림 12-2 참조).[7] 암스테르담이 정의로운 도시로 탄생한 해를 정하고 싶다면, 1975년이라고 해야만 할 듯하다. 이 해에 주민과 빈집 점거 운동가들은 니와우마르크트 지구 보존 문제를 계기로 한데 모였다. 이런 움직임은 시 당국이 적어도 9000가구를 신축하고 방 2개짜리 아파트 입주 대기 기간을 최장 2년으로 줄인 1982년에 정점에 다다랐다.

이런 변화는 진정 혁명적인 발전이었다. 도시를 주민들에게 돌려주고, 국가와 시장 양쪽에서 모두 자유로워진 공간에 생생한 창조성을 불러일으키는 데 도움이 되는 변화였다.[8]

재상품화와 이탈

정의로운 도시는 사회 주택에 많은 투자를 해 주택난을 해결하려 고안된 국가 수준 주거 정책과 급진적 주민 운동이 상호 작용을 한 결과로 출현했다(Fainstein 2000). 그렇지만 1980년대 후반에 국가 정책은 바뀌기 시작했다. 다른 곳에 나타난 정치 경제적 흐름을 좇아 정부는 긴축 정책을 취했다. 주택 공급 정책이 케인스주의 복지국가를 상징하는 특징인 반면, 1980년대에는 대규모 지출을 점차 투자가 아니라 비용으로 간주했다. 정부는 자기 자신을 책임질 수 없는 사람들만 책임져야 한다는 생각이 확립됐다. 처음에 입주한 사회 주택은 보편 공급을 고려했지만, 나중에는 주택을 구입할 자금력이 없는 사람들을 대상으로 하는 잔여적 사회 공급 형태로 바뀌었다(Malpass 1990; Priemus 1995). 정부에 신자유주의 이데올로기들이 침투하면서 사회 주택과 주택 건설에 쓰이는 보조금

---

7 계획가들이 주민들한테 방해받지 않고 재건축 작업을 할 수 있는 거주 지역은 재난적 건축이라는 결과를 초래했다. 일상적으로 베일머(Bijlmer)라 부르는 암스테르담 동남부의 거대한 초현대적 교외 지역이 가장 유명한 사례다. 그렇지만 주민들이 목소리를 내고 관계하는 곳에서는 디자이너의 역사를 새로 쓰고 재개발 지역 주민들의 필요에 초점을 맞추려는 모더니즘적 야망을 그럭저럭 진정시킬 수 있었다.

8 물론 이런 변화는 (비판해야 할 점이 많은) 이상화된 형태이지만, 나는 이 형태가 정의로운 도시가 현실에서 띠게 될 모습을 상상하는 데 필요한 이상화 유형이라고 생각한다. 그다음에는 주민들에게 도시를 만들 권한을 부여하는 과정이 이상화돼야 하고, 변증법적 분석을 거쳐 정교해져야 한다. 국가와 시장에 도시 발전을 넘겨주는 과정은 샅샅이 분석하고 고투해야 하는 대상이다.

이 점점 문제시됐다. 예산 삭감론자들은 사회 주택에 들어가는 공공 지출을 과 감하게 축소하는 한편으로 자가 거주자에게 제공할 세금 우대 조치를 유지할 여지가 많다고 응답했다. 처음으로 행정 당국자들은 주택난이 '양'보다는 '질' 에 관련된 문제라고 말했다. 누구든 잠잘 곳을 찾을 수 있다는 주장이었다. 따라서 정부는 보조금 지급 중단 조치가 주택 건설을 촉진하는 데 유용하며 주택 시장을 개선하려면 민영화를 거쳐야 한다고 결정했다. 사회 주택을 대량 매각 하면 주택 재고를 유지하는 한편 더 많은 비용이 들어가는 시장 부문으로 민간 투자가 몰리게 될 자극을 창출할 자금을 마련할 수 있다는 말이었다.

주택 재고 분리

주택에 관한 새로운 정책 담론의 이데올로기적 핵심은 모든 소득 집단에게 주택 시장에서 자기 구획이 주어져야 한다는 점이다. 이 담론에 따르면 하층 계급만 사회 주택에 살아야 한다. 임대료가 소득에서 높은 비중을 차지하면 하층 계급 사람들은 임대료 보조금을 요구할 수 있다. 중간 계급과 상층 계급은 자가 소유를 해야 하며, 정부는 주택을 구매하려는 중간 계급과 상층 계급에게 보조금을 지원해야 한다. 낡은 정책 집단에서 보조금이 모든 소득 계층에 유용한 사회 주택을 만드는 데 쓰인 반면, 새로운 정책 집단에서 보조금은 주택 재고를 분리하는 데 쓰인다. 따라서 사회적 부문이 잔여적 형태로 바뀌는 현상은 단순히 정책 부작용이 아니라 핵심적인 목표다(영국 사례는 Malpass 1990 참조). 이런 점이 이를테면 교육이나 보건하고 완전히 다르다는 사실에 주목해야 한다. 학생이나 환자를 구매력을 기준으로 분리하는 정책은 여전히 비도덕적이라 여겨졌다. 그렇지만 지금은 중간 계급과 상층 계급도 주택 재고 중 가장 매력적인 부문에 돈 주고 들어갈 기회를 누리도록 보장해야 한다는 주장은 상식이 됐다.

1990년대 국가 정책은 1980년대에 시작된 보편적 공급을 향한 직접적 공격 이었다. 주거 부족 문제가 해결된 상태라는 선언이 나왔는데, 사회 주택 입주 대기자 명단에 이름을 올린 암스테르담 주민 5만 명이 이제는 목표 집단에서 사라진 상태라는 의미였다. 따라서 주택 재고를 국가 통제 아래 두고 국가를 주민 운동의 통제 아래 두는 일반적인 흐름은 역전됐다. 주택조합은 공식적으로 민영화돼 주택공사로 바뀌었다. 보유 주택을 팔아야 한다는 가장 중요한 명령을 비롯해 몇 가지 지시가 내려왔지만, 주택공사는 국가와 세입자 양쪽의 통제에서 모두 벗어난다. 그전에는 세입자가 주택조합을 통제했지만, 지금은 소비자wooncsonsumenten로, 심지어 소비자 중에서 가장 중요한 범주로 축소되고 말았다. 주택조합이 하던 특수한 기능은 이제 중간 계급 차지가 됐다. 중간 계급은 새롭게 민영화된 사회 주택을 구입하고 자산 가치 상승에 필수적인 자본을 투자한다는 예상이 뒤따른다. 각 계급을 주택 시장에서 그 계급이 차지하는 부분에 소속시키는 일하고는 별개로, 정부는 이른바 안티-스쿼터anti-squatter[9]나 단기 세입자 같은 새로운 부동산 보유 유형을 만들어서 주민들을 갈라놓는다.[10] 안티-스쿼터는 임대차 계약과 (그러므로) 임차권이 없는 주민이다. 이 사람들은 자산 소유자하고 맺는 협약에 따라 하루나 한 달 안에 주거지를 떠나야 한다는 명령을 받을 수 있다. 또한 단기 세입자는 정식 임차인이 누리는 법적 보호를 받을 수 없으며, 자산 소유자가 적어도 한 달 전에 집을 비워야 한다는 통보만 하면 된다고 약정하는 계약을 해야 한다. 주택 시장에서 안티-스쿼터와 단기 세입자는 마치 노동 시장에서 유연 노동자들하고 비슷한 위치에 놓여 있다. 왜냐하면 자산 소유주를 상대로 저항하기가 아주 힘들 만큼 지위가 불안정하기 때문이다.

---

9   안티-스쿼터는 스쿼팅(불법 점거)하고 다르게 빈 건물에 다음 결정이 내려질 때까지 전기 요금과 수도 요금만 내고 거주하는 합법적 주민이다. 2010년부터 스쿼팅이 불법이 되면서 생겨난 범주다 ― 옮긴이.
10   정식 임대차 계약을 한 세입자는 매우 강한 법적 보호를 누린다. 자산 소유자는 주택을 긴급히 통제해야 할 필요(이를테면 도시 재개발 진행)가 있을 때, 그리고 대체 주택을 제공하고 이사비를 준 때만 세입자에게 이주를 강제할 수 있다.

주택 재고 민영화와 주택 보유 형태에 따른 주민 분리 등 네덜란드 주거 정책에서 나타나는 이런 일반적인 흐름은 암스테르담을 비껴가지 않았다. 1980년대 후반 암스테르담 지방 정부는 주택 시장을 민영화하려는 국가 정책에 저항했지만, 1990년대에는 그런 정책을 채택하기 시작했다. 암스테르담 시 정부는 이제 막대한 사회 주택 재고를 전체 주민을 위한 보편적 주택 공급 수단으로 생각하지 않고 주택 시장이 잘 기능하지 못하게 막는 걸림돌로 여겼다. 주택 담당 부시장을 지낸 톄이르트 헤레마^{Tjeerd Herrema}는 얼마 전 지역 주택 정책에 관련된 새로운 시장 기반형 전망을 이렇게 요약했다. "주택 정책은 예전보다 좀더 많고 다양한 집단을 목표로 삼아야 한다. 암스테르담은 모든 사람을 위한 도시다"(2007년 12월 7일 보도 자료). 이 인용구는 암스테르담의 최근 역사를 잘못 설명한 탓에 특히 흥미롭다. 1980년대 주택 정책은 다양한 소득 집단을 어떤 형태든 차별하면 안 된다는 전제에 기초했는데, 왜냐하면 모든 가구가 사회 주택에 입주 신청을 할 수 있기 때문이었다. 고소득자가 차별받는다는 주장은 사실이 아니다. 다른 모든 계층처럼 고소득자도 사회 주택에 살 수 있었다. 역사적 사실에 관련된 이런 오독 탓에 정부는 하층 계급이 아니라 고소득 집단이 고통을 겪는다고 본 뒤 포괄적 기준을 적용해 고소득 집단에 정책 초점을 맞춘다. 현행 정책이 초점을 맞춘 목표 집단의 수는 이른바 '스헤이프보너^{scheefwoner}', 곧 '잘못된 거주자'라 부른다. 정책 담론에 따르면 이 말은 현실에서는 전혀 속하지 않는 범주에 속하는 고소득 세입자를 가리킨다. 따라서 여기에 해당하는 사람들은 시장에 나온 더 큰 주택을 구입하거나 임대해서 지금 살고 있는 작고 임대료가 적정한 사회 주택을 떠나라는 유혹을 받게 된다. 이런 담론을 시각적으로 나타내면 그림 12-3으로 정리할 수 있다.

그림 12-3을 보면 앞서 개괄한 정의로운 도시라는 시각에서 그전에 불합리하다고 여겨진 문제, 그리고 여전히 불합리하다고 여겨지는 문제, 곧 암스테르담에 적정 가격 주택이 많이 남아 있다는 문제가 무엇인지가 제시된다. 나아가

그림 12-3. 소득 구분과 주택 시장 구분 비교

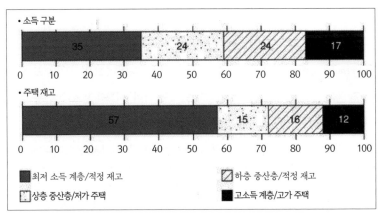

출처: Gemeente Amsterdam 2008, 27.

적정한 주거지를 줄여 주택 시장을 더 '균형 있게' 만드는 일이 중요한 도전 과 제라고 제안한다(Gemeente Amsterdam 2008, 27). 지자체는 이 목표를 달성하게 위해 몇 가지 수단을 활용한다. 간단한 전략은 주택조합과 민간 부동산 업체를 모 두 포함해 지금까지 규제 부문에 속하던 아파트 소유주에게 주택 매매를 허용 하는 방식이다.

또 다른 전략은 주거권 구성을 변화시키는 데 도시 재개발 정책을 활용하는 방식이다. 모든 인구 집단을 포괄하는 주택을 건설하는 대신에 정부와 주택조 합은 '사회적 혼합' 전략을 추구하고 있다. 이 전략은 대개 저소득 가구 비율을 고소득 가구로 대체하려는 시도에 관련된다(Uitermark et al. 2007). '지역을 위한 건 축'이라는 목표는 이웃 주민의 구성을 바꿔 한 지역을 '살 만하게' 만든다는 목 표로 대체됐다(Aalbers 2010).

주거 적합성livability은 1970년대 후반부터 네덜란드 도시 정책의 중심 개념이 됐다. 초기에는 대규모 멸실에 저항하려는 주민 집단, 그리고 세입자에게 이주 를 강제하지 않는 방식의 더 세밀한 개입을 주장하려는 주민 집단이 쓴 말이었다. 20년이 지난 지금, 주택조합과 정부는 자기들이 유지한 정책이 주거 적합성을 촉진하리라 본다고 주장한다. 그러나 우리가 주거 적합성 지수를 산출하는 데 쓴 조작화를 살펴보면,[11] 개념이 완벽하게 재정의된 사실을 분명히 알 수 있다(Uitermark 2005). 주민들이 지닌 인식은 여전히 조작화에 포함되지만, 그 지수는 '객관적' 기준에 근거한다고 알려져 있기도 하다. 이를테면 소수 인종이 큰 비중을 차지하는 지구에서 이 지수는 내려간다. 저소득 가구가 높은 비중을 차지하면, 지수는 내려간다. 적정 가격 주택이 높은 비중을 차지하면, 지수는 내려간다. 요컨대 여기에서 실제로 측정되는 결과는 주민이 근린 주택 지구에서 쾌적하고 적정한 삶을 살아갈 수 있는 정도가 아니라 **주택협회**와 **정부**가 이 지구들을 관리하고 그 안에서 이윤을 뽑아낼 수 있는 정도다. 그러므로 '분리 없는 도시'undivided cities'라는 이상은 현실에서는 다양한 정책이 좁은 곳에 집중된 이민자와 저소득 집단을 분산시키려 시도해야 한다는 의미를 지닌다. 이런 담론적 이동에 따라 정책 초점은 혜택받지 못한 공동체에 권한을 부여하는 데에서 젠트리피케이션과 축출을 촉진하는 쪽으로 옮겨갔다.

잠식된 정의로운 도시주의

이런 정책 담론과 실천에 반대해 제기할 수 있는 비판은 많다. 첫손에 꼽히는 가장 명확한 종류는 정책이 제대로 작동하지 않는다는 비판이다. 재개발 실행 계획이 근린 주택 지구의 주거권을 빠르게 변형하기도 하지만, 주거 분리 수준을 전반적으로 축소할 가능성은 의문시된다(Bolt et al. 2008). 더욱이 각기 다른 주거권 유형과 소득 집단을 혼합하는 정책이 응집력을 갖춘 공동체로 이어진다

---

11 주거 적합성 모니터링(leefbaarheidsmonitor)'에는 다양한 사례가 많다. 가장 최신 자료이면서 포괄적인 사례는 네덜란드 생활 정보를 제공하는 사이트인 'http://leefbaarometer.nl'을 참조하라(2009년 3월 14일 접속).

는 증거는 전혀 없다(Uitermark et al. 2007). 그렇지만 정부 정책을 향한 좀더 근본적인 비판은 이런 목표들, 곧 주거 혼합과 균형 맞춘 주택 재고가 1980년대를 즈음해 절정에 다다른 정의로운 도시주의에서 벗어나는 움직임을 나타낸다는 주장이다. 사회 주택에 사는 부유한 사람들과 가난한 지역에 사는 빈곤한 사람들이 지닌 두려움은 구매력에 따라 주택 재고를 분리하는 주택 시장 상품화에서 싹튼다. 사회적 혼합은 다양한 소득 집단에게 동등한 접근권을 보장하는 정의로운 도시주의로 나아간 더욱 일반적인 발전의 부산물로서 1980년대에 달성됐다. 정부가 사회 주택을 공식적인 정책 목표로 축소하자 주택난은 정치적 의제에서 사라졌다. 방 2개짜리 아파트를 기다리는 입주 대기 기간이 1982년에 2년에서 2008년에 10년으로 길어지지만,[12] '주택난'이라는 단어는 암스테르담 시의 정책 전망에 더는 모습을 드러내지 않는다.

왜?

누군가는 이런 질문들을 던질 수 있다. 왜 이런 일이 벌어졌을까? 정의로운 도시라는 이상을 그토록 빠르고 그토록 순조롭게 포기하게 됐을까? 질문에 맞는 대답에서 가장 큰 몫을 차지하는 부분은 지역 수준에서는 찾을 수 없다. 네덜란드 국가 수준에서 신자유주의의 주도권은 전지구적 추세의 일부로 이해돼야 할 대상인 도시의 사용 가치를 다른 무엇보다도 우선시하는 이들에게는 아주 당연했다. 그러나 대답의 일부는 지역 수준에서 실제로 찾을 수 있다. 일찍이 이윤보다는 사람을 위한 도시를 구상하도록 정부를 강제한 운동이 출현한 이유는 무엇일까? 그런 운동은 왜 그전에 하던 대로 저항하지 않았을까?

내가 이유 중 일부라고 주장하는 문제는, 주민 운동이 국가를 뚫고 들어가

---

12 입주 대기 기간이 길어지는 가장 중요한 이유에는 사회적 영역의 축소, 긴급 상황에 놓인 축출자 수의 증가(와 우선성), 사실상의 주택 건설 중단 등이 포함된다.

는 데 성공한 덕분에 활동적인 참여를 촉진할 욕구와 역량을 잃어버린 현실이다. 주민 운동은 이익 단체로 변화했다(Mayer 2007). 운동이 국가에 통합되면서 니외우마르크트 주변에서 출현한 다양한 주민 운동 단위들 사이의 상호 의존성이 점점 더 취약해지고 정부 의존도는 더욱 강해졌다. 주민 지원을 목적으로 만든 공식 조직, 곧 임차인협회Huurdersvereniging, 주택지원청Amsterdams Steunpunt Woven, 주거연맹Woonbond, 각종 위원회 소속 임차인 대표, 공동체 활동가 등은 현실에서 다양한 집단들을 한데 묶는 운동 조직이 아니라 개별 임차인을 상대하는 컨설턴트 구실을 한다. 강제 이주와 부수적 임대료 상승에 강력히 저항하는 주민들이 여전히 많지만, 주민 지원 조직들은 대개 정부 정책이 내세운 논리에 도전하거나 다른 집단들하고 연대를 창출하기보다는 더 나은 조건을 받아들이라며 항의자들을 설득한다.

암스테르담은 국가가 정의를 성취하는 데 필수적 수단일 수도 있다는 점을 보여주지만, 이 사례는 또한 국가가 선별적 통합과 합의를 거쳐 정의를 추구하는 운동을 무력하게 만들 수 있다는 점을 보여준다(Nicholls and Beaumont 2004). 현재 주택 재고를 민영화하려는 정부에 협력하는 기관들은 대부분 풀뿌리 조직(임차인협회와 공동체 협회들)이거나 시민사회(주택조합, 사회복지 관련 조직)의 일부였다. 그전에 빈집 점거를 합법화하고 빈집을 사회 주택으로 전환한 지자체 산하 주택조합이 민영화 뒤에 가차 없는 사회 주택 파괴자로 유명해진 사실은 아이러니다. 진정한 브루투스처럼 지금은 자기들한테 권력을 준 운동에 적대적인 태도를 취한다. 돌이켜보면, 만약 더욱 선별된 법적 범주인 정식 임차인의 법적 권리에 덜 집중하면서 주거 형태와 구매력에 관계없이 도시화 과정에 참여하고 도시에 속한 희소 자원을 공유할 거주자의 법적 권리에 초점을 더 맞췄다면, 암스테르담은 젠트리피케이션 압력에 대응해 더 탄력적이 될 수 있었다.

결론 – 그냥 괜찮은 도시

요즘은 얼마 안 되는 승객만이 니외우마르크트 역에 기념물이 있다는 사실을 안다. 뒤죽박죽인 겉모습은 벽화, 깨진 유리, 칠이 벗겨진 귀퉁이까지 더해져 빈약한 예산으로 운영되는 지하철역 이미지를 그저 강요하는 듯하다. 지저분하고, 모호하고, 혼란하지 않은 완전한 총체의 한 부분일 뿐이다. 플랫폼을 장식한 구호는 거의 20미터에 걸쳐 뻗어 있다. 돌에 새긴 구호는 도시권을 구성하는 가장 기초적인 요소다. '집은 혜택이 아니라 권리다wonen is geen gunst maar een recht.' 이 구호는 정부가 한 약속을 대표한다. 소득, 배경, 능력에 관계없이 모든 주민에게 주택을 공급한다는 약속 말이다. 돌에 새긴 문자는 크고 빛나지만, 아주 적은 사람들만 알아볼 뿐이다. 처음 세울 때 그 기념물은 주민 운동이 지닌 힘을 상징했다. 주민 운동은 자기들이 내건 이상을 도시 건조물에 새겨 넣고 지역 조직에 제도로 정착시켰다. 오늘날 여기에 담긴 의미란 막강한 추진력이 뒤죽박죽인 콜라주로 축소될 수 있다는 정도다. 기념물은 주민 운동이 지닌 강점을 드러내는 기호에서 정의로운 도시 암스테르담을 기리는 흔적으로 바뀌었다. 암스테르담 사례는 정의로운 도시로 나아가려 노력하는 일은 매우 어렵지만 정의로운 도시를 유지하는 일은 거의 불가능하다는 현실을 보여준다.

암스테르담이 더는 현실에 존재하는 정의로운 도시의 근사치가 아닐 수는 있지만, 그렇다고 해서 엄격한 의미에서 신자유주의의 놀이터는 아니다. 사회 주택 재고량은 여전히 상대적으로 많으며, 임차인들은 강력한 법적 지위를 누린다. 전세계 학자들은 암스테르담을 상대적으로 포괄적인 복지 체제와 진보적 정책을 결합하는 기준에 잘 맞는다고 평가될 만한 도시가 있다는 사실을 보수주의자와 신자유주의자들에게 입증할 사례로 받아들인다. 그렇지만 한 도시를 비교적 시각이 아니라 역사적 시각으로 분석할 때 암스테르담을 둘러싼 조건은 조금은 다르게 보인다. 주택 시장을 탈상품화하고 주민들을 관여시킨 모든 제도는 이제 젠트리피케이션을 쉽게 만들고 있다. 아이러니하게도 도시에 자기들의 관점을 적용하는 데 필수적인 권력과 자원을 지닌 이런 제도들을 발명한 주역은 1980년대 주민 운동이었다. 신자유주의화는 무척이나 부드럽고 꼼꼼하게 진행됐는데, 지난날 벌어진 사회적 투쟁으로 얻은 이익이 민영화와 멸실 때문에 빚어진 가장 직접적인 희생을 상쇄하기 때문이었다.

결론에 대신해, 나는 비판적 도시 분석가들이 이런 책임을 질 수 있는 방법을 구체화하고 싶다. 학술 연구는 정의로운 도시가 경향적으로 부상하고 소멸하는 과정에서 모두 핵심적인 구실을 했다. 1970년대와 1980년대에 학자와 전문가들은 주민 집단하고 활발히 협력했고, 주민들의 요구와 욕망을 개념, 숫자, 그림으로 바꿀 수 있게 도우려 노력했다. 이를테면 건축학과 대학생들은 새로운 주택 개보수 방법을 생각했고, 사회학자들은 정책 추진 과정을 폭로하고 주민과 입주 예정자들의 필요를 정확히 파악하려 시도했다. 그러나 1990년대에 접어들어 주민들은 학술적 지원을 거의 받지 못했다. 오늘날 주택공사와 지자체는 도시 연구, 특히 저소득층 집단 연구에 대부분의 자금을 투입하고 있다. 따라서 도시를 다룬 담론과 데이터는 주민들보다는 기업가적 정부와 법인들의 이해관계를 반영한다. 사회 주택이 '너무 많다'는 생각, 그리고 젠트리피케이션을 촉진하는 방법이 '주거 적합성'을 향상시키는 가장 좋은 수단이라는 생각은 학계와 국가 사이의 거대한 회색 지대에서 사실상 도전받지 않는다(Slater 이 책 11장 참조). 나는 (내가 여기에서 개괄한 정의로운 도시라는 이상을 찬성하지 않는 이들을 포함해) 비판적 도시 분석가들은 성찰성을 개선하고 논쟁을 개시하는 데 책임이 있다고 생각한다. 그러려면 지배적인 도시 개념화를 비판적으로 조사하고 대안적 개념화를 할 수 있다는 사실을 보여줘야 한다. 마치 객관적 실재를 반영하는 듯 '통합', '주거 적합성', '분리' 같은 개념들을 평가하고 정리할 때는 행정 당국과 돈에 팔린 전문가들이 쥔 담론 헤게모니에 도전할 필요가 있다. 이런 개념들의 정의가 권력 관계를 반영한다는 점을 보여주는 일은 비판적 도시 분석가들이 해야 하는 핵심적인 기획의 하나다.

자연스럽게 묘사된 현실을 해체한 뒤에 비판적 학자들은 도시와 도시의 가능한 미래에 관한 엄밀하면서도 상상력 넘치는 대안적 개념화를 제시해야 하는 어렵지만 매혹적인 도전에 직면한다(Marcuse 이 책 13장 참조). 그렇지만 불행하게도 막강한 자금과 명성의 원천인 국가의 유혹에 넘어간 많은 학자들은 과학과 풀뿌리 동원에서 모두 떨어져나간다. 대안적 도시를 향한 상상은 이제 미국에서 전성기를 맞고 있는데(Nicholls 2003), 주민 운동이 국가가 확장된 영역이 아니라 국가에 맞서는 대항 세력으로 활동할 수 있게 하는 연관 관계들을 잘 육성한 덕분이다. 그렇지만 지금 암스테르담을 둘러싼 조건 아래에서는 주민들이 1970년대 후반과 1980년대 초반에 보인 추진력을 다시 회복할 수는 없을 듯하다. 정의로운 도시가 남긴 유산은 암스테르담 곳곳에서 볼 수 있지만, 정의로운 도시는 이미 운동을 기리는 기념물하고 함께 죽음을 맞이했다.

정의로운 도시주의가 남긴 유산은 도시 건조물에 골고루 퍼져 있지만, 이제는 주택 시장이 기능하는 데 걸림돌로 받아들여진다. 다시 한 번 '시장'과 '주택'은 떨어질 수 없는 쌍으로 공존한다. 지금 여러 제약에서 벗어나 있어 관리받아야 하는 대상은 주민이 아니라 시장이다. 그런 조건 아래 놓인 정의로운 도시에 관해 생각하는 일은 우리를 좌절하게 하지만, 또한 필연적이면서 자극이 되기도 한다. 도시권을 완벽하게 성취한다는 이상은 잃어버린 대의일 수는 있어도, 여전히 싸워볼 만한 가치를 지닌 일이다.

참고 자료

Aalbers, M. 2010. "The revanchist renewal of yesterday's city of tomorrow." *Antipode* 42(forthcoming).

Bolt, G. Kempen, R. van, and Ham, M. van. 2008. "Minority ethnic groups in the Dutch housing market: spatial segregation, relocation dynamics and housing policy." *Urban Studies* 45(7). pp. 1359-1484.

Brenner, N. and Theodore, N. 2002. "Cities and the geographies of 'actually existing neoliberalism.'" *Antipode* 34(3). pp. 349-380.

Castells, M. 1983. *The City and the Grassroots*. London: Edward Arnold.

Dienst Wonen. 2008. *Jan komt. Deel 2 van De Amsterdamse Volkshuisvesting, 1970-2005*. Amsterdam: Dienst Wonen.

Duyvendak, J. W. and Uitermark, J. 2005. "De opbouwwerker als architect van de publieke sfeer." *Beleid & Maatschappij* 32(2). pp. 76-89.

Fainstein, S. 2000. "New directions in planning theory." *Urban Affairs Review* 35(4). pp. 451-478.

Fainstein, S. 2005. "Cities and diversity. Should we want it? Can we plan for it?" *Urban Affairs Review* 41(1). pp. 3-19.

Fainstein, S. 2010. *The Just City*. Ithaca: Cornell University Press.

Gemeente Amsterdam. 2008. *Woonvisie Amsterdam*. Amsterdam: Gemeente Amsterdam.

Gilderbloom, J. 2008. "Ideal City: New Perspectives for the 21st Century!" Online. Available at http://www.hollandnow.org(accessed April 14, 2009).

Gilderbloom, J., Hanka, M., and Lasley, C. B. 2007. "Amsterdam, the ideal city: planning and policy. Paper presented at Urban Justice and Sustainability." 22-25 August 2007. University of British Columbia, Vancouver, Canada.

Huisman, C. 2009. "Splitsen als onderdeel van overheidsgestuurde gentrification." Amsterdam, unpublished paper.

Huisman, C. and Kelk, S. 2008. "A (very) rough guide to Amsterdam housing policy." Online, available at housingamsterdam.org/po_inside/roughguide2008.doc.

Malpass, P. 1990. "Reshaping Housing Policy: Subsidies, Rents and Residualisation." London: Routledge.

Mamadouh, V. 1992. *De stad in eigen hand*. Amsterdam: SUA.

Mayer, M. 2007. "Contesting the neoliberalization of urban governance." H. Leitner, J. Peck & E. S. Sheppard(eds.), *Contesting Neoliberalism*. New York: Guilford. pp. 90-115.

Nicholls, W. and Beaumont, J. 2004. "The urbanization of justice movements." *Space & Polity* 8(2). special issue.

Nicholls, W. J. 2003. "Forging a 'new' organizational infrastructure for Los Angeles' progressive community." *International Journal of Urban and Regional Research* 27(4). pp. 881-896.

Pruijt, H. 1985. "Cityvorming gekraakt." *Agora* 1(4). pp. 9-11.

Priemus, H. 1995. "How to abolish social housing? The Dutch case." *International Journal of Urban and Regional Research* 19(1). pp. 145-255.

Purcell, M. 2002. "Excavating Lefebvre: the right to the city and its urban politics of the inhabitant." *Geojournal* 58(2-3). pp. 99-108.

Soja, E. 1992. "The stimulus of a little confusion: a contemporary comparison of Amsterdam and Los

Angeles." M. P. Smith, *After Modernism: Global Restructuring and the Changing Boundaries of City Life*. New Brunswick, NJ: Transaction Publishers.

Uitermark, J. 2005. "The genesis and evolution of urban policy: a confrontation of regulationist and governmentality approaches." *Political Geography* 23(2). pp. 137-263.

Uitermark, J., Duyvendak, J. W., and Kleinhans, R. 2007. "Gentrification as a governmental strategy. Social control and social cohesion in Hoogvliet, Rotterdam." *Environment and Planning A* 39(1). pp. 125-141.

13장

주택 문제 해결에
비판적으로 접근하기

피터 마르쿠제

비판 이론은 오늘날 미국에서 벌어지는 비참한 주택 위기 같은 문제를 어떻게 다뤄야 할까? 비판 이론 접근을 쓸 때 비판 계획은 폭로expose, 제안propose, 정치화politicize라는 세 단계를 밟아 그런 쟁점을 공격한다(Marcuse 2008, 179~91; 2010b, 13~16). 여기에서 '폭로'란 미국에서 벌어진 직접적인 서브프라임 모기지(비우량 주택 담보 대출) 압류 위기를 좀더 일반적인 주택 위기의 일부로(폭넓은 경제 위기의 일부로, 이어서 자본주의 경제 조직의 일부로) 다룬다는 의미다. 나는 세 가지를 살펴볼 생각이다. 첫째, 자본주의 경제 체제의 규칙에 맞춰 주택을 건설하는 과정, 둘째, 국가가 이윤을 극대화하려 주택을 규제하는 과정, 셋째, 조작된 이데올로기적 토대와 문화적 토대를 바탕으로 주택이 유지되는 과정 등 세가지가 위기를 떠받치는 핵심 기둥이다. '제안'은 오늘날 즉각적인 문제를 제기하는 데 필수적인 행동들을 제시하고, 그 행동들을 언제나 이 세 가지 핵심에 관한 대안이라는 맥락에서 파악하고, 개혁을 위해 지금 제출돼야 하는 제안을 조사하고, 비개혁적 개혁이 진행될 장기적 가능성을 탐구한다는 의미다. 제안은 다음 같은 각각의 핵심을 제시하고 포괄한다. 첫째, 생산과 분배의 탈상품화를 통한 시장 지배, 둘째, 완전히 민주적인 정부 통제를 통한 국가 규제, 셋째, 주택이 지닌 사회적 특성을 폭넓게 이해해 얻게 되는 이데올로기적 명확성. 다음으로 '정치화'는 어떤 행동과 어떤 변화가 즉각적으로 실현될 수 있는지, 그리고 문제의 원인을 완벽하게 제시하는 데 궁극적으로 무엇이 필요한지를 보여준다는 의미다. 비판적 접근은 이런 제안들을 실행할 수 있는 수단, 세력, 전략을 탐색하면서 끝을 맺는다.

논점

미국이 주택 위기를 겪는다는 사실은 의심의 여지가 없다. 400만 가구가 넘는 사람들이 압류 때문에 살던 집에서 쫓겨날 위험에 놓여 있고,[1] 세입자들은 건물주가 건물을 담보로 빌린 채무를 상환하지 못하면 주거가 아주 불충분하게 유지되거나 퇴거당할지 모른다는 위협을 받고, 저소득층 1300만 명이 한 달 소득의 절반 이상을 집세로 내거나 기준선에 심하게 못 미치는 주택에 살거나, 또는 그 둘에 모두 해당한다(USHUD, May 25, 2010).

여기에서 기초가 되는 논점은 비판 이론을 거쳐 얻는 이해다. 이 이해에 따르면, 서브프라임 모기지 위기를 포함한 주택 위기란 대략적으로 자본주의라 부르는 경제 체제에 처음부터 내재된 결과이고, 자본주의에서 주택과 토지는 상품으로 다뤄지면서 사적 이익을 얻을 목적 아래 생산, 판매, 관리되며, 이런 과정은 다른 이들의 희생을 바탕으로 어떤 이들의 이익을 증대시키려는 충동을 동력으로 삼는 경제 체제에 근거한다.[2] 주택은 완벽한 삶을 위해 필요한 범위에서 공공이 책임져야 하는 사안인데, 여기에서 이윤 추구형 민간 영역은 공공이 지닌 필요를 충족시키는 데 명백하게 도움이 될 수 있는 곳에 한정해 지원하는 구실만 해야 한다. 반면 공공 영역은 물질적이고 이데올로기적인 이유 때문에 인기가 없거나 여러 가지 비난에 시달린다. 내가 제기하는 논점은 다음 같다.

서브프라임 모기지 위기는 탐욕이나 우둔함이 가져온 결과가 아니며, 주택 공급에 필요한 근원적인 자유 시장 체제가 제대로 작동하지 않아 초래된 사태도 아니었다. 오히려 위기는 엄밀히 말해 바로 그 체제가 작동한 탓에 벌어진다. 우세한 체제와 그 체제가 가져온 결과인 서브프라임 모기지 사태는 세 가지 핵심 기둥에 의존한다.

---

[1] 2010년 추정치를 보면, 290만 가구가 압류 통지를 받았고, 100만 가구가 넘는 가정이 압류됐으며, 25만 가구는 서류 작업 문제로 압류가 일시 중단됐다(http://foreclosures.homemortgageforeclosures.com/2011/01/repossessed-homes-top-one-million-in-2010).

[2] 자본주의 경제 구조에 주택 시스템이 하는 작용과 주택 부족에 관한 일반적인 설명은 에밀리 악텐버그와 피터 마르쿠제가 함께 쓴 글을 참조하라(Achtenberg and Marcuse 1986).

- 거의 모든 주택의 상품화, 그리고 이익을 목적으로 한 주택의 생산, 소유, 관리
- 사적 이익을 제약할 수도 있는 정부 개입이 모두 결과적으로 제약되는 상황
- 주택 보유라는 신화가 확산돼, 소유권을 주거 서비스를 누릴 점유자의 권리가 아니라 투기 이익을 부르는 다른 이름인 투자로 바라보는 현상

궁극적으로 이 세 가지 핵심 기둥이 제기될 필요가 있다. 그렇게 될 때까지 그런 기본적인 행동이 가리키는 방향으로 나아갈 즉각적 단계가 제안될 수 있으며(곧 이어질 비판적 대안에 관한 논의를 보라), 즉각 효과를 발휘하면서도 좀더 철저한 접근으로 나아갈 문을 열 수 있는 개혁이 제안될 수 있다.[3]

주거 위기의 본질

'서브프라임 모기지 위기'라 불리는 사건은 미국 주택 시스템에 내재된 근본적인 위기를 반영한다(Stone 2006). 서브프라임 모기지란 소득이나 신용 등급이나 전체 자산 중 순자산 비율이 부적절한 탓에 유리한 조건에서 유리한 이자율로 통상적인 담보 대출을 받을 자격이 없다고 여겨지는 대출자에게 제공하는 담보 대출이다. 대신에 이자율이 더 높고 지급 불능 상황에 따른 압류 위험도 더 크기 마련이다. 서브프라임 모기지 위기는 모기지 시장에서 나타나는 유동성 위기나 규제 실패가 아니며, 2차 모기지 시장에서 정부 지원을 받는 양대 주택 담보 금융 업체인 패니메이Fannie Mae와 프레디맥Freddie Mac이 직면한 위기하고 똑같지도 않다. 이 두 업체가 직면한 위기는 서브프라임 시장 위기하고 종종 혼동되

---

3 실현 가능하며 즉각적인 개혁을 세세하게 논의할 수 있는 상황은 아니지만, 개괄적인 내용이라면 내 블로그에서 찾아볼 수 있다(Marcuse 2010a).

기는 하지만 엄연히 성격이 다르다. 위기는 오히려 대다수 미국인들에게 적정 가격 주택을 충분히 공급하지 못한 주택 시장 체제의 무능력이 빚은 결과이자 대중에게 '아메리칸드림'을 상징하는 화신으로서 사적 개인의 주택 소유권에 관련된 이 체제에 내포된 이데올로기적 헌신이 가져온 결과다.

서브프라임 모기지 문제는 오랜 시간 미국 주택 시장의 풍경을 구성한 요소인 주택 위기의 일부다. 이 문제는 공식적으로는 적어도 '모든 미국인에게 개인 자산으로 충분히 구매할 수 있는 주택'을 공급한다는 목적 아래 제정된 1937년 주택법까지 멀리 거슬러 올라가는 일로 인식됐다. 그 약속은 결코 실행되지 못했으며, 미국 주택 정책의 역사는 이 문제를 해결하려 한 반면 사적 주택 시장이 지배하는 상태를 유지하려는 잇따른 노력으로 가득 차 있다(Marcuse and Dennis Keating 2006).[4]

그런 체제가 가져온 결과에서 드러난 명백한 불의는 손쉽게 확인된다. 저소득 가구가 부담 가능한 가격으로 이용할 수 있는 주택 수가 절대적으로 부족한데, 미국 주택도시개발부Department of Housing and Urban Development가 '가장 조건이 안 좋은 주택 수요자'로 부른 세입자가 1297만 명이고, 2010년 기준 주택 소유주 1100만 명(대출금을 연체하거나 실제 압류가 진행된 자료로 측정)은 압류 위험에 직면해 있다(Hart 2010). 소득이 한정된 가구를 대상으로 제공된 주택을 압류하는 조치는 여전히 진행 중인 위기를 상징하는 가장 현재적인 이상 생성 혹 같은 존재일 뿐이다. 문제가 두드러지게 된 원인은 이 시기에 찾아온 좀더 일반적인 위기인데, 이 위기는 겉으로 보면 확실한 부분적 해법을 내세운 서브프라임 모기지를 포함한 부동산 투자를 비롯해 이익을 얻을 만한 투자 기회를 추구하는 잉여 자본 때문에 벌어진다(Harvey 2010). 심지어 저소득층 수요자를 상대

---

4   여기에서 마르쿠제와 키팅은 정책 의제에 올라가지 못한 채 배제된 대안들을 포함해 미국 정부가 잇따른 주택 위기를 다룬 역사를 추적한다.

로 돈을 번 부동산 거품 때 형성된 시장을 더욱더 확장하려는 집요한 욕망 말이다. 만약 그 위기 때 입은 손실이 2조 달러에서 4조 달러를 넘어서고 대부분 수지 안 맞는 모기지라면, 투자 대상을 찾아 떠도는 잉여 자본의 양이 어느 정도일지 짐작할 수 있다.

위기가 발생한 시점은 오늘날 벌어지는 전반적인 경제 위기에 관련된다. 서브프라임 모기지 위기는 전반적인 경제 위기를 발생시키지 않았다. 오히려 정확히 반대다. 전반적인 경제 위기가 서브프라임 위기를 발생시켰다. 논리는 간단하다.[5] 일반적 경향이 이어져 건축업자들은 임금을 낮게 유지하면서 이익을 극대화하는 방향을 추구하는 한편 금융화도 계속돼 계급 구조의 꼭대기와 밑바닥 사이에 부의 불균형이 증가한 결과, 현재 시장 가격에서 주택을 구매할 수 있는 사람이 늘어나지 못하거나 줄어들고, 구매자는 적정 가격에 살 수 있고 생산자도 충분한 이익을 얻는 주택이 공급될 시장이 사라지게 된다. 임금 부족, 곧 부족한 재정적 유효 수요를 보충하기 위해 주택 건축업자들은 시장에 자금을 조달할 필요가, 곧 주택 구매자들에게 임금을 모아 마련한 종잣돈이 아니라 주택을 구매하는 데 필요한 자금을 공급할 필요가 있다. 모기지가 보증하는 대부금이 해결책이다. 토지와 주택 가격이 계속 상승한다고 예상한 대부자들은 부동산 가격이 투기적 수준으로 폭등해 나중에 대출금을 돌려받을 수 있다는 가정 아래 대출을 일으켜 서브프라임 모기지를 공급한다. 더 많은 돈을 빌려줄수록 더 많은 주택이 건축돼 이익을 남겨 판매되기 때문에, 대출을 늘릴 동기는 점점 더 강해진다. 대출 규모를 확대하지 않으면 주택 공급은 늘어나지 않으며, 새로운 이익도 더는 생기지 않게 된다. 시스템은 침체된다. 그렇지만 확대된 대출이 가격 상승 예상치를 지탱하는 데 필요한 임금 상승분을 초과하면, 융자금

---

5   전반적인 경제 위기에 관해서는 울프(2009)와 하비(2010), 그리고 《먼슬리 리뷰(Monthly Review)》 편집자 논평 등을 참조할 것.

은 상환될 수 없다. 가파른 소득 증가와 가격 상승이 예상되지 않는 한 통상적인 대출 기준을 충족하지 못한다는 의미에서 이런 대출은 '비우량subprime'이었다. 따라서 서브프라임 모기지 대출 위기인 셈이다.

이 위기의 저변에는 더 깊은 위기가 도사리고 있다. 근원적인 경제 체제는 안정된 이윤 축적과 그런 이윤을 제공할 지속적 성장의 필요성을 향한 충동에 기초한다. 이 충동에는 지속적으로 확대되는 시장이 필요하다. 생산과 분배의 전지구화가 해답의 하나다. 중국과 인도 같은 나라에서 시장은 새로운 수요를 창출하는 풍부한 원천인 듯하다. 그렇지만 외국 시상에 신술할 수 없는 산업도 있다. 이를테면 소규모 주택 건설업자는 주로 국내 시장에 묶여 있다. 규모가 아주 큰 건설 업체만 국제적으로 사업을 운용할 수 있다. 그리고 미국에 자산을 보유하고 투기 성향을 띤 토지 소유자는 미국에서 그 땅을 활용해 이익을 남길 방법을 찾을 필요가 있다. 성장을 가져오는 경제적 잉여가 증가하면 새로운 시장을 찾으라는 압력도 상승한다. 따라서 케인스 경이 주장한 대로 시장 확대 압력은 지속적이며 전반적이다. 그렇지만 이런 압력은 임금을 낮게 유지해 이익을 증대시키는 체제에 고유한 속성이며, 그러므로 모든 생산물에 돈을 지불할 능력은 그 상품을 생산할 능력에 뒤처진다. 잉여가 발생하면 발생할 잉여를 소비할 판로를 찾아야 한다.

전지구화가 제시한 해결책은 대부분의 주택 건설업자에게 유용하지 않으며, 한 나라의 국경 안에 갇힌 토지 소유자에게도 마찬가지다. 그때는 주택이 필요한 사람들에게 집 살 돈을 대출하게 하는 방법이 가능한 해결책인데, 왜냐하면 그런 사람들은 임금을 모아 집을 살 수 없기 때문이다. 대출이 해결책의 하나일 수 있었고, 해결책으로 채택됐다. 그런 과정이 가져온 결과의 하나로 서브프라임 주택 시장이 발전한다. 곧 완전히 새로운 주택 구매자 계층이 생겨나고 주택 시장은 극적으로 성장한다. 그리고 주택 가격이 계속 상승하는 한 그 가격이 실제로는 구매력을 갖추지 못한 이들의 매수 요청에 근거한다는 사실에 관한 인식은 억압된다. 가격이 떨어지기 시작할 때까지는. 그때는 당신이 위기를 맞는다. 우리가 지금 겪고 있듯이.

서브프라임 모기지 사태의 세 가지 기둥

그다음, 제한된 임금 상승과 언제나 이익 증대만 추구하는 민간 주택 산업이라는 배경에서 우리는 오늘날 미국에서 특정한 형태를 띤 주택 위기의 세 가지 기둥을 살펴봐야 한다.

- 첫째, 모든 주택을 압도적인 물량으로 공급하기 위해 의존하는 사적 이윤 지향형 시장
- 둘째, 주택 공급이나 민간 공급 규제에서 정부 기능이 제약된 상황
- 셋째, 앞의 두 기둥을 떠받치는 이데올로기적 토대가 되는 투기하는 주택 소유주라는 신화

첫째 기둥 – 사적 이윤 지향형 시장

민간 주택 시장 체제 자체는 작동하지 않기 때문이 아니라 엄밀히 말해 잘 작동하기 때문에 이런 위기를 발생시킨다. 주택은 공급자에게 이익을 줄 만큼 충분한 돈을 지불할 수 있는 사람들에게 제공될 뿐이다. 그런 체계가 가져온 결과에는 명백한 불의가 도사리고 있다. 오늘날, 미국에는 최저 임금을 받고 풀타임으로 일하는 사람이 가족하고 함께 방 2개짜리 아파트에서 지낼 수 있는 주는 없으며(NLIHC 2010), 방 2개짜리 주택을 구매할 수 있는 주는 말할 것도 없다. 그리고 거의 대부분의 흑인, 히스패닉, 이민자, 여성이 이런 고통스런 상황에 놓여 있다. 예상하던 대로 구매자들이 대출금을 상환할 수 없다는 사실이

드러나자 자기 자신이나 가족에게 필요한 주택을 살 수 있게 만들어야 했고, 시장을 확대해 이익을 늘리는 데 필사적인 주택 산업은 대출 상품을 팔았으며, 신용 위기 국면 때 나타난 대로 결과는 주택 시스템의 위기가 아니라 압류 사태다. 따라서 위기의 첫째 기둥은 미국 주택 시장 발전의 본질이 아니다. 미국의 주택 시장은 필요를 충족시키기 위해 이익 추구형 민간 부문에 의존한다. 당연한 귀결인데, 첫째 기둥은 둘째 기둥인 제약된 정부 기능에 의존한다.

둘째 기둥 – 제약된 정부 기능

민간 주택 산업은 이익을 내기 위해 건설, 마케팅, 판매, 관리를 촉진하는 범위 안에서 정부가 하는 행위를 환영한다. 사회 간접 자본 공급, 도로 배치, 계약에 관련된 사법적 강제, 치안과 소방 서비스 공급, 기술적 조사, 공통 표준 설정 같은 일들 말이다. 그렇지만 공공 주택 공급에 관련해 정부는 생활필수품의 하나인 주택을 구매하려는 실질적 필요를 충족시키려 자원을 공급하면서 결핍 상태라 할 정도로 극빈층이어야 한다는 조건을 요구한다. 역사적으로 정부 행위를 통해 시스템을 변화시키려 한 시도는 단편적 개혁이 개선을 가져올 수는 있지만 문제를 해결하지 못한다는 교훈으로 가득하다. 연이은 위기 국면에 놀란 풀뿌리 집단들은 개혁에 노력을 기울였다. 제한된 수준이기는 해도 공공 주택이라는 단 하나의 의미 있는 예외를 제외하면, 적정 가격 주택을 더 많이 공급하려는 공적 프로그램은 모두 민간 주택 산업에 돈을 줘 주택 상품을 더 적정하게 만드는 방식에 의존했다. 그런 프로그램들은 체계적인 자금 부족을 겪었고, 수급권 문제를 결코 해결하지 못했으며, 이익을 산출하는 과정에 관련된 이들이 유용한 보조금 액수 면에서 보면 언제나 두드러지게 비효율적이었다. 주택 위기를 구성하는 첫째 기둥, 곧 주택 수요를 충족시키기 위해 민간 영역의 시스템에 의존하는 사적 이윤 지향형 시장을 차치하더라도, 주택 구매라는 실질적 필요를 충족시키는 데 정부 자원이 유용하게 쓰이려면 결핍 상태라 할 수 있을 정도로 극빈층이어야 한다.

주택 부문에서 정부 기능이 확대돼야 한다는 주장은 탈규제가 주택 위기의 원인이라는 말이 아니라는 점을 명확히 해야 한다. 정부가 하는 기능은 규제를 넘어 훨씬 더 나아갈 수 있으며, 규제 자체에 관련해서는 규제 대상과 규제 정책의 수혜자라는 문제가 핵심이 된다. 단순히 더 많은 규제를 요구하는 정도로 충분하지 않다.

지난 20년간 탈규제가 확실히 현재 진행되는 위기에 기여했지만, '탈규제'라는 말이 피의자를 가리키는 아주 정당한 단어는 아니다. 댄 이머글럭Dan Immergluck은 모기지 압류 위기의 발전 과정을 다룬 뛰어나고 꼼꼼한 논의에서 두 가지 요점을 지적했다. 이 두 가지는 위기와 이 위기를 해결할 정책 선택지를 이해하는 데 필수적이지만, 서로 논리적 모순 관계에 놓여 있다(Immergluck 2009).

첫째, 소비자 보호라는 명분(그리고 간혹 주장한 대로, 그리고 법률 서적에 붙인 제목처럼 '미국인의 모기지 시장'을 보호한다는 명분) 아래 모기지 거래를 관리한 정부 정책이 점차 쇠퇴하면서 모기지 시장은 자유분방하고, 위험도가 높고, 무원칙한 거래가 허용됐다. 막강한 권력을 가진 상황에서 권력을 행사해 모기지 거래를 막을 수 있던 정부는 권력 행사를 신중하게 거부했는데, 사실상 1990년대부터 서서히 축소된 예방적 기능은 이미 그 이전에 마지못해 수행되는 수준이었다.

둘째, 정부는 항상 주택 시장에서 구성적 기능을 해왔으며, 시장이 제대로 작동하는 데 필요한 법적이고 제도적인 구조를 만드는 한편 시장 운영상의 여러 국면에 보조금을 지급하면서 지금도 구성적 기능을 계속 유지하고 있다. 주택 사용자가 수행하는 행위는 전반적으로 계속 규제된다. 다만 주택 산업이 수행하는 행위가 탈규제되는 동안에만 그러하다. 따라서 '탈규제'란 정부가 실행하는 시장 철수가 아니라 주택 시장에서 정부가 하는 기능의 변화를 의미한다.

'탈규제'와 '탈규제 아님'의 정확한 정의는 마치 학술적 따져 묻기처럼 들리지만, 직접적인 정치적 결과로 이어진다. 중요 관련자들이 압류나 퇴거, 그리고 어쩌면 노숙자로 전락할 위험에 맞서서 주택 소유주들을 보호할 수 있기 때문에, 핵심 질문은 정부 행위가 다양한 금융 제도에 반대하면서 주택 소유주를 돕느냐, 아니면 압류를 실행하고 압류 실행의 방법과 시기를 규정한 지침들을 간단하게 확립하는 그런 제도들의 권리를 지지하느냐다. 규제냐 탈규제냐가 아니라 규제 대상과 규제 수혜자가 문제다. 똑같은 문제들이 보통은 규제로 여겨지지 않는 다른 정부 행위, 곧 보조금 지급, 다양한 제도의 확립, 사법 체계의 작동에도 적용된다. 그렇다면 보안관에게 돈을 지불하고 강제 퇴거권을 부여하는 행위는 주택 소유주의 행위에 관한 '규제'인가?

셋째 기둥 – 투기하는 주택 소유주라는 신화[6]

주택 위기 문제를 제기하는 모든 노력은 또한 아메리칸드림으로 공식 공표된 주택 소유권이라는 환상으로 채색됐다.[7] 이 환상은 두 가지 혼란과 한 가지 신화에 의존하는 강력한 이데올로기다. 첫째 혼란은 주택 소유권을 자기 자산으로 구입한 단독 주택하고 동일시하는 널리 퍼진 인식이다. 이런 개념 설계는 산업화된 세계의 도시에서 살아가는 대부분의 사람들을 곤혹스럽게 만들었다. 둘째 혼란은 주택 소유권이 주택 가격 상승기에 투기적 이익을 창출할 가능성에 필수적으로 연결된다는 생각에 자리하고 있다. 좀더 확대하면 혼란은 주거권 형태의 다양한 가능성을 오해한 데 연결된다. 주거 안정이란 전통적인 주

---

6 주택 소유권이라는 신화를 다룬 중요한 문헌이 있는데, 아마도 존 딘이 1930년대에 시작한 저술일 듯하다(Dean 1945). 최신 사례는 다음을 볼 것. http://www.washingtonpost.com/wp-dyn/content/article/2009/11/13/AR2009111302214_pf.html.

7 이런 접근은 역사가 깊어서, 토머스 제퍼슨과 알렉산더 해밀턴 시기, 주택 소유권에 관련해 허버트 후버가 만든 위원회, 프랭클린 델러노 루스벨트가 강제 퇴거를 일시 중단시키고 연방 모기지 보험을 채택한 조치, 주택도시개발부의 모기지 보조금 지급을 승인한 '235조 프로그램', 빌 클린턴이 수립한 '국가 주택 보유 전략 (National Homeownership Strategy)' 등으로 이어진다.

택 소유권을 거칠 때만 달성될 수 있으며 안정이란 임대인에게 강제 퇴거권이 없는 상태하고 똑같다는 생각은, 강제 퇴거권이 아주 다양한 방식으로 제한될 수 있다는 사실을 무시한다. 더 나아가 수백만 가구가 오늘날 알게 된 대로 현실에서는 전통적 주택 소유권이 주거 안정을 언제나 제공하지는 않는다는 사실을 무시한다. 이런 사안들은 이데올로기적 문제다. 이 이데올로기를 받아들이는 대다수의 주택 구매자는 점유자에게 동등한 권리를 보장할 수 있는 다른 주택 보유 형태를 인식하지 못하는데, 소유권이란 실제로는 여러 권리가 뒤섞인 복잡한 묶음이라서 점유자의 주거권은 보호받을 수도 있고 보호받지 못할 수도 있으며 투기적 이익이나 손실이 발생할 가능성에 반드시 연결될 필요도 없기 때문이다.[8]

주택 위기를 제기해야 할 정치적 필요성을 인식하면서 시작된 정부 프로그램은 실제로는 위기 자체가 의존하는 첫째와 둘째 기둥에 아무런 도전을 하지 않았고, 셋째 기둥을 이데올로기적으로 촉진했다. 이 프로그램들은 민간 시장이 공급하는 주택에서 민간 주택 소유권을 촉진했는데, 개인 재산으로 주택을 구매할 수 있는 사람들뿐 아니라 그런 선택을 하는 데 재정 면에서 임금과 자원이 충분하지 못한 사람들을 위한 정책이었다. 그중 하나인 1977년 지역재투자법Community Reinvestment Act은 지역 주민들의 예금을 수신할 수 있을 때는 모기지 대출 포트폴리오 중 규정된 분량을 저소득 계층에게 배분하라고 은행에 요구했다. 이 프로그램들은 인종을 이유로 모기지 제공을 포함한 주택 관련 정책에서 벌어지는 차별 행위나 소수자 주거지를 특정 경계 지역으로 지정redlining하는 행위 등을 금지하는 진보적 구성 요소를 포함하고 있었다. 따라서 부동산 산업 옹호자들은 법령을 이행하기 위해 통상적인 위험 회피 절차를 변경하라고 은

---

8   여러 권리의 묶음으로서 소유권에 관한 자세한 논의는 마르쿠제를 참고하면 된다(Marcuse 1972). 대안적 보유 형태에 관한 논의도 찾을 수 있을 듯하다(Andrusz et al. 1996, 119~191).

행에 요구한다는 이유를 들어 지역재투자법을 비난했으며, 그 결과 원하는 수준에 견줘 훨씬 더 많은 위험 대출이 발생했다. 따라서 주택이 필요해 모기지 대출을 한 저소득 가구를 도우려는 노력은 서브프라임 모기지 위기를 불러온 주범으로 비난받았다. 그렇지만 지역재투자법은 은행이 대출 승인 때 대개 전통적인 위험 기준을 사용하며 압류에 직면한 대출 중 아주 일부만 이 법에 연결된 대출 때문에 발생하게 된다고 예상한다. 대부분의 압류 사례는 그전에 인종 차별을 조건으로 하던 주택 수요를 만족시키는 방향이 아니라 균등하면서 더 규모가 큰 시장에서 이익을 발생시키는 데 관심을 쏟는 은행과 중개인들이 추진한 대출에서 발생한다.[9] 그래서 정부 정책은 저소득 가구의 주택 구매를 폭넓게 촉진했다. 결국 많은 주택이 사실상 그 주택을 살 여유가 없는 가구에 공급됐다. 투기에 따른 결과라 해도 시장 가격이 계속 상승한다는 예측은 대부자들이 대출을 실행하도록 자극하는 요소인 현금 지불에서 초반에 직면한 어려움을 궁극적으로 보전할 수 있었다. 가격이 안정되거나 하락하기 시작하고, 혼란이 벌어지고, 그래서 압류가 실행되면, 따라서 지금처럼 서브프라임 모기지 위기가 발생한다.

명확히 하자.《뉴욕 타임스New York Times》머리기사에서 조 노세라Joe Nocera가 말한 대로 '위기를 불러온 꿈'이 아니다. 사람들은 '주택 소유권'을 선천적으로 바라지는 않는다. 소유권은 특정한 대상에 관련된 권리들의 묶음이다. 사람들은 그 묶음을 구성하는 막대기, 곧 정원 있는 단독 주택, 보유권 보장, 배제권, 수정권, 상속권 중에서 한두 개를 원한다. 경제적 이점에 관련해 이치에 안 맞는 가짜 상품이 많이 팔렸다. 이를테면 전국지역재투자연합[10] 사무총장 존 테일러가

---

9 자세한 논의는 마르쿠제를 참고할 것(Marcuse 1979). 지역재투자법에 따른 대출이 압류 위기를 일으킨 주요한 유인이 아니라는 주장을 둘러싼 논쟁과 관련 증거를 요약한 내용은, Media Matters, "Media conservatives baselessly blame Community Reinvestment Act for foreclosure spike," September 30, 2008(http://mediamatters.org/research/200809300012) 참고.

한 이런 말이 인용된다. "나는 주택 소유가 노동자들이 중산층에 합류하는 가장 흔한 방식이라고 생각한다"(Nocera 2010, B1). 주로 사람들이 손댈 수 없던 부를 창출할 기회를 가져다주는 집이 지닌 진가가 이유라고 테일러는 말했다.

이 발언은 정말 놀라운데, 주택 가격을 언제나 높게 평가하는 투기가 세계 곳곳에서 대규모 경기 후퇴를 가져오는 듯 보이는 모습을 고려하면 말이다. 부의 창출이라는 주장은 논리적으로나 경험적으로 보면 사실상 실제로 폐기됐다. 다른 투자 방식들이 시간이 흐를수록 더 효율적이 되는 듯하고(Edel and Elliott 1984), 부는 투자가 아니라 소비에서 더 많이 창출되는 듯하다. 기술적으로는 만약 투석을 해야 해서 투석기를 산다면, 당신은 당신 건강의 일부로 여겨지는 데 투자한 셈이지만, 당신 자신이나 당신 가족을 위해 이익을 만들어내는 데 그 부를 거의 사용할 수 없다. 투석기는 투석기에 의지해야 하는 사람들에게 어떤 의미에서든 '부'가 아니다. 불법 점거자들이 차지한 땅에 판잣집 거주자shack dweller라는 이름을 붙이면 가난을 해결하는 데 도움이 될 수 있다는 에르난도 데 소토Hernando de Soto의 장사치 같은 견해는 널리 불신받았다. 그렇지만 이 이름은 또 다른 직접적 필요를 위해 돈을 받고 팔리는 듯하며, 그 가족들은 그런 이유로 더 안 좋은 주택에서 살고 있다.

비판적 대안 – 겉핥기 개혁과 비개혁적 개혁

개혁을 하자는 제안은 많고 다양하면서도 모두 개혁에 필요한 요소들을 포함

---

10 지역 개발 분야에서 활동하는 풀뿌리 기반 비영리 조직들의 연합체로, '전통적으로 불충분한 서비스를 받는 지역에 민간 자본 흐름을 증가시키기 위해 은행이나 주요 기관들하고 함께 일한다. 전국지역재투자연합 홈페이지(http://www.ncrc.org/about-us) 참고.

하고 있지만, 그런 제안들은 거의 언제나 위기를 구성하는 세 기둥을 검토하지 않는다. 대출 기관과 대출자가 모기지 계약을 다시 작성하는 중재 회의 개최, 기간과 위험 요소 관련 정보 공개에 관한 요건 강화, 은행 자본 준비금 요건, 좀 더 주의를 기울인 압류 절차 마련, 모기지 대출에 필요한 신용 조건의 표준화, 퇴거자 이주 기간 연장 허용 등을 위한 제안 따위를 포함하지만 말이다.

그런 개혁을 해야 할 필요성은 질문하기 어려운 문제다. 바로 얼마 전에 터진 추문에서 모기지 진행 과정에 관련해 은행이 법원에 제출한 사실 관련 진술서에 로보사이너robo-signer가 서명한 꼼수가 드러났다. 여기에서 로보사이너란 사실 관계에 관한 아무런 지식 없이 제시된 조건에 따라 종종 손 떨림까지 감수하면서 문서에 차례차례 서명만 하는 사람을 가리킨다. 그런 현실을 바꾸려는 개혁은 쓸모가 있다. 그렇지만 그런 개혁 중 어느 것도 위기를 구성하는 기둥을 문제로 제기하지 않거나, 그런 방향으로 움직이지 않는다. 대안은 있다.

내게는 이 단어들을 쓰는 일이 어렵게 느껴지지만, 조지 워커 부시 대통령이 옳았다. 2008년 11월 주요 20개국G20 회의가 열리기 직전에 월 스트리트에서 부시는 이렇게 말했다. "위기는 자유 시장 체제가 실패한 탓이 아니었고, 해답은 그 체제를 개혁하려는 노력에 있지 않습니다"(Pear and Stolberg 2008). 사실이다. 위기는 체제가 실패한 탓이 아니었다. 그 체제는 아주 잘 작동하고 있다. 그리고 해답은 체제를 개혁하는 데 있지 않으며, 개혁을 거부하고 새로운 뭔가를 시도해야 찾을 수 있다.

거부돼야 할 필요가 있는 체제란 무엇인가? 주택에 관련해 말하자면, 그런 체제는 이데올로기적이면서 경제적이다. 그리고 그 체제에 붙은 이름은 둘 다 똑같다. 민간 시장을 거쳐 생활필수품의 하나를 공급하는 체제, 사람이 아니라 이익을 위한 주택을 제공하는 체제 말이다. 좀더 고전적인 용어를 쓰자면, 문제는 사용 가치가 아니라 교환 가치를 목적으로 주택을 다루는 방식, 곧 주택의 상품화다(Bratt et al. 1986, 4~11).

주택 상품화는 근본적인 문제다. 상품화란 주택을 개인 또는 가족 단위 활동에 필요한 주거, 보호, 사생활, 공간을 제공하는 생활필수품이 아니라 사고파는 물건이자 때로는 돈을 버는 수단으로 다룬다는 뜻이다. 상품화란 생활필수품이자 사용 가치 때문에 필요한 대상을 교환 가치 때문에 획득하려는 대상으로 다루는 일이고, 그래서 그 대상은 이익을 얻기 위해 교환될 수 있으며, 따라서 사람들은 그 대상을 판매, 관리, 투자해 돈을 벌 수 있다. 이런 점에 관련해 명확성은 필수적이다. 이 글 끝부분에 서술한 주택 상품화의 여러 특성을 제한하는 데 이바지하는 모든 단계는 추진할 만한 가치가 있다. 주택 상품화의 여러 특성을 제한하는 모든 단계는 주택 위기를 해결하는 데 기여한다.[11]

당면한 단계는 보통 말하는 탈상품화를 결코 초래하지 않는 듯하다. 그렇지만 우리는 탈상품화 방향으로 나아가는 정도에 따라 대안으로 제시된 단계들을 평가할 수도 있으며, 이익 지향형 민간 부문에서 주택을 궁극적으로 제외하는 방식을 지지할 수도 있다.

첫째 기둥에 하는 이의 제기 – 주택의 시장 지향성

사적 이익 지향형 부문이 대부분의 미국인에게 가장 핵심적인 직접적 주택 공급자인 반면, 정부가 하는 행위는 민간 부문을 지원하는 무수한 방식에 필수적이다. 도로 개설, 하수 시설, 상수도 시설, 지구 관리, 대중교통, 환경 기준 등이 그런 사례다. 정부는 또한 주택 공급을 무수한 방식으로 규제한다. 건물 주소, 보건과 안전 규정, 층고 제한, 도시 계획 통제 등이 그런 사례다. 그렇지만 정부

---

11 자본주의에서 주택 문제를 '해결'할 수 있는지, 아니면 단지 개선될 뿐인지는 논쟁적이다. 물론 프리드리히 엥겔스는 이 문제를 해결하려면 사회주의가 도래할 때를 기다려야 하리라고 생각했다(Engels 1975[1887]). 그렇지만 엥겔스가 그 글을 쓴 시대는 현대에 견줘 복지 공급에서 정부가 하는 구실이 훨씬 제한돼 있었고, 교육, 치안, 소방에 가까운 부문으로 여겨진 듯한 주거는 자본주의적 구조 속 시장에서도 대부분 사라져야 했다. 이런 논의는 이 글의 주제를 넘어서는 문제다.

행위는 또한 민간 공급의 이익 측면을 규제하는 데 매우 활발하게 개입한다. 이를테면 임대료 규제는 전쟁이나 국가적 위기 시기, 또는 주택 부족이 위기 단계에 도달할 때 수용된다. 그런데 어째서 그런 때만 수용될까? 1977년 뉴욕 상소 법원 판결에서 인정된 대로, 여기에는 토지 가치란 사회적으로 창출된다는 논리가 적용된다. 적어도 그런 수준에서 토지 소유권이 가져다주는 이익은 민간 부문이 아니라 정부를 거쳐서 행동하는 사회적 집단에 누적될 수 있다.

이런 방향으로 나아가는 개혁은 확실히 가능하다. 임대료 규제는 분명한 사례다. 모기지 압류에 직면해 주택 임대에서 대안을 찾는 사람들에게 커다란 도움이 될 수 있기 때문이고, 전반적인 주거비가 투기적 수준으로 상승하는 흐름을 약화시킬 수 있기 때문이다.[12] 주택 매매에 매기는 투기적 이득세는 같은 방향으로 들어간다. 현재 세금 구조는 사실상 소유권을 장려하며 수익성을 강조한다. 주택 소유주에게 제공하는 세금 혜택은 경제적으로 부당하며, 이익 지향형 개발에서 사적 이해관계를 확대한다. 그런 혜택은 중단돼야 한다. 주택에서 이익이 되는 요소를 축소하는 조치들은 체계적으로 장려해야 한다.

둘째 기둥에 하는 이의 제기 – 제한된 정부 기능

현재 진행 중인 압류 위기는 뭔가 잘못돼 있고 수정돼야 한다는 폭넓은 인식이 자리 잡은 정치적 분위기를 창출했다. 거대 금융 기관에 제공된 긴급 원조 7000억 달러는 대부분의 사람들에게 잘못된 정책으로 받아들여진 반면, 살던 집을 잃어버린 위기에 놓인 사람들을 돕는 일 자체는 정당하게 여겨지는 듯하다. 압류 사태 처리에 도움이 되는 지역 안정화 프로그램에 7000억 달러 중 상

---

12 임대료 규제가 일으키는 파장은 얼마 전 대실패로 끝난 뉴욕 시 스투이페산트 아파트 사례에서 확인할 수 있다. 임대료 규제가 적용된 이 프로젝트에서 구매자는 54억 달러를 지불했는데, 임대료 규제를 적용받는 세입자들을 퇴거시키고 시세에 맞춰 새로운 임차인을 들일 수 있다고 예상했다. 법원이 이주를 불허하자 가격이 곤두박질쳐 28억 달러로 평가됐고, 구매자들은 파산했다.

대적으로 하찮은 금액만 투입된 점[13]은 뭔가를 좀더 깊이 고찰하는 데 필요한 출발점이 있다는 사실을 알려준다. 현재 정치 상황에 상관없이 투입 자금의 수준과 사용 원칙이 강화돼야 한다는 요구는 주택 위기를 해결하려는 모든 요구의 핵심으로 남아 있다.

물론 우선권을 요구하기는 하지만 우리가 주의를 기울일 대상을 직접적인 주택 위기에 한정해서는 안 된다. 문제는 단기적이지 않다. 체제에 본래부터 내재된 만성적인 문제다. 주택이 단지 '유효 수요'에 대응해, 곧 공급자에게 이익이 되는 가격이나 더 높은 가격을 지불해서 구매할 만한 부자들을 위해 공급되는 한, '비유효 수요'이지만 진정한 필요를 지닌 많은 사람들을 괜찮은 집에서 살게 해야 하기 때문에 정부 행위는 필수적이 될 수 있다. 그런 개혁을 가로막는 법적, 행정적, 절차적 장벽은 없다. 다만 그런 목표를 달성할 수 있는 정치적 권력을 확보하는 문제만 해결된다면 말이다.

결론은 급진적이지만, 아주 단순하다. 적절한 소득이 보장될 때까지 균등하게 규제된 주거비와 지불 능력 사이의 차이를 메꿀 적절한 공적 재정을 공급하는 문제는 계속 이어지게 된다. 공적 재정의 원천은 논란이 될 수 있다. 군사 예산과 누진 소득세 인상 같은 수단은 확실히 가능한 방안이다. 이런 필요가 계속 유지되리라는 사실은 논쟁의 여지가 없다. 그 개혁을 달성할 권력을 획득하려면 필연적으로 풀뿌리 민주주의 사회운동에 폭넓게 기초해야 하는데, 이런 사회운동은 주택 문제에서 정부가 하는 구실과 정부 정책이 나아갈 정치적 방향을 단순히 개혁하는 데 그치지 않고 필연적으로 변형하게 된다.

셋째 기둥에 하는 이의 제기 – 투기하는 주택 소유주라는 이데올로기
교외 부지에 지은 단독 주택으로 시각화된 아메리칸드림하고 이어진 민간

---

[13] http://www.housingwire.com/2010/09/08/hud-awards-another-1-billion-in-nsp-funding.

단독 주택 '소유권'이라는 목표에 관한 확신에는, 그리고 민간 시장이 이 목표를 달성하는 가장 좋은 방법이라는 신념하고 이 확신을 묶는 결합에는 이데올로기적 문제가 있다. 이 목표가 널리 수용된 밑바탕에는 지배적 주택 체제에서 살아가는 삶을 보여주는 여러 사실들이 자리한다.

'아메리칸드림'이 기초하는 확신은 다음 요소들을 포함한다.

- 임차권 보유 기간은 보장되지 않으며 퇴거 위험에 언제나 내몰린다
- 불안정한 임차권을 해결할 유일한 대안은 단순 부동산권$^{fee\ simple}$[14] 영태의 소유권이다.
- 단순 부동산권 형태의 '소유권'은 제한되지 않는 사용, 안정된 점유, 이익을 남기고 매각할 수 있는 자격을 보증한다.
- 주택 가격은 끊임없이 상승하며, 따라서 점유는 안정적으로 여겨진다.
- '소유권'은 가계가 자산을 축적하는 안정된 방법이다.
- 주택 소유 행위가 지닌 경제적 가치는 소유자가 한 노력이 창출한 가치이며, 그 남성(아마도 여성도 똑같겠지만)의 개인적 성취와 도덕적 가치를 보여주는 증거다.
- 주택 소유권에 제공되는 실질적인 경제적 유인은 고가 주택 취득세$^{mansion\ tax}$에 지급하는 보조금, 모기지 이자 소득세와 부동산세에 적용되는 공제액, 귀소 소득 대상 과세의 실패 등을 통해서 들어오며, 이런 보조금들은 언제나 있기 마련이다.
- 지원받는 집단 소유권이나 공동 소유권, 그리고 주거 시설을 가진 경험은 어떤 종류든 최소한에 그친다.

그래서 이 이데올로기는 현실 세계의 경험에 뿌리를 두지만, 이 경험은 제한적인 성격을 띠며 다른 여러 국가에 견줘 미국에서는 더욱 극단적으로 제한된

---

[14] 소유권자가 사용 또는 처분할 수 있는 권한 — 옮긴이.

다. 현실 세계에서 주택 시스템이 기능하는 방식에 관련된 지식은 실제로는 이 제한된 경험에서 도출된 결론하고 모순된다. '아메리칸드림'이 기초하는 확신은 경험에서 알 수 있듯이 과거에도(Sclar et al. 1984), 그리고 현재에도 아주 잘못된 생각이다.

임대 기간은 사실상의 '소유권'으로 최소한 보장될 수가 있는데, 대개 비영리 부문이나 정부가 확실히 대규모로 적절한 임대 주택을 공급하고 적절한 임대인을 선별하면서 가능해진다. 그리고 폭넓고 다양한 비영리 방식과 제한된 지분 보유 방식이 유용하다. 여기에는 협동조합 소유, 구분 소유condominium, 제한지분 공동 소유, 공제주택조합, 토지 신탁 등 '소유권'이라 불리는 권리들의 묶음으로 다양한 속성을 결합한 각각의 소유 형태가 포함된다. 그런 보유 방식들을 지원하는 정부 정책은 주택 소유권이라는 신화의 효과를 억제하는 방향으로 움직일 뿐만 아니라 민간 주택 시장의 지배력을 서서히 약화시키는 개혁이 될 수 있다. 따라서 주택을 사적 성취의 상징으로 이해하는 단계에서 사회적 산물이자 괜찮은 사회를 구성하는 사회적 문화의 일부로 평가하는 단계로 이행하는 방향을 향해 나아가야 할지도 모른다.

결론 – 주거 문제에 비판적으로 접근하기

주택 문제를 구성하는 세 기둥이 드러난다면, 그 세 기둥이 근거하는 토대도 명확해진다. 그 토대는 단순한 사실에서 나온다. 단위 가구와 부대시설까지 포함한 주택 중 압도적 다수는 이익을 목적으로 하는 민간이 공급하며, 그 이익을 산출하는 데 필요한 지불 금액의 수준을 고려하면 대부분의 주민은 적절한 주택을 구입할 만한 구매력이 충분하지 않고, 따라서 음식, 의복, 보건, 교육을 무시하고 주택에 많은 소득을 불균형하게 지출하든지 무주택자가 돼야 한다는 사실 말이다. 이 문제에는 두 가지 해답이 제시된다.

첫째 해답은 온건하다. 주택 공급 때 허용되는 이익 수준을 통제하는 범위를 확대해야 한다. 이런 목적을 달성하는 데 쓸 도구는 아주 가까이 있다. 임대료 통제, 투기 단속과 초과 이득세, 차별과 불공정한 관행의 범죄화, 퇴거 통제와 건축 법규의 개선과 시행. 그런 수단들은 돼지 목에 진주 목걸이보다는 낫지만, 동물을 새롭게 만드는 수준, 곧 대안을 제시하는 수준에는 못 미친다.

둘째 해답은 현재(와 과거)에 우리가 직면한 위기의 바탕에 놓인 세 기둥을 지지하는 신화를 향한 정면 공격이다. 임대 기간은 석절한 임내 주택 공급과 비영리 부문이나 정부 같은 적절한 임대인을 선별하는 과정을 거쳐서 사실상의 소유권으로 최소한 보장될 수 있다.[15] 그리고 임대 주택은 개별 소유권을 대체할 유일한 대안이 아니다. 아주 다양한 보유 형태를 활용할 수 있다. 협동조합 소유, 구분 소유, 제한 지분 공동 소유, 공제주택조합, 토지 신탁 등 '소유권'이라 불리는 권리들의 묶음으로 다양한 속성들을 결합한 각각의 소유 형태들 말이다(Davis 2006). 어쩌면 우리는 사생활을 보호하기 위한 완벽한 보안은 확보하는 한편으로 시장화에 연계되지 않고 투기적 이익과 손실의 가능성을 배제하면서도 '소유권'이 유지될 수 있다는 점을 명확히 하는 '비투기형 주택 소유권'이나 '개인 사용자 소유권' 형태를 발전시킬 수도 있다.

더욱이 모기지 압류 위기는 다면적인 문제다. 개인에, 동네에, 지역 개발에 모두 연관되기 때문이다. 전통적인 형태의 개별적 민간 주택 소유권이나 이익 지향형 임대 주택을 대체할 대안적 주거 형태는 확대돼야 한다. 공동체 토지 신탁이나 공제주택조합 같은 집단적 주거 형태, 또는 협동조합형 경영 체제, 그리고 당연히 공공 주택을 통해서 말이다.

---

15 피터 마르쿠제와 리처드 클라크가 도시연구소를 위해 입안한 임대 모델을 보라(Marcuse and Clark 1973). 2차 대전 뒤 사회주의 국가에서 실행한 가구 배치가 좋은 사례다(Andrusz et al. 1996).

공공 주택은 일반적으로 다세대 주택으로 받아들여지지만, '소유주'가 요구하는 안전과 개인적 통제를 제공하는 단독 주택에도 해당될 수 있다.[16] 비민간-비영리 소유권 모델에 속하는 여러 형태들을 폭넓고 다양하게 실험해야 한다. 많은 아이디어들이 이미 논의되고 있다. 물리적인 주택 형태가 다양해질 수 있다. 이를테면 돌로레스 헤이든Dolores Hayden은 페미니즘 시각에서 성차별적이지 않은 주택 프로그램은 주거 공간을 분리하되 공유 주방과 휴게 공간 등은 포함해야 한다고 주장한다(Hayden 2002; Talen 2009).

이윤 지향형 민간 주택 소유권과 민간-비영리-공공형 사회적 소유권 사이의 균형은 뒤쪽 모델을 향해 극적으로 이동돼야 한다. 마찬가지로, 개발과 건설과 경영은 공공 영역으로 이동해야 한다. 각 분야에는 훌륭한 경험이 충분히 많다.

비판 도시 이론은 역사적 분석에 닻침을 대어 사회 현상의 물질적 기원과 문화적 기원을 고찰하고, 실제로 존재하는 현실을 대체할 대안의 가능성을 끊임없이 제시하며, 이 대안들이 지닌 잠재력을 현실에서 탐구하라 요구하면서 주택 문제 같은 핵심적인 도시 문제의 해법을 마련하는 데 주요한 기여를 할 수 있다. 주택 위기를 구성하는 세 기둥을 제기하면서, 주택 상품화에 나란히 이익 지향형 시장의 바깥에 위치한 사회적 주택 공급의 가능성을 병치하고, 기업이 지배하는 일련의 정부 정책에 나란히 민주적으로 통제되는 사회 정책들의 가능성을 병치하고, 주택 소유권에 연관된 오해에 관한 이해와 사회적 선으로서 주택을 바라보는 시각에 관한 이해를 공표함으로써, 비판 도시 이론은 비판적 도시 계획이 성취하기를 바라는 그런 목표를 달성할 토대를 마련할 수 있다. 비판 도시 이론은 문제의 여러 원인을 드러내고, 현실적 변화를 지적하는 대신 직

---

16 도시권연합은 오늘날 미국에서 대부분의 공공 주택을 괴롭히는 공인된 문제들에 관한 포괄적이고 시사적인 비평을 제시했는데, 효과적인 해결책을 마련하는 데 도움이 될 견실한 제안도 빠트리지 않았다(Right to the City Alliance 2010; Liss, 이 책 15장).

접적 효과를 발휘하는 개혁을 제안하며, 그 과정에서 일어나는 사건, 가능한 개혁의 범위, 개혁의 한계에 관한 이해를 정치적으로 구성하도록 도울 수 있을 뿐 아니라, 그리하여 실질적인 해법이 가리키는 방향으로 나아가는 운동이 더욱더 실현 가능한 형태를 띠게 만들 수 있다.

참고 자료

Achtenberg, E. and Marcuse, P. 1986. "The causes of the housing problem." R. Bratt, C. Hartman, A. Meyerson(eds.), *Critical Perspectives on Housing*. Philadelphia: Temple University Press. pp. 4-12.

Andrusz, G., Harloe, M., and Szelenyi, I.(eds.) 1996. *Cities After Socialism: Urban and Regional Change and Conflict in Post-Socialist Societies*. London: Wiley-Blackwell. pp. 119-191.

Bratt, R., Hartman, C., and Meyerson, A. 1986. *Critical Perspectives on Housing*. Philadelphia: Temple University Press.

Bratt, R., Stone, M., and Hartman, C. 2006. *A Right to Housing: Foundation for a New Social Agenda*. Philadelphia: Temple University Press.

Davis, J. E. 2006. *Shared Equity Homeownership: the Changing Landscape of Resale-Restricted, Owner-Occupied Housing*. Montclair, NJ: National Housing Institute[online]. Available at http://www.nhi.org/pdf/SharedEquityHome.pdf(accessed April 15, 2011).

Dean, J. P. 1945. *Home Ownership: Is it Sound?* New York: Harper & Row.

Edel, M. and Elliott, S. 1984. *Shaky Palaces: Homeownership and Social Mobility in Boston's Suburbanization*. New York: Columbia University Press.

Engels, F. 1975[1887]. *The Housing Question*. Moscow: Progress Publishers.

Hart, T. 2010. "US home ownership rates falling as foreclosure crisis deepens"[online]. Available at http://personalmoneystore.com/moneyblog/2010/11/02/u-s-home-ownership-rates-foreclosure-crisis(accessed April 15, 2011).

Harvey, D. 2010. *The Enigma of Capital*. London: Profile Books.

Hayden, D. 2002. *Redesigning the American Dream*, revised and expanded edition, New York: Norton.

HUD(United States Department of Housing and Urban Development). 2010. *Worst Case Housing Needs 2007: A Report to Congress*, press release 10–107, May 25, 2010[online]. Available at http://www.ncsha.org/blog/hud-releases-worst-case-housing-needs-report and http://portal.hud.gov/portal/page/portal/HUD/press/press_releases_media_advisories/2010/HUD(accessed April 15, 2011).

Immergluck, D. 2009. *Foreclosed: High Risk Lending, Deregulation, and the Undermining of America's*

Mortgage Market. Ithaca, NY: Cornell University Press.

Marcuse, P. 1972. "The legal attributes of home ownership." *Working Paper, 209-211-221*, Washington, DC: The Urban Institute.

Marcuse, P. 1979. "The deceptive consensus on redlining definitions do matter." *Journal of the American Planning Association* 45(4), pp. 549-556.

Marcuse, P. 2008. "An Interview with Peter Marcuse 2008." *Critical Planning*. Los Angeles: University of California(15, summer). pp. 179-191.

Marcuse, P. 2010a. "Towards a comprehensive housing policy."[online]. Available at http://pmarcuse. wordpress.com(accessed April 15, 2011).

Marcuse, P. 2010b. "Changing times, changing planning: critical planning today." *Progressive Planning* 182(Winter). pp. 13-16.

Marcuse, P. and Clark, R. 1973. "Tenure and the housing system: the relationship and the potential for change." *Working Paper, 209-8-4*. Washington, DC: The Urban Institute.

Marcuse, P. and Dennis Keating, W. 2006. "The permanent housing crisis: the failures of conservatism and the limitations of liberalism." R. Bratt, M. Stone, and C. Hartman, *A Right to Housing: Foundation for a New Social Agenda*. Philadelphia: Temple University Press. pp. 139-162.

New York Court of Appeals. 1977. *Penn Central Transportation Co. v. City of New York*. New York: New York Court of Appeals.

National Low Income Housing Coalition(NLIHC). 2010. *Out of Reach 2010-June Update*[online]. Available at http://www.nlihc.org/oor/oor2010/introduction.pdf(accessed April 15, 2011).

Nocera, J. 2010. "Wake-up time for a dream." *The New York Times*, June 12. New York: B1.

Pear, R. and Stolberg, S. G. 2008. "Bush speaks in defense of markets." *The New York Times*, November 14. New York: B1.

Right to the City Alliance. 2010. *We Call these Projects Home*[online]. Available at http://www. wehavenoart.net/public/righttocitycolor4–10-10.pdf(accessed April 15, 2011).

Sclar, E., Edel, M., and Luria, D. 1984. *Shaky Palaces: Homeownership and Social Mobility in Boston's Suburban-ization*. New York: Columbia University Press.

Stone, M. 2006. "Pernicious problems of housing finance." R. Bratt, M. Stone, and C. Hartman(eds.), *A Right to Housing: Foundation for a New Social Agenda*. Philadelphia: Temple University Press. pp. 82-104.

Talen, E. 2009. *Urban Design Reclaimed: Tools, Techniques and Strategies for Planners*. Washington, DC: Planners Press.

Wolff, R. 2009. *Capitalism Hits the Fan: The Global Economic Meltdown and What to Do About It*. Chicago: Interlink Publishing Group.

14장

사회주의 도시들, 민중을 위한 또는 권력을 위한?

브루노 플리에를과
피터 마르쿠제가
나눈 대화

도시의 형태와 의미는 도시가 장착된 정치적 구조와 경제적 구조의 변화하고 함께 역사적으로 변화한다. 경제적 관계와 정치적 관계는 둘 다 결정적이다. 한 영역에서 일어난 변화가 다른 영역에서 자동으로 변화를 이끌지는 못한다. 시장 관계의 부재는 자본주의 도시의 형태를 아주 폭넓게 결정하지만 시장 관계에서 자유롭다는 점이 그 도시가 민주적인 도시가 된다는 보증은 아니다. 더욱이 현실의 권력 관계 안에서도 갖가지 국내적인 이데올로기 관계와 대외적인 국가 관계와 국제 관계가 영향력을 발휘하면서 표면에 드러나지 않는 흐름들을 구체적으로 결정한다. 지난 세기 베를린의 역사는 그렇게 변화하는 영향력을 보여주는 극단적인 사례로, 건축 구조의 세부적 특질을 상세히 추적할 수 있다. 브루노 플리에를과 피터 마르쿠제가 나눈 대화는 1989년과 1990년 동독을 뒤흔든 '전환Wende'의 연대에서 시작한다. 그때 마르쿠제는 바이마르와 동베를린에서 강의와 연구를 하는 중이었다. 친구들이 나눈 대화는 해를 넘겨 계속돼, 2008년 11월 베를린 메트로폴리탄 연구센터Center for Metropolitan Studies에서 열린 '도시권'에 관한 학술회의까지 이어졌다. 이 장은 두 비판적 도시학자 사이에 이어지고 있는 이야기의 중요한 요소들을 문서로 기록한 결과물이다.

여는 말 – 피터 마르쿠제

이 책은 모든 사람을 위한 인간적인 도시라는 목표를 달성하지 못하게 하는 중요한 걸림돌을 하나 제시합니다. 바로 오늘날 자본주의 경제를 지배하는 이익 지향형 시장이 하는 기능이죠. 그러나 자본주의 경제에서 시장은 국가에 의존해야만 제대로 작동할 수 있으며, 국가를 구성하는 여러 기관은 자본주의 경제 체제의 통합된 일부인 사회적 통제와 권력 관계들을 강화합니다. '이윤 말고 사람을 위한 도시', 인간적인 도시란 무엇처럼 보일까요? 이 책에 실린 글은 대부분 이익을 추구하는 시장이 도시 형태와 도시 용도를 우선적으로 결정하는 요소가 아닌 도시가 인간적인 도시라고 주장합니다.

이익을 추구하는 시장을 제거하는 정도로 충분할까요? 그런 시도가 바로 그 시장이 단단히 뒷받침하고 강화하는 경제 관계, 곧 우리에게 친숙한 생산 관계와 축적 충동을 제거하는 데 기반하더라도? 권력 관계의 효과가 시장에 의존하지 않는다면 어떨까요? 권력 관계는 역사 연구가 보여주듯 자본주의가 나타나기 전에도 있었습니다. 도시는 특정한 위치를 차지한 자본주의 시장과 자본주의 생산 이전에 존재하던 다양한 권력 관계를 동반해 건설됩니다. 빈이나 파리 같은 도시뿐 아니라 대부분의 유럽이나 다른 대륙의 많은 도시는 봉건 체제 아래 다양한 형태를 띤 군주제, 부족제, 위계제 권력이 주도해 건설됐죠. 그러나 그런 도시들은 일반적으로 자본주의 산업화가 도래하기 전에 출현했습니다. 이익을 추구하는 시장이 부재한, 곧 자본주의 관계가 부재한 오늘날의 도시에 권력 관계가 미칠 수 있는 영향력 중 우리는 무엇을 경험하고 있을까요?

그렇습니다. 우리는 경험하고 있습니다. 현실 사회주의 체제 아래 도시들은 '이윤을 추구하지 않는 도시'처럼 보이는 증거를 충분히, 그렇지만 매우 부적절하게 연구된 상태로 제공합니다.[1] 그 도시들은 '민중을 위한 도시'였을까요? 이 질문은 중요한데, 그 도시들은 민중을 위한 도시가 아니고, 전체적으로 모방할 가치가 있는 도시도 확실히 아니며, 우리들이 지금 열망해야 하는 모델로 쓸 만한 도시도 아니라는 관점이 오늘날 압도적 우위를 차지하기 때문입니다. 왜 그럴까요? 이익 추구 동기가 현대 도시에서 가장 잘못된 요소로 비난받는데, 이윤 동기를 폐지하는 행위는 왜 이상적인 도시를 가져오지 못할까요?

이 질문은 실천뿐 아니라 이론에도 직접적인 함의를 지닙니다. 시장이 도시

---

[1] 좀더 비판적인 고찰은 피터 마르쿠제와 프레드 슈타우펜비엘이 쓴 글을 볼 것(Marcuse and Staufenbiel 1991).

에서 만들어내는 결과에 관한 비판은 현실 사회주의 사회의 도시들을 가리키며, '그런데 시장이 없는 듯 보이는 도시들을 보라. 그런 모습은 당신이 원하는 대안인가?'라고 묻는 반박을 마주칩니다. 일단 시장이라는 개념에 관련된 대답이 나올 수 있죠. 이익을 추구하지 않는 시장, 이른바 사회적 시장이란 있을 수 없을까요? 그야말로 까다로운 질문이지만, 여기에서는 제기하지 않겠습니다. 시장에 관해 말할 때, 우리는 생산과 분배 과정에서 이윤 동기가 작동하는 시장을 가리키죠. 그렇지만 이런 대화가 제기하지 않는 또 다른 대답이 있는데, 설사 경제 영역에 기반하더라도 경제 영역의 외부로 여겨져야만 하는 권력 관계가 존재할 뿐 아니라 이런 권력 관계는 방식은 다르더라도 마치 이익 추구형 시장이 그렇듯 민중을 위한 도시 발전을 방해할 수 있다는 주장입니다. 이런 이유 때문에 그토록 많은 사회주의자들이 '현실 사회주의'라는 문구를 사용하자고 주장하며, '현실 사회주의'를 '민주적 사회주의'에 나란히 놓습니다. 근본적으로 변화하는 경제 관계란 좀더 좋은 세계와 좀더 좋은 도시를 만들기 위한 필수적이지만 충분하지 못한 조건이라는 점을 강조해야 하기 때문이죠. 변화하는(또는 제거된) 권력 관계도 마찬가지로 필수적입니다.

권력 문제는 가까운 과거 속 현실 사회주의 도시뿐 아니라 오늘날 자본주의 국가 도시들에서도 중요합니다. (다시 말하는데 경제 관계에 주로 의존하지만 경제 관계에 한정되지 않는) 권력 관계는 공공 영역, 재창조 기회, 접근과 이동성, 환경의 질, 기반 시설에 관한 차별적인 관리와 유지와 실제적 유용성의 범위를 결정합니다. 이런 모습은 건축에서 좀더 직접적으로 드러날 수밖에 없죠. 권력의 건축을 다룬 글은 그동안 많이 나왔습니다. 권력은 전혀 급진적 개념이 아니에요. 아마도 권력 개념은 식민 도시에서 특히 명확하며, 파시즘 시대 건물에서 확실히 아주 뚜렷하게 드러납니다. 역사상 17세기 이전을 보면 권력은 실제로 공식적 건축사의 중심 사상이죠. 궁전과 대성당은 그런 역사를 구성하는 단편들이고, 시장은 오직 간접적 방식으로 관련된 권력을 반영합니다.

그렇지만 권력이 추동한 발전과 시장 사이의 관계는 엄밀히 말해 덜 검토됐습니다. 우리에게는 상업이라는 대성당과 군림하는 마천루가, 슬럼 한가운데에 자리한 지배적인 고립된 공간으로서 대학이, 높은 사회적 지위를 표현하기 위해 건축한 백화점이, 1등석과 2등석 공영 철도 차량이, 계급 의식에 물든 법정과 병원이 있어요. 건축에서 이익 동기를 단순히 제거한다면 우리는 민중을 위한 도시에 어느 정도까지 다가갈 수 있을까요?

동유럽 도시들은 복잡함을 최소화하면서(또는 어쩌면 그저 다를 뿐인) 그런 질문들을 해결하는 데 우수한 사례 연구를 제공합니다. 동유럽 도시들은 훨씬 간소한 형태로 정치적 민주주의와 경제적 공정 사이의 관계라는 문제를 제기하죠. 그리고 모든 도시 중에서 베를린은 어쩌면 가장 접근하기 쉬운 사례일지 모르겠어요. 이 도시는 강력한 절대주의에서 출발해 자유 민주주의를 거쳐 파시즘으로 나아갔으며, 한 부분은 현실 사회주의로 바뀌어 한때 유지되다가 되돌아왔고, 다른 한 부분은 신자유주의적이고 전지구적인 도시가 됐습니다. 베를린의 도시 건축은 이런 역사의 전형이며, 건물들의 가시적이고 물리적인 형태를 거쳐 드러나는 이익 지향형 시장의 징후에서 권력의 징후를 분리합니다.

그래서 브루노, 당신은 40년 동안 현실 사회주의 국가인 독일민주공화국(동독)의 수도이다가 1990년부터는 현실 자본주의라는 조건 아래 독일연방공화국 수도가 된 베를린에서 일하며 쌓은 지식과 경험을 기반으로 사회와 건축에 관한 이런 생각들, 민중을 위한 건축, 이윤, 그리고/또는 권력을 위한 건축에 어떻게 대응할 겁니까?

응답 – 브루노 플리에를

역사란 항상 미래 만들기를 위해 생각해야 할 가치가 있습니다.

사실이 그렇습니다. 독일민주공화국은 1949년에 건국된 뒤 이윤 동기가 아니라 인간의 필요를 충족시키려는 욕구에 경제적 지향을 맞춘 도시 개발 형태를 보였습니다. 그렇지만 평범한 민중들의 삶을 지배하는 국가 권력에서 정치적으로 자유롭지는 못했습니다. 건축이란 사회를 둘러싼 구조화된 환경으로, 유사 이래 세계 곳곳에서 항상 그러하듯 동독 지역에서도 특정한 방식으로 민중과 권력 사이의 이런 관계를 표현합니다.

저는 동독 시기와 1990년 이후 발전한 독일연방공화국 영토 안에서 분단 독일, 특히 분단된 베를린이 재통합되는 과정 중에 독일 사회에서 벌어진 일, 도시 개발, 건축에 관해 분석을 시도하겠습니다. 지배 없는, 나아가 이윤 없는 인간적 도시들을 미래에 발전시킬 방법에 관한 질문, 그리고 민중을 위한 건축을 실현할 방법에 관한 질문으로 마무리할 생각입니다. 저는 앞으로 진행될 연구에서 살펴볼 내용을 간단히 살펴보면서 끝맺고 싶습니다.

동독에서 도시 계획은, 그리고 도시 계획에 더해 도시와 건축의 형태는 사회주의적 생산 관계에 기반해서 발전했습니다. 달리 말해 우선 무엇보다도 생산 수단에 의존합니다. 여기에는 토지부터 기술이 적용된 기계, 그리고 집과 도시와 변형된 풍경을 포함해 구조화된 환경에서 살아가는 인간의 이해관계에 이바지할 목적으로 수립된 정책들에 따라 배치되는 건물이 포함됩니다. 법적 근거는 1950년 9월에 공표된 재건법^Aufbaugesetz이었죠. 재건법은 '도시 계획 원칙 ^Grundsätze des Städtebaus'을 포함하고 있었는데, 나중에 이 원칙은 '도시 계획 16원칙^16 Grundsätze des Städtebaus'으로 알려졌죠. 이 원칙은 처음에는 전쟁 때 파괴된 도시를 다시 일으키는 이른바 '재건 도시'에 초점을 맞췄습니다. 1960년에는 '사회주의 도시 중심지 계획과 설계 원칙^Grundsätze der Planung und Gestaltung sozialistischer Stadtzentren'으로 다듬어졌습니다. 그 뒤로 이따금 추가 사항들이 더해졌고요.

그 시기에 부른 용어를 따르면 도시의 건축과 공간 개발에 관련된 '지시와 계획^Leitung und Planung'이라는 국가적 수단은 모두 자본주의 사회의 이윤 지향형 주택, 토지, 건물 시장에 대조되는 사회주의적 경제 관계와 정치 관계를 기반으로 삼는다는 방침을 취했습니다. 국가가 내세운 목적은 건조 환경, 주택, 건물, 그리고 총체적 수준의 건축이 상품이라는 특성을 띠지 않는다는 점, 달리 말해 교환 가치가 아니라 사용 가치에 따라 결정될 뿐 아니라 획일적으로 정한 가격을 기반으로 한다는 점을 확실히 하는 데 있었습니다. 토지, 건물, 거주 구역은 상품이 아니기 때문에, 형태와 용도를 결정할 전형적인 자본주의 시장은 존재하지 않았으며, 그러므로 도시 주민의 양극화, 분리, 축출도 일어나지 않았죠. 동독의 도시 정책은 모든 시민들의 사회적 평등이라는 가치에 기반했습니다. 따라서 도시 건축 원칙의 둘째 조항은 '도시 개발의 목적은 노동, 주거, 문화, 여가를 필요로 하는 인간적 요구를 균형 있게 만족시키는 데 있다'고 주장하죠. '민중을 위한 도시'를 건설할 수 있는 방법을 좀더 이상적이면서 인간적인 형태로 구상한 겁니다.

그리고 관련 원칙들을 도출하는 이런 방식은 아테네 헌장하고 아주 달랐습니다. 아테네 헌장은 일찍이 1933년 근대건축국제회의에서 창안된 기본 지침을 포함하고 있었고, 1940년대에 르코르뷔지에가 문서로 정리하지만 2차 대전이 끝날 때까지 세계 곳곳에 널리 알려지지 않았죠. 인간 생활의 여러 기능에 쓰이게 될 도시를 발전시키기 위해 세계 곳곳 여러 나라의 정부를 향해 건축가와 도시 계획가들이 한 호소인 셈이죠. 반면 동독에서 도시 계획 원칙은 사회주의를 향한 도정에 인간적 필요를 적응시킨 도시를 건설하도록 국가가 건축가와 도시 계획가들에게 하달한 명령이었고요.

비자본주의적인 도시 개발 형태를 향한 이 조금은 이상적인 접근법은 외부적 측면과 내부적 측면에서 모두 정책가들이 의도한, 동독의 발전을 전반적으로 결정지은 성공으로 나아가지는 못했습니다. 그렇게 된 진짜 이유가 있었죠.

첫째, 자본주의 국가들과 사회주의 국가들 사이에 벌어진 전지구적 냉전입니다. 1947년에 시작된 이 냉전에 동독은 1949년 처음 세워진 때부터 얽혀들었죠. 동독은 독일에 형성된 두 국가 중에서 더 작고 더 약한 탓에 경제와 정치에서 모든 것을 소련에 의존했습니다. 동독은 동유럽을 묶는 군사 동맹 체제에 통합됐지만, 특히 서독에 대항해 굴복하지 않고 버티기로 결심하기도 했죠. 그리고 동독의 정치는 동독이 내세운 대의 시각에서 추구할 수 있는 강점이 아닌 사안에서도 서독을 뛰어넘으려는 열망에 자극받았습니다. 이런 국제적 집단화 속에서, 각각 다른 사회 때문에 나뉜 분단국이라는 상황 아래 분리가 강화되는 한편으로 온갖 경계를 뚫고 같은 언어와 미디어를 통해 통합되는 사이에, 동독은, 그리고 동독이 추구한 도시 발전은 단지 한정된 기회만 얻을 뿐이었죠.

둘째, 자국 영토를 기반으로 한 동독은 그동안 거둔 성과를 유지하는 데 필요한 물질적 수단을 아주 제한된 수준으로 공급할 능력밖에 없었습니다. 괜찮은 삶의 질을 평균 수준에서 보장하는 데 필수적인 요소를 언제나 갖추고 있었지만, 풍족하게 쓸 만한 정도는 결코 아니어서 때때로 부족하고 이따금 심각한 사태를 겪었죠. 그런 사태는 어느 정도 정기적이었습니다. 정상 상태를 달성하려면 항상 피나게 노력해야만 했죠. 그런 상황에서 가장 뛰어난 도시 계획도 결국에는 목표에 미치지 못했습니다. 게다가 어떤 사회주의적 이상들은 종종 견고한 경제적 토대를 결여했죠. 이를테면 국가는 사회 정책상 이유 때문에 1제곱미터당 1동독마르크 정도만 받고 40년 동안 임대 아파트에 거주할 수 있게 보장했는데, 임대료로 건축비를 상환할 가능성은 거의 고려하지 않았죠. 국가는 부유할 수 없던 사회에서 후원자 구실을 했습니다.

대화

마르쿠제 당신은 '사회 정책상 이유 때문에'라고 말합니다. 그런데 어느 누구도 정책상 이유 때문에 자기가 이행할 수 있는 정도보다 많은 약속을 하지는 않을 겁니다. 임대료를 그렇게 낮게 책정하는 정책, 그리고 동시에 비교적 고품질인 주택을 공급한다는 약속은 사실상 이런 의미죠. 번영하는 서구의 현실을 목격하면서 나타난 전복적 영향력에 대항해 인민을 통치할 국가 권력을 보존해야 할 필요가, 달리 말해 정치적인 것이 사회적인 것을 마음대로 주무르는, 권력 유지라는 대의가 강력하게 영향을 미친 결과물로 동독의 주택 정책을 해석하지 않아도 괜찮을까요?

플리에를 저도 동의합니다. 그리고 사회주의 사회를 향한 사회석 열망이 실연되지 못한 셋째 이유가 떠오릅니다. 동독은 대중적이고 민주적인 자기 결정권, 그러니까 공화국^{res publica}에 관련된 결정을 하는 모든 사회적 과정에서 공개적이고 공적인 논쟁과 공공의 참여를 전제하는 권리를 발전시킬 수 없었습니다. 동독이라는 현실 사회주의 국가는 소련식 스탈린주의 교의와 소련의 지도적인 국가 정당이 절대적 영향력을 발휘하는 상황에서 발전하고 권위주의적 수단을 활용해 창설한 국가사회주의였지, 초창기에 사회주의자들이 구상한 종류의 민주적이고 대중적인 사회주의가 아니었고, '인민의 민주주의'도 아니었죠. 모든 사람에게 보낸 초대장으로 인기를 끈 구호 '생각에 기여하고, 노동에 협력하고, 통치에 참여하라'는 보통 공허한 문구로 남았고요. 비민주적 노동 분업은 어느 정도 사실이었습니다. 지도하는 국가 정당 독일사회주의통일당^{SED}과 그 당이 이끄는 국가는 생각하고 통치했고, 사람들은 일을 했죠. 사회주의가 더 좋은, 자본주의에 견줘 더 좋은 사회였거나, 또는 적어도 자본주의보다는 더 좋은 사회가 될 수 있었다는 근본적 동의가 존재했다고 주장할 수도 있을 테지만 말이에요. 얼마나 많은 선의와 능력이 활용되지 못하거나 거부당한 채 남았고, 따라서 사라졌는지!

마르쿠제 그렇지만 당신이 앞에서 묘사한 동독 국가의 창설에 수반된, 그리고 도시 발전에 관련된 16개 원칙에 구현된, 일종의 이상주의적 열망들과 사회주의적 이상을 실현하는 데 실패한 셋째 이유라고 부른 민주적 의사 결정 과정의 결여 사이에 긴장이 있지 않았나요? 1989년과 1990년 동독에서 우리는 사람들을 마주쳤고, 아주 중요한 지위에 있던 몇몇은 도시 계획에 관련된 결정에 민주주의와 참여가 결여되는 데 아주 결정적인 구실을 했죠. 우리는 그 사람들이 '민중을 위한 도시'를 건설하는 데 실제로 전념했다는 느낌을 받았고, 그러나 계속 뭔가를 해나가는 과정에서 상상된 이상들의 일부를 배신하고 있었다는 사실을 깨달았습니다. 그러나 비판자들은 자기가 철저하게 반대해야 한다고 느끼지 못했는데, '할 수 없었다'가 아니라 '하지 말아야 했다'는 말이 맞겠죠. 왜냐하면 자기들이 그 체제를, 그리고 그런 사회적 기본 구조를 바랐고, 근원적인 이상을 향해 나아가는 흐름이 여전히 밑바탕에 있기 때문이었죠. 그 이상이 기반하는 체제를 드러내놓고 무조건 반대하기보다는, 그런 이상이 결실을 맺을 수 있게 시스템 안에서 일하는 쪽이 더 나았습니다.

플리에를 맞습니다. 그런 상황은 동독에서 도시 정책이 시작될 때부터 이미 나타났습니다. 베를린 도심지 개발을 둘러싼 논쟁을 논의하고 싶은데요, 고전적인 사례죠. 그리고 일반적으로 이런 논쟁은 모두 결국에는 마무리가 좋을 수 없었습니다. 실제로 좋지 않았고요. 생존을 둘러싼 두려움이 커지고 체제 유지 자체에 합리적 초점이 맞춰진 탓에 초강대국 사이에 벌어진 냉전이 1988년과 1989년에 종언을 고한 뒤, 냉전의 산물인 분단 독일도 최소한 그때 형태로 보면 역사적으로 낡은 체제가 됐죠. 동독이 민주적 사회주의 국가가 될 가능성은 있었지만, 소련이 강력한 동맹국이자 민주적 사회주의 국가로 개혁될 때만 실현될 수 있는 목표였습니다. 역사가 그린 경로는 그렇지 않은 탓에 동독은 불행한 결말을 맞이했습니다. 그런데 동독이 서독으로 흡수되는 바람에 여러 분야에서 사회주의 사회 동독이 지닌 긍정적 특질이 가져올 미래를 더는 기대할 수 없게 됐죠. 그중에서도 특히 이윤을 지향하지 않는 도시 발전이 그렇습니다.

마르쿠제 그래서 베를린 장벽이 무너지고 나서 무슨 일이 벌어졌죠? 당신은 동독식 정책에서 서독식 정책으로 나아가는 변화를 통해, 곧 현실 사회주의 정책에서 현실 자본주의 정책으로 나아가는 변화를 통해 시장 원리가 개발을 주도하지 않는 도시와 시장 원리가 개발을 주도하는 도시 사이의 차이를 구별할수 있나요? 또는 두 체제에서 권력의 축적과 보호를 추구하는 경향이 존재한다는 현실이 근본적으로 두 체제 사이의 차이를 지우는 걸까요?

플리에를 저는 그 차이가 매우 뚜렷하다고 생각합니다만, 당신은 당신 스스로 판단할 수 있죠. 베를린을 사례로 들어보겠습니다. 예상하던 대로, 1990년 이후, 곧 1990년 6월 30일에 둘로 나뉘어 있던 독일 국가 사이의 통화 통합이 시작되고 10월 3일에 정치적 통합이 완성된 그해부터 구동독 지역 전체, 그러니까 이른바 새로운 주$^{neue\ Länder}$ [2]와 동베를린에서 도시 정치는 사회화된 부동산을 거의 완벽하게 사유화하는 조치를 포함해 이윤 추구형 자본주의 경제로 나아가는, 그리고 동독이 들어서기 전의 도시 기능과 도시 이미지에 어울리도록 도시의 건축과 공간을 재건하는 단계를 향해 나아가는 역행을 겪었습니다. 이런 흐름은 새롭게 전유한 도시에서 실제적 측면이나 미학적 측면으로 볼 때 지난 시절 동독이 남긴 흔적을 제거하는 데 목적이 있었죠. 동시에 오래된 도시가 자리한 새로운 주들을 대표할 간판 건축물을 만들자는 목표도 세웠고요. 이런 건축물들은 정치와 경제 분야에서 새롭게 들어선 제도들을 상징하며, 새로운 국가에서 살고 있는 모든 주민들에게 강렬한 인상을 심어줬습니다.

건축이란 인간 삶을 둘러싼 구조적 환경으로서 물질적이고 이상적인 면에

---

2   독일연방공화국에 새로 편입된 주들, 곧 구동독 지역을 가리킨다 — 옮긴이.

서, 실제적이고 미학적인 면에서, 인간의 사회적 존재와 개인적 존재가 만들어 낸 산물입니다. 건축은 역사적으로 보면 구체적 사회에서 인간 생활의 구체적 대상으로 직접적 구실을 수행했지만, 또한 의미를 나타내고 소통하는 데 기여 하기도 했습니다. 곧 상징으로 기능했죠. 건축에 관련된 모든 세력은 어떤 사회든 항상 건축이 지닌 이런 능력을 이용했습니다. 사회와 그 사회 안에서 살아가는 사람들이 뒤이은 여러 사회가 인정하는 수준을 넘어 건축을 오용하고, 파괴하고, 변경하지 않는 한, 자기가 건설한 환경 속에서 인정받을 수 있는 이유가 바로 이것이죠.

베를린, 1945년까지 독일 제국과 바이마르 공화국의 수도였고, 그 뒤 1949년부터 동독의 수도 중 동쪽 지역이었고, 지금은 1990년에 복원된 전통적인 영토 전체를 포괄하는 독일연방공화국의 수도인 이 도시는 모순으로 가득한 사회와 도시와 건축의 역사를 보여주는 명백한 사례입니다.

건축과 도시라는 측면에서 동독의 수도 베를린을 규정하는 가장 중요한 명령이 두 가지 있습니다(생산 시설과 과학 시설, 학습, 교육, 보건 여가 기관을 재건, 개조, 건설할 필요성에 더해서 말입니다). 바로 거대 도시 지역 내 주거 시설 건축 사업에 보조금을 지급하는 포괄적 국가 프로그램, 그리고 국가 최고 기관들을 수용하며 그 기관들을 효율적 건축이라는 무대에 올려주는 건축물을 세우라는 명령이었죠. 모두 이익을 남기지 않는 건설 사업이어서 전체 사회를 위해 비용을 지출하고 사용해야 했지만, 공동 주택 건설 사례이자 국가를 위한 건축을 제시하는 특별한 견본이라는 정치적 선동을 수단 삼아 대중적으로 알려졌습니다. 그런데 이런 도전들을 해결하는 과정에서 이룩한 성공은 적어도 동독의 건축과 도시 계획에 내재된 결점과 모순, 곧 주목할 만한 개별적 성취를 보여주기는 하지만 2차 대전이 시작되기 전 (특히 베를린에 충분하던) 주거용 건축물을 재건축하고 보수하는 데 활용할 자금과 기술적 수단이 충분하지 않다는 사실을 은폐하는 데 기여하기도 했습니다.

그림 14-1. 베를린 중심가 스탈린 거리(1952~1957년 조성)

출처: Bauinformation Berlin.

가장 규모가 큰 동시에 가장 대표적인 주택 건설 프로젝트는 동독이 개발되기 시작한 시점에 곧바로 착수됐습니다. 1949년부터 1960년까지 진행된, 동베를린을 가로지르는 직통 도로이자 대로인 스탈린 거리Stalinallee를 건설하는 계획이었죠. 각각 150미터에서 200미터 길이인 8층짜리 건물에 여러 사회 계층에 속한 주민 5000명이 사는 아파트가, 모두 합치면 1.5킬로미터에 이르는 거리 양쪽을 따라 쭉 늘어섰습니다(그림 14-1).

스탈린 거리는 1950년대 전반기에 실행한 베를린 재건 프로그램을 대표하는 걸작이었습니다. 그곳은 사회주의 도시에서 만개할 미래의 주거 생활을 표상하는 약속으로 받아들여졌죠. 그렇지만 아파트가 너무 비쌌어요. 미래를 상징하는 모델 구실을 하기에는 정말 너무 비쌌죠. 스탈린 거리 건설 계획은 1955년에 동독 건축 관련 학술회의가 처음 열려 급진적 패러다임 이동에 도달한 주택 관련 건축을 산업화하려는 일련의 제안을 통과시키기 전까지 완결되지 못했습니다. 짧은 준비 기간을 거친 뒤, 1960년부터 사실상 모든 새 거주지가 프리캐스트 콘크리트판[3]을 채용한 건식 구조인 인더스트리얼 스타일로 건축됐습니다. 이런 방식이 더 효과적이라는 데 의심의 여지는 없었습니다. 덕분에 건축업자들은 낮은 임대료와 정치적으로 정해진 짧은 공사 기간을 요구 조건으로 내건 야심 찬 사회 주택 프로그램에 따라 규정된 목표를 충족할 수 있었죠. 그렇지만 양적 측면에서 조금 더 효과적일 뿐이었습니다. 보통 발코니를 갖춘 형태로 이렇게 넓은 주택 단지에 지은 아파트는 대부분 11층 정도로 고층인데다가 거대하고 새로운 근린 지구에 모여 있었습니다. 대개 도시 주변부를 따라 건설됐지만, 몇몇 단지는 시내에 자리를 잡기도 했죠. 아파트는 처음에는 당연히 모든 사람이 **한** 채를 얻으려 하다가 나중에는 **자기 자신의** 집을 가지려 한다는 의미로 받아들여졌죠. 그렇지만 양적 목표를 충족하려는 주택 건설 프로그램의 초점은 조금 만족스럽지 못한 결과로 이어졌습니다. 산업적 형태를 띤 격자형 주택 단지 속에 들어선 아파트는 거주자들 사이의 사회적 평등을 실현했지만, 개인적 차이를 없애버리기도 했습니다. 그리고 삶에 필수적인 사회 시설을 모두 공급한다고 해도 이런 근린 주택만 지으면 도시적 특성이 부족할 수밖에 없었고, 기능적 면에서나 미학적 면에서나 지나치게 단조로웠습니다. 반면 2차 대전 전에 지은 도심 지역 건물들은 퇴락한 채 남아 있었죠. 동독 시절 베를린에서 패러다임적 전환의 사례를 들자면 마르찬헬러스도르프Marzahn-Hellersdorf 구의 산업적 형태로 건설된 주변부 주택 지구가 있는데(그림 14-2), 이곳에는 15만 명이 거주했습니다. 그리고 프렌츠라우어베르크Prenzlauer Berg 주와 프리드리히스하인Friedrichshain 구에 자리한 2차 대전 이전 시기의 도심지 근린 주택 지구도 여기에 포함될 수 있겠죠.

---

3 프리캐스트 콘크리트판(precast concrete slab)이란 정해진 목적에 맞춰 공장에서 미리 만든 콘크리트 부품을 가리킨다 — 옮긴이.

그림 14-2. 1980년대 베를린, 마르찬 구역의 주거 지역

출처: Archiv Stadtbüro Hunger, Berlin.

재통합된 베를린에서 새로운 주택 건설은 또한 그때까지 남아 있던 전전 또는 전후 시기 건축물의 유지, 보수, 전환을 뜻하기도 했는데, 이런 과정은 처음에는 민간을 기반으로 시작되기 마련이며, 이윤을 내고 자산 가치를 제대로 평가하려는 목적 아래 사업을 진행하는 상업적 개발 회사들이 수행했습니다. 이런 흐름은 임대료가 무자비하게 치솟고 불리한 사회 집단이 축출되는 사태로 이어져서, 사람들은 더 싸지만 더 가난하고 대개 더 질 낮은 지역으로 옮겨 갔죠. 결국 자본주의 세계 곳곳에서 일어난 젠트리피케이션인 셈이죠. 자산이 충분한 때는 개인의 행복을 찾아 분양 아파트를 샀는데, 이런 사람들은 무엇보다도 서쪽 연방공화국에서 이곳으로 옮겨 온 그 도시의 새로운 주민이었죠.

낡은 연방 공화국에서 새롭게 등장한 자산 소유자는 구동독의 주거용 부동산이 지닌 가치를 매우 차별화된 시각으로 바라봤습니다. 예전의 스탈린 거리, 오늘날의 카를마르크스 거리와 프랑크푸르트 거리를 따라 쭉 늘어선 역사

적 건물들은 건축이나 도시 계획 관점에서 금자탑으로 선언됐지만, 동독 시절에 만든 인더스트리얼 양식의 현대적인 주거용 건물은 가차 없이 평가 절하되고 비난받았습니다. 조립식 콘크리트판 건축을 뜻하는 '조립식 건축물plattenbau'을 줄여서 '성냥갑platte'이라 불렀죠. 이 모든 일들은 현재 주택 시장 안에서 무자비하게 이익을 추구하는 흐름에 결부된 현대적인 가치 평가에 따라 건축 유산을 바라볼 때만 이해될 수 있습니다. 이 두 요인 덕분에 2차 대전 이전의 주택 지구를 사적 통제 아래 전유하면서 특혜 금리를 받게 된 사실은 완벽히 합리적이 됐죠.

주택 건설에 더해 동독이 직면한 둘째이자 매우 색다른 도전은 역사적으로 베를린 중심에 자리 잡은 동독 국가 권력의 건축적, 그리고 도시 계획적 미장센이었습니다. 이런 도전에는 이 사회 자체뿐 아니라 바깥, 곧 처음에는 당연히 서베를린에 있는 관찰자들에게도 한 사회를 전체적으로 재현하는 고도로 효과적인 기표가 필요했습니다. 1950년 여름에도 '민중의 집Volkshaus'이 여전히 이른바 '수도를 대표하는 중심 건축물'에 관련된 논의 대상이었습니다. 민중의 집은 19세기 후반과 1918년에서 1919년 사이 11월 혁명 시대를 관통한 노동운동 전통 속에서 탄생한 다기능 건물이었죠. 그러나 그때 발터 울브리히트[4]는 베를린이라는 도시를 상징하는 역사적 핵심부의 중앙에 '중심 건축물' 구실을 하는 **고층 정부 청사**를 세우자고 요구했습니다. 대충 말하면 그곳은 2차 대전 때 폭격으로 폐허가 되기 전에 프로이센 왕과 독일 제국 황제의 성schloss이었는데, 동독은 정치적이고 이데올로기적인 이유 때문에 재건할 의지가 전혀 없었죠. 그래서 '민중의 집' 대신에 '국가의 집'인 거죠(그림 14-3)!

이 계획은 동독 집권 세력이 이전에 품은 의도가 최초로 드러난 건축적 표현

---

4 발터 울브리히트(Walter Ulbricht·1893~1973)는 1950년부터 1971년까지 독일사회주의통일당 중앙위원회 제1서기와 국가평의회 의장을 지냈다 — 옮긴이.

그림 14-3. 동독 정부가 1951년에 수립한 고층 정부 청사 프로젝트

출처: Bauakademie, in Bauwelt 1991, Heft 12, p. 612, Berlin.

이었습니다. 곧 소비에트 모델에 기초한 스탈린주의적 **국가사회주의** 체제의 확립이었죠. 이 건물, 모스크바에 들어선 고층 건물의 선례에 맞게 150미터 높이까지 쌓아 올린 탑은 결국 건설될 수 없었는데, 첫째, 비용을 조달하지 못했고, 둘째, 동독의 사회주의 수도로서 베를린에 필요한 요소에 관련해 더 나은 통찰을 벗어난 탓이었습니다. 그래서 1960년 후반, 고층 정부 청사 대신에 새롭게 계획한 도시적 총체로서 알렉산더 광장을 지었고, 그 근처에 365미터짜리 텔레비전 송신탑을 세웠습니다. 이 탑은 베를린을 대표하는 랜드마크가 됐고, 동구에서는 사랑받지만 서구에서는 싫어했죠(그림 14-4).

베를린 중심에 자리한 역사적 현장인 슈프레 섬, 그러니까 도시 중심을 흐르는 슈프레 강에 있는 하중도로 마르크스엥겔스 광장에 인접한 장소인데요, 국가는 1970년대 전반기에 이곳에 '민중 궁전'과 '국가 궁전'을 혼합한 '공화국 궁전Palast der Republik'을 지었습니다. 이 궁전에는 동독 인민의회Volkskammer나 의회가

그림 14-4.1990년, 베를린 동독 지역 도심부

출처: SenBauWohn Berlin, in: Spreeinsel, Städtebau und Architektur, Bericht 16, 1992, page 2.

본회의를 여는 회의장이 있기는 했지만, 국가적 권위가 아니라 문화적 소통을 상징하는 건축물이었고, 아무나 접근할 수 있는데다가 전반적으로 대중적이면서 공적으로 열린 공간이었죠. 외무부, 국가평의회staatsrat 건물, 마르크스엥겔스 광장의 가장자리를 따라 들어선 예전 중앙은행 라이히스방크Reichsbank 건물에 자리 잡은 독일사회주의통일당 중앙위원회 소재지 같은 건축물이 동독의 국가 권력을 상징했죠. 공화국 궁전은 그렇지 않았습니다. 다른 모든 정부 기관들은 새 건물이 아니라 베를린을 수도로 개발하기 시작한 초기 단계에 건립된 낡은 건물에 입주한 점은 주목할 만합니다. 동독의 국가 권력을 상징하는 건축적 미장센은 의미심장한 모순들로 특징되는 풍경을 제시하죠.

마르쿠제 매혹적인 이야기입니다. 그래서 공화국 궁전 건설 사업은 민주적 사회주의 주창자들이 도시 중심지에 권력의 상징을 건설하려 압력을 행사하는 집권당에 맞서서 거둔 승리였습니다. 이런 내부 갈등이 널리 알려지지는 않았죠. 한 국가의 입법 기관이 대중 공연과 공공 식당, 회의 공간 같은 문화 공간과 여가 공간으로 제공되는 건물에 함께 위치해야 한다는 생각은 자본주의 사회에서 상상하기 힘듭니다. 중세 시기 시청에 있던 낡은 지하 창고^{Rathauskeller}는 아마도 가장 가까운 선례가 아닐까요? 회기 중에는 사실상 접근이 제한되기는 했지만, 상징성은 두드러졌죠.

요즘 독일에서 비슷하게 진행되는 개발 사례로 무엇을 들 수 있을까요?

플리에를　상황이 아주 다릅니다. 공화국 궁전이 들어선 장소를 다루면서 그런 변화를 볼 수 있을 텐데요, 제가 직접 관여한 논쟁이었습니다. 현재 독일연방공화국은 1991년에 베를린을 새로운 수도로 정한 뒤부터 동독 개발에서 드러난 내부 모순들에 이해관계가 얽힌 지나치게 독단적인 자세로 모든 독일인을 재통합하려 노력하고 있습니다. 동독 전반에 관한 반감을 걱정할 뿐이죠. 그렇지만 흥미롭게도 이 반감은 매우 다양한 모습을 보입니다. 통일 독일은 발터 울브리히트와 후임자 에리히 호네커^{Erich Honecker}가 이끈 국가평의회 건물을 일시적이기는 하지만 총리 집무실로 사용하는 데 거리낌이 전혀 없었어요. 지금은 유럽경영기술학교^{European School of Management and Technology}라는 청년 지도자 양성 시설로 바뀌었죠. 그렇지만 처음부터 동독 외무부 건물뿐 아니라 가장 중요한 사례로 공화국 궁전을 철거하자는 목소리가 높았습니다. 공화국 궁전 자리에 옛 베를린 성, 그러니까 영향력 있는 보수 저널리스트이자 전문가인 볼프 요스트 지들러^{Wolf Jobst Siedler}가 지겹도록 주장한 대로 베를린이 '진정한 옛 자아'로 돌아가려면 그야말로 없어서는 안 될 건축물을 재건하자는 의도를 공공연히 드러내면서 말이죠. 물론 역사의식을 지닌 모든 독일인은 동독을 상징한 공화국 궁전이 또 다른 용도로 다시 헌정된다 하더라도 동독 패망 뒤 재통합된 독일을 상징하는 건축물이 될 수 없다는 단순한 사실을 알고 있었습니다. 그렇지만 이 장소에 부여할 새로운 의미를 창출하는 문제를 해결할 방법은 과거가 아니라 미래를 향한 전망 속에서 찾아야 했습니다. '동독 이후 시대, 그리하여 독일 분단 이후로 나아가자' 대신에 '동독 이전 시대, 독일이 분단되기 전으로 돌아가자'는 태도는 독일 역사, 특히 가장 최근의 역사에 내재된 모순들을 변증법적 수단인 '지양Aufhebung'을 활용해 해결하려는 역사적 도전을 제기하는 데 실패한 독일연방공화국의 오늘을 보여주는 좋은 사례입니다. 그러는 대신 독일은, 특히 역사적으로 베를린을 상징하는 중심지에서, 가장 최근 역사를 보여주는 이미지를 오래전에 흘러간 과거의 이미지로 대체하고, 동독이 만든 공화국 궁전이라는 이미지를 프로이센과 독일 제국 시대에 나타난 호엔촐레른 왕가의 성이라는 이미지로 대체하려 노력합니다. 마치 자기 자신의 미래에 무엇보다도 핵심적인 이해관계가 얽힌 요즘 사람들이 아니라 이미지에 관련된 문제인 것처럼! 2002년에 독일 연방 의회가 공화국 궁전을 철거하고 옛 시절 성으로 재건하는 문제를 두고 투표를 할 때 애초 의도한 결과는 한 이미지를 다른 이미지로 교체하는 일이었죠. 고색창연한 성의 이미지를 되살리는 궁극적인 목표는 공화국 궁전이라는 이미지를 지우고, 그렇게 해서 좀더 일반적으로 공화국 궁전과 동독에 관한 기억을 지우는 데 있었습니다. 이 시도는 성공했죠. 한때 성이 서 있던 곳이고 이제 더는 공화국 궁전을 찾아볼 수 없는, 미테 지구에 자리한 슈프레 섬은 지금 베를린판 '그라운드 제로'입니다. 건축가 프랑코 스텔라Franco Stella는 이 오래되고 새로운 성의 이미지를 구현한 일반 설계를 제시했는데, '훔볼트 포럼Humboldt Forum'으로 계획된 이 모형은 실제적인 면이나 지적인 면에서 여전히 매우 막연하죠(그림 14-5).[5] 그렇지만 이 성이 완공될 시기는 전적으로 불확실하며, 전지구적인 재정 위기와 금융 위기가 터진다고 가정할 때, 이제

5　'기억의 건축물'이자 언어학자 빌헬름 폰 훔볼트와 지리학자 알렉산더 폰 훔볼트 형제의 정신을 이어받아 전세계를 잇는 '세계 박물관'을 지향하는 훔볼트 포럼은 2021년 9월에 개관했다 ─ 옮긴이.

그림 14-5. 성 설계 디자인 모형, 2008년

출처: Jürgen Prange.

독일에서는 점점 더 어려운 일이 되고 있는 중입니다.

　재통합된 독일은 조금 절묘한 선택을 했습니다. 슈프레 강이 굽이가 나는 지역에 새로 들어설 공공 광장 설계안으로 건축가 악셀 슐테스^{Axel Schultes}와 샤를

그림 14-6. 베를린에 자리한 연방 정부 청사. 슈프레 강 근처로, 오래된 국회 의사당과 새로 지은 건물들이 뒤섞여 있다.

출처: Bruno Flierl.

로테 프랑크Charlotte Frank가 응모한 디자인이 선정됐죠. 수평으로 확장된 건물들은 인간적 차원을 제거한 듯 확실히 거대하며, 오래된 제국 의회 건물에 노먼 포스터Norman Foster 경이 디자인한 돔을 통합하고 민주적으로 통치되는 나라다운 체면을 세워줍니다(그림 14-6).

마르쿠제 그렇지만 이 건축물이 민주주의를 진전시킨 정도에 관해서도 질문이 있지 않을까요? 대중 집회를 엄격히 통제하는 시위 금지 구역, 제국 의회 북쪽으로 총리실과 행정부 사이에 공공 광장을 배치한다는 아이디어를 거부한 결정, 제국 의회에 자리한 입법부가 회기 중일 때는 오픈 돔 쪽에서 접근하는 사람을 제한하는 조치 등 때문에 말이죠.

플리에를 맞습니다. 정부 종합 청사는 현실적 면보다는 이미지로서 민주주의

그림 14-7. 포츠담 광장 옆 고층 건물들

출처: Bruno Flierl.

그림 14-8. 건축가 한스 콜호프가 1993년에 제안하지만 실현되지 못한 알렉산더 광장 프로젝트에 등장하는 고층 건물들

출처: Uwe Rau, *Das Alexanderhaus, Der Alexanderplatz*, Jovis Verlag: Berlin, 1992, p. 86.

를 더 많이 상징하죠.

새로운 베를린, 연방의 수도가 된 이 도시에서, 도시 개발의 추진력인 이윤 동기, 자본주의 사회에 특유한 이 특징은 무엇보다도 고층 빌딩 사이, 이를테면 프리드리히 거리에 들어선 휘황찬란한 상점들, 그리고 특히 포츠담 광장과 아직 실현되지는 않은 상태이지만 알렉산더 광장에서 조금 볼 수 있듯이 쇼핑에 특화된 전체적인 도시 환경처럼 시장 경제를 전시하는 건축적 무대 장치를 통해 명확해집니다(그림 14-7, 14-8). 그래서 2차 대전이 끝난 뒤 베를린은 독일 수도로서 다양한 국면을 거쳤습니다. 40년 동안 현실 사회주의 체제인 동독의 수도였고, 뒤이어 지금까지 거의 20년 동안 현실 자본주의 체제인 독일연방공화국의 수도죠. 베를린은 민중이, 그리고 권력이, 곧 국가라는 권력과 이윤이라는 권력이 민주적 정부, 그리고/또는 독재라는 형태 아래 도시의 틀을 구체적으로 만드는 과정을 보여준 인상적인 사례입니다.

마르쿠제 그러면 분단과 재통합, 현실 사회주의 도시와 현실 자본주의 도시라는 경험에서 당신은 어떤 교훈을 얻습니까? 이 질문에 관한 대답은 어쩌면 정말로 궁극적인 질문을 설명할 수도 있겠네요. 바로 이 질문이죠. '우리는 민중을 위한 도시를 만날 수 있을까?'

플리에를 이윤 동기에 지배되지 않는, 또는 이윤 동기에서 전적으로 자유로운 도시를 만들려는 투쟁은 이윤 동기에 기반하지 않는 사회를 위한 투쟁의 핵심이 돼야 합니다. 이런 도시는 오직 그런 사회에서 탄생할 수 있습니다. 왜냐하면 이윤 동기보다는 민중의 필요를 만족시키는 도시 개발을 창출하는 과정은 이윤 산출이 아니라 민중의 필요를 만족시키는 사회를 창출하는 데 기반하기 때문이죠. 이런 맥락에서 결정적인 질문이 나옵니다. '생산 수단을 누가 손에 쥐고 있는가? 이윤이 아니라 민중을 위한 도시를 생산하고 재생산하는 데 이런 수단을 효율적으로 사용하면 누가 이익을 얻는가? 그렇지만 이 질문은 전체 사회에 관련된 사안입니다. 준비된 대답이 마련돼 있습니다. 바로 마르크스를 빼면, 자본에 관한 마르크스의 분석과 지양이라는 가능성을 빼면 아무런 방법이 없다는 대답이죠. 개념, 사회적 목표, 도덕적 원칙은 완전히 올바를 수도 있지만, 이런 요소들은 경제적 필수 조건뿐 아니라 정치적 필수 조건이 부재하거나 불충분한 상태인 한 결국에는 쓸모없어집니다. 그러니까 도시를 생산하고 재생산하는 데 기여하는 생산 수단의 소유권, 그리고 더 확대해 생각하면 인간이 정주하는 육지 전체의 소유권에 관한 민주적 통제가 필수적이라는 말이죠. 저는 이윤 창출에 기반하는 오늘날의 자본주의 사회를 넘어서는 민주적 사회, 자본주의를 초월한 새로운 사회를 창조하는 일이 궁극적 목표여야만 한다고 믿습니다.

저는 이런 맥락에서 두 측면을 가장 우선적으로 고찰해야 한다고 생각합니다. 첫째, 그런 새로운 사회는, 그리고 그 사회 안에 있는 새로운 도시는 자본주의 사회하고 달라야만 할 테지만, 또한 20세기 사회주의 사회하고도 달라야만 할 겁니다. 그리고 미국과 독일에서 모두 자본주의와 이윤 동기에 대항하는 투쟁과 부분적으로 중국에 계속 존재하고 있는 국가사회주의에 맞선 투쟁은 지난 세기에 수행한 방식하고는 다른 방식으로 수행돼야만 합니다. 왜냐하면 이윤 동기 자본주의에 맞선 투쟁이 생산 수단의 사적 소유를 궁극적으로 건드리지 않은 채 사적 소유 형태를 사회적으로 허용될 수 있게 만들면서 그런 소유 형태에 기반할 뿐이라면, 사회적 생산의 결실과 잉여 생산물을 사적으로 전유하는 행위, 따라서 이윤이 발생할 경제적 전제 조건으로서 인간 노동을 착취하는 현실이 계속된다면, 그래서 어느 정도 허용될 수 있거나 허용될 수 없는 수준의 사회 발전과 도시 발전이란 실상은 이윤 동기가 계속 군림하는 자본주의 개혁이 되고 맙니다. 우리는 20세기에 목격했습니다. 일단 민주적 사회주의를 지향하고 국가사회주의를 반대하는 투쟁이 생산 수단의 사회적 소유에 반대하는 투쟁으로 확대되는 정반대 상황이 벌어지고 나면 사회주의 사회를 전체적으로 철폐하려는 시도는 피할 수 없는 결과를 초래하고 말았죠. 과실도 있고 의도적이기도 하지만, 어쨌든 자본주의적인 적대자는 지지와 칭찬을 보냈고요. 미래에 우리에게는 새로운 뭔가가 필요할 겁니다. 낡은 자본주의도 아니고, 생산 수단의 사적 소유, 그러므로 민주적으로 조정된 착취와 이윤이 지속되는 새롭고 또다시 혁신된 자본주의도 아닙니다. 그렇다고 국가 통제형 계획과 집권층 아래 생산 수단의 사회적 소유가 유지되지만 민주주의는 없는 새롭고 어쨌든 혁신된 사회주의도 아니죠. 우리에게는 이런 사회들 대신에 자기 자신의 이해관계에 일치하는 사회적 생산과 재생산에 관한 민주적 자기 결정과 자기 규제를 통해 규정되는 사회가 필요합니다. 역사의 논리적 귀결인 자유의 왕국이란 인간들과 인류의 생산과 재생산을 의미합니다. 물론 인류 자신이 지닌 수단을 통해야겠죠. 쉬운 일이지만 하기는 어려운 법이고요.

둘째, 새로운 사회, 그리고 그 안에 있는 새로운 도시, 좀더 포괄적으로 이해해서 사회적 주거의 새로운 사회-공간적 형태를 향한 싸움은 전지구적 차원에서 사고하고 실행해야만 합니다. 이제 국민국가 차원이나 이런저런 대륙 차원에서는 불가능한 일이 됐습니다. 1917년 러시아 사회주의 10월 혁명하고 함께 20세기에 한 국가나 이런저런 국가 집단을 무대로 펼쳐진 '사회주의'의 이론과 실천, 그리고 자본주의 국제 질서에 맞서 우월한 대항 사회를 만들어내려던 시도는, 전지구적 발전을 규정하는 현재와 미래의 조건 아래에서 이제 더는 자유롭고 인간적인 자기 결정과 생산이 지배적인 새로운 사회와 새로운 도시 주거로 이끌 수 있는 방식이 될 수 없습니다. 이런 의미에서 **사회**, **도시**, **세계**를 잇는 연결은 이론적이고 실천적인 면에서 개입을 가능하게 만드는 새로운 방식으로 여겨져야만 합니다. 새로운 사회와 그 안에 있는 새로운 주거는 전체 세계를 위한 투쟁에서 싹트는데, 이 투쟁은 이 세계 곳곳에서, 전지구적 연결 수단을 통해, 작은 규모는 물론 큰 규모로 동시에 실행돼야만 합니다. 이런 기나긴 과정은 끈기와 인내를 동반할 겁니다. 그렇지만, 물론, 새로운 도전이 틀림없습니다.

자유로운 생산과 자기 결정을 특징으로 하는 새로운 사회의 도시와 건축이 어떤 모습으로 받아들여지게 될까 하는 문제는 오늘 우리가 논의해야 할 사안은 아닙니다. 실제적이고 미학적인 면에서, 전지구적인 것, 영토적인 것, 지역적인 것을 개별적이고 구체적인 경제적, 사회적, 정치적, 문화적 필요와 능력에 융합시키는 일에는 역동적으로 변화하는 새로운 사회의 건축 환경이 필요해질 테고, 성취하게 될 겁니다.

이런 생각들이 유토피아처럼 읽힐 수 있다 해도, 저는 괜찮습니다. 유토피아란, 이 단어가 제가 이런 생각들을 주장하려는 합리적 핵심을 담고 있는 한, (아직은) 불가능한 현실, 또는 다른 식으로 말해 아직은 실행할 수 없기 때문에 (아직은) 불가능한 현실적인 것이니까요. 세계를 발견하고 변화시키라며 우리에게 권유하는 일종의 도발인 셈입니다. 개발이 가져올 수 있는 현실적으로 가능한 결과, 또는 가능할 수 있는 현실적인 결과보다는 지금 당장 실행할 수 있는 것만 생각하는 사람은 결국 한곳에만 갇히게 됩니다. 오히려 우리는 현실적으로 가능한, 또는 다른 식으로 말해 가능할 수 있는 현실적인 것을 의미하는 생성 중인 실행 가능한 것을 인식하고 촉진해야 합니다.

마르쿠제 요약해보겠습니다. 현실 사회주의, 그 뒤를 이어 현실 자본주의에서 동독 국가와 동독 도시들이 겪은 다양한 경험은 민중을 위한 도시를 창조하는 과정에서 마주치는 두 가지 걸림돌을 보여줍니다. 첫째, 이윤 동기의 지배이고, 둘째, 권력 유지에 관심을 두는 정부의 지배입니다. 당신은 한발 더 나아가서 이런 문제들은 한 도시 차원이 아니라 전체 사회 안에서 해결될 수 있다고, 특정 국가나 몇몇 국가가 모인 국가 체제가 아니라 전지구적인 차원에서 해결해야만 한다고 주장합니다.

어쩌면 이런 구호가 필요할지 모르겠습니다. '이윤 **또는 권력**이 아니라, 민중을 위한, 그리고 민중에 의한 도시와 사회.'

플리에를 저도 같은 생각입니다.

참고 자료

Marcuse, P. and Staufenbiel, F.(eds.). 1991. *Wohnen und Stadtpolitik im Umbruch: Perspektiven der Stadterneuerung nach 40 Jahren DDR*. Berlin: Akademie Verlag.

· 브루노 플리에를이 고른 자료
Bruno Flierl. 1998. *Gebaute DDR. Über Stadtplaner, Architekten und die Macht*. Berlin: Verlag für Bauwesen.

Bruno Flierl. 1998. *Berlin baut um – Wessen Stadt wird die Stadt?* Berlin: Verlag für Bauwesen.

Bruno Flierl. 2003. "Das alte Berliner Schloss in der neuen Hauptstadt Deutschlands ⊠ Realität und Metapher aufgehobener Geschichte?" *Die Alte Stadt* 30(4). pp. 349-370.

· 번역 도움
게릿 잭슨(Gerrit Jackson)

15장

도시에 대한 권리
– 이론에서
풀뿌리 동맹으로

존 리스

지난 30년 동안 자본은 제국주의적 팽창에 연결된 신자유주의 계획을 강요하면서 자기 자신을 '재창설'했다(Leitner et al. 2007). 이 재창설은 축적의 위기 또는 이윤율 저하에 맞선 대응이었다. 신자유주의를 구성하는 요소에는 사유화, 노조를 향한 적대적 공격, '사회' 임금 전반과 특히 유색 인종 여성을 향한 공격이 포함된다. 1970년대 초반 들어 정치 위기와 축적 위기에 직면한 지배 계급의 대응은 2008년의 자체적 위기와 그 뒤 지금도 이어지고 있는 충돌을 발생시켰다.

지배 계급의 이념, 제도, 계획은 지난 30년에 걸친 자본주의 재창설 프로젝트에서 결정적인 요소로 여겨졌다. 지배 계급의 지배적 **이념**은 미국적 맥락에서 가장 첨예하게 드러나는데, '민중들에게 빼앗긴 정부를 되찾자'는 어젠다, 증세 자유주의를 중단할 필요성, 로널드 레이건Ronald Reagan 미국 대통령이 말한 복지 여왕welfare queen[1]이나 요즘 떠도는 권총 든 갱스터gun-toting gangster, 날품팔이day laborer 등 우상화되고 신화적인 이미지를 포함한다. 이 점이 중요한데, 지배 계급은 유기적 지식인(어빙 크리스톨Irving Kristol, 앤 콜터Anne Coulter, 좀더 최근에는 글렌 벡Glenn Beck)을 거느린 공식적 지식인(밀턴 프리드먼Milton Friedman, 프리드리히 하이예크Friedrich Hayek)과 지지 대중(이를테면 티파티Tea Party) 사이의 세 방향 교환 또는 대화를 창조하는 데 성공했다. 더구나 이런 사람들이 내세운 이념은 맨해튼 정책연구소(도시 정책) 같은 여러 싱크탱크부터 《폭스뉴스Fox News》와 미국 의회까지 신자유주의를 선전하고 실행하는 다양한 **제도**들을 거쳐 발전하고, 변형되고, 시험되고, 증식된다. **계획**은 부자를 위해 세금을 삭감하거나 우리가 알고 있는 복지를 없애는 노력을 포함했다.

2007년 경제 위기가 닥칠 때까지 신자유주의 계획은 대단한 정치적 성공을

---

1 "죽은 남편 넷 명의로 연금을 받고, 사회보장 카드도 12장 가지고, 가짜 이름 80개로 복지수당과 식료품을 지원받는 흑인 여성이 있다." 레이건은 1976년 미국 대통령 선거 유세에서 이렇게 가공인물을 내세워 부정 수급과 복지 확대를 공격했다 — 옮긴이.

거둔 사례로 충분히 분류될 수 있었다. 그렇지만 신자유주의 **이데올로기**는 높은 수준의 헤게모니를 획득했다. 경제가 붕괴한 2008년에도 미국에서 선거를 좌우하는 양대 정당이 모두 거의 보편적으로 받아들였다. 이런 정치와 정책들은 생각이 비슷한 관료들을 선택하는 한편 그 사람들이 지금 보이는 모습과 '항상 보이는' 모습을 계속 유지하게 해주는 정치적 순풍으로 기능하기도 하는 역사적 블록의 구축 과정을 거쳐 지배적 흐름이 됐다. 자본주의적 신화를 향한 호소와 인종 차별을 능숙하게 뒤섞으면서 레이건과 지지자들은 다국적 산업 자본, 군부, 채굴 산업, 백인 노동자와 외곽 교외 지대 거주자를 묶은 반뉴딜 다수파를 만들어냈다. 공간적으로 보면 이런 '보복주의적revanchist' 체제는 그 체제가 형성된 10여 년 동안 교외 이주자와 외곽 교외 지대가 출현한 현상에 직접적으로 결부됐다. 9·11 사건이 벌어진 뒤 외곽 교외 공간 체제는 도심에 거주하는 아프리카계 미국인과 이민자 출신 세입자들이 백인이 주로 사는 외곽 지대에 있는 주택을 사들이기 시작하자 자본의 한계에 맞서, 시간과 공간과 고조된 정치적 모순을 압축하는 과정에서 자본이 드러낸 무능력에 맞서 정면으로 충돌했다. 이런 모순에 대응하면서, 그 과정에서 탐욕스럽게 이윤을 추구하면서, 자본은 도심 인근 교외 지대inner suburb와 도시로 돌아왔다(Smith 2002). 9·11 이후 젠트리피케이션에서 나타난 이런 순환은 새로운 전국적 조직을 만드는 연료가 됐다. 바로 2007년에 출범한 도시권연합이다. 도시와 공동체에 근거를 둔 36개 조직이 유색인 노동 계급 공동체를 덮친 젠트리피케이션이라는 조류에 맞서 연합했다. 이 사람들은 누구인가? 어디에서 왔는가?

노동 계급의 재구성

도시권연합을 구성하는 회원 조직들은 지난 40년 동안 미국에서 진행된 노동 계급의 재구성에 관한 정치적 표현이자 정치적 대응이다. 도시권연합으로 대표되는 도시 빈민은 다섯 가지 요인 때문에 생겨난 산물이다.

1. 미국 도시의 탈산업화. 자동차, 항공, 철강 산업 등 중공업 부문 일자리가 외국으로, 또는 몇몇 사례에서는 지방이나 외곽 교외 지대에 자리한 복합 상업 지구로 이동했다. 이런 흐름에 부수적으로 따라오는 재산업화 덕분에 전체 산업 고용은 일정하게 유지되지만, 나머지 경제 부문에 비교하면 축소됐다. 새로운 노동 계급의 등장에 관련해, 특히 이 시기에 미국은 그동안 경제의 핵심이 될 뿐 아니라 노동 계급에게 안정된 일자리를 제공한 주요 분야에서 대규모 탈산업화를 경험했다. 처음에는 백인과 여성 노동 계급을 위해 마련된 이 일자리들은, 시간이 흐르면서 1960년대와 1970년대에 이어진 민권 운동과 인종 차별 반대 투쟁을 거친 뒤 도시에 거주하는 안정된 아프리카계 미국인 노동 계급과 중간 계급이 성장하는 데 핵심적인 계기가 됐다. 따라서 1970년대 이후 탈산업화 때문에 로스앤젤레스 구도심은 황폐해졌고(Davis 1990), 디트로이트뿐 아니라 뉴욕과 시카고도 마찬가지였다(Abu-Lughod 1999).

2. 유연하고 불안정한 고용. 여기에는 저임금 재공업화 부문(노동 착취 공장), 서비스 부문, 공공 서비스와 공무원, 또는 노동 계급 민중에게 주요한 생계 부양 기회로 나타난 국가 복지 의존 형태들이 포함된다.

3. 같은 시기 동안 눈에 띄게 늘어난 이민자. 이런 현상은 1960년대와 1970년대에 진행된 이민 정책의 자유화뿐 아니라 제3세계 노동 계급에게 영향을 미치는 심화된 경제 위기에서 기인한다(제3세계 경제 위기가 발생한 원인은 무엇보다도 구조 조정 정책과 전쟁을 거치며 쌓인 막대한 국가 부채다).

4. 고임금 일자리 소멸과 저임금 불안정 일자리 증가는 특히 유색 인종 여성이 그전에 견줘 더 많은 이중 노동을 강요당한다는 현실을 의미한다. 유색 인종 여성은 가정에서 부불 가사 노동을 하고, 일반적으로 저임금 서비스 부문에서 유급 노동

을 한다(다른 가족에 고용돼 유급 가사 노동을 하는 사례도 많다).

5. '파이어FIRE' 부문 일자리의 성장과 도시 집중('파이어'는 '금융financial', '보험insurance', '부동산real estate'의 머리글자다).

이런 변화를 거치면서 미국 노동 계급은 자본 부문하고 맺는 관계를 재편성했다. 일하는 사람이라는 면에서 보면 지금 노동 계급은 이전에 이민자, 유색인종, 여성이 차지하던 정도에 견줘 더 많은 비율을 차지한다. 의미 있게도 이런 재구성은 또한 가속 압박, 기간제 노동, 시민권이나 합법화 등급의 다양화, 증가하는 실업률과 제한되거나 사라진 사회보장에 직면해 더 불안하고, 유연하고, 제대로 지원받지 못하는 노동 계급을 만들어냈다. 2008년에 일어난 경제 붕괴의 결과, 실업 때문에 아프리카계 미국인과 히스패닉의 30퍼센트가 좌절을 겪은 사실, 그리고 경제 실패하고 결합된 이민자를 향한 정치적 공격이 이시기의 초기 국면에서는 히스패닉 이민자 감소에 기인한다는 사실에 주목해야 한다는 점이 중요하다.

그렇다면 우리가 이 시대에 해결해야 할 핵심 과제란 강력하고 전투적인 대중 조직을 구성해야만 하는 새롭게 재형성된 정치경제의 핵심 노드, 곧 도시권 운동을 단결하게 하고 앞장서 이끌 수 있는 핵심적인 역사적 행위자를 알아내는 일이 된다. 이를테면 이런 질문이 핵심적이다. 안정된 고소득 일자리가 부재한 상태에서 어떤 기반 위에 조직된 집단이나 민중이 저항을 조직하고 정치적 대안을 발전시키는 기폭제로 떠오르게 될까? 재구성된 노동 계급 집합체, 곧 보육 노동자, 택시 기사, 경비 노동자, 전산 노동자, 생명 공학 노동자(모두 새로운 노동 계급을 구성하는 다른 집단들하고 노동의 임시성과 저(또는 무)소득이라는 조건을 공유한다)는 사회 변혁을 추진할 능력이 있을까?

미국에서 우리는 이 시기의 핵심 과제를 성취하려는 힘든 싸움에 직면하고 있다. 우리가 대부분의 사회에서 '상식'의 수준을 차지한 지배 이데올로기에 맞서, 노동자의 권리를 그다지 보호하거나 증진하지 않은 채 노동자들을 배제하고 분열시키는 노동법에 맞서, 우리에게 위상이 약해진 사회운동과 사회운동 조직들을 남겨준 역사적 궤적에 맞서, 우리의 조직과 운동을 고립시킨 공간적 분리에 맞서 싸우고 있듯 말이다.

사회적 재생산 – 젠더, 시장 통합, 새로운 역사적 행위자

1970년대 초반 축적 위기에 대응하면서 지배 계급이 관심을 둔 사안은 사회적 재생산 노동을 시장 조건으로 좀더 완벽하게 이동시키는 문제였다. 또는 다른 말로 하면 전통적으로 임금을 받지 않던 노동을 임금 노동의 세계로 데려다놓는 일이었다. 이런 노동은 보통 (학교 교육, 육아, 가사 노동 등을 거쳐) 다음 세대 노동자의 사회적 재생산에 연관된 여성들이 수행한다. 자본은 비임금 노동을 임금 노동으로 이동시켜 확대를 향한 탐욕스런 욕구를 끊임없이 채우고 싶어한다. 이런 과정이 장기간 계속되면서 20년 동안 이어진 대량 이민(특히 남반구 출신 여성들)하고 결합됐고, 새로운 유급 일자리 수십만 개를 만들어냈다. 뉴욕 주만 봐도 가사노동자연합Domestic Workers United은 20만 명 넘는 여성들이 가사 노동자로 일한다고 주장한다. 여성을 노동 인구로 활용하는 움직임은 특히 가장 저평가되고 초과 착취가 만연한 부문에서 노동 시장을 확대하며, 여성 노동자 투쟁이 지닌 중심성을 강화한다.

더구나 신자유주의 구조 조정은 부와 권력의 양극화를 추구했으며, 가사 서비스를 비롯한 서비스 부문 전반에 걸쳐 새로운 요구를 창출했다(http://www.faireconomy.org/files/GD_10_Chairs_and_Charts.pdf 참조). 노동 계급에서 새롭게 출현한 이런 계층은 가장 낮은 임금을 받고, 가장 긴 시간 동안 일하고, 위기가 일상인 삶을 살아간다. 게다가 이민법이 노동 시장을 더욱 분할한 탓에 서류가 없어 법의 보호를 거의 못 받는 밀입국 노동자를 고객으로 삼는 회색 시장이 생겨난다. 인종, 계급, 젠더가 이렇게 교차하면서 유색 인종 여성 노동자라는 새롭고 중요한 역사적 행위자가 출현했는데, 미국에서 지난 20여 년 동안 생겨난 새로운 노동 계급 조직New Working Class Organization이라는 가장 거대한 사회적 기반을 바탕으로 한 집단이었다.

지난 25년 우리는 공동체에 기반한 노동 계급 조직들의 역사적인 등장을 경험했다(Mayer 이 책 5장; Fine 2006). 새로운 좌파와 낡은 좌파의 쇠퇴(Elbaum 2002), 미국 노동운동의 몰락과 자기 제한적 성향, 남반구에서 밀려드는 이민자 물결(출신국 대중 운동에 참여하면서 단련된 이들이 많이 포함됐다), 지난 시기 사회운동에서 적어도 부분적으로 영향을 받은 자선 사업 부문의 성장은 새로운 노동 계급 조직이 출현하는 데 필요한 정치적 공간, 미조직 대중이라는 사회적 기반, 잠재적 자원을 창출했다. 이 공백을 메꾸는 이들은 정규 교육을 받은 청년이나 대학을 갓 졸업한 유색 인종으로 구성된 정치화된 청년 세대로, 지역 사회가 노동 계급 부문의 존재를 확인해 조직화하고 단체를 건설하기 시작했다. 미국에는 그런 조직이 200개 넘게 있으며 전국 도시권연합 가입 단체도 40개 넘게 활동 중이다(Fine 2006). 도시권연합 가입 단체에는 도시의 삶City Life/Vida Urbana(보스턴), 공동체 목소리 듣기Community Voices Heard(뉴욕), 마이애미 노동자센터Miami Workers Center(마이애미), 정의로운 대의Causa Justa/Just Cause(샌프란시스코, 오클랜드) 등이 포함된다.

나는 세입자노동자연합Tenants and Workers United 사무총장이자 '뉴 버지니아 매저리티New Virginia Majority'의 사무총장 자격으로 이 운동에 관여했는데, 이 두 새로운 노동 계급 조직은 지난 25년 동안 북부 버지니아(워싱턴시의 도심 인근 교외 지대와 외곽 교외 지대)에서 발전한 단체였다. 1980년대 초반, 알렉산드리아 북부 도심 인근 교외 지대에 자리한 알랜드리아Arlandria 구barrio[2]에는 내전, 강제 등록, 경제적 파탄을 피해 찾아든 엘살바도르 출신 이민자가 8000명 넘게 둥지를 틀었다. 이 사람들은 식민지 시기 버지니아 주 플랜테이션 경제에 뿌리를 둔 아프리카계 미국인들 위에, 그리고 얼마 안 되는 백인 노동자 계급 위에 또 다른 층을 형성했다. 1980년대 중반, 알랜드리아의 주민 구성은 지역 경제에서 일어난 변화를 반영했다. 주민들은 호텔 객실 노동자, 조리사, 건설 노동자로 고용됐다. 알랜드리아 주민들은 세입자노동자연합의 핵심적인 전투적 활동가 계층을 형성했다. 지난 25년 동안 세입자노동자연합은 다인종적이고 다국적인 투쟁을 이끌었는데, 알랜드리아 주민 8000명 집단 퇴거 계획을 막고(1985~1989), 300호짜리 입주민 소유 주택협동조합을 설립하고(1990~1996), 호텔 노동자의 언어 인권과 생활 임금을 목표로 투쟁하고(1992~2000), 의료비 관련 채무 구제에 필요한 150만 달러와 가정 보육 도우미를 위한 연간 건강 관리 보조금 40만 달러를 확보했다. 유색 인종 남성들은 이 과정에 확실히 참여하고 지도부를 차지하지만, 공식 지도부와 비공식 지도부의 핵심은 일관되게 이민자와 때때로 두각을 나타낸 아프리카계 미국인 여성이었다. 다른 곳들, 미국 여기저기 도시 지역에서 새로운 노동 계급 조직의 압도적 다수를 묶어 조직화를 추진한 사람들은 유색 인종 여성이었다.

지금 도시권연합을 구성하는 40개 조직이 제기하는 정치적 요구는 사회적 재생산에, 곧 일하는 민중을 부양하고 양육하는 데 연관된 집단적 필요와 욕구에 집중된다. 우리가 하는 많은 투쟁은 사회적 재생산에 필요한 집단적 (사회) 지원을 유지하고 확대하는 노력이다. 이런 노력에는 임대료가 적정한 공공 주택과 학습 성취도가 높은 학교뿐 아니라 육아 보조금, 공공 공간과 여가 공간 접근권 같은 사회 임금을 쟁취하려는 투쟁이 포함된다.

---

2   미국에서 스페인어 사용자 거주 지역을 가리키는 행정 구역 명칭 ─ 옮긴이.

신자유주의 시대의 조직화 – 노동조합과 공동체에서 드러난 실용주의

수십 년 동안 미국에서는 전통적인 알린스키 모델이 공동체와 작업장에 기반한 조직화를 지배했다. 이제 이 모델이 실패한 사실을 공식적으로 선언해야 할 시간이다. 알린스키 모델은 억압받는 민중을 위해 권력을 획득할 채비나 사회를 변혁할 준비가 덜 된 조직화에 관한 '비이데올로기적'이고 실용적인 접근을 강조한다. 《급진주의자를 위한 규칙Rules for Radicals》(1971)과 《급진주의자들이여 깨어나라Reveille for Radicals》(1969)에서 사울 알린스키Saul D. Alinsky는 대공황 시기 공산당(과 다른 정치 세력들)이 활용한 전투적 전술과 실용주의적 지향을 결합한 접근을 정교하게 다듬었다. 실용주의적 지향이란 지배적인 인종, 계급, 젠더 권력 구조를 대체하는 방식이 아니라, '거래 끊기'와 협상 테이블 자리 확보하기에 맞춰 전술을 조정하는 방식을 가리켰다. 이런 논리는 신좌파의 쇠퇴, 자유주의 성향을 드러낸 재단들의 부상, 노조 내부에 똬리를 튼 좌파 세력 제거를 거쳐 형성된 공간 속에서 성장했다. 시간이 흐르면서 알린스키와 (산업지역재단 Industrial Areas Foundation으로 제도화된) 알린스키식 접근은 세자르 차베스Cesar Chavez[3]와 농장노동자연합United Farm Workers, 국제서비스노동조합Service Employees International Union, 즉각 개혁을 위한 공동체연합, 곧 에이콘을 포괄하는 전체 조직가 세대에게 커다란 영향을 미쳤다.

규모와 영향력 면에서 1980년대부터 2009년까지 에이콘은 공동체 기반 조직 중에서 가장 거대하고 영향력이 컸다. 얼마 전 민주주의와 투명성 결여에 관련된 내부 모순과 고질적인 친민주당 성향 탓에 일어난 사건들이 뒤섞이면서

---

3 미국의 멕시코계 농장 노동운동가. 1962년 전국농장노동자협회(NFWA)를 결성하는 데 앞장섰는데, 이 조직은 1966년 농장노동자연합(UFW)으로 확대됐다. 캘리포니아 주는 차베스가 태어난 3월 31일을 '세자르 차베스의 날'로 정했다 — 옮긴이.

지부 200개와 회원 수백만 명을 자랑하던 에이콘은 해체를 선언했다.

동시에, 몇몇 예외가 있지만, 노동운동은 노동 계급에서 가장 전투적이고 역동적인 부문을 조직하지 않았으며, 내가 앞에서 말한 새로운 노동 계급의 형성에 잘 적응하지 못했다. 미국 전체 노동 인구의 87퍼센트 이상이 미조직 상태다. 전체적으로 보면 노동운동은 지배 계급을 상대로 곰퍼스[4]식 관계를 깨지 못하고 있다(Fletcher and Gapasin 2008). 이런 상황은 한 세기 전 미국노동총연맹 American Federation of Labor을 창설하고 의장을 지낸 새뮤얼 곰퍼스가 채택한 기업별 노조주의 접근 때문에 노동운동 내부에서 발생한 다툼과 분열에서 기인한다. 기업별 노조주의는 노동 계급 중 협소한 계층만을 조직 대상으로 삼는 한편 작업장에 관련된 한정되고 배타적인 이해관계를 기반으로 자본을 상대로 거래 조건을 협상하는 목적 아래 노동자에게 접근한다. 더 많은 임금과 복리를 대가로 평화로운 노사 관계가 약속된다. 노동 인구의 절대다수는 협약에서 배제된다. 이런 유형의 노동 규제는 포드주의를 대표하는 특징인데, 포드주의의 전성기는 일반적으로 1950년대를 관통해 1973년 무렵까지 계속된다고 받아들여진다. 역사적으로 보면 이런 접근은 유색 인종 노동자와 여성 노동자보다는 백인 남성 노동자에게 이로웠다. 노동 계급을 구성하는 긴 행렬은 일반적으로 조직 노동 부문이 누리는 특권에서 배제됐다. 몇몇 노동자들(이를테면 농장 노동자와 가사 노동자)은 연방 차원의 법률에 따라 배제된 반면, 다른 노동자들(이를테면 아프리카계 미국인 노동자, 멕시코계 미국인 노동자, 이민 노동자)은 정치적 선택에 따라 배제됐다. 바로 얼마 전까지 조직 노동은 가장 활발하게 일자리를 창출하는 부문에서 일하는 이민 노동자와 여성 노동자와 아프리카계 미

---

4 새뮤얼 곰퍼스(Samuel Gompers·1850~1924)는 미국노동총연맹(AFL)을 주도한 노동운동가로, '노사 관계 안정의 공로자'이자 '귀족 노조의 원조'라는 상반된 평가를 받는다. 사회 개혁 요구는 배제한 채 노동 시간 단축, 급여 인상, 단체교섭권에 집중하고 노조원 자격을 백인 숙련공으로 제한하면서 노동운동에 악영향을 끼쳤다 ― 옮긴이.

국인 노동자를 무시하거나 공공연하게 적대감을 드러냈다. 많은 저자들이 미국 노동 계급 조직들이 지닌 한계, 이 조직들이 내린 선택, 그런 선택이 장기간에 걸쳐 미친 역사적 영향을 탐구했다(Davis 1986; Arrighi 2009). 여기에서 요점은 노동 계급의 내부 구성(젠더, 인종/국적)에서 나타난 변화에 노동운동이 응답하지 않은 사실이었다. 그런 무응답의 결과 수백만 명에 이르는 노동자가, 특히 여성 노동자와 유색 인종 노동자가 스스로 조직을 결성하고 자기들의 역사를 만들게 됐다. 지난 몇 십 년 동안 새로운 조직적 형태가 발전하고 투쟁한 현장이 이런 빈 공간이다.

새로운 계급을 위한 조직들 – 출현, 접근, 비판

지난 20년에 걸쳐 새로운 도시 운동은 정의로운 대의(오클랜드), 마이애미 노동자센터(마이애미), 세입자노동자연합(버지니아), 가사노동자연합, 지역사회와 환경을 위한 대안Alternatives for Community and Environment(보스턴) 등을 비롯한 새로운 노동 계급 조직의 성장하는 틈새에서 출현했다. 이런 조직들이 근거를 둔 사회적 기반은 억압받는 국적을 지닌 여성과 아프리카계 미국인을 비롯해 '복지' 개혁과 전지구화가 주도한 이민 때문에 저임금 노동 시장에 종사할 수밖에 없는 사람으로 구성된다.

이런 집단들은 국가에 맞서 자기들의 요구를 제기하는 운동을 펼치면서 노동 인구가 살아가는 지역 사회, 도시, 또는 부문 전체를 조직하려 시도한다. 직접 행동, 의식성을 띤 정치 교육, 대항 헤게모니적 요구의 제출(곧 지배 계급의 '상식'에 도전하는 요구의 구성)을 통해서 이런 조직들은 적정 가격 주택을 확보하기 위해, 강력한 주택 사유화에 직면해 발생하는 축출을 끝내기 위해, 가사노동자를 비롯해 주변화된 노동자와 비공식 노동자의 권리를 인정받기 위해,

이 새로운 노동자 계급에게 제공하는 질 좋은 교통수단에 접근하기 위해, 유색 인종 청년들의 집단 범죄화를 끝내기 위해 싸웠다.

아마도 가장 독특한 사례는 새로운 노동 계급 조직들 사이에서 지역에 기반해 구축된 노동을 미국이라는 제국에 맞선 노동에 연결하려 펼친 의식적 노력일 듯하다. 그런 노력은 제3세계를 상대로 한 전쟁, 점령, 금융 통제에 맞선 투쟁과 연대 행동에 조직 성원들이 참여하면서, 금융, 정치, 군사 분야에서 세계적으로 미국이 하는 구실을 아주 잘 의식하는 새로운 노동 계급을 발판으로 성장한 지도자 계층이 발전하면서, 조직화에 관련된 국제적 이해와 접근법을 구축하고 강화하는 계기로서 국내외를 오가며 열리는 사회 포럼과 그 밖의 국제적 논쟁에 활발히 참여하면서 펼쳐진다. 처음에 조직화에 관련된 이 새로운 접근은 알린스키식 조직화를 비판하면서 인종을 의식하지만, 나중에는 젠더를 의식하게 됐다. 많은 사례에서 제3세계조직화센터Center for Third World Organizing의 방침이 특징으로 나타났는데, 여러 청년 조직가들이 이곳에서 '알린스키+인종 의식'으로 알려진 공동체 조직화 기법을 배웠다. 시간이 흐른 뒤 조직가들이 중립적 촉진자여야 한다는 관념에 저항한 도전, 그리고 그동안 실천한 피상적이고 진정성이 결여된 민주주의에 맞선 도전을 포함하게 되면서 비판은 더욱 심화됐다. 독립된 형태를 띤 12개 조직이 세워진 뒤 새로운 정치적 노선을 따라 발전했다. 거의 보편적이라고 할 만큼 대중 교육은 깊이 뿌리 내린 교육학으로 발전했다. 실용적인 알린스키식 조직화가 당면 사안에만 집중해서 조직 기법과 접근법에 관련된 지도력 발전에 초점을 맞춘 반면, 새로운 노동 계급 조직들은 이데올로기적 발전과 실제적인 조직화 기법을 혼합하는 방식을 추구했다. 새로운 노동 계급 조직에 이런 차이는 중요한 자원(시간, 돈, 인력)을 진행 중인 리더십 발전 프로그램을 운영하는 데 제공한다는 뜻이었다. 이런 프로그램들은 일반적으로 대중 교육에 쓰는 교육학을 활용하고, 다양한 연결 관계를 활발히 구상하고, 의사 결정과 전략적 계획과 활동을 위한 국제적 맥락을 창출한다. 실제적 조직화 기법은 또한 리더십 발전의 일부로 통합된다. 이런 기법들은 '가정 방문'이나 호별 방문을 통한 직접적 조직화 방식에 관한 이해, 미디어 활용법, 메시지에 가장 적합한 틀을 찾고 맥락을 부여하는 방식 등을 포함한다. 중요한 점은 운동을 발전시키고 실행하는 기본 단계에서 구성원 지도자(마찬가지로 지도부인 유급 직원 활동가하고 구별된다)가 모든 결정 과정은 물론 운동을 창설하고 운영하는 과정에 깊이 관계한다는 사실이다.

이런 조직 형태는 상대적으로 새롭기는 하지만 많은 도전에 직면한다. 새로운 노동 운동을 이끈 지도부는 주로 대학 교육을 받고, '중간 계급'에 속하고, 억압받는 국적을 가진 사례가 많은 반면 새로운 계급 출신 중에서 성장한 지도자는 상대적으로 수가 적다. 아밀카르 카브랄Amilcar Cabral[5]이 정식화한 계급 자살class suicide의 확장판인 인종-계급-젠더 자살이라는 변형을 상대로 한 투쟁은 여전히 진행 중인 노력이다. 공식 교육을 받고 정치적 성장을 한 활동가 직원과 구성원/지도자로 쌓은 심오한 경험 사이에는 종종 거대한 간극이 있다. 종교적/영적 신념 또는 사회적 실천의 면에서 드러나는 문화적 차이는 정치적 갈등을 발전시킬 수 있는 영역이기도 하다. 버지니아 주에 거주하는 다국적 노동 계급을 조직하는 백인 남성에게 인종 특권 또는 젠더 특권이라는 문제는 끊임없이 협상의 대상이 된다. '대중 노선' 또는 거리의 '상식'이란 무엇인가, 그리고 이민자 성원의 도착 또는 경험에 앞서는 역사적 이해하고 어떻게 일치될까? 재정 면에서 보면 새로운 노동 계급 조직은 우리 각각의 예산에서 최대한의 몫을 차지하기 위해 자선 재단에 의존한다. 자선 형태 보조금이 그리는 하강 곡선은 보

---

5 "민족 해방 과정에서 자기에게 할당된 몫을 완벽히 수행하려면, 자기가 속한 민중의 가장 깊은 소망하고 전적으로 동일시하는 혁명적 노동 계급의 조건 속에서 자기 삶을 되살려내려면, 혁명적 프티부르주아지는 스스로 계급적 자살을 실행할 수 있어야 한다." 이런 말을 한 아밀카르 카브랄은 포르투갈 식민지이던 아프리카 서부 기니비사우의 독립 투쟁 지도자다. 리스본 대학교를 다니며 사회주의를 받아들인 뒤 '기니-카보베르데 독립아프리카당(PAIGC)'를 결성해 무장 투쟁을 벌이다가 암살된다. — 옮긴이.

조금 지급에 부속된 단서들 탓일 수도 있다. 보조금을 받는 최소 조건은 비영리 형태의 합법 법인으로서 여러 가지 법적 의무 조항을 수반하는데, 특히 선거 활동에 관련되는 사안이 많다. 게다가 재단은 대개 조합주의적 구조를 다루고 싶어하기 때문에 보조금 이용 과정을 문서로 기록하는 실무를 하려면 상대적으로 높은 수준의 공식 교육을 받아야 한다. 그리고 보조금을 받으려면 보통 영어로 된 서류를 제출해야 한다. 이런 모든 요소들이 새로운 노동 계급 조직의 발전에 영향을 미친다. 다른 한편 재단 기금은 물리적 위치, 사무용 비품, 전문 조직가 등 조직화를 추진할 수 있는 가장 강력한 제도적 기반을 창출했다. 대부분의 새로운 노동 계급 조직이 구성원 중심 조직을 건설하려 갈망하지만 우리들은 더 전형적인 조직가 중심 조직이어서, 단체 성원은 선거 운동과 프로그램을 구상하고 실행하는 과정에서 강경한 발언을 쏟아내고 공식 지도부는 대개 이사회 구조를 거치게 된다는 사실을 의미하는 현실이었다. 이용할 수 있는 기금의 용도와 액수가 엄격하게 제한되고 회비와 풀뿌리 모금액이 상대적으로 부족한 현실은 새로운 노동 계급 조직이 대중적 규모로 조직화를 감행할 능력을 기능적으로 제한받는 상황하고 결합됐다. 우리가 속한 영역에는 대부분 '우리 지역이나 우리 국적'이 있었다. 그 중심에 놓인 세계관은 연합을 구축하고 지도하는 아주 제한된 경험만을 우리에게 남겼다. 독자적 영역으로서 우리는 사람들을 정치적으로 세련된 성원으로 발전시키는 상당히 전문적인 기술이 있지만, 지금까지 우리는 견고한 지도력의 핵심을 강력한 동원력을 갖춘 대중 조직으로 바꾸느라 곤란을 겪었다. 새로운 노동 계급 조직은 대개 이 새롭게 나타난 계급 영역을 조직하는 일에 초점을 좁혔고, 더 넓은 영역에서 벌어지는 계급 형성에 관련해서는 제한된 경험을 하는 데 그쳤다. 금융이 붕괴하고 뒤따라 재단 기금이 줄어들면서 우리 자매 조직들은 재정 압박에 시달리게 됐다.

도시권 – 새로운 도시 운동이라는 자기 규정을 촉진하기

2007년, 새로운 노동 계급 조직의 이데올로기적 좌파를 대표하며 공동체에 기반을 둔 40개 조직과 동료 학자, 자원 협력자(진보 프로젝트Advancement Project, 플로리다 법률 서비스Florida Legal Services, 데이터 센터Data Center)들이 로스앤젤레스에서 만나 도시권연합을 창설했다. 애초 대규모 회의를 열자는 요구가 정치적 계기를 단순하고 명확하게 표현하려는 의도를 품은 데 주목해야 한다는 점이 중요하다. 회의에 수반된 조직화는 모두 어떻게든 젠트리피케이션이 지닌 투쟁적 측면을 보여줬다. 공공 주택 요구 투쟁(오클랜드)부터 압류 반대 투쟁(보스턴)과 공공 공간 요구 투쟁(뉴욕)까지 포괄하는 수준이었다. 주고받기와 양자 협력이 이어진 긴 역사를 보여주는 조직화 사례도 있지만, 대부분은 그렇지 않았다. 처음 시도한 이 함께하기는 노동 계급의 성숙하고 증가하는 부문에 필요한 집단적 규모의 도약으로 나아가는 한 걸음이었다. 이 조직들은 대부분 지금까지 우리가 벌인 운동을 주도했고, 지역은 물론 때때로 국가 수준에서 투쟁했다.

2007년에 우리들이 함께하기로 하고 도시권연합을 결성하는 데 동의한 결정은 우리 도시를 위한 집단적 전망을 선언하는 방향으로, 조직화된 국가적 요구와 행동을 발전시킬 우리들을 위한 발사대를 만드는 쪽으로 나아갈 첫 단계였다. 이어진 3년 동안 이런 과정은 우리가 상상할 수 있는 정도보다 더 어렵다는 사실이 드러났다. 부분적으로 보면 우리는 모든 조직이 홀로 고립돼 활동한 10년 현실을 극복하려 씨름하고 있었다. 둘째, 한 도시에서 200명이 모인 가두행진은 지방 정부에 항의하는 지역 단위 운동에 아주 적합하지만, 여덟 명이나 열 명이 행진을 하면 매우 잘 조직화돼 있더라도 연방 정부를 향해 뭔가 요구를 할 때는 상당히 우스꽝스러울 수 있다. 마지막으로, 2008년 이후 우리는 대통령 선거를 지원할 수도 있는 한편 후보자를 가차 없이 비판하고 우리가 내세운 더욱더 급진적인 전망을 계속 요구할 수도 있는 방법에 관련해 명확성을 확보할 시간을 얻었다. 정치적 공간, 또는 적어도 노조, 기성 네트워크, 중재자 같은 좀더 규모가 크고 덜 급진적인 단위들하고 전국적인 '정치적' 테이블에 함께 앉을 지위를 달라는 주장을 하기 어렵다는 점도 드러났다. 도시권에 기반한 도시/정치 분석과 신자유주의 비판에는 부정할 수 없는 철저함과 논리가 있다. 이런 정치는 워싱턴에 편중된 사회운동이 벌이는 정책 논쟁 너머 아주 먼 곳으로 우리를 데려간다. 전국적 요구를 제기하려 시도하면서 우리는 벽에 부딪쳤고, 개혁주의적이고 조각나고 궁극적으로는 근시안적인 위치와 날카롭고 명확하고 당장은 입법부의 지지를 얻을 가능성이 없는 요구 사이에서 머뭇거렸다. 2010년 여름, 우리는 전국적 운동의 맥락에서 세 갈래 노력을 개시하는 데 충분한 단일성을 확보했다. 한 갈래는 이민 '개혁'을 위한 초지역적 노력이다. 전국적 영향을 미치는 전략적 의사소통 기법을 사용하려는 희망을 품고 지역적으로 투쟁을 이끌어야 한다는 의미에서 초지역적이다. 이를테면 이민법을 공격적으로 집행하는 데 경찰력을 동원하지 못하게 하려는 지역 수준의 노력을 애리조나 주에서 제정한 인종 차별과 외국인 혐오 법률에 맞선 전국적 투쟁으로 연결한다는 의미다(Senate Bill 1070). 또 다른 갈래는 공공 주택 복원 프로젝트에 공공 주택 거주민을 고용하라고 요구하는 연방 법을 위한 투쟁을 수반한다. 마지막으로, 우리는 또한 도시의 환경 정의라는 전망을 더욱더 잘 확립하려는 조사, 분석, 리더십 개발 등 장기적 기반을 다지고 있다.

이런 요구들이 나타내는 대로 도시권연합의 급진적인 이데올로기적 뿌리, 지역 수준의 실천, 리더십 발전, 그리고 일반적으로 개혁주의적이라 부를 수 있으면서 전국적 차원이나 연방 차원에 편중된 요구 사이에는 간극이 자리한다. 이 긴장을 극복하는 일은 도시권연합이 해결해야 할 중요한 과제다. 우리는 어떻게 우리 운동의 기반이 되는 사람들이 지닌 직접적인 물질적 요구/필요와 포괄적이면서 아주 급진적인 분석이나 요구 사이에서 균형을 잡을까? 우리는 어떻게 가장 억압받는 이들로 든든한 핵심을 구축하고 유지하는 한편 동맹 단체를 접촉하고 포함시킬 필요와 조직 노동이나 신앙심 깊은 신도 같은 이들 사이에서 균형을 잡을까? 선거 사업은 유권자 중 다수 집단을 형성하려는 목표를 드러내놓고 추구한다. 그렇지만 우리 조직의 핵심 성원들 다수는 (중죄인 선거권 박탈이나 이민 관련 서류 미비 탓에) 투표할 권리를 인정받지 못하고 있으며, 계급/인종/젠더 위치와 억압에서 유래한 더욱 급진적인 정치 의제를 제기한다. 버락 오바마를 뽑은 선거는 우리를 새로운 정치적 계기로 이끌었는가?

국가 – 새로운 계기?

지난 30년에 걸친 신자유주의의 퇴행, 연장, 확산 때문에 대부분의 새로운 노동 계급 조직은 협소하고 방어적인 사고방식에 갇히게 됐다. 대부분의 조직들이 선거 불참을 선택한다. 이런 상황은 박탈된 토대의 반영일 뿐 아니라 두 지배적인 (부르주아) 정당 중 어느 한쪽을 지지하는 흐름에 맞선 이데올로기적 혐오의 반영이었다. 2008년까지 대통령 선거는 큰 변화를 겪었다. 그전에 들어온 많은 이민자와 그 사람들이 낳은 아이들은 20년이 지난 지금 투표할 수 있는 시민이 됐다. 여러 지역에서, 특히 미국 서남부와 동남부에서, 새로 유입된 이민자 출신 유권자와 역사가 깊은 아프리카계 미국인이나 멕시코계 미국인 주민이 결합하면서 유색 인종 인구가 다수를 차지하는 상황이 만들어지고 있다. 물론 시민권과 투표권에 부과된 제한은 인구학적 다수가 잠재적으로 선거에서도 다수가 되는 데 20년이 걸린다는 사실을 의미한다. 이런 사실은 오바마를 선출한 다수파에서 확인할 수 있다. 곧 부상하는 역사적 블록의 예시는 단일한 흑인 국가에 초점을 맞추며, 이민자를 비롯한 유색 인종, 노조원, 확대되는 사이버타리아트^{cybertariat} 계층(Huws 2003), 신경제 노동 계급까지 폭넓은 층위에 걸친다. 매일매일 새로운 노동 계급 조직은 더 많은 요소를 공유한다. 우리의 일은 도시 지역 유색 인종 노동 계급 여성을 조직하는 데 초점을 맞춘다. 우리의 요구는 사회 임금을 쟁취하기 위해 일차적으로 국가를 향한다. 우리의 접근법은 우리 성원들을 직접 행동으로 이끄는 한편 지지자들을 연결하고 더 거대한 정치적 블록으로 이동하는 전략적 의사소통을 활용한 선거 운동을 우리가 조직한다는 점에서 비슷하다. 도시권연합을 구성하는 모든 회원 단체는 정치적/이데올로기적 훈련 단계의 일부를 조직화 작업에 통합시킨다. 이런 훈련은 복합적 수준에서 사회를 변혁하는 권력을 구축하고 요구를 창출하는 중심으로서 유색 인종 노동 계급 여성을 조직하는 사안에 관한 우리의 동의를 반영한다. 일반화하면, 도시권연합을 구성하는 집단은 계급, 인종, 젠더를 의식한다. 우리는 인종주의와 가부장제가 하는 구실에 관한 이해를 미국 사회의 틀을 형성시키는 데 통합하는 계급 중심 분석의 흥미로운 혼합체를 성찰한다. 여러 가지로 우리 조직은 다양한 접근과 이해를 바탕으로 소규모 도시 환경에서 실험을 하고 있는 중이다. 도시권연합은 우리의 동의, 차이, 이해를 논의하고 예리하게 다듬는 데 쓰일 정치적 공간을 제공한다.

도시권연합 회원 조직들이 덜 공유하는 영역은 국가에 관한 분석이다. 주 단위의 조직화를 강화하고 선거 조직화에 가장 깊이 관련된 뉴 버지니아 매저리티를 포함해 우리들 중 여럿은, 우리가 하는 전략적 접근이 니코스 풀란차스Nicos Poulantzas에 근거해야 한다고, 또한 낡은 국가를 새로운 국가로 완벽히 대체하도록 이끄는 병렬 국가를 건설하는 방식(파국을 창출하기)도 아니고 현존하는 국가를 채울 새로운 인물을 단순히 선출하는 방식(새 술을 낡은 부대에 담기)도 아닌 정치적 공간을 창출해야 한다고 확신한다.

오히려 우리는 국가의 계급, 인종, 젠더 권력 배치를 점진적으로 뒤바꿀 균열을 가져올 새로운 구조와 법률이 발전하리라 기대하고 있다. 이런 사례들은 체계를 민주화하려는 노력을 포함할 수도 있는데, 이를테면 선거일 유권자 등록, 우편 투표, 중범죄 전과자 유권자 등록(버지니아 주를 비롯해 미국 남부 다른 곳에서 여전히 아주 어려운 과정을 겪는 중이다), 참여 예산제 실시, 지자체 사법 관할권 설정 등이다. 그 밖의 다른 계획들은 주별 상원 의원 선거와 비비례 선거처럼 유색 인종에게서 체계적으로 권력을 박탈하는 구조적 장애물을 제거하려는 작업일 수도 있겠다. 다른 조직들은 여전히 금융 거래에 세금을 부과하거나 지역 사회가 은행 또는 다른 자본 흐름을 통제하는 식으로 경제를 민주화하려 노력할 수 있다.

새로운 조직화 접근법

앞에서 살펴본 공격적이고 혁신적인 선거 운동과 조직화 사례들처럼, 많은 새로운 노동 계급 조직이 선거 활동에 점점 더 관계하고 있다. 새로운 노동 계급 조직들에게 선거 활동은 우리가 지금까지 닿을 수 없던 규모를 조직화하는 일에 힘을 낼 기회를 준다.

버지니아 주에서 우리는 주 단위의 정치 권력을 구축하려는 노력의 하나로 뉴 버지니아 매저러티를 창립했다. 우리는 규모 문제를 건너뛰고 있으며, 우리의 목표를 가장 지역적인 목표에서 지역적이면서 주 전체를 포괄하는 목표로 끌어올리고 있다. 이런 변화 덕분에 다양한 정치적 선택을 할 수 있기도 하지만, 어떤 때는 모순에 부딪치기도 한다. 미국에서 선거 활동을 하려면 후보자가 다수 투표자를 확보해야 하기 때문에, 우리는 수천수만 명에 다가가 하나로 뭉치게 해서 정치적으로 움직이는 방식으로 우리가 하는 활동을 다시 정의해야만 했다. 2008년과 2009년에 우리는 10만 가구가 넘는 사람들을 만나 대화하려 시도했다. 이런 전환은 뉴 버지니아 매저러티에 소속된 호별 방문 선거 운동원이 문 앞에서 겨우 3분 정도를 쓸 뿐이지만 시간당 15개의 현관문을 두드리게 된다는 사실을 의미한다. 이 시도는 효과가 아주 커서, 이를테면 2008년 대통령 선거에서 버락 오바마는 버지니아 주에서 승리를 거뒀다. 다른 한편, 투표를 하기로 결정한 사람들의 관련성과 참여의 수준은 상대적으로 얕아진다. 게다가 추종 투표자following voter는 또 다른 공간적 초점으로 우리를 이끌었다. 이런 투표자 덕분에 우리는 일반적인 호별 방문 조직화가 거의 불가능하다고 판명된 외곽 교외 지대에서 유권자를 조직할 수 있었다.

이 문제에 관련해서 선거 조직화는 두 가지 중요한 방식으로 다국적/다인종 조직화에 더 전도력을 지닌다고 판명됐다. 첫째, 버지니아 주 전역에 초점을 맞춘 결과 우리는 아프리카계 미국인이 많이 거주하는 동부 연안 저지대(노퍽)와 리치먼드에서 조직화를 할 수 있었지만, 북부에 산재한 다민족 지역에서는 조직화에 결합하지 못했다. 미시적인 지역 사회 수준에서 문화적, 정치적, 언어적 차이는 극복하기 어려운 문제라는 점이 드러났지만, 거대한 인구 집단을 움직인 끝에 우리는 기능적 통일성을 창출하면서 각 지역 출신 지도자들 사이의 유대를 강화하고 있다. 둘째, 지난 20년 동안 세입자노동자연합은 지위가 가장 낮고 대부분 히스패닉 노동 계급인 집단에 초점을 맞췄다. 이런 집단에는 급진적 정치가 내재돼 있지만, 또한 매우 특수한 쟁점을 놓고 벌이는 선거 운동을 넘어 정치적 요구로 나아가는 데는 심각한 한계도 드러낸다. 실제로 뉴 버지니아 매저리티와 선거를 중심에 둔 활동 덕분에 국적, 노동 계급 계층, 지리학이라는 면에서 더 폭넓은 유권자 집단을 구축할 수 있었다. 그 뒷면에는 정치적이고 개인적인 유대 관계가 좀더 느슨한 폭넓은 편성은 반대 진영에 견줘 훨씬 더 낫기는 하지만 진보적이거나 급진적이기는커녕 우리들하고 정치적 제휴도 하지 않아 사실상 정치적으로 거리가 먼 후보자를 선출하는 데 일차적인 초점을 맞춘 정치적 행위로 이끈다는 현실이 놓여 있다. 지역 사례를 인용하면, 2010년 뉴 버지니아 매저리티는 '다양성'을 지지한다는 견해를 밝히고 버지니아 주 헌든에서 시의회 의원으로 출마한 후보를 지지했다. 다른 후보는 불법 이민자 박해를 지지하기 때문에 이런 발언은 중요한 진전이었다. 그렇지만 동시에 이 다양성의 기준은 이민법과 이민 정책을 명령할 베스트팔렌식 국민국가[6]의 권리에 직접 도전하는 지방 정부라는 개념에 턱없이 부족하다(Purcell 2003). 이런 간극을 넘어서는 일은 거대한 정치적 도전이다. 목표는 동요하는 선거 블록을 지배적인 상식과 계급/인종/젠더 세력에 성공적으로 도전하는 역사적 블록으로 움직이게 할 방법을 이해하는 데 있다.

새로운 노동 계급 조직이 이끄는 이런 작업 덕분에 우리는 다음 같은 일을 할 수 있다.

1. 대항 헤게모니적 요구 발전시키기. 또는 적어도 쟁점에 근거하거나 후보에 근거한 선거 운동을 거쳐 우리가 진전시킨 대항 헤게모니적 틀. 이런 선거 운동이 어떤 점에서는 성공을 판단하는 단순한 측정 기준에 따라 평가되는 반면(이를테면 선거 승리), 새로운 노동 계급 조직은 선거에 쏟은 노력을 신자유주의와 제국에 관한 이해에 도전하는 데 사용해야만 한다. 버지니아 주에서 짐 크로 법(노예제 이후의 아파르트헤이트)이 부활하려 하자 양대 정당 후보자들은 '기업 친화적 버지니아를 만들자'는 정강 정책을 떠들어댔다. 후보자 토론회와 독자적인 선거 작업을 진행하면서 뉴 버지니아 매저러티는 노동자 친화적 버지니아란 어떤 모습일지 질문을 던지며 이런 방향에 문제를 제기하고 있다.

2. 구체적인 물질적 요구를 획득하기. 우리의 사회적 기반을 위해 삶을 개선하고, 우리의 사회적 기반을 위해 운동의 의미를 구축하고, 자원이 전쟁 경제에서 사회 임금으로 움직이게 강제하기(비록 규모는 작지만 증가한 사회 임금은 대부분의 새로운 노동 계급 조직의 특징적인 요구다).

3. 대개 정치 참여의 주된 형태(선거)에서 더욱 폭넓은 대중적 세력에 관여해 우리의 실천과 이론을 진전시키기. 따라서 선거에 맞춰 만들어지는 조직들(특히 뉴 버지

---

6 1648년 베스트팔렌 조약에 따라 출현한 평등하고 동일한 주권을 가진 국민국가 모델 ― 옮긴이.

니아 매저러티, 마이애미 노동자센터, 정의로운 대의)과 우리의 협력자들은 전략 기획에 활발히 관여하게 된다. 덕분에 우리는 우리의 기반을 계속해서 쌓아갈 수 있지만, 또한 역사적 블록이나 인종 세력과 계급 세력들의 총체를 구축하는 데 활발히 참여할 수도 있다. 이런 변화는 자본이 지배하지 못하는 새로운 질서에 필수적이다. 이런 변화는 노조원, 교사, 학생, 새로운 노동 계급 조직에서 일하는 활동가, 통합된 방식으로 함께 일하는 그 밖의 사람들 같은 다양한 조직화 영역에 기회를 가져다준다.

4. 제한된 통치 형태와 권력 형태를 실천하기. 새로운 노동 계급 조직, 알린스키형 조직, 노동조합은 모두 투쟁의 목표와 투쟁의 실세가 된 경험이 있다. 선거 참여 자제라는 전통에 크게 기대는 새로운 노동 계급 조직은 이런 규모에서 제한된 권력 형태조차 경험한 적이 없다. 이제 막 싹을 틔운 단계이기 때문에, 급진적이면서 다원적인 민주주의, 노동 계급의 권력, 조직된 책무성이 현실적이고 구체적인 질문이 될 때 통치와 권력은 다른 역사 시대를 위한 핵심적 실천이 된다. 다른 말로 하면, 주택협동조합을 운영할 수 있고, 권력과 책무성과 역량을 쌓아가는 방식으로 시의회나 이사회나 위원회에 진출할 우리 지도자를 선출할 수 있을 때 말이다.

이런 정치적 계기는 가장 반동적인 대통령 선거 후보자(존 매케인/사라 페일린)의 선거 패배, 심각한데다가 오래 이어진 경제 위기, 규모를 뛰어넘어 전국적 수준에서 권력을 둘러싼 경쟁(이념과 정강)을 우리에게 요구하는 활발하고 동기 부여된 반동적 기반(티파티가 전형적으로 보여준다)으로 특징지어진다. 이런 일들은 모두 더 어렵기 마련인데, 새롭게 등장하는 사회운동인 만큼 우리의 역량과 경험은 목표와 영향력이 대개 지역적이기 때문이다. 그렇지만 규모 뛰어넘기란 어렵다는 사실이 밝혀지고 있으며, 오랫동안 계속된 지역 사업을 희생해 전국적 차원에서 공동으로 움직일 초점, 역량, 재능 같은 문제는 이런 계기를 거쳐 작동하고 있다. 우리는 지역 횡단형 선거 운동이라는 개념과 실천을 바탕으로 이런 간극을 메우려 시도해야 한다. 본질적으로 우리는 공동의 구상을 매개로 단단하게 연결된 지역적 행동이 더 높은 규모(전국적 규모나 국제적 규모)에서 영향력을 발휘하게 되기를 바란다. 개념과 제도를 결합해 권력을 구축한다는 생각을 기준으로 판단하면, 지금까지 도시권연합이나 좌파 사회운동은 중대한 영향력을 지닌 제도적 역량을 갖추지 못했다.

우리는 **도시권**을 쟁취하려는 투쟁을 더욱 멀리 밀고 나아가야 한다. 이 책이 형식적 지식인과 새로운 노동 계급 조직에 연관된 유기적 지식인 사이의 대화를 더욱 심오하게 만들 정도까지, 우리는 거대한 발걸음을 내디뎌야 한다. 우리의 이론은 심오한 실천으로 풍부해지고, 심오한 이론은 오늘날 닥친 경제 위기, 정치 위기, 환경 위기를 넘어선 곳으로 우리를 데려갈 필요가 있다.

참고 자료

Abu-Lughod, J. 1999. *New York, Chicago, Los Angeles: America's Global Cities.* Minneapolis: University of Minnesota Press.

Alinsky, S. 1971. *Rules for Radicals.* New York: Random House.

Alinsky, S. 1969. *Reveille for Radicals.* New York: Random House.

Arrighi, G. 2009. *Adam Smith in Beijing.* New York: Verso.

Cabral, A. 1974. *Return to the Source.* New York: Monthly Review Press.

Davis, M. 1990. *City of Quartz.* New York: Vintage.

Davis, M. 1986. *Prisoners of the American Dream.* New York: Verso.

Elbaum, M. 2002. *Revolution in the Air.* New York: Verso.

Huws, U. 2003. *The Making of the Cybertariat.* New York: Monthly Review Press.

Fine, J. 2006. *Workers Centers — Organizing Communities at the Edge of the Dream.* Ithaca, NY: Cornell University Press.

Fletcher, B. and Gapasin, F. 2008. *Solidarity Divided.* Berkeley: University of California Press.

Leitner, H., Peck, J., and Sheppard, E.(eds.). 2007. *Contesting Neoliberalism.* New York: Guilford Press.

Purcell, M. 2003. "Citizenship and the right to the global city: reimagining the capitalist world order." *International Journal of Urban and Regional Research* 27(3). pp. 564-690.

Smith, N. 2002. "New globalism, new urbanism: gentrification as global urban strategy." *Antipode* 34(3). pp. 427-550.

Smith, N. 1996. *The New Urban Frontier*. London: Routledge.

United for a fair economy. Available at: http://www.faireconomy.org/files/GD_10_Chairs_and_Charts. pdf(accessed on 1 October 2010).

16장

무엇을 할 것인가?
그리고 대체
누가 할 것인가?

데이비드 하비
데이비드 와쉬무스

위기의 시기가 닥치면 자본주의 비합리성이 눈에 잘 띄게 된다.[1] 잉여 자본과 잉여 노동이 나란히 존재하지만, 커다란 고통과 충족되지 않은 필요의 한가운데에서 이 둘을 합칠 수 있는 길은 거의 없는 듯하다. 그러나 이런 고통은 비합리적인 대안을 갈망하는 기회가 되기도 한다. 그래서 이 장에서 나는 당면한 위기에 관련해 골치 아픈 문제를 두 개 던지고 싶다. 무엇을 할 것인가? 그리고 대체 누가 할 것인가?

그런 질문들은 서로 충돌하는 습관이 있다. 레닌이 던진 '무엇을 할 것인가?'라는 유명한 문구는 누가 어디에서 그 일을 할지를 생각하지 못하면 대답할 수 없는 질문이 분명하다. 그러나 우리가 해야 할 일과 그 일을 해야 하는 이유에 관한 활기찬 전망 없는 전지구적 반자본주의 운동은 부상하지 않을 가능성이 높다. 장벽은 두 가지다. 대안적 전망의 결여는 저항 운동이 형성되지 못하게 방해하고, 저항 운동의 부재는 대안이 명확히 드러나지 못하게 방해한다. 이런 장벽을 넘어설 수 있을까? 우리는 이 문제를 좀더 변증법적으로 재구성할 수 있을까?

공장에서 도시로 나아간 계급 투쟁

'누가'라는 문제는 때 이를 수 있는데, 당면한 위기이기는 하지만 우리가 지금 혁명적 상황은 아니기 때문이다. 그러나 우리는 지금 당장 존재하는 다른 사회 형성들을 생각할 수 있으며, 그런 사회 형성이 정치적 행동주의에 진입하게 되

---

1   이 원고는 데이비드 하비가 2009년 6월 19일부터 6월 20일까지 베를린에서 '로자룩셈부르크 재단'이 연 학술회의 '위기에 빠진 계급'에서 한 공개 강연을 기반으로 한다. 원고는 강연 원고뿐 아니라 하비가 출간한 《자본이라는 수수께끼(Enigma of Capital)》(2010)를 참고해 데이비드 와쉬무스가 수정하고 보완했다.

는 과정을 고찰할 수 있다. 전통적으로 '대체 누가 할 것인가'라는 질문에 좌파가 내놓는 대답은 프롤레타리아트였다. 그렇지만 프롤레타리아트는 만족스럽지 않은 대답이며, 그런 대답은 생산 문제를 공장 노동으로 축소하고 사회적 재생산 과정에 견줘 생산 과정에 특권을 부여하는 성향을 둘 다 띠는 계급 관계에 관한 만족스럽지 않은 이해에서 비롯된다. 지난 몇 년 동안 일어난 사건들은 이런 몇몇 문제에 관해 다시 생각해볼 좋은 기회다.

카를 마르크스가 3권 끝부분에 자본주의 사회의 '세 주요 사회 계급'에 관해 아주 짤막힌 토막글을 남길 때까지 《자본Capital》에는 계급에 전념한 분석이 전혀 포함되지 않은 사실은 결코 우연이 아니다(Marx 1982, 1026). 많은 독자들이 그중에 지주가 포함된 데 놀라고, 지주가 잔여 범주 또는 연속 범주인지 아닌지 궁금해한다. 그런 놀라움은 계급이 산업 생산에 따라 정의된다고 말하는 좌파들의 오랜 경향에서 생겨난다. 한편으로 이런 경향은 지대와 토지 가치를 핵심적인 이론적 범주, 곧 지리와 공간을, 그리고 자연하고 맺는 관계를 자본주의에 관한 이해에 통합하기 위한 범주가 아니라 분배의 파생 범주로 다루는 쪽으로 이끈다. 다른 한편 이런 경향은 공장 노동을 '진정한' 계급 의식과 혁명적 계급 투쟁의 장소로 고정하도록 이끈다. 그렇지만 이런 경향은 또한 언제나 제한된 형태를 띠었는데, 잘못된 판단이 아니라면 특히 도시화 과정에 관련되면서 그러했다. 생산과 계급은 당신이 '누가 도시를 생산하는가?'라고 묻거나 앙리 르페브르를 따라 '누가 공간을 생산하는가?'(Lefebvre 1991)라고 질문할 때 아주 다른 개념으로 나타난다.

숲과 농장에서, 뒷골목 착취 공장 임시직 노동 같은 '비공식 부문'에서, 가사 서비스나 좀더 일반적인 서비스 부문에서 일하는 사람들, 그리고 공간 생산과 건조 환경의 생산 또는 도시화의 참호(때때로 문자 그대로 도랑)에 고용된 숱한 노동자들은 부차적 행위자로 다룰 수 없다. 그런 노동자들은 다른 조건에서 일한다(건설과 도시화 부문은 종종 저임금이고, 일시적이고, 불안정한 형태를 띤다). 이동성, 공간적 분산, 개별화된 고용 조건 등은 계급 연대를 구성하거나 집합적 조직 형태를 확립하기 어렵게 한다. 정치적 존재는 지속성을 띤 조직보다는 흔히 자생적 폭동과 자발적 소요 형태를 좀더 자주 나타낸다(얼마 전 파리 방리외에서 일어난 사건이나 2001년 금융 위기 뒤 아르헨티나에서 분출한 피케테로스piqueteros[2]가 좋은 사례다). 그러나 그런 노동자들은 착취의 조건을 완벽히 자각하고, 불안정한 조건 탓에 심각하게 소외되고, 일상생활에 관한 국가 권력의 대체로 잔인한 통제에 반대한다.

이제 대개 '프레카리아트precariat'(고용과 생활 양식에서 나타나는 유동적이고 불안정한 특징을 강조하는 말)로 불리는 이 노동자들은 언제나 전체 노동 인구의 상당한 부분을 차지했으며, 도시화 생산 과정에서 핵심적인 구실을 했다. 선진 자본주의 세계에서 프레카리아트는 신자유주의적 기업 구조 조정과 탈산업화에 따라 강제된 노동 관계의 변화 때문에 지난 30년 동안 더욱 두드러지게 됐고, 정치적 구실도 마찬가지로 더욱더 두드러지게 됐다. 그렇지만 한편으로 자본주의 역사에서 나타난 많은 혁명 운동은 좁은 공장보다는 더 넓은 도시에 기반했다. 공장에서 주요한 운동이 나타난 때(1930년대 미시간 주 플린트에서 일어난 파업이나 1920년대 이탈리아 토리노의 노동자평의회)도 지역 사회의 조직된 지원이 정치적 행동에서 일반적으로는 잘 알려지지 않은 핵심적 구실을 했다(플린트에는 여성 단체와 실업자 지원 단체가 활동했고, 토리노에는 공동체인 '민중의 집Casa del Popolo'이 있었다).

이런 사례들은 우리가 공장 생산이 계급 구조와 계급 의식하고 맺는 연관성에 단순히 문제를 제기하는 수준을 뛰어넘어 생산 현장을 벗어나 계급 분석을 확대해야만 한다는 사실을 보여준다. 계급 의식은 공장 안만큼이나 거리, 바,

---

2 '시위대'라는 뜻으로, 2001년부터 2년 동안 금융 위기를 겪은 아르헨티나에서 등장한 피켓 라인 시위대를 가리킨다 — 옮긴이.

술집, 간이식당, 교회, 지역 공동체 센터, 노동 계급 이웃의 뒷마당에서도 생산되고 접합된다. 1871년 파리 코뮌 때 발표된 강령을 보면, 맨 처음 두 가지는 흥미롭게도 빵집의 야간 노동 중지(노동 과정에 관련된 문제)와 임대료 지급 정지(도시 일상생활에 관련된 문제)였다. 다르게 말하면, 도시는 공장만큼이나 계급 운동이 일어나는 장소다.

이런 사실은 또한 더욱 심오한 반향을 불러일으키는데, 생산의 장소인 생활 공간은 잉여 가치의 산출과 분배에서 중요성을 덜 인정받기 때문이다. 이를테면 2008년 1월 월 스트리트가 지급한 320억 달러에 이르는 상여금을 생각해 보라. 2007년 전체 상여금에 견줘 조금 적은 금액이었다. 이 정도면 전세계 금융 시스템을 무너트릴 정도로 놀라운 보상이었다. 그렇지만 바로 그때 미국에서 거의 200만 가구가 압류를 당해 살던 집을 잃었다. 오하이오 주 클리블랜드에서 압류 사태는 마치 도시를 강타하는 '금융 카트리나'처럼 보였다. 폐가와 판잣집은 가난하고 대부분 흑인이 사는 지역 사회의 풍경을 지배했다. 캘리포니아 주 스톡턴 같은 곳은 도시 전체 거리가 빈집과 폐가들이 줄지어 선 듯했고, 플로리다 주와 라스베이거스에 있는 콘도미니엄은 파리를 날렸다. 압류당한 사람들은 어딘가 다른 곳에서 숙소를 찾아야 했다. 캘리포니아 주와 플로리다 주에 천막 도시가 나타나기 시작했다. 또 다른 곳에서 많은 가족이 친구나 친척들하고 함께 집을 나눠 쓰거나 비좁은 모텔 방을 긴급 주택으로 삼았다.

사다리 꼭대기에서는 320억 달러를 축재하고, 사다리 밑바닥에서는 200만 명이 집을 압류당했다. 아프리카계 미국인들이 겪은 역대 가장 커다란 자산 손실 사태의 하나였다. 계층 피라미드의 밑바닥에 자리한 사람들이 입은 손실은 꼭대기를 차고앉은 금융업자들이 얻은 특별 이익하고 대략 일치했다. 아마도 두 사실 사이의 연관성을 생각하고 이 두 사실을 '계급적 사건'으로 분석해야 할지도 모른다. 가치는 인구의 한 부분에서 탈취돼 다른 부분에 축적된다. 탈취에 기반한 축적의 고전적 사례가 아닌가(Harvey 2003)? 레닌, 루돌프 힐퍼딩, 로자룩셈부르크는 모두 20세기가 시작된 때 금융이 약탈, 사기, 절도의 중요한 수단이 된 현실을 알아챘다. 1970년대부터 이런 점에서 금융이 크게 중요해졌다. 되풀이하면 취약 계층은 막대한 손실에 시달리는데, 이 손실은 자본가 계급 사이에서 막대한 부를 축적하는 방식으로 떠오른다.

그래서 계급 동학은 생산만을 거쳐 작동하지는 않는다. 마르크스와 엥겔스는 《공산당 선언》에서 이런 사실을 인식했다. "공장주가 노동자를 착취하는 시간이 …… 끝나면 …… 이번에는 다른 부르주아 계급들, 곧 집주인, 소매상인, 전당포 업자 등이 달려든다"(Marx and Engels 2008, 44). 사회적 재생산 과정 안에 착취의 동학이 자리 잡고 있으며, 또한 사회적 재생산 과정은 우리가 계급 관계를 이해하는 방식 안에 통합돼 있다. 재생산이라는 점에서 계급 관계는 노동자가 자기들에게서 부를 빼앗아가는 상인과 집주인과 그 밖의 다른 사회 계급들, 곧 거주 공간에서 벌어지는 착취 현실을 통해 노동자들에게서 빼앗아가는 돈을 마치 이미 자기한테 주어진 몫으로 여기는 계급들하고 맺는 관계에 특히 초점을 맞춘다.

생산 과정과 재생산 과정에서 나타나는 이 두 가지 착취 형태를 함께 협력하게 해 둘 사이의 차이를 극복한 뒤 단일성으로 바라보는 데는 종종 어려움이 따른다. 단일성뿐만 아니라 차이를 확인할 수 있을 때까지 우리는 '누가'에 관한 명확한 개념을 알 수 없다. 다른 말로 해서 우리가 우리의 정치를 진전시키려면, 우리는 계급 투쟁 개념의 기반이 될 계급 개념을 확대하고 재구성해야 한다. 마르크스식 용어를 쓰자면 우리는 단지 프롤레타리아트뿐만 아니라 마르크스가 매우 자주 꾸짖고 싶어한 룸펜 프롤레타리아트도 고려할 필요가 있다. 현대적인 용어를 쓰자면, 이 단어는 도시 프레카리아트를 뜻한다. 도시 내부와 주변에서 일어나는 계급 투쟁이 공장 내부와 주변에서 일어나는 계급 투쟁만큼 중요하기 때문이다. 그 둘은 투쟁의 초점이 다르고 투쟁의 동학도 다르지만, 하나로 합쳐질 필요가 있다. 그 차이 내부의 통일성, 곧 '누가'라는 문제를 명확히 하기 시작할 통일성을 인식하는 과정이 전통 좌파에게는 확실히 어려워 보인다.

위기 경향, 금융화, 신자유주의화

이제 이 문제는 '무엇'으로 바뀐다. 레닌이 말한 무엇을 할 것인가라는 문제 말이다. 대답은 부족하지 않다. 우리는 위기를 맞고 있으며, 위기는 다양한 응답을 이끌어낸다. 그렇지만 우리는 응답이 적절한지 이해하기 위해 위기를 이해할 필요가 있다. 그래서, 무엇보다도, 우리는 현재의 위기가 생겨난 지점과 그 위기가 전개된 과정을 알려주는 상세한 설명이 필요하다. 자본주의는 그 안에 내재된 위기 경향을 결코 극복할 수 없다. 위기를 공간이나 시간으로 단순히 대체할 뿐이다(Harvey 2006). 그리고 여러모로 이 특수한 위기의 기원은 1970년대에 벌어진 위기에서, 그리고 특히 이전의 위기가 해결된 방식에서 찾을 수 있다.

　1970년의 위기에는 강조해야 할 두 차원이 있다. 바로 노동 문제와 독점화 문제다. 1960년대가 끝날 무렵, 자본은 잉여 가치에서 너무 큰 몫을 차지하려는 조직 노동의 힘을 분쇄해야 할 필요가 있었다(Armstrong et al. 1991). 자본은 임금 억제 정치를 활용해 이런 목적을 달성했다. 1970년대 이후 북아메리카와 유럽은 전반적으로 실질 임금이 정체하거나 하락하는 모습을 보였다. 목적 달성에는 다양한 수단을 활용했다. 그중 하나가 이민 장려 정책이었다. 국가별 할당제를 폐지한 1965년 이민과 국적법 덕분에 미국 자본은 전지구적 차원에서 잉여 인구에 접근할 수 있었다(그전에는 유럽인과 백인이 특권을 누렸다). 1960년대 말에는 프랑스 정부가 북아프리카 출신 노동력을 수입하는 데 보조금을 지급했고, 독일은 튀르키예 사람들을 받아들였고, 스웨덴이 유고슬라비아에서 인력을 유치했고, 영국은 대영 제국 시절 식민지 주민들에 의지했다.

또 다른 차원은 자동차 업체에서 채택해 실업의 원인이 된 자동화 같은 노동 절약 기술을 찾아내는 방식이었다. 그런 시도가 실패하면, 로널드 레이건, 마거릿 대처, 아우구스토 피노체트Augusto Pinochet 같은 사람들이 조직 노동을 분쇄하는 데 국가 권력을 사용할 준비를 마친 뒤 신자유주의 교의로 무장한 채 곁에서 대기하고 있었다. 피노체트를 비롯해 브라질과 아르헨티나 군인들은 군사력을 사용해 목적을 달성한 반면, 레이건과 대처는 거대 노조를 상대로 직간접적인 대결을 벌였다. 레이건이 항공 교통 관제사에 맞서 최후의 대결을 펼치고 대처가 광산 노동자와 인쇄 노조를 상대로 격전을 벌인 사례가 직접적이라면, 실업의 발생은 간접적이었다.

자본에는 잉여 노동을 찾아가는 선택지도 있었다. 남반구에 사는 지방 여성들은 바베이도스에서 방글라데시까지, 멕시코 북부 시우다드후아레스에서 중국 광저우 성 둥관까지 곳곳에서 노동 인구로 통합됐다. 프롤레타리아트에서 여성이 차지하는 비중이 늘어나고, 농촌에서 전통적인 자급자족 생산 체계가 파괴되고, 빈곤의 여성화가 전세계적 흐름이 됐다. 잉여 자본이 넘쳐난 미국 기업들은 1960년대 중반 실제로 역외 생산을 시작했지만, 이런 움직임은 자본이 현재 전세계에서 가장 값싼 노동력 공급지에 접근하게 된 지점을 찾아 컨테이너 화물 수송 덕분에 저가 운송을 할 수 있게 된 10년 뒤에나 속도가 붙었다.

그래서 1960년대 후반과 1970년대에 노동 관련 사안이 계급 권력의 유지와 확대를 추구한 자본가들에게 핵심 문제로 된 반면, 1980년대 중반에는 그런 문제가 본질적으로 해결됐다. 바로 그때 자본이 해결해야 할 문제는 비대해진 노동의 힘이 아니고, 그래서 당면한 위기는 지나친 권력을 쥔 노동 때문에 자본이 겪는 이윤 압박에 직접적으로 귀속될 수 없다는 사실이 확실해진다.

1960년대 말에 나타난 둘째 문제는 자본가들 사이의 과잉 독점이었다. 이 문제를 해결하려면 부분적으로는 전지구화를 통하고 부분적으로는 금융화를 통해 경제 부문에서 경쟁을 강화해야 했다. 그리고 이런 해법은 성공을 거뒀으며, 1980년대 중반에 이르면 과잉 경쟁이 가격에 인하 압력을 가하기 시작해 이윤율을 떨어트렸다. 결과적으로 저수익과 저임금이라는 특유의 구조가 정착됐다. 낮은 임금은 노동 계급의 권력을 분쇄해 노동 문제가 해결된 때문이었고, 낮은 이익은 전지구화와 금융화로 독점화 문제가 해결된 때문이었다. 이런 사실은 연이어 찾아온 위기의 형태를 결정한 요인이었다. 자본가 계급은 심각한 문제에 직면한 상태이기 때문이었다. 바로 어디에 돈을 투자해서 적절한 수익률을 얻을 수 있느냐 하는 문제였다. 저수익은 생산 부문의 낮은 수익률을 의미했고, 그래서 자본가들은 잉여 자본을 투자할 다른 투자처를 찾아야 했다. 따라서 1980년대부터 자본가들은 생산보다는 자산에 투자하기 시작했다. 일본에서 제로 금리에 돈을 빌려 7퍼센트 이자를 받는 런던에 투자할 수 있는 한편 엔-파운드 환율에서 위험한 변화가 일어날 상황에도 대비해야 할 때 당신은 굳이 저수익 생산 부문에 투자하겠는가?

자산은 주식, 상품 선물, 예술 작품과 자산 관련 금융 투자 등 다양한 형태로 들어온다. 그러나 일반적인 상품 시장에서 자산 시장을 구별하는 특징의 하나는 자산 시장이 명확하게 똑같이 조직된 이 세계의 '버니 메이도프Bernie Madoff[3]들'이 없어도 폰지 사기하고 비슷한 특성을 보인다는 점이다. 사람들이 자산에 더 많이 투자할수록 자산 가치는 더 높이 상승한다. 그리고 자산 가치가 더 높이 상승할수록, 자산 투자는 더 매력적으로 여겨진다. 똑같은 현상이 주식에서도 일어난다. 그리고 1980년부터 자본가 계급 전체는 생산 활동이 아니라 자산에 잉여 자본을 투자하고 있다.

저수익이 잉여 자본을 자산으로 몰아넣는 데 도움을 준 반면 저임금은 노동 계급에 영향을 미쳤는데, 왜냐하면 노동자가 오르지 않은 임금을 바탕으로 시장에서 유효 수요를 창출할 수 있게 보장하는 유일한 방법은 대출 권유이기 때

---

3 2008년 월 스트리트 역사상 가장 큰 650억 달러 규모의 폰지 사기 사건을 일으킨 금융 전문가 — 옮긴이.

문이었다. 곧 노동자가 벌 수 있는 금액과 노동자가 쓸 수 있는 금액 사이의 간극은 새롭게 떠오른 신용 카드 산업과 증가한 부채액으로 메꿔졌다. 1980년 기준 미국의 가계 부채는 평균 4만 달러(고정 달러 기준) 정도인데, 지금은 모든 가구가 주택 담보 대출을 포함해 13만 달러 정도에 이른다. 가계 부채가 급증했지만, 소득이 늘지 않은 노동자에게 대출을 하라고 금융 기관들이 지원도하고 장려도 할 필요가 있었다. 이런 상황은 안정된 고용 인구하고 함께 출발했지만, 1990년대 후반 들어 그 시장이 고갈되면서 좀더 나아가야 했다. 시장은 저소득 계층으로 확대돼야만 했다. 패니메이와 프레디맥 같은 금융 기관들은 신용 조건을 전반적으로 느슨하게 하라는 정치적 압력을 받았다. 금융 기관들은 남아도는 신용을 안정된 소득이 없는 사람들에게 자금 차입 형태로 빌려주기 시작했다. 그런 일이 벌어지지 않으면, 누가 자금 차입형 부동산 개발업자가 지은 새집과 새 아파트를 모두 사들일 수 있었을까? 주택에 관련된 수요 문제는 자금 차입형 부동산 개발업자뿐 아니라 주택 구매자를 거쳐 일시적으로 연결된다. 금융 기관들은 주택의 공급과 수요를 모두 집단적으로 통제한다.

지금은 이런 특수한 배치에 내재된 위기 경향이 폭발했다. 그러나 실제로는 1973년 이후 세계 곳곳에서 수백 건에 이르는 금융 위기가 발생했다. 여기에 비교하면 1945년부터 1973년까지 발생한 금융 위기는 아주 적었다. 몇몇 위기는 자산 개발이나 도시 개발이 이끌었다. 2차 대전 이후 시기 처음 찾아온 전면적인 전지구적 자본주의 위기는 1973년 봄에 시작됐다. 중동이 석유 금수 조치를 내려 석유 가격이 급등하기 딱 6개월 전이었다. 전세계 자산 시장이 폭락하면서 몇몇 은행이 파산한 데 이어 여러 지자체(이를테면 뉴욕 시는 최종적으로 긴급 구제 금융을 받기 전인 1975년에 기술적으로 파산했다)는 물론 전반적인 국가 재정도 급격한 충격에 휩싸였다. 1980년대 일본의 거품 경제는 주식 시장이 폭락하고 토지 가치가 하락하면서 꺼졌다(이런 상황은 아직 진행 중이다). 1992년 스웨덴의 은행 시스템은 노르웨이와 핀란드에도 영향을 미친 북유럽 위기의 한가운데에서 국유화돼야만 했는데, 위기 원인은 부동산 시장 과잉이었다. 1997년과 1998년에 동아시아와 동남아시아에서 붕괴를 촉발한 도화선의 하나는 태국, 홍콩, 인도네시아, 한국, 필리핀에 외국 투기 자본이 유입되면서 연료를 얻은 과잉된 도시 개발이었다. 그리고 1984년부터 1992년까지 너무 오랫동안 이어진 상업용 부동산 중심의 저축 대부 조합 위기 때 미국에서는 저축 대부 업체 1400개와 은행 1860개가 납세자들이 낸 세금 2조 달러를 대가로 치르며 완전히 문을 닫았다. 그러므로 크기와 범위를 별도로 하면, 1973년 이후 시기 동안 당면한 붕괴에 관련된 전례를 찾지 못할 일은 결코 없었다. 붕괴의 뿌리가 도시 개발과 자산 시장에 있다는 사실에 관련해서는 어떤 특이한 점도 없었다.

지난 40년 동안 일어난 위기들은 더 작고 더 지역적인 만큼, 당면한 위기에서 문제는 1970년대처럼 기본적으로 노동에 관한 지나친 보상에 관련된 사안이 아니다. 지금 이 시기에 문제는 1930년대하고 더 비슷하다. 바로 과소 소비, 또는 시장에서 유효 수요가 부족한 현상이다. 자본가들은 저임금과 저수익 경영을 하고 있고, 소비자 부채를 대상으로 대규모 상환 청구를 하지 않더라도 자기들이 생산한 상품을 사줄 구매자를 충분히 찾을 수 없다. 재정난이 심각하다지만 핵심 문제는 오히려 반대로 자본이 지나치게 강하고 노동이 지나치게 약하다는 사실에 있다.

당신은 이런 종류의 위기에서 어떻게 빠져나올 수 있는가? 1930년대에 제시된 고전적 대답은 케인스주의였고, 지금 당신은 우리가 좋아하든 좋아하지 않든 '케인스적 에피소드' 속에 머무는 중이라 말할 수 있다. 케인스주의는 신자유주의 수사학하고 모순되는 듯하지만, 신자유주의화는 설교하는 바를 실천하지 않는다. 균형 재정을 향한 그 모든 수사학적 헌신 때문에 신자유주의 시대 전체는 되풀이되는 케인스적 에피소드를 특징으로 삼았다. 1980년대를 대표하는 주요한 케인스적 에피소드는 로널드 레이건이 재정 적자를 감수하면서 방위 예산을 아주 많이 늘린 일이었다. 군사 케인스주의 형태였다. 조지 워커부시 행정부는 재정 적자를 불러오는 군사 케인스주의에 일종의 역전된 계급 케인스주의를 결합해 상층 계급들에게 특권을 부여하는 쪽으로 세법을 개정했다. 이런 케인스적 에피소드들은 자본주의 계급 권력의 공고화, 회복, 확장이라는 신자유주의화 프로젝트의 핵심을 관통했다(Harvey 2005).

자본주의 계급 권력의 신자유주의적 확장에서 핵심 요소의 하나는 금융화다. 1982년부터 계속된 멕시코 부채 위기에 국제통화기금이 제공한 긴급 구제 금융 때부터, 신자유주의의 (유토피아적 이론에 반대되는) 현실적 관행은 언제나 금융 자본과 엘리트 자본가들을 위한 노골적인 지원을 수반했다(대개 금융 기관은 모든 비용을 보호받아야 한다는 점, 그리고 확고한 폭리를 취하는 데 알맞은 기업 환경을 창출하는 일이 국가 권력의 의무라는 점을 근거로 들었다). 현재 케인스주의 에피소드는 신자유주의적 관행의 속편이지만, 이번에는 그런 관행이 표준적인 신자유주의 수사학의 권위를 실추시키고 있다. 국가가 금융업자들을 긴급 구제하는 방식으로 개입하자 국가와 자본이 제도와 인물 면에서 모두 그전에 견줘 더 긴밀하게 연루돼 있다는 사실이 모든 사람에게 명백해진다. 지배 계급은 자기들의 대리인으로 행동하는 정치 계급보다 훨씬 더 실제로 지배하고 있는 세력으로 비친다. 지금은 신자유주의 수사학이 공허한 듯하지만, 심지어 고통받고 있는 사람들도 그 고통을 해석할 방법을 완전히 알지 못한다. 우리는 전체 경제를 변혁해야 할 필요가 있다는 점을 강조하는 위기 해석을 제기해야만 한다. 다른 식으로 말해보자. 만약 우리가 지금 억제된 케인스주의적 계기가 귀환하는 모습을 목격하고 있다면, 상층 계급을 긴급 구제하려는 지향을 제외하고, 우리는 어떻게 이 흐름을 사회주의적 방향으로 향하게 할 수 있을까?

케인스적 계기와 국가-금융 연계

케인스주의적 사고와 마르크스주의적 사고 사이에 자주 실질적 갈등이 일어난 다는 사실에도, 나는 만약 우리가 케인스적 계기 속에 있다면 우리는 그 계기를 정치적으로 이용할 필요가 있다고 주장한다. 케인스 자신은 경제에서 유효 수 요의 회복은 노동 계급이 시장 소비자로서 권한을 부여받는 데 달려 있다는 견 해를 지녔다. 그리고 케인스는 완전 고용으로 가는 길은 노동 시간 단축을 거 쳐야 한다고 주장했다. 언론에서 바로 지금 케인스주의를 많이 논의하고 있다 지만, 이 점에 관해서는 아무도 이야기하지 않는다. 그러나 우리는 은행을 비롯 한 금융 기관들에 집중된 지출의 방향을 돌려 최소 보장 소득, 노동자에게 협 상 절차 참여 권한 부여, 노동 시간 관련 입법 쪽으로 향하게 해서 이 제안을 이 행할 수 있다. 만약 케인스주의를 이런 영역으로 밀어붙이기 시작한다면, 우리 는 다른 종류의 정치를 위한 기반을 확고히 할 수도 있다.

그러나 이런 일이 벌어지려면, 우리는 현재 상황에서 맞닥뜨린 가장 어려운 양상을 하나 다뤄야만 한다. 마거릿 대처는 자기가 진정으로 하고 싶은 일은 단순히 경제를 변화시키는 정도가 아니라 사람들의 정신을 탈바꿈시키는 일이 라고 언제나 말했다. 그리고 어느 정도는 성공했다! 많은 사람들이 좋든 싫든 간에 '신자유주의적으로 생각'한다. 그리고 신자유주의 수사학이 명백한 공허 를 드러내는 와중에도 이런 변화는 당면한 위기에서 극적으로 증명되고 있다. 지금으로서는 자유 시장 이데올로기에 깔린 근원적 가정을 믿는 신앙은 그렇 게 심하게 침식되지 않았다. 미국에서 집을 압류당한 사람들은 (예비 조사가 우 리에게 알려주듯이) 일반적으로 내 집 마련이라는 개인적 책임을 다하지 못한 (때로는 불운한) 실패자라며 자책한다. 은행들이 드러낸 이중성에 화를 내고 천문학적인 상여금 액수에 대중적으로 격분하지만, 압류당한 사람들이 이 사 태를 자본주의 시스템의 체계적 개혁을 통해 다뤄야만 하는 체제 문제로 생각할 가능성은 별로 없다. 이런 상황은 압류당한 수백만 명이 정치 운동에 결합되지 못하는 이유를 설명해준다. 압류당한 사람들은 그저 사라질 뿐이었다. 그렇지만 이 사람들이 계급 사건의 희생자라면, 자기에게 닥친 상황을 이해하는 방식을 바꾸고 그 이해를 바탕으로 뭔가 다른 일을 할 수 있어야 한다.

그래서 정치적으로 '누가'라는 문제로 되돌아간다. 살던 집을 잃은 수백만 명이 정치적 변화를 불러올 체계적인 세력을 구성하게 될까? 당신은 그렇게 생각할 수 있겠지만, 그 사람들은 움직이지 않는다. 이런 상황을 어떻게 바꿀 수 있는가? 우리는 빈집 점거 운동 주변에서 벌어지는 소규모 운동을, 그리고 빼앗긴 소유권을 되찾으려 압류 가정들이 외치는 귀환 권리 선언을 바라보기 시작한다(Rameau 2008). 이런 운동들이 성장할 때까지, 우리는 '누가'라는 문제를 해결하지 못한다. 그런데 무엇을 할 것인지 말할 수 있을 때까지, 우리는 '누가'라는 문제도 해결하지 못한다. 그래서 우리가 반드시 인식해야 할 사실은 이런 상황이 케인스적 계기라는 점, 아마도 우리가 지금 당장 할 수 있는 최선은 자본주의 계급 권력에 계속 집중되지 않고 국민 대다수에게 이익을 주는 방식으로 케인스주의를 재설정하는 일이라는 점이다.

2005년 뉴욕에서 활동하는 주요 헤지펀드 운용자들은 2억 5000만 달러에 이르는 개인 급여를 받았고, 2006년 최고 경영자들은 17억 달러를 챙겼으며, 금융 부문에 전지구적 재난이 휘몰아친 2007년에는 그중 다섯 명이 각각 30억 달러를 벌어들였다. 그래서 자본가 계급이 곤란을 겪거나 권력을 잃고 있다고 생각한다면, 당신은 다시 생각해야 한다. 자본가 계급은 그전보다 더 집중됐다. 그리고 위기에서 살아남은 은행들은 그전보다 더 강력해졌다. 마르크스와 엥겔스는 《공산당 선언》에서 국가의 수중에 신용 수단이 집중되는 현상을 옹호했다(Marx and Engels 2008). 물론 두 사람은 그런 상황이 프롤레타리아트 지배 아래에서 일어나야 한다고 생각했다. 지금 우리가 실제로 들어가고 있는 곳은 전세계 주요 은행가들이 전지구적 경제를 절대적으로 지배하는 세상이다.

국가 기구 안에서 우리는 '국가—금융 연계'를 구별해낼 수 있다. 국가—금융 연계란 국가와 자본을 서로 명확하게 분리할 수 있다고 보는 분석 경향을 혼란에 빠트리면서 국가와 금융 권력의 융합을 묘사하는 개념이다. 이 개념은 국가와 자본이 별개의 동일성을 구성한다는 의미가 아니라, 자본 창출과 통화 공급을 관리하는 국가 기능이 자본 순환하고 분리되기보다는 통합되는 곳으로서 (중앙은행과 재무부 같은) 거버넌스 구조가 있다는 의미다. 역전된 관계는 또한 국고로 들어가는 세금이나 차입금의 흐름으로, 그리고 화폐화되고, 상품화되고, 궁극적으로 사유화되는 국가 기능으로 유지된다.

마르크스는 이런 현상을 '은행 정치bankocracy'라는 말로 확인했고(Marx 1976), 우리는 2008년 9월 미국에서 은행 정치가 작동하는 모습을 봤다. 다국적 투자 회사 골드만삭스의 전 회장이자 현 최고 경영자인 재무부 장관을 비롯한 재무부 공무원과 은행가 몇 명이 회의실에 등장했다. 그 사람들은 은행에 7000억 달러를 긴급 원조로 제공하라고 요구하는 한편으로 시장에서 일어날 아마겟돈Armageddon[4]을 위협하는 세 장짜리 문서를 들고 있었다. 월 스트리트는 미국 정부와 국민을 상대로 금융 쿠데타를 개시한 듯했다. 몇 주 뒤 여기저기에서 터져 나온 경고와 화려한 수사 속에서, 의회가, 그리고 뒤이어 조지 워커 부시 대통령이 굴복했고, 돈은 어떤 통제도 받지 않은 채 '대마불사'라 여겨진 모든 금융 기관들로 홍수처럼 흘러갔다. 국가—금융 연계는 7000억 달러를 차지했다. 이런 현실은 거대한 힘을 지닌, 게다가 대항할 방법을 상상하기가 매우 어려운 새롭게 생겨난 계급 구성을 나타낸다. 2008년 9월, 그 공포의 나날 동안, 미국의 대통령과 부통령은 사라졌고, 재무부 장관과 연방준비제도 이사회 의장만이 자기가 책임자라는 사실을 명확히 했다.

현재 만약 국가—금융 연계가 통제되고 이런 케인스적 계기를 관리하고 있다

---

4 《신약성경》 중 〈요한계시록〉에서 세계 종말의 날에 펼쳐지는 선과 악의 대결을 가리킨다 ― 옮긴이.

면, 상당한 지지를 받을 수 있다. 19세기 말 마크 트웨인이 한 말대로 미국에서 의회란 언제나 돈으로 살 수 있는 최고의 의회다. 그리고 국가—금융 연계는 워싱턴 권력을 실제로 장악한 월스트리트 당Party of Wall Street이 지지한다. 월스트리트 당은 민주당과 공화당에서 당원을 충원한다. 이 당에 반대하는 공화당 우파와 이 당에 반대하는 민주당 좌파가 있지만, 월스트리트 당은 통치한다. 그리고, 그래서 지금 중앙은행, 재무부, 월스트리트 당이 정부 지배권을 쥐고 있다.

적대와 동원의 나선

국가—금융 연계에 대항한 시위의 출발점은 계급이 아니라 포퓰리즘에 기반한다. 그렇더라도 우리는 그런 이유로 시위를 거부할 여유가 없었다. 우리는 은행가들이 받은 특혜를 향한 대중적 분노를 드러내고, 그런 분노를 좀더 계급에 기반을 둔 방향으로 돌리려 시도해야 할 필요가 있다. 라틴아메리카와 중국을 예외로 할 수 있지만 세계 곳곳에서 벌어지는 혁명적 계기에 함께하지 못하고 있기 때문에, 지금 우리에게 케인스주의 거부라는 선택지는 없다. 하나뿐인 선택지는 그나마 그럴 듯한 케인스주의가 무엇인지를, 동원이 누구의 이익이 돼야 하는지를 질문하는 일이다. 그리고 1930년대에 케인스가 주장한 대로 어쩌면 이런 선택이 자본주의를 구할 하나뿐인 길인지도 모른다.

현재 이런 선택은 좌파가 자본주의를 구하는 첫 사례가 아닐지도 모르고, 우리는 그렇게 하고 싶지 않을 수도 있다. 그렇지만 지금 당장 자본주의를 구하지 않아 발생하는 비용은 너무 비싸다. 자본가 계급의 성원들은 위기 때문에 고통을 겪지만, 정말 고통받는 사람들은 가장자리에 사는 사람들이다. 아이티에서 영양실조가 폭증하고 아사가 빈발하고 있다는 이야기들이 들려온다. 왜 이런 일이 벌어지는가? 미국에서 아이티로 보내는 송금액이 준 탓이다. 뉴욕 시에서 가사 노동자로 일하는 친인척한테서 한 달에 100달러 정도를 받던 아이티 사람들이 지금은 겨우 25달러를 받는데, 친인척들이 일자리를 잃은 탓이다. 그리고 한 달에 받은 100달러는 삶과 죽음을 가르는 차이였다. 그래서 '시스템을 붕괴시키자'고 말해도 좋을 일은 결코 없다. 부자들은 자기들이 탈 방주를 준비해뒀고, 홍수가 나면 너무 쉽게 물 위를 떠다닐 수 있기 때문이다. 가장자리에 사는 사람들만 물에 빠지고 만다. 뭄바이나 아이티, 또는 어느 또 다른 곳의 비공식 경제 부문에서 일하는 사람들은 잃을 것이 없다는 말은 잘못됐다. 사실이 아니다. 그 사람들도 마찬가지로 취약하기 때문이다. 그리고 우리는 이런 현실을 인식하는 정치를 구성해야 할 필요가 있다.

그래서 무엇을 할 것이냐 하는 질문은 우리가 좋아할 만큼 결코 극적이지는 않다. 그리고 이 질문은 좀더 사회주의적인 방향으로 케인스주의를 밀고 나갈, 나아가 월스트리트 당을 매개로 해서, 권력을 유지하기 위해 시스템을 붕괴시키려 준비하는 전지구적 자본가 계급을 매개로 해서 명확하게 표현된 관점하고는 다른 계급적 관점을 향해 케인스주의를 끌어갈 전망이 그 '누구'에게 아직은 없다는 사실에 밀접하게 결부돼 있다. 이런 질문은 우리가 힘을 합쳐 대답해야 할 문제이며, 우리를 이 혼란에서 구해줄 프롤레타리아트의 전위가 있다는 상상은 별다른 도움이 되지 않는다. 우리가 할 대답은 다양한 연합을 통해 마련돼야만 한다. 일하는 장소와 생활 공간 사이의 연합, 일련의 차이를 가로질러 뻗어가는 동시에 모든 차이 안에 잠재적으로 자리한 통일성을 이해하는 연합들 말이다.

무엇을 왜 할 것인가에 관한 전망, 그리고 그 일을 하는 특정한 장소를 가로지르는 정치 운동의 형성 사이에 놓인 관계는 나선형으로 바뀌어야만 한다. 두 요소는 실제로 해야 할 일이 있을 때 상대방을 강화시켜야 한다. 그렇지 않으면 잠재적 적대는 건설적 변화를 바라는 전망을 모두 좌절시키는 닫힌 원 안에 영원히 갇히게 되고, 우리는 미래에도 영속적으로 이어질 자본주의 위기에 취약한 상태로 남아 치명적인 결과에 점점 더 많이 노출될 수밖에 없다. 자본주의가 저절로 쓰러질 리 없다는 사실은 지금까지는 확실하다. 그렇게 되도록 밀어붙여야만 한다. 자본 축적은 앞으로도 중단될 리 없다. 언젠가 멈춰야만 한다. 자본가 계급이 권력을 기꺼이 포기할 이유는 결코 없다. 권력은 박탈할 수밖에 없다. '무엇을 할 것인가'라는 질문에 대답하려면, 착취형 복합 성장이 인간이든 아니든 지구에서 살아가는 생명의 모든 면에 걸쳐 저지르는 만행에 맞선 도덕적 분노에서 생겨나는 맹렬한 정치적 헌신에 더해 집요함, 결단력, 인내심, 교활함을 갖춰야 한다. 그런 과제를 수행하는 데 충분한 정치적 동원은 지난날 일어난 적이 있었다. 무엇을 할 사람들은 그 일을 할 수 있고, 또다시 등장할 이들이 확실하다. 우리들은, 내가 생각할 때는, 유효 기간이 지났다.

참고 자료

Armstrong, Philip, Andrew Glyn, and John Harrison. 1991. *Capitalism Since 1945*. Oxford and Cambridge, MA: Blackwell.

Harvey, David. 2003. *The New Imperialism*. Oxford: Oxford niversity Press.

Harvey, David. 2005. *A Brief History of Neoliberalism*. Oxford: Oxford University Press.

Harvey, David. 2006. *The Limits to Capital*. London and New York: Verso.

Harvey, David. 2010. *The Enigma of Capital and the Crises of Capitalism*. Oxford: Oxford University Press.

Lefebvre, Henri. 1991. *The Production of Space*. Translated by Donald Nicholson-Smith. Cambridge, MA: Blackwell.

Marx, Karl. 1976. *Capital: A Critique of Political Economy, Volume 1*. Translated by Ben Fowkes. London: Penguin.

Marx, Karl. 1982. *Capital: A Critique of Political Economy, Volume 3*. Translated by David Fernbach. London: Penguin.

Marx, Karl and Frederick Engels. 2008. *The Communist Manifesto*. Introduction by David Harvey. London: Pluto Press.

Rameau, Max. 2008. *Take Back the Land: Land, Gentrification and the Umoja Village Shantytown*. Miami: Nia Interactive Press.

맺는 말

피터 마르쿠제

빛의 시

도시권에 관한 문제라면,
곤경에 빠져 허우적대지는 마세요,
잠깐 쉴 수도 있잖아요,
그렇게 재치는 없더라도,
지루하게 만드는 일은 정말 유감스럽거든요.

당신은 계급을 이해해야만 합니다,
엉덩방아를 찧고 싶지 않다면 말입니다.
그렇게 쉬운 일은 아닙니다,
그렇지만 당신 속이 메스껍다면,
그리고 계급을 애매하게 피하면, 아아, 당신은 계급을 잃을 겁니다.

비판적 이론을 당신이 열망했다면,
그렇지만 추상적 개념들 속에서 스스로 곤경에 빠졌다면,
당신의 이론을 행동에 연결하세요.
이론이 설득력을 얻도록 도와주세요.
당신은 더 명확해지고, 유능해지고, 그리고 피곤해질 겁니다.

찾아보기

ㅊ

ㅋ